TRISTES TRÓPICOS

CLAUDE LÉVI-STRAUSS

Tristes trópicos

Tradução
Rosa Freire D'Aguiar

19ª reimpressão

COMPANHIA DAS LETRAS

Copyright © 1955 by Librairie Plon

Grafia atualizada segundo o Acordo Ortográfico da Língua Portuguesa de 1990, que entrou em vigor no Brasil em 2009.

Título original
Tristes tropiques

Capa
Victor Burton, sobre foto de menina nambiquara adormecida, de Claude Lévi-Strauss

Índice de temas, pessoas e lugares
Carlos Frederico Lucio

Preparação
Márcia Copola

Revisão
Denise Roberti
Luciane Helena Gomide

Atualização ortográfica
Página Viva

"*Cet ouvrage, publié dans le cadre du programme de participation à la publication, bénéficie du soutien du Ministère Français des Affaires Etrangères, de l'Ambassade de France au Brésil et de la Maison Française de Rio de Janeiro.*"

"*Este livro, publicado no âmbito do programa de participação à publicação, contou com o apoio do Ministério Francês das Relações Exteriores, da Embaixada da França no Brasil e da Maison Française do Rio de Janeiro.*"

Dados Internacionais de Catalogação na Publicação (CIP)
(Câmara Brasileira do Livro, SP, Brasil)

Lévi-Strauss, Claude
   Tristes trópicos / Claude Lévi-Strauss ; tradução Rosa Freire d'Aguiar. — 1ª ed. — São Paulo: Companhia das Letras, 1996.

   Título original: Tristes tropiques.
   ISBN 978-85-7164-570-7

   1. Brasil – Descrição e viagens 2. Índios da América do Sul – Brasil I. Título.

96-2401   CDD-918.1

Índice para catálogo sistemático:
1. Brasil: Descrição e viagens 918.1

Todos os direitos desta edição reservados à
EDITORA SCHWARCZ S.A.
Rua Bandeira Paulista, 702, cj. 32
04532-002 — São Paulo — SP
Telefone: (11) 3707-3500
www.companhiadasletras.com.br
www.blogdacompanhia.com.br
facebook.com/companhiadasletras
instagram.com/companhiadasletras
twitter.com/cialetras

Para Laurent

Nec minus ergo ante hoec quam tu cecidere, cadentque.
Lucrécio, *De rerum natura*, III, 969

Sumário

PARTE I
O FIM DAS VIAGENS

1. Partida 15
2. A bordo 21
3. Antilhas 29
4. A busca do poder 37

PARTE II
ANOTAÇÕES DE VIAGEM

5. Olhando para trás 49
6. Como se faz um etnógrafo 54
7. O pôr do sol 65

PARTE III
O NOVO MUNDO

8. A calmaria 77
9. Guanabara 86
10. Passagem do trópico 95
11. São Paulo 102

PARTE IV
A TERRA E OS HOMENS

12. Cidades e campos 115
13. Zona pioneira 125
14. O tapete voador 133
15. Massas 141
16. Mercados 151

PARTE V
CADIUEU

17. Paraná 163
18. Pantanal 171
19. Nalike 181
20. Uma sociedade indígena e seu estilo 190

PARTE VI
BORORO

21. O ouro e os diamantes 213
22. Bons selvagens 228
23. Os vivos e os mortos 242

PARTE VII
NAMBIQUARA

24. O mundo perdido 263
25. No sertão 276
26. Na linha 288
27. Em família 298
28. Lição de escrita 313
29. Homens, mulheres, chefes 325

PARTE VIII
TUPI-CAVAÍBA

30. De piroga 341
31. Robinson 351
32. Na floresta 360
33. A aldeia dos grilos 370
34. A farsa do japim 377
35. Amazônia 386
36. Seringal 392

PARTE IX
A VOLTA

37. A apoteose de Augusto 401
38. Um copinho de rum 409
39. Táxila 421
40. Visita ao *kyong* 433

Mapa 114
Bibliografia 445
Índice de temas, pessoas e lugares 447

PARTE I
O FIM DAS VIAGENS

1. Partida

Odeio as viagens e os exploradores. E eis que me preparo para contar minhas expedições. Mas quanto tempo para me decidir! Quinze anos passaram desde que deixei o Brasil pela última vez, e, durante todos esses anos, muitas vezes planejei iniciar este livro; toda vez, uma espécie de vergonha e de repulsa me impediu. E então? Há que narrar minuciosamente tantos pormenores insípidos, acontecimentos insignificantes? Não há lugar para a aventura na profissão de etnógrafo; ela é somente a sua servidão, pesa sobre o trabalho eficaz com o peso das semanas ou dos meses perdidos no caminho; das horas improdutivas enquanto o informante se esquiva; da fome, do cansaço, às vezes da doença; e, sempre, dessas mil tarefas penosas que corroem os dias em vão e reduzem a vida perigosa no coração da floresta virgem a uma imitação do serviço militar... Que sejam necessários tantos esforços e desgastes inúteis para alcançar o objeto de nossos estudos não confere nenhum valor ao que se deveria mais considerar como o aspecto negativo do nosso ofício. As verdades que vamos procurar tão longe só têm valor se desvencilhadas dessa ganga. Decerto, podem-se dedicar seis meses de viagem, de privações e de fastidiosa lassidão à coleta (que levará alguns dias, por vezes algumas horas) de um mito inédito, de uma regra de casamento nova, de uma lista completa de nomes clânicos, mas essa escória da memória — "Às cinco e meia da manhã, entrávamos na baía de Recife, enquanto pipiavam as gaivotas e uma flotilha de vendedores de frutas exóticas espremia-se ao longo do casco" —, uma recordação tão pobre merece que eu erga a pena para fixá-la?

Entretanto, esse gênero de relato encontra uma aceitação que para mim continua inexplicável. A Amazônia, o Tibete e a África invadem as lojas na forma de livros de viagem, narrações de expedição e álbuns de fotografias em que a preocupação com o impacto é demasiado dominante para que o leitor possa apreciar o valor do testemunho que trazem. Longe de despertar seu espírito crítico, ele pede cada vez mais desse alimento, do qual engole quantidades fantásticas. Ser explorador, agora, é um ofício; ofício que não consiste, como se poderia acreditar, em descobrir, ao cabo de anos de estudos, fatos até então desconhecidos, mas em percorrer elevado número de quilômetros e em acumular projeções de fotos ou animadas, de preferência em cores, graças às quais se encherá uma sala, vários dias seguidos, com uma multidão de ouvintes para quem as trivialidades e as banalidades parecerão milagrosamente transmudadas em revelações, pela única razão de que, em vez de produzi-las em sua terra, seu autor as terá santificado por um percurso de 20 mil quilômetros.

O que ouvimos nessas conferências e o que lemos nesses livros? O rol dos caixotes levados, as estripulias do cachorrinho de bordo, e, misturados às anedotas, fragmentos desbotados de informação, disponíveis há meio século em todos os manuais, e que uma dose pouco comum de impudência, mas na exata medida da ingenuidade e da ignorância dos consumidores, não teme em apresentar como um testemunho, que estou dizendo?, como uma descoberta original. Sem dúvida, há exceções, e cada época conheceu viajantes honestos; dentre os que hoje dividem os favores do público, citaria de bom grado um ou dois. Meu objetivo não é denunciar as mistificações ou conferir diplomas, mas compreender um fenômeno moral e social, muito próprio da França e de aparição recente, mesmo entre nós.

Quase não se viajava, há cerca de vinte anos, e não eram as salas Pleyel cinco ou seis vezes repletas que acolhiam os contadores de aventuras, mas, único local em Paris para eventos desse gênero, o pequeno anfiteatro sombrio, gélido e malconservado que ocupa um velho pavilhão no fundo do Jardin des Plantes. A Sociedade dos Amigos do Museu ali organizava toda semana — talvez ainda organize — conferências sobre as ciências naturais. O aparelho de projeção enviava, com lâmpadas fracas demais, para uma tela grande demais, sombras imprecisas cujos contornos o conferencista, de nariz colado à tela, mal conseguia distinguir, e que o público quase não diferenciava das manchas de umidade que maculavam as paredes. Quinze minutos após a hora anunciada, ainda se conjecturava com angústia se haveria ouvintes, além dos raros frequentadores habituais cujas silhuetas esparsas guarneciam as arquibancadas. Quando já não havia esperanças, a sala enchia-se pela metade de crianças acompanhadas por mães ou empregadas, umas ávidas pela novidade gratuita, outras cansadas do barulho e da poeira de fora. Diante dessa mescla de assombrações corroídas pelas traças e de meninada impaciente — suprema recompensa de tantos esforços, cuidados e trabalhos —, usávamos do direito de desembalar um tesouro de recordações congeladas para sempre por uma sessão daquelas e que, falando na penumbra, sentíamos soltarem-se de nós e caírem, uma a uma, como pedras no fundo de um poço.

Assim era o retorno, um pouco mais sinistro do que as solenidades da partida: banquete oferecido pelo Comitê France-Amérique num palacete da avenida que hoje se chama Franklin Roosevelt; residência desabitada onde, para essa ocasião, um banqueteiro fora duas horas antes montar seu acampamento de réchauds e de louças, sem que um arejamento apressado tivesse conseguido purgar o local de um cheiro de desolação.

Tão pouco acostumados com a dignidade de tal lugar quanto com o tédio poeirento que ele exalava, sentados em volta de uma mesa pequena demais para um vasto salão cuja parte central, de fato ocupada, mal se tivera tempo de varrer, tomávamos contato pela primeira vez uns com os outros, jovens professores que mal acabávamos de estrear em nossos liceus do interior e que o capricho um pouco perverso de Georges Dumas ia bruscamente transferir da úmida invernagem nas pensões de cidades pequenas, entranhadas por um cheiro de grogue, porão e sarmentos apagados, para os mares tropicais e os navios de luxo; experiências, todas, aliás, destinadas a apresentar uma distante relação com a imagem inelutavelmente falsa que, pela fatalidade inerente às viagens, nós já formávamos.

Eu havia sido aluno de Georges Dumas na época do *Tratado de psicologia*. Uma vez por semana, não me lembro mais se era na quinta-feira ou no domingo de manhã, ele reunia os estudantes de filosofia numa sala do hospital Saint-Anne, cuja parede oposta às janelas estava inteiramente coberta por alegres pinturas de alienados. Já nos sentíamos expostos a um tipo particular de exotismo; sobre um estrado, Dumas instalava seu corpo robusto, talhado à faca, coroado por uma cabeça amassada que parecia uma grande raiz esbranquiçada e descascada por uma permanência no fundo dos mares. Pois sua tez cerosa unificava o rosto e os cabelos brancos que ele usava cortados à escovinha e curtíssimos, e a barbicha, igualmente branca, que crescia em todas as direções. Esse curioso destroço vegetal, ainda com as suas radículas espetadas, de repente humanizava-se graças aos olhos negros que acentuavam a brancura da cabeça, oposição continuada pela brancura da camisa e do colarinho duro e virado que contrastavam com o chapéu de abas largas, a gravata à Lavallière e o terno, sempre pretos.

Suas aulas não ensinavam grande coisa; nunca as preparava, consciente que estava do encanto físico que exerciam sobre a plateia o jogo expressivo de seus lábios deformados por um ricto móvel, e sobretudo a voz, rouca e melodiosa; verdadeira voz de sereia cujas inflexões estranhas não refletiam apenas o seu Languedoc natal, porém, mais ainda, particularidades regionais, modos muito arcaicos da música do francês falado, de tal forma que voz e rosto evocavam em duas ordens sensíveis um mesmo estilo a um só tempo rústico e incisivo: o desses humanistas do século XVI, médicos e filósofos cuja raça, pelo corpo e pelo espírito, ele parecia perpetuar.

A segunda hora, e às vezes a terceira, eram dedicadas a apresentações de doentes; assistíamos então a extraordinárias encenações entre o clínico matreiro e pacientes treinados por anos de hospício em todos os exercícios desse tipo, sabendo muitíssimo bem o que deles se esperava, produzindo os distúrbios ao primeiro sinal ou resistindo ao domador justo o suficiente para lhe fornecer a ocasião de uma cena de bravura. Sem ser bobo, o auditório deixava-se de bom grado fascinar por essas demonstrações de virtuosismo. Quem merecia a sua atenção, era recompensado pelo mestre com a entrega de um doente que ele lhe fazia, para uma conversa particular. Nenhum contato com os índios selvagens intimidou-me mais do que aquela manhã passada com uma velha senhora enrolada em suéteres, que se comparava com um arenque podre no meio de um bloco de gelo: intacta na aparência, mas ameaçada de se desagregar mal o invólucro protetor derretesse.

Esse cientista um pouco mistificador, promotor de obras de síntese cujo propósito amplo se mantinha a serviço de um positivismo crítico um tanto decepcionante, era um homem de grande nobreza; conforme haveria de mostrar-me mais tarde, logo após o Armistício e pouco tempo antes de seu falecimento, quando, já quase cego e retirado na sua cidade natal de Lédignan, fez questão de me escrever uma carta atenciosa e discreta cujo único objetivo possível era afirmar a sua solidariedade com as primeiras vítimas dos acontecimentos.

Sempre lamentei não tê-lo conhecido em plena juventude, quando, moreno e bronzeado, à imagem de um conquistador, e vibrando com as perspectivas científicas que a psicologia do século XIX abria, partira à conquista espiritual do Novo Mundo. Nessa espécie de amor à primeira vista que ia nascer entre ele e a sociedade brasileira, com certeza manifestou-se um fenômeno misterioso, quando dois fragmentos de uma Europa velha de quatrocentos anos — da qual certos elementos essenciais se haviam conservado, de um lado, numa família protestante meridional, de outro, numa burguesia muito requintada e um pouco decadente, vivendo em ritmo lento sob os trópicos — encontraram-se, identificaram-se e quase se amalgamaram. O erro de George Dumas foi nunca ter tomado consciência do caráter verdadeiramente arqueológico dessa conjuntura. O único Brasil que ele soube seduzir (e que uma breve passagem pelo poder iria conferir a ilusão de ser o verdadeiro) foi o daqueles proprietários rurais que deslocavam progressivamente seus capitais para investimentos industriais com participação estrangeira, e que procuravam uma cobertura ideológica num parlamentarismo de bom-tom; aqueles mesmos que nossos estudantes, descendentes de imigrantes recentes ou de aristocratas ligados à terra e arruinados pelas flutuações do comércio mundial, chamavam com rancor de 'grã-finos',* ou seja, a nata. Coisa curiosa: a fundação da Universidade de São Paulo, grande obra da vida de Georges Dumas, iria permitir a essas classes modestas iniciarem sua ascensão, obtendo diplomas que lhes davam acesso aos postos administrativos, de tal maneira que a nossa missão universitária contribuiu para formar uma nova elite, a qual iria separar-se de nós na medida em que Dumas, e o Quai d'Orsay em seu rastro, recusava-se a compreender que era essa a nossa criação mais preciosa, ainda que se aplicasse à tarefa de desmantelar uma classe feudal que, por certo, introduzira-nos no Brasil, mas para lhe servirmos em parte de caução e em parte de passatempo.

* Todas as palavras em português entre aspas simples aparecem tal qual no texto original. (N. T.)

Contudo, na noite do jantar France-Amérique ainda não estávamos, meus colegas e eu — e nossas mulheres que nos acompanhavam —, a avaliar o papel involuntário que íamos desempenhar na evolução da sociedade brasileira. Estávamos demasiado atarefados em nos vigiar uns aos outros, e em vigiar nossos eventuais deslizes; pois acabávamos de ser avisados por Georges Dumas de que devíamos nos preparar para levar a vida de nossos novos mestres: quer dizer, frequentar o Automóvel Clube, os cassinos e os hipódromos. Isso parecia extraordinário para jovens professores que ganhavam até então 26 mil francos por ano, e mesmo — tão raros eram os candidatos à expatriação — depois que nossos ordenados triplicaram.

"Sobretudo", dissera-nos Dumas, "vocês terão de estar bem vestidos"; tratando de nos tranquilizar, acrescentava com uma candura um tanto comovente que isso podia ser feito de modo muito econômico, perto dos Halles, num estabelecimento chamado *A la Croix de Jeannette*, do qual jamais tivera a menor queixa quando era jovem estudante de medicina em Paris.

2. A bordo

Em todo caso, não desconfiávamos que, durante os quatro ou cinco anos que se seguiram, nosso grupinho estava destinado a formar — salvo raras exceções — o efetivo completo da primeira classe nos paquetes mistos da Companhia de Transportes Marítimos que servia a América do Sul. Propunham-nos a segunda classe no único barco de luxo que fazia essa rota, ou a primeira classe em navios mais modestos. Os ambiciosos escolhiam a primeira fórmula, pagando de seu bolso a diferença; esperavam, assim, conviver com embaixadores e daí tirar vantagens duvidosas. Quanto a nós, tomávamos barcos mistos que levavam seis dias a mais, porém dos quais éramos os donos, e que faziam muitas escalas.

Gostaria, hoje, que me tivesse sido dado, há vinte anos, apreciar o devido valor do luxo inacreditável, do privilégio real que consiste na ocupação exclusiva, pelos oito ou dez passageiros, do convés, dos camarotes, do salão de fumar e da sala de jantar da primeira classe, num navio concebido para acomodar cem ou 150 pessoas. No mar durante dezenove dias, esse espaço que se tornara quase sem limites pela ausência de outrem era-nos uma província; nosso domínio movia-se conosco. Após duas ou três travessias, reencontrávamos nossos navios, nossos hábitos; e conhecíamos pelo nome, antes mesmo de subir a bordo, todos aqueles excelentes camareiros marselheses, bigodudos e com sapatos de solas grossas, que exalavam um forte cheiro de alho no momento exato em que colocavam em nossos pratos os *Suprêmes de Poularde* e os *Filets de Turbot*. As refeições, já previstas para ser pantagruélicas, tornavam-se ainda mais pelo fato de que éramos pouco numerosos a consumir a cozinha de bordo.

O fim de uma civilização, o início de outra, a súbita descoberta feita por nosso mundo de que talvez comece a ficar pequeno demais para os homens que o habitam, não são tanto os números, as estatísticas e as revoluções que me tornam palpáveis essas verdades, e sim a resposta, recebida por telefone há poucas semanas, enquanto eu acalentava a ideia — quinze anos depois — de reencontrar minha juventude por ocasião de uma nova visita ao Brasil: de qualquer maneira, eu teria de reservar a passagem com quatro meses de antecedência.

E eu que imaginava que, desde o estabelecimento dos serviços aéreos para passageiros entre a Europa e a América do Sul, só havia uns raros excêntricos para tomarem os navios! Infelizmente, ainda é se iludir demais acreditar que a invasão de um elemento libera outro. Os *Constellations* levam o mar a reencontrar sua calma tanto quanto os loteamentos em série na Côte d'Azur restituem-nos os provincianos arredores de Paris.

Mas é que entre as travessias maravilhosas da época de 1935 e esta de que tratei de desistir, houve outra, em 1941, que eu tampouco suspeitava a que ponto simbolizaria os tempos futuros. Logo após o Armistício, a atenção afável prestada a meus trabalhos etnográficos por Robert H. Lowie e A. Métraux, somada à vigilância de parentes instalados nos Estados Unidos, valeu-me, no âmbito do plano de resgate dos cientistas europeus ameaçados pela ocupação alemã, que foi elaborado pela Fundação Rockefeller, um convite para a New School for Social Research de Nova York. Havia que partir, mas como? Minha primeira ideia foi pretender chegar ao Brasil para ali prosseguir minhas pesquisas anteriores à guerra. No pequeno andar térreo em Vichy, onde se instalara a embaixada do Brasil, uma breve, e para mim trágica, cena se passou quando fui solicitar a renovação do meu visto. O embaixador Luís de Sousa Dantas, que eu conhecia bem e que teria agido da mesma maneira se não o conhecesse, levantara o seu sinete e preparava-se para carimbar o passaporte, quando um conselheiro deferente e glacial o interrompeu, observando-lhe que esse poder acabava de lhe ser retirado por novas disposições legislativas. Por alguns segundos o braço manteve-se no ar. Com um olhar ansioso, quase suplicante, o embaixador tentou obter de seu colaborador que virasse a cabeça enquanto o carimbo baixasse, permitindo-me assim sair da França, quiçá talvez entrar no Brasil. Não houve jeito, o olho do conselheiro manteve-se cravado na mão que caiu, mecanicamente, ao lado do documento. Eu não teria o meu visto, o passaporte foi-me devolvido com um gesto pesaroso.

Regressei à minha casa das Cévennes, perto da qual o acaso da derrota militar quis que eu fosse desmobilizado, em Montpellier, e fui perambular por Marselha; lá, conversas no porto informaram-me que um barco devia em breve partir para a Martinica. De doca em doca, de escritório em escritório, soube afinal que o navio em questão pertencia à mesma Companhia de Transportes Marítimos cuja missão universitária francesa ao Brasil constituíra, durante todos os anos anteriores, uma clientela fiel e exclusivíssima. Sob um vento invernal, em fevereiro de 1941, encontrei, nas salas não aquecidas e quase todas fechadas, um funcionário que outrora vinha nos cumprimentar em nome da Companhia. Sim, o navio existia, sim, ia partir; mas era impossível tomá--lo. Por quê? Eu nem fazia ideia; ele não podia me explicar, não seria como antes. Mas como? Ah, longo demais, penoso demais, ele nem sequer podia me imaginar ali dentro.

O pobre homem ainda enxergava em mim um embaixador em miniatura da cultura francesa; eu já me sentia preia de campo de concentração. Além do mais, acabava de passar os dois anos anteriores, primeiro em plena floresta virgem, e depois de acampamento em acampamento, numa retirada desvairada que me levara da linha Maginot a Béziers, passando pela Sarthe, pela Corrèze e pelo Aveyron: de trens de gado a currais; e os escrúpulos de meu interlocutor pareciam-me inoportunos. Eu me via recomeçando nos oceanos minha existência errante, sendo admitido a partilhar os trabalhos e as frugais refeições de um punhado de marinheiros lançados na aventura dentro de um navio clandestino, dormindo no convés e entregue por longos dias ao benéfico tête-à-tête com o mar.

Finalmente, consegui minha passagem para o *Capitaine-Paul-Lemerle*, mas só principiei a entender no dia do embarque, ao cruzar as fileiras de guardas, de capacetes e metralhadora em punho, que cercavam o cais e impediam aos passageiros qualquer contato com os parentes ou amigos que vieram acompanhá-los, abreviando as despedidas com safanões e insultos: tratava-se de fato de aventura solitária, mais parecia um embarque de forçados. Ainda mais do que a maneira como nos tratavam, impressionava-me o nosso total. Pois apinhavam-se cerca de 350 pessoas num pequeno vapor que — eu logo iria verificar — só possuía dois camarotes, perfazendo o total de sete beliches. Um deles fora atribuído a três senhoras, o outro seria dividido por quatro homens, entre os quais eu me incluía, exorbitante favor decorrente da impossibilidade que o sr. B sentiu (que aqui eu lhe agradeça) de transportar um de seus antigos passageiros de luxo como gado. Pois o restante dos meus companheiros, homens, mulheres e crianças, estavam amontoados em porões sem ar nem luz, onde carpinteiros da marinha haviam sumariamente montado camas superpostas, guarnecidas com colchões de crina. Dos quatro homens privilegiados, um era um comerciante de metais austríaco que com certeza sabia o que lhe custara essa vantagem; outro, um jovem "béké" — crioulo rico — isolado pela guerra da sua Martinica natal e que merecia um tratamento distinto, sendo naquele barco o único que não se presumia fosse judeu, estrangeiro ou anarquista; o último, enfim, singular personagem norte-africano que pretendia ir a Nova York por alguns dias apenas (projeto extravagante, quando se pensa que demoraríamos três meses para chegar lá), carregava na mala um Degas e, embora tão judeu quanto eu, parecia persona grata junto a todas as polícias, departamentos de espionagem, gendarmarias e serviços de segurança das colônias e dos protetorados, surpreendente mistério naquela conjuntura e que nunca cheguei a deslindar.

A ralé, como diziam os guardas, incluía, entre outros, André Breton e Victor Serge. André Breton, muito pouco à vontade nessa galera, zanzava de um lado a outro nos raros espaços vazios do convés; vestido de pelúcia, parecia um urso azul. Durante essa interminável viagem, iria começar entre nós uma amizade duradoura, com uma troca de cartas que se prolongou bastante tempo, e nas quais discutíamos as relações entre beleza estética e originalidade absoluta.

Quanto a Victor Serge, seu passado de companheiro de Lenin intimidava-me, ao mesmo tempo em que eu sentia a maior dificuldade para integrá-lo a seu personagem, que mais evocava uma velha solteirona de princípios. Aquele rosto glabro, aqueles traços finos, aquela voz clara, aliados aos modos pomposos e cautelosos, conferiam esse caráter quase assexuado que mais tarde eu haveria de reconhecer entre os monges budistas da fronteira birmanesa, muito distante do másculo temperamento e da superabundância vital que a tradição francesa associa às chamadas atividades subversivas. É que tipos culturais que se reproduzem bastante parecidos em cada sociedade, porque construídos em torno de oposições muito simples, são utilizados pelos grupos para desempenhar funções sociais diferentes. O de Serge pudera se atualizar numa carreira revolucionária na Rússia; como seria ele em outro lugar? Com certeza, as relações entre duas sociedades seriam facilitadas caso fosse possível, por meio de uma espécie de tabela, estabelecer um sistema de equivalências entre as maneiras como cada uma utiliza tipos humanos análogos para desempenhar funções sociais diferentes. Em vez de limitarmo-nos, como fazemos hoje, a confrontar médicos com médicos, industriais com industriais, professores com professores, perceberíamos talvez que existem correspondências mais sutis entre os indivíduos e os papéis.

Além de sua carga humana, o navio transportava sei lá eu que material clandestino; passava um tempo extraordinário, no Mediterrâneo e na costa ocidental da África, a refugiar-se de porto em porto para escapar, parece, ao controle da frota inglesa. De vez em quando, os titulares de passaportes franceses eram autorizados a baixar a terra, os outros ficavam confinados nas poucas dezenas de centímetros quadrados à disposição de cada um, num convés que o calor — crescente à medida que nos aproximávamos dos trópicos e que tornava intolerável a permanência nos porões — transformava progressivamente numa combinação de sala de jantar, quarto de dormir, berçário, lavanderia e solário. Porém, o mais desagradável era o que se chama, na tropa, de "cuidados com o asseio". Dispostos de maneira simétrica ao longo da amurada, a bombordo para os homens e a estibordo para as mulheres, a tripulação construíra dois pares de barracas de tábuas, sem ar nem luz; um continha algumas duchas manuais alimentadas só de manhã; o outro, guarnecido com uma vala comprida de madeira toscamente forrada de zinco por dentro e desaguando no oceano, servia para o uso que se adivinha; para os inimigos de uma promiscuidade demasiado grande e que rejeitavam o acocorar-se coletivo, por sinal instável devido ao balanço do navio, o único jeito era levantar-se cedíssimo, e durante toda a travessia organizou-se uma espécie de corrida entre os delicados, de modo que, no final, era só por volta das três horas da madrugada que se podia contar com uma solidão relativa. Findávamos não mais nos deitando. Quase duas horas depois, o mesmo ocorria nas duchas, onde intervinha, se não a mesma preocupação com o pudor, a de poder conseguir uma vaga no ajuntamento sobre o qual uma água insuficiente, e como que vaporizada ao contato de tantos corpos úmidos, não descia nem mais sequer até a pele. Nos dois casos, havia pressa de terminar e de sair, porque aquelas barracas sem ventilação eram feitas de tábuas de pinho novo e resinoso que, entranhadas por água suja, urina e ar marítimo, principiaram a fermentar sob o sol, exalando um perfume suave, adocicado e enjoativo, o qual, somado a outros cheiros, logo ficava insuportável, sobretudo quando havia marulho.

Quando, ao final de um mês de travessia, avistou-se no meio da noite o farol de Fort-de-France, não foi a esperança de uma refeição enfim comível, de uma cama com lençóis, de uma noite sossegada, que alegrou o coração dos passageiros. Todas essas pessoas que, até o embarque, haviam desfrutado do que o inglês chama lindamente de "amenidades" da civilização, tinham, mais do que com a fome, o cansaço, a insônia, a promiscuidade e o desprezo, sofrido com a sujeira forçada, agravada ainda pelo calor, na qual acabavam de passar aquelas quatro semanas. Havia a bordo mulheres jovens e bonitas; esboçaram-se uns namoros, houve aproximações. Para elas, mostrarem-se enfim bem-arrumadas, antes da separação, era mais do que uma preocupação com a vaidade: uma promissória a pagar, uma dívida a honrar, a prova lealmente devida de que não eram profundamente indignas das atenções que, com comovente delicadeza, consideravam ter recebido só em confiança. Portanto, não havia apenas um lado burlesco, mas também uma discreta dose de patético, naquele grito que subia de todos os corações, substituindo o "terra! terra!" dos relatos de navegação tradicionais: "Um banho! afinal um banho! amanhã um banho!", ouvia-se de todos os lados, ao mesmo tempo em que se procedia ao inventário febril da última barra de sabão, da toalha não emporcalhada, da blusa guardada para essa grande ocasião.

Além de implicar esse sonho hidroterápico uma visão exageradamente otimista da obra civilizatória que se pode esperar de quatro séculos de colonização (pois os banheiros são raros em Fort-de-France), os passageiros não demorariam muito a saber que seu navio imundo e repleto ainda era um recanto idílico, comparado com a acolhida que lhes reservava, mal tínhamos atracado, uma soldadesca vítima de uma forma coletiva de desarranjo cerebral que mereceria reter a atenção do etnólogo, caso este não estivesse tratando de utilizar todos os seus recursos intelectuais com o objetivo único de escapar de suas desagradáveis consequências.

A maioria dos franceses vivera uma "drôle de guerre"; a dos oficiais da guarnição na Martinica não dependia de nenhum superlativo para ser qualificada com exatidão. Sua única missão, que era guardar o ouro do Banco da França, dissolvera-se numa espécie de pesadelo pelo qual o abuso do ponche só era parcialmente responsável, cabendo papel mais insidioso, mas não menos essencial, à situação insular, ao afastamento da metrópole e a uma tradição histórica rica em recordações de piratas, na qual a vigilância norte-americana, as missões secretas da frota submarina alemã substituíam facilmente os protagonistas de brincos dourados, de olho furado e de perna de pau. Foi assim que se propagou uma febre obsidional que, sem que tivesse havido nenhum embate, et pour cause, e sem que nenhum inimigo jamais fosse avistado, apesar de tudo gerou na maioria uma sensação de nervosismo. Quanto aos insulares, seus comentários revelavam, de modo mais prosaico, atitudes intelectuais do mesmo tipo: "Num tinha mais bacalhau, a ilha tava frita", ouvia-se dizer com frequência, ao passo que outros explicavam que Hitler era apenas Jesus Cristo de volta à terra para punir a raça branca por ter, durante os 2 mil anos anteriores, seguido com desatenção os seus ensinamentos.

No momento do Armistício, os graduados, longe de se aliarem à França Livre, sentiram-se afinados com o regime metropolitano. Iriam continuar "fora da jogada"; sua resistência física e moral, havia meses corroída, os teria deixado sem condições de combater, se é que algum dia estiveram em condições; suas mentes doentias encontravam uma espécie de segurança em substituir um inimigo real mas tão distante que se tornara invisível e como que abstrato — os alemães — por um inimigo imaginário mas que tinha a vantagem de estar próximo e palpável: os americanos. Aliás, dois navios de guerra dos Estados Unidos cruzavam em permanência as águas da baía. Um hábil auxiliar do comandante em chefe das forças francesas almoçava diariamente a bordo com eles, enquanto o seu superior tratava de inflamar as tropas de ódio e rancor pelos anglo-saxões.

Em matéria de inimigos sobre quem exercer uma agressividade acumulada havia meses, de responsáveis por uma derrota à qual se sentiam alheios, uma vez que tinham se mantido à margem dos combates, mas pela qual, em outro sentido, se sentiam confusamente culpados (não haviam eles dado o exemplo mais cabal, fornecido a demonstração mais completa do descaso, das ilusões e da prostração que vitimara, pelo menos em parte, o país?), o nosso barco trazia-lhe uma amostra particularmente bem selecionada. Era um pouco como se, permitindo nosso embarque com destino à Martinica, as autoridades de Vichy apenas tivessem enviado a esses cavalheiros um fardo de bodes expiatórios em quem descarregar sua bílis. A tropa de shorts, de capacete e armada que se instalou na sala do comandante parecia proceder, com cada um de nós que comparecia sozinho perante ela, menos a um interrogatório de desembarque do que a um exercício de insultos que só nos restava escutar. Aqueles que não eram franceses viram-se sendo tratados de inimigos; aos que eram, negava-se grosseiramente tal qualidade, ao mesmo tempo em que os acusavam, por terem partido, de abandonar covardemente seu país: repreensão não só contraditória, mas bastante peculiar na boca de homens que, desde a declaração de guerra, tinham na verdade vivido sob a proteção da doutrina de Monroe...

Adeus, banhos! Decidiu-se internar a todos num campo chamado Lazareto, do outro lado da baía. Só três pessoas foram autorizadas a descer a terra: o "béké", que era insuspeito, o misterioso tunisiano, mediante apresentação de um documento, e eu, por um especial obséquio feito ao comandante pelo Controle Naval, pois havíamos nos reencontrado como velhos conhecidos: ele era imediato num dos navios que eu tomara antes da guerra.

3. Antilhas

Por volta das duas horas da tarde, Fort-de-France era uma cidade morta; pareceriam desabitados os casebres que rodeavam uma praça comprida com palmeiras plantadas e coberta de mato, lembrando um terreno baldio no meio do qual tivesse sido esquecida a estátua esverdeada de Joséphine Tascher de La Pagerie, mais tarde Beauharnais. Mal nos instalamos num hotel deserto, o tunisiano e eu, ainda transtornados pelos acontecimentos da manhã, jogamo-nos num carro de aluguel rumo ao Lazareto, para irmos reconfortar os nossos companheiros, e, mais especialmente, duas jovens alemãs que durante a travessia nos deram a impressão de estar apressadíssimas para enganar seus maridos assim que pudessem se lavar. Desse ponto de vista, a história do Lazareto agravava a nossa decepção.

Enquanto o velho Ford ia galgando em primeira as pistas acidentadas e eu ia reencontrando, radiante, tantas espécies vegetais que me eram familiares desde a Amazônia mas que aprenderia a chamar aqui de novos nomes: *caimite* para 'fruta-do-conde' — ideia de alcachofra fechada numa pera —, *corrosol* e não mais 'graviola', *papaye* para 'mamão', *sapotille* para 'mangabeira', evocava as cenas dolorosas que acabavam de ocorrer e tentava ligá-las a outras experiências do mesmo tipo. Pois, para os meus companheiros lançados na aventura após uma vida no mais das vezes pacata, essa mescla de maldade e de asneira afigurava-se um fenômeno inacreditável, único, excepcional, a incidência, sobre as suas próprias pessoas e sobre as de seus carcereiros, de uma catástrofe internacional como até então jamais se produzira na história. Mas para mim, que correra o mundo e que, nos anos anteriores, vira-me metido em situações pouco banais, uma experiência desse tipo não era de todo desconhecida. Sabia que, lenta e progressivamente, elas se punham a brotar, qual uma água traiçoeira, de uma humanidade saturada por sua própria imensidão e pela complexidade cada dia maior de seus problemas, como se a sua epiderme estivesse irritada com a fricção resultante de intercâmbios materiais e intelectuais ampliados pela intensidade das comunicações. Naquela terra francesa, a guerra e a derrota só haviam apressado a marcha de um processo universal, facilitado a instalação de uma infecção duradoura, e que jamais desapareceria por completo da face da terra, renascendo em um ponto quando enfraquecesse em outro. Todas essas manifestações estúpidas, execráveis e crédulas que os grupos sociais segregam como um pus quando começa a lhes faltar a distância, eu não as encontrava naquele dia pela primeira vez.

Ontem ainda, alguns meses antes da declaração de guerra e no caminho de volta à França, estou passeando, em Salvador, pela cidade alta, indo de uma a outra dessas igrejas que dizem ser 365, uma para cada dia do ano, e variadas no estilo e na decoração interior, à própria imagem dos dias e das estações. Estou concentradíssimo em fotografar detalhes da arquitetura, sendo perseguido de praça em praça por um bando de negrinhos seminus que me imploram: "Tira o retrato! tira o retrato!". Ao final, comovido por mendicância tão gratuita — uma fotografia que jamais veriam, em vez de alguns tostões —, aceito bater uma chapa para contentar as crianças. Não ando cem metros e a mão de alguém se abate sobre o meu ombro; dois inspetores à paisana, que me seguiram passo a passo desde o início do meu passeio, informam-me que acabo de cometer um ato hostil ao Brasil: essa fotografia, utilizada na Europa, podendo talvez dar crédito à lenda de que há brasileiros de pele negra e de que os meninos de Salvador andam descalços. Sou detido, por pouco tempo, felizmente, pois o navio vai partir.

Positivamente, aquele navio não me dava sorte; poucos dias antes, eu passara por aventura semelhante; dessa vez, no embarque, e ainda no cais, no porto de Santos; mal subi a bordo, um comandante da marinha brasileira com uniforme de gala, acompanhado por dois fuzileiros navais de baioneta calada, fez-me prisioneiro em meu camarote. Aí, precisamos de quatro ou cinco horas para elucidar o mistério: a expedição franco-brasileira, que eu acabava de dirigir durante um ano, fora submetida à regra de partilha das coleções entre os dois países. Essa partilha devia ser feita sob a fiscalização do Museu Nacional do Rio de Janeiro, que logo notificara todos os portos do país: caso eu tentasse fugir do país, nutrindo tenebrosos desígnios, com um carregamento de arcos, flechas e cocares de penas que ultrapassasse a parte atribuída à França, deveriam a qualquer custo me agarrar. Só que, na volta da expedição, o Museu do Rio mudara de ideia e resolvera ceder a parte brasileira a um instituto científico de São Paulo; haviam me informado que, por conseguinte, a exportação da parte francesa deveria ser feita por Santos e não pelo Rio, mas, como tinham se esquecido de que a questão fora submetida a regulamentação diferente um ano antes, decretavam-me criminoso em virtude de instruções antigas cuja lembrança os autores haviam perdido, mas não os encarregados de aplicá-las.

Felizmente, nessa época ainda havia no coração de todo funcionário brasileiro um anarquista adormecido, mantido vivo por esses restos de Voltaire e de Anatole France que, mesmo nos confins da selva, continuavam em suspensão na cultura nacional ("Ah, o senhor é francês! Ah, a França! Anatole, Anatole!", exclamava transtornado, abraçando-me, um velhote de um povoado do interior e que até então nunca encontrara um de meus compatriotas). Assim, experiente o bastante para dedicar todo o tempo necessário à demonstração de meus sentimentos de deferência com o Estado brasileiro em geral e a autoridade marítima em particular, tratei de tocar em algumas cordas sensíveis; não sem êxito, já que após algumas horas passadas em suores frios (as coleções etnográficas estavam misturadas nos caixotes com a minha mobília e a minha biblioteca, pois eu partia do Brasil definitivamente, e em dado momento temi que se espatifassem no cais enquanto o navio levantasse âncora), fui eu mesmo que ditei a meu interlocutor os termos desabridos de um relatório em que ele se atribuía a glória de, ao autorizar a minha partida e a de minhas bagagens, ter salvado o seu país de um conflito internacional e da subsequente humilhação.

Aliás, talvez eu não tivesse agido com tanta audácia se ainda não me encontrasse sob a influência de uma recordação que privava de toda seriedade as polícias sul-americanas. Dois meses antes, devendo trocar de avião numa grande aldeia da baixa Bolívia, fiquei bloqueado por alguns dias com um companheiro, o dr. J. A. Vellard, à espera de um aparelho que não chegava. Em 1938, a aviação pouco se assemelhava ao que é hoje. Pulando, em regiões recuadas da América do Sul, certas etapas do progresso, instalara-se plenamente no papel de carroça para os aldeãos que, até então, à falta de estrada, perdiam vários dias para ir à feira vizinha, a pé ou a cavalo. Agora, um voo de poucos minutos (mas, a bem da verdade, quase sempre com um atraso muito maior em número de dias) permitia-lhes transportar suas galinhas e seus patos entre os quais se viajava, no mais das vezes, de cócoras, pois os pequenos aviões viviam apinhados de uma miscelânea colorida de camponeses descalços, animais de criação e caixotes pesados demais ou volumosos demais para passar pelas picadas da floresta.

Arrastávamos, portanto, a nossa ociosidade pelas ruas de Santa Cruz de la Sierra, transformadas na época das chuvas em torrentes lamacentas que cruzávamos a vau por cima de grandes pedras colocadas a intervalos regulares como faixas de pedestres realmente intransponíveis para os veículos, quando uma patrulha notou nossos rostos pouco familiares; razão de sobra para nos prender e, à espera do momento das explicações, trancar-nos numa sala de um luxo antiquado: antigo palácio de governador de província, com paredes cobertas de lambris emoldurando bibliotecas envidraçadas cujos grossos volumes encadernados guarneciam as prateleiras, interrompidos apenas por um cartaz, também envidraçado e emoldurado, apresentando o espantoso texto manuscrito que aqui traduzo do espanhol: "Sob pena de severas sanções, é rigorosamente proibido arrancar páginas dos arquivos e utilizá-las para fins particulares ou higiênicos. Qualquer pessoa que infringir essa proibição será punida".

Devo à verdade reconhecer que minha situação na Martinica melhorou graças à intervenção de um alto funcionário das Obras Públicas que ocultava por trás de uma reserva um pouco fria sentimentos distantes daqueles dos meios oficiais; talvez também por causa de minhas visitas frequentes a um jornal religioso, em cujas salas os padres de sei lá eu que ordem haviam acumulado caixotes repletos de vestígios arqueológicos datando da ocupação indígena, e que eu empregava minhas horas de folga em inventariar.

Um dia, entrei na sala do tribunal que se encontrava em sessão; era a minha primeira visita a uma corte, e continuou sendo a única. Julgava-se um camponês que, durante uma rixa, arrancara com uma dentada um naco de orelha do seu adversário. Réu, querelante e testemunhas expressavam-se num crioulo fluente cujo cristalino frescor, em tal lugar, tinha algo de sobrenatural. Fazia-se a tradução para três juízes que suportavam a duras penas, no calor, as togas vermelhas e as peles cuja beleza a umidade ambiente murchara. Aqueles molambos pendiam em torno de seus corpos como ataduras ensanguentadas. Em exatos cinco minutos, o negro irascível viu-se condenado a oito anos de prisão. A justiça estava e permanece associada em meu espírito à dúvida, ao escrúpulo, ao respeito. Que se possa, com tal desenvoltura, dispor em tempo tão breve de um ser humano deixou-me estarrecido. Eu não podia admitir que acabava de assistir a um fato real. Ainda hoje, nenhum sonho, por fantástico ou grotesco que seja, consegue me imbuir de tamanha sensação de incredulidade.

Quanto a meus companheiros de bordo, deveram a sua libertação a um conflito entre a autoridade marítima e os comerciantes. Se uma reputava-os espiões e traidores, os outros enxergavam-nos como uma fonte de lucros que a internação no Lazareto, mesmo paga, não possibilitava explorar. Essas considerações venceram as outras e, durante uns quinze dias, todos tiveram a liberdade de gastar as últimas notas francesas, sob a ativíssima vigilância da polícia que tecia em torno de cada um, e especialmente das mulheres, uma teia de tentações, provocações, seduções e represálias. Ao mesmo tempo, imploravam-se vistos ao consulado dominicano, colecionavam-se falsos boatos sobre a chegada de hipotéticos navios que deveriam, todos, tirar-nos dali. A situação mudou de novo quando o comércio interiorano, com ciúmes da capital, argumentou que também tinha direito à sua cota de refugiados. Do dia para a noite, todos foram postos em regime de residência forçada nas aldeias do interior. Escapei mais uma vez; porém, na ânsia de acompanhar minhas belas amigas em sua nova residência ao sopé da montanha Pelée, devi a essa derradeira manobra policial inesquecíveis passeios por aquela ilha de um exotismo tão mais clássico do que o continente sul-americano: ágata sombria herborizada, incrustada numa auréola de praias de areia negra salpicada de lantejoulas prateadas, enquanto os vales tragados por uma névoa leitosa mal deixam adivinhar — e, por um gotejar contínuo, mais ainda ao ouvido do que à vista — o gigantesco, plumoso e macio musgo das samambaias arborescentes por sobre os fósseis vivos de seus troncos.

Se até então eu fora favorecido em relação a meus companheiros, nem por isso sentia-me menos preocupado com um problema que preciso evocar aqui, uma vez que a própria redação deste livro haveria de depender de sua solução, a qual, veremos, conheceu dificuldades. Eu transportava como única fortuna uma mala cheia com os meus documentos de expedição: arquivos linguísticos e tecnológicos, diário de viagem, notas tomadas localmente, mapas, planos e negativos fotográficos — milhares de folhas, fichas e chapas. Um conjunto tão suspeito cruzara a linha de demarcação* às custas de um risco considerável para o guia que se incumbira de fazê-lo. Pela recepção tida na Martinica, eu deduzira que não podia deixar a alfândega, a polícia e a 2ª Seção do Almirantado lançarem uma olhadela que fosse naquilo que não deixaria de lhes parecer instruções em código (no que se refere ao vocabulário indígena) e levantamentos de dispositivos estratégicos ou de planos de invasão no caso dos mapas, dos esquemas e das fotografias. Portanto, resolvi declarar minha mala em trânsito, e enviaram-na lacrada para os depósitos da alfândega. Por conseguinte, eu teria de sair da Martinica, conforme me notificaram em seguida, num navio estrangeiro para onde se faria o transbordo direto da mala (ainda assim, tive de me desdobrar em esforços para esse compromisso ser aceito). Se pretendesse ir para Nova York a bordo do *D'Aumale* (verdadeiro navio-fantasma que meus companheiros esperaram durante um mês antes que ele se materializasse, numa bela manhã, como um grande brinquedo de um outro século, recém-pintado), a mala deveria primeiro entrar na Martinica, e depois sair. O que estava fora de cogitação. E foi assim que embarquei para Porto Rico, num navio bananeiro sueco de uma brancura imaculada, onde, por quatro dias, saboreei, como um gostinho dos tempos idos, uma travessia serena e quase solitária, pois éramos oito passageiros a bordo. Bem fazia eu de aproveitar.

Depois da polícia francesa, a polícia norte-americana. Ao pôr o pé em Porto Rico, descobri duas coisas: nos dois meses transcorridos desde a partida de Marselha, a legislação de imigração nos Estados Unidos mudara, e os documentos que eu tinha da New School for Social Research não correspondiam mais aos novos regulamentos; em seguida, e acima de tudo, as suspeitas que eu atribuíra à polícia martiniquense sobre os meus documentos etnográficos, e das quais me protegera tão judiciosamente, eram partilhadas pela polícia americana no mais alto grau. Portanto, após ter sido tratado de judeu-maçom a soldo dos americanos de Fort-de-France, tive o consolo um tanto amargo de

---

* Linha fronteiriça que, de 1940 a 1942, delimitava na França a zona ocupada pelos alemães e a chamada zona livre. (N. T.)

verificar que, do ponto de vista dos Estados Unidos, era muito provável que eu fosse um emissário de Vichy, se não até dos alemães. À espera de que a New School (à qual telegrafei com urgência) cumprisse as exigências da lei, e sobretudo de que um especialista do FBI capaz de ler francês chegasse a Porto Rico (sabendo que quase todas as minhas fichas continham termos não franceses, mas oriundos de dialetos praticamente desconhecidos do Brasil central, eu estremecia ao pensar no tempo que seria necessário para se descobrir um perito), os serviços de imigração resolveram internar-me, às expensas, aliás, da companhia de navegação, num hotel austero, de tradição espanhola, onde me alimentavam de carne cozida e de grão-de-bico, enquanto dois policiais nativos, muito sujos e mal escanhoados, revezavam-se à minha porta, tanto de dia quanto de noite.

Foi, lembro-me, no pátio desse hotel que Bertrand Goldschmidt, que chegara pelo mesmo navio e depois se tornou diretor do Comissariado de Energia Atômica, explicou-me certa noite o princípio da bomba atômica e revelou-me (estávamos em maio de 1941) que os principais países andavam empenhados numa corrida científica que garantiria a vitória àquele que se classificasse em primeiro lugar.

Ao fim de alguns dias, meus últimos companheiros de viagem resolveram suas dificuldades pessoais e partiram para Nova York. Fico sozinho em San Juan, ladeado por meus dois policiais que, a meu pedido, me acompanham tantas vezes quanto desejo aos três locais autorizados: o consulado da França, o banco, a imigração. Para qualquer outro deslocamento devo solicitar uma licença especial. Um dia, consigo uma para ir à universidade, onde meu guarda de plantão tem a delicadeza de não entrar comigo; para não me humilhar, espera-me à porta. E como ele mesmo e seu companheiro se amofinam, de vez em quando desrespeitam o regulamento e me permitem, por iniciativa própria, que os leve ao cinema. Foi só nas 48 horas que se passaram entre a minha libertação e o meu embarque que pude visitar a ilha, na amável companhia do sr. Christian Belle, então cônsul-geral e em quem descobri, não sem espanto em circunstâncias tão insólitas, um colega americanista, pródigo em relatos de cabotagens em veleiro ao longo das costas sul-americanas. Pouco tempo antes, a imprensa matutina informara-me a chegada de Jacques Soustelle, que fazia o giro das Antilhas para que os residentes franceses se aliassem ao general de Gaulle; precisei de outra autorização para encontrá-lo.

Em Porto Rico, tomei, pois, contato com os Estados Unidos; pela primeira vez, respirei o verniz suave e o *wintergreen* (também chamado de chá do Canadá), polos olfativos entre os quais se escalona a gama do conforto americano: do automóvel aos toaletes, passando pelo aparelho de rádio, a confeitaria e a pasta de dentes; e procurei decifrar, por trás da máscara da maquiagem, os pensamentos das senhoritas de vestido malva e cabelos acaju dos *drugstores*. Foi ali também que, na perspectiva bastante peculiar das Grandes Antilhas, primeiro reparei nesses aspectos típicos da cidade norte-americana: sempre parecida, pela leveza da construção, pela preocupação com o efeito e pela solicitação ao transeunte, com alguma exposição universal que se tornou permanente, salvo que aqui imaginaríamos estar, de preferência, no pavilhão espanhol.

Frequentemente, o acaso das viagens propicia tais ambiguidades. Ter passado no solo de Porto Rico minhas primeiras semanas de Estados Unidos far-me-á, a partir de então, encontrar a América na Espanha. Como também, vários anos depois, ter visitado minha primeira universidade inglesa no campus de edifícios neogóticos de Daca, no Bengala oriental, incita-me agora a considerar Oxford como uma Índia que tivesse conseguido controlar a lama, o mofo e as exuberâncias da vegetação.

O inspetor do FBI chega três semanas depois do meu desembarque em San Juan. Corro à alfândega, abro a mala, o instante é solene. Um jovem cortês adianta-se, tira ao acaso uma ficha, seu olhar se endurece, ele se vira feroz para mim: "Isso é alemão!". De fato, trata-se da referência à obra clássica de Von den Steinen, meu ilustre e distante predecessor no Mato Grosso central, *Unter den Naturvölkern Zentral-Brasiliens*, Berlim, 1894. Acalmando-se de imediato com essa explicação, o especialista tão longamente esperado desinteressa-se de toda a história. Tudo bem, o.k., sou admitido no solo americano, estou livre.

É preciso parar. Cada uma dessas aventuras menores faz brotar outra em minha lembrança. Algumas, como esta que se acaba de ler, ligadas à guerra, mas outras, que contei mais acima, anteriores. E poderia acrescentar-lhes ainda mais recentes, se recorresse à experiência das viagens asiáticas que datam destes últimos anos. Quanto a meu gentil inspetor do FBI, ele hoje não se satisfaria com tanta facilidade. Por todo lado o ar se torna igualmente pesado.

4. A busca do poder

Desses odores suspeitos, desses ventos de repiquete prenunciadores de uma procela mais profunda, um incidente fútil forneceu-me o primeiro indício, que se conserva em minha memória como um presságio. Tendo desistido da renovação de meu contrato na Universidade de São Paulo para consagrar-me a uma longa expedição pelo interior do país, eu me antecipara a meus colegas e tomara, semanas antes deles, o navio que devia me levar de volta ao Brasil; pela primeira vez em quatro anos eu era, pois, o único universitário a bordo; pela primeira vez também havia muitos passageiros: homens de negócios estrangeiros, mas, sobretudo, o efetivo completo de uma missão militar que se dirigia ao Paraguai. Uma travessia familiar havia se tornado irreconhecível, assim como a atmosfera, outrora tão serena, do navio. Esses oficiais e suas esposas confundiam uma viagem transatlântica com uma expedição colonial, e o serviço como instrutores junto a um exército afinal bem modesto, com a ocupação de um país conquistado, para a qual se preparavam, moralmente ao menos, no convés transformado em praça de armas, cabendo o papel de indígenas aos passageiros civis. Estes não sabiam mais para onde fugir diante de uma insolência tão ruidosa que conseguira indispor até mesmo o pessoal da ponte de comando. A atitude do chefe da missão contrastava com a de seus subordinados; ele e a mulher eram duas pessoas de comportamento discreto e atencioso; abordaram-me certo dia no canto pouco frequentado onde eu tentava escapar do rebuliço, inquiriram-me sobre meus trabalhos passados, sobre o objetivo de minha missão, e, por certas alusões, souberam me dar a entender seus papéis de testemunhas impotentes e cautelosas. O contraste era tão flagrante que parecia encobrir um mistério; três ou quatro anos mais tarde, o incidente voltou-me à memória, ao ver na imprensa o nome daquele oficial cuja posição particular era paradoxal de fato.

Terá sido então que, pela primeira vez, compreendi o que em outras regiões do mundo circunstâncias tão desencorajadoras ensinaram-me para sempre? Viagens, cofres mágicos com promessas sonhadoras, não mais revelareis vossos tesouros intactos! Uma civilização proliferante e sobre-excitada perturba para sempre o silêncio dos mares! Os perfumes dos trópicos e o frescor das criaturas estão viciados por uma fermentação de bafios suspeitos, que mortifica nossos desejos e fada-nos a colher lembranças semicorrompidas.

Hoje, quando ilhas polinésias afogadas em concreto se transformam em porta-aviões solidamente ancorados no fundo dos mares do Sul, quando a Ásia inteira ostenta o semblante de uma zona enfermiça, quando as favelas corroem a África, quando a aviação comercial e militar avilta a candura da floresta americana ou melanésia antes mesmo de poder destruir-lhe a virgindade, de que modo poderia a pretensa evasão da viagem conseguir outra coisa que não confrontar-nos com as formas mais miseráveis de nossa existência histórica? Esta grande civilização ocidental, criadora das maravilhas de que desfrutamos, certamente não conseguiu produzi-las sem contrapartida. Como a sua obra mais famosa, amontoado onde se elaboram arquiteturas de uma complexidade desconhecida, a ordem e a harmonia do Ocidente exigem a eliminação de uma massa extraordinária de subprodutos nocivos que hoje infectam a terra. O que nos mostrais em primeiro lugar, viagens, é nossa imundície atirada à face da humanidade.

Então, compreendo a paixão, a loucura, o equívoco das narrativas de viagem. Elas criam a ilusão daquilo que não existe mais e que ainda deveria existir, para escaparmos da evidência esmagadora de que 20 mil anos de história se passaram. Não há mais nada a fazer: a civilização já não é essa flor frágil que se preservava, que se desenvolvia a duras penas em certos recantos abrigados de um torrão rico em espécies rústicas, talvez ameaçadoras por sua vivacidade, mas que permitiam também variar e revigorar as sementeiras. A humanidade instala-se na monocultura; prepara-se para produzir civilização em massa, como a beterraba. Seu trivial só incluirá esse prato.

Outrora, arriscava-se a vida nas Índias ou nas Américas para trazer bens que hoje nos parecem irrisórios: pau-brasil (donde Brasil), corante vermelho, ou pimenta, pela qual, no tempo de Henrique IV, tinha-se loucura, a tal ponto que a corte guardava-a em grãos em bombonnières, para mascar. Esses choques visuais ou olfativos, esse alegre bálsamo para os olhos, essa deliciosa ardência na língua acrescentavam um novo registro ao teclado sensorial de uma civilização que não desconfiara de sua própria sensaboria. Diremos então que, por uma dupla inversão, nossos modernos Marcos Polos trazem dessas mesmas terras, desta vez em forma de fotografias, livros e relatos, as especiarias morais de que nossa sociedade experimenta uma necessidade mais aguda ao se sentir soçobrar no tédio?

Outro paralelo parece-me mais significativo. Pois esses modernos temperos são, queiramos ou não, falsificados. Não, decerto, porque sua natureza é puramente psicológica; mas porque o narrador, por mais honesto que seja, não pode, já não pode entregá-los em sua forma autêntica. Para aceitarmos recebê-los, precisamos, por uma manipulação que entre os mais sinceros é apenas inconsciente, selecionar e joeirar as lembranças e substituir o estereótipo pela vivência. Abro esses relatos de exploradores: de tal tribo, que me descrevem como selvagem e conservando até a época atual os costumes de não sei que humanidade primitiva caricaturada em alguns breves capítulos, passei semanas de minha vida de estudante a anotar as obras que, lá se vão cinquenta anos, e às vezes até bem recentemente, homens de ciência consagraram a seu estudo, antes que o contato com os brancos e as epidemias subsequentes a tivessem reduzido a um punhado de miseráveis desenraizados. Este outro grupo, que um viajante adolescente descobriu, dizem, e estudou em 48 horas, foi entrevisto (e isso não é desprezível) durante um deslocamento fora de seu território, num acampamento provisório, ingenuamente confundido com uma aldeia permanente. E ocultaram-se de maneira meticulosa os métodos de acesso, os quais teriam revelado o posto missionário há vinte anos em contato permanente com os indígenas e a pequena linha de navegação a motor que penetra até os confins da região, mas cuja existência o olho treinado logo infere a partir de pequenos detalhes fotográficos, pois o enquadramento nem sempre conseguiu evitar as latas enferrujadas onde essa humanidade virgem prepara sua gororoba.

A vaidade dessas pretensões, a credulidade ingênua que as acolhe e inclusive as provoca, o mérito, enfim, que sanciona tantos esforços inúteis (se é que não contribuem para alastrar a deterioração que, por outro lado, aplicam-se em dissimular), tudo isso implica motivações psicológicas poderosas, tanto entre os atores quanto no público, e que o estudo de certas instituições indígenas pode contribuir para aclarar. Pois a etnografia deve ajudar a compreender a moda que atrai para si todas essas contribuições que a prejudicam.

Entre inúmeras tribos da América do Norte, o prestígio social de cada indivíduo é determinado pelas circunstâncias que envolvem as provas a que os adolescentes devem se submeter na puberdade. Alguns abandonam-se sem comida numa jangada solitária, outros vão buscar o isolamento na montanha, expostos aos animais ferozes, ao frio e à chuva. Dias, semanas ou meses a fio, dependendo do caso, eles se privam de alimento, comendo apenas produtos grosseiros, ou jejuando por longos períodos, agravando inclusive o debilitamento fisiológico com o uso de eméticos. Tudo é pretexto para provocar o além: banhos gelados e prolongados, mutilações voluntárias de uma ou de várias falanges, esgarçamento das aponevroses pela inserção, sob os músculos dorsais, de cavilhas pontiagudas ligadas por cordas a fardos pesados que tentam arrastar. Mesmo que não cheguem a tais extremos, exaurem-se, quando nada, em trabalhos gratuitos: depilação do corpo pelo a pelo, ou ainda dos galhos de pinheiro até que percam todas as suas agulhas; escavação de blocos de pedra.

No estado de torpor, de enfraquecimento ou de delírio em que essas provas os deixam, esperam entrar em comunicação com o mundo sobrenatural. Comovido pela intensidade de seus sofrimentos e de suas preces, um animal mágico será forçado a lhes aparecer; uma visão há de revelar-lhes aquele que doravante será seu espírito guardião, o nome pelo qual serão conhecidos, e o poder particular recebido do protetor, que lhes conferirá, no seio do grupo social, seus privilégios e seu nível.

Dir-se-á que para esses indígenas não há nada a esperar da sociedade? Instituições e costumes parecem-lhes semelhantes a um mecanismo cujo funcionamento monótono não deixa margem ao acaso, à sorte ou ao talento. O único meio de forçar o destino seria arriscar-se nessas franjas perigosas onde as normas sociais deixam de ter um sentido, ao mesmo tempo em que se suprimem as garantias e as exigências do grupo: ir até as fronteiras do território policiado, até os limites da resistência fisiológica ou do sofrimento físico e moral. Pois é nessa beira instável que eles se expõem, seja a cair do outro lado para não mais voltar, seja, ao contrário, a captar, no imenso oceano de forças inexploradas que cerca a humanidade bem organizada, uma provisão pessoal de poder graças ao que uma ordem social ainda mais imutável será revogada em favor dos destemidos.

Todavia, tal interpretação ainda seria superficial. Pois não se trata, nessas tribos das planícies ou do planalto norte-americanos, de crenças individuais que se opõem a uma doutrina coletiva. A dialética como um todo decorre dos costumes e da filosofia do grupo. É no grupo que os indivíduos aprendem sua lição; a crença nos espíritos guardiões é própria ao grupo, e é a sociedade inteira que ensina a seus membros que, para eles, só existe oportunidade, no seio da ordem social, à custa de uma tentativa absurda e desesperada de saírem dela.

Quem não enxerga a que ponto essa "busca do poder" volta a ser valorizada na sociedade francesa contemporânea na forma ingênua da relação entre o público e "seus" exploradores? Também desde a puberdade, nossos adolescentes são autorizados a obedecer aos estímulos a que tudo os submete desde a mais tenra infância, e a vencer, de um modo qualquer, a influência momentânea de sua civilização. Pode ser em altura, pela subida de alguma montanha; ou em profundidade, descendo aos abismos; horizontalmente também, caso avancem até o centro de regiões longínquas. Por fim, o excesso procurado pode ser de ordem moral, como entre os que se colocam voluntariamente em situações tão difíceis que os conhecimentos atuais parecem excluí-los de qualquer possibilidade de sobrevivência.

Quanto aos resultados, que gostaríamos de chamar de racionais, dessas aventuras, a sociedade demonstra absoluta indiferença. Não se trata de descoberta científica, nem de enriquecimento poético e literário, sendo os testemunhos, no mais das vezes, de uma pobreza chocante. É o fato da tentativa que conta, e não seu objetivo. Como em nosso exemplo indígena, o jovem que, por algumas semanas ou alguns meses, isolou-se do grupo para expor-se (ora com convicção e sinceridade, ora, ao contrário, com prudência e artimanha, mas as sociedades indígenas também conhecem essas nuances) a uma situação excessiva, retorna munido de um poder, que entre nós se expressa pelos artigos na imprensa, pelas grandes tiragens e pelas conferências com casa lotada, mas cujo aspecto mágico é atestado pelo processo de automistificação do grupo por si mesmo que explica o fenômeno em todos os casos. Pois esses primitivos a quem basta fazer uma visita para retornar santificado, esses cumes gelados, essas grutas e essas florestas profundas, templos de altas e proveitosas revelações, são, a títulos diversos, os inimigos de uma sociedade que representa para si mesma a farsa de enobrecê-los no mesmo instante em que acaba de suprimi-los, mas que por eles só sentia horror e repugnância quando eram adversários verdadeiros. Pobre preia caída nas armadilhas da civilização mecânica, selvagens da floresta amazônica, doces e impotentes vítimas, posso resignar-me a compreender o destino que vos aniquila, mas não a ser ludibriado por essa bruxaria mais mesquinha do que a vossa, que brande perante um público ávido álbuns de kodakchromes que substituem as vossas máscaras destruídas! Acredita ele, por esse meio, apropriar-se de vossos encantos? Ainda insatisfeito, e nem sequer consciente de abolir-vos, ele precisa saciar febrilmente com vossas sombras o canibalismo nostálgico de uma história à qual já sucumbistes.

Predecessor experiente desses exploradores de selva, permaneço, então, o único a ter conservado em minhas mãos apenas cinzas? Só a minha voz testemunhará o fracasso da evasão? Como o índio do mito, fui tão longe quanto a terra o permite, e quando cheguei ao fim do mundo interroguei as criaturas e as coisas para reencontrar a mesma decepção: "Ali ele ficou, banhado em lágrimas; orando e gemendo. E, contudo, não ouviu nenhum barulho misterioso, tampouco adormeceu para ser transportado em seu sono ao templo dos animais mágicos. Para ele não podia subsistir a menor dúvida: nenhum poder, de ninguém, lhe estava destinado...".

O sonho, "deus dos selvagens", diziam os antigos missionários, sempre esvaiu-se-me entre os dedos, como um mercúrio sutil. Onde deixou-me alguns fragmentos brilhantes? Em Cuiabá, cujo solo fornecia outrora as pepitas de ouro? Em Ubatuba, porto hoje deserto, onde há duzentos anos carregavam-se os galeões? Sobrevoando os desertos da Arábia, róseos e verdes como o nácar do molusco haliote? Seria na América ou na Ásia? Nos bancos da Terra Nova, nos altiplanos bolivianos ou nas colinas da fronteira birmanesa? Escolho, ao acaso, um nome ainda totalmente envolto em prestígios pela lenda: Lahore.

Um campo de aviação num subúrbio indeterminado; intermináveis avenidas com árvores plantadas, ladeadas de mansões; num terreno cercado, um hotel, que lembra algum haras normando, alinha diversas construções todas parecidas, cujas portas ao rés do chão e justapostas como pequenas cocheiras dão acesso a apartamentos idênticos: salão na frente, banheiro nos fundos, quarto no meio. Um quilômetro de avenida conduz a uma praça de vilório de onde partem outras avenidas margeadas por raras lojas: farmacêutico, fotógrafo, livraria, relojoeiro. Prisioneiro dessa vastidão insignificante, meu objetivo já me parece inatingível. Onde está esse velho, esse verdadeiro Lahore? Para alcançá-lo, no extremo daquele subúrbio canhestramente implantado e já decrépito, há que se percorrer ainda um quilômetro de bazar, onde uma joalheria ao alcance de bolsos modestos, que trabalha com serra mecânica um ouro da espessura de uma folha de flandres, é vizinha dos cosméticos, remédios, matérias plásticas de importação. Irei por fim agarrá-lo nessas ruelas sombrias onde devo encostar-me nas paredes para dar passagem aos rebanhos de carneiros com a lã tingida de azul e rosa, e aos búfalos — cada um do tamanho de três vacas — que nos empurram amáveis, mas, com frequência maior ainda, aos caminhões? Diante dessas estruturas de madeira desabando e corroídas pelos anos? Poderia adivinhar-lhes o rendilhado e as cinzelagens se o acesso não estivesse vedado pela teia de aranha metálica que, de um muro a outro e em toda a cidade velha, é tecida por uma instalação elétrica malfeita. Também de vez em quando, é verdade, por alguns segundos, por alguns metros, uma imagem, um eco vêm à tona do fundo das eras: na ruela dos bate-folhas de ouro e de prata, o carrilhão plácido e límpido que produziria um xilofone tocado distraidamente por um gênio de mil braços. Saio dali para logo cair em vastos traçados de avenidas que cortam de maneira brutal os escombros (devidos aos tumultos recentes) de casas de quinhentos anos, mas tantas vezes destruídas e reformadas que sua inefável vetustez não tem mais idade. É assim que me identifico, viajante, arqueólogo do espaço, procurando em vão reconstituir o exotismo com o auxílio de fragmentos e de destroços.

Então, insidiosamente, a ilusão começa a tecer suas armadilhas. Gostaria de ter vivido no tempo das *verdadeiras* viagens, quando um espetáculo ainda não estragado, contaminado e maldito se oferecia em todo o seu esplendor; não ter franqueado esse recinto como eu mesmo, mas como Bernier, Tavernier, Manucci... Uma vez encetado, o jogo das conjecturas não tem mais fim. Quando se deveria visitar a Índia, em que época o estudo dos selvagens brasileiros poderia proporcionar a satisfação mais pura, levar a conhecê-los na forma menos alterada? Teria sido melhor chegar ao Rio no século XVIII com Bougainville, ou no XVI, com Léry e Thevet? Cada lustro para trás permite-me salvar um costume, ganhar uma festa, partilhar uma crença suplementar. Mas conheço bem demais os textos para não saber que, me privando de um século, renuncio simultaneamente a informações e a curiosidades dignas de enriquecer minha reflexão. E eis, diante de mim, o círculo intransponível: quanto menos as culturas tinham condições de comunicar entre si e, portanto, de se corromper pelo contato mútuo, menos também seus emissários respectivos eram capazes de perceber a riqueza e o significado dessa diversidade. No final das contas, sou prisioneiro de uma alternativa: ora viajante antigo, confrontado com um prodigioso espetáculo do qual tudo ou quase lhe escapava — pior ainda, inspirava troça e desprezo —, ora viajante moderno, correndo atrás dos vestígios de uma realidade desaparecida. Nessas duas situações sou perdedor, e mais do que parece: pois eu, que me lamento diante das sombras, não seria impermeável ao verdadeiro espetáculo que está tomando forma neste instante, mas para cuja observação meu grau de humanidade ainda carece da sensibilidade necessária? Dentro de algumas centenas de anos, neste mesmo lugar, outro viajante, tão desesperado quanto eu, pranteará o desaparecimento do que eu poderia ter visto e que me escapou. Vítima de uma dupla inaptidão, tudo o que percebo me fere, e reprovo-me em permanência não olhar o suficiente.

Muito tempo paralisado por esse dilema, parece-me, no entanto, que o líquido turvo começa a repousar. Formas evanescentes ganham nitidez, a confusão dissipa-se lentamente. Que ocorreu, afinal, senão a fuga dos anos? Rolando minhas recordações em seu fluxo, o esquecimento fez mais do que gastá-las e enterrá-las. O profundo edifício que construiu com esses fragmentos oferece a meus passos um equilíbrio mais estável, um desenho mais claro para a minha vista. Uma ordem substituiu-se a outra. Entre essas duas escarpas que mantêm distanciados meu olhar e seu objeto, os anos que as destroem começaram a acumular os destroços. As arestas vão se arredondando, pedaços inteiros desabam; os tempos e os lugares se chocam, se justapõem ou se invertem, como os sedimentos deslocados pelos tremores de uma crosta envelhecida. Determinado pormenor, ínfimo e antigo, prorrompe como um pico, enquanto camadas inteiras de meu passado afundam sem deixar rastro. Episódios sem relação aparente, oriundos de períodos e de regiões heterogêneas, deslizam uns por cima dos outros e, de repente, imobilizam-se num semblante de castelo sobre cujas plantas um arquiteto mais sensato do que minha história teria meditado. "Cada homem" escreve Chateaubriand, "traz em si um mundo composto de tudo o que viu e amou, e onde ele entra em permanência, ao mesmo tempo em que percorre e parece habitar um mundo estrangeiro."* Doravante, a passagem é possível. De forma inesperada, entre mim e a vida o tempo alongou seu istmo; foram necessários vinte anos de esquecimento para me levarem ao tête-à-tête com uma experiência antiga cujo sentido me fora recusado, e a intimidade, roubada, outrora, por uma perseguição tão longa quanto a Terra.

* *Voyages en Italie*, no dia 11 de dezembro.

PARTE II
ANOTAÇÕES DE VIAGEM

5. Olhando para trás

Minha carreira decidiu-se num domingo do outono de 1934, às nove horas da manhã, com um telefonema. Era Célestin Bouglé, então diretor da Escola Normal Superior; ele me tratava fazia alguns anos com uma benevolência um pouco distante e reticente: primeiro, porque eu não era um ex--*normalien*, segundo, e sobretudo, porque, ainda que fosse, não pertencia ao seu grupinho, pelo qual ele manifestava sentimentos exclusivíssimos. Provavelmente não pudera fazer escolha melhor, pois me perguntou de maneira abrupta: "Você continua com vontade de fazer etnografia?". "Sem dúvida!" "Então, apresente sua candidatura para professor de sociologia da Universidade de São Paulo. Os arredores estão repletos de índios, a quem você dedicará os seus fins de semana. Mas é preciso dar sua resposta definitiva a Georges Dumas antes do meio-dia."

O Brasil e a América do Sul não significavam muito para mim. Entretanto, ainda revejo, com a maior nitidez, as imagens que logo evocou essa proposta inesperada. Os países exóticos apareciam-me como o oposto dos nossos, em meu pensamento o termo *antípodas* adquiria um sentido mais rico e mais ingênuo do que o seu conteúdo literal. Muito me surpreenderia se me dissessem que uma espécie animal ou vegetal podia ter o mesmo aspecto nos dois lados do globo. Cada animal, cada árvore, cada fiapo de capim devia ser radicalmente diferente, exibir já à primeira vista sua natureza tropical. O Brasil esboçava-se em minha imaginação como feixes de palmeiras torneadas, ocultando arquiteturas estranhas, tudo isso banhado num cheiro de defumador, detalhe olfativo introduzido sub-repticiamente, ao que parece, pela homofonia observada de forma inconsciente entre as palavras *Brésil* e *grésiller* ["Brasil" e "crepitar"], e que, mais do que qualquer experiência adquirida, explica que ainda hoje eu pense primeiro no Brasil como num perfume queimado.

Consideradas retrospectivamente, essas imagens já não me parecem tão arbitrárias. Aprendi que a verdade de uma situação não se encontra em sua observação cotidiana, mas nessa destilação paciente e fragmentada que o equívoco do perfume talvez já me convidasse a pôr em prática, na forma de um trocadilho espontâneo, veículo de uma lição simbólica que eu não estava em condições de formular claramente. Menos do que um percurso, a exploração é uma escavação: só uma cena fugaz, um canto de paisagem, uma reflexão agarrada no ar permitem compreender e interpretar horizontes que de outro modo seriam estéreis.

Naquele momento, a extravagante promessa de Bouglé relativa aos índios trazia-me outros problemas. De onde ele tirara essa crença de que São Paulo era uma cidade indígena, pelo menos em seus subúrbios? Com certeza, de uma confusão com a Cidade do México ou Tegucigalpa. Esse filósofo que outrora escrevera uma obra sobre *Le régime des castes* na Índia, sem se perguntar um só instante se não teria sido melhor, primeiro, ter ido até lá para observar ("No fluxo dos acontecimentos, são as instituições que subsistem", proclamava com altivez em seu prefácio de 1927), não pensava que a condição dos indígenas devesse ter importante repercussão na pesquisa etnográfica. Aliás, sabe-se que não era o único, entre os sociólogos oficiais, a demonstrar essa indiferença cujos exemplos sobrevivem diante de nossos olhos.

Fosse como fosse, eu mesmo era ignorante demais para não acatar ilusões tão favoráveis a meu propósito, tanto mais que Georges Dumas tinha sobre a questão noções igualmente imprecisas: conhecera o Brasil meridional numa época em que o extermínio das populações indígenas ainda não chegará a seu termo; e, sobretudo, a sociedade de ditadores, de senhores feudais e de mecenas em que ele se deleitava praticamente não lhe fornece luzes sobre o assunto.

Portanto, fiquei um tanto espantado quando, durante um almoço a que me levara Victor Margueritte, ouvi da boca do embaixador do Brasil em Paris a versão oficial: "Índios? Infelizmente, prezado cavalheiro, lá se vão anos que eles desapareceram. Ah, essa é uma página bem triste, bem vergonhosa da história de meu país. Mas os colonos portugueses do século XVI eram homens ávidos e brutais. Como reprová-los por terem participado da rudeza geral dos costumes? Apanhavam os índios, amarravam-nos na boca dos canhões e estraçalhavam-nos vivos, a tiros. Foi assim que os eliminaram, até o último. Como sociólogo, o senhor vai descobrir no Brasil coisas apaixonantes, mas nos índios, não pense mais, não encontrara nem um único...".

Quando hoje evoco essas palavras, elas me parecem inacreditáveis, mesmo na boca de um 'grã-fino' de 1934 e lembrando-me a que ponto a elite brasileira da época (felizmente, desde então ela mudou) tinha horror a qualquer alusão aos indígenas e, de maneira mais genérica, às condições primitivas do interior, a não ser para admitir — e inclusive sugerir — que uma bisavó índia dera origem a uma fisionomia imperceptivelmente exótica, e não essas poucas gotas, ou litros, de sangue negro que já ia se tornando de bom-tom (ao contrário dos antepassados da época imperial) tentar fazer esquecer. Contudo, em Luís de Sousa Dantas a ascendência índia não deixava dúvidas, e disso ele poderia facilmente se orgulhar. Mas, brasileiro de exportação que desde a adolescência adotara a França, ele perdera até mesmo o conhecimento do estado real de seu país, que fora substituído em sua memória por uma espécie de estereótipo oficial e elegante. Já que certas recordações lhe haviam ficado, ele preferia também, imagino, denegrir os brasileiros do século XVI para desviar a atenção do passatempo predileto que fora o dos homens da geração de seus pais, e até mesmo ainda do tempo de sua juventude: a saber, recolher nos hospitais as roupas infectadas das vítimas da varíola, para ir pendurá-las junto com outros presentes ao longo das trilhas ainda frequentadas pelas tribos. Graças ao quê, obteve-se este brilhante resultado: o estado de São Paulo, tão grande quanto a França, que os mapas de 1918 ainda indicavam com dois terços de "território desconhecido habitado somente pelos índios", não tinha, quando lá cheguei em 1935, mais um único índio, a não ser um grupo de algumas famílias localizadas no litoral que vinham vender aos domingos, nas praias de Santos, pretensas curiosidades. Felizmente, embora não nos arrabaldes de São Paulo, os índios ainda estavam lá, a 3 mil quilômetros, no interior.

Não me é possível passar por esse período sem fixar um olhar amical em outro mundo que devo a Victor Margueritte (meu introdutor na embaixada do Brasil) ter me feito entrever; ele me conservara sua amizade, após uma curta temporada a seu serviço, como secretário, durante meus últimos anos de estudante. Minha função fora cuidar da publicação de um de seus livros — *La patrie humaine* —, indo visitar uma centena de personalidades parisienses para apresentar-lhes o exemplar que o Mestre — ele fazia questão desse tratamento — lhes dedicara. Também devia redigir notinhas e pretensos ecos sugerindo à crítica os comentários apropriados. Victor Margueritte permanece em minha lembrança, não só pela delicadeza de todo o seu procedimento para comigo, mas também (como é o caso para tudo o que me impressiona de forma duradoura) em razão da contradição entre o personagem e a obra. Assim como esta pode parecer simplista, confusa, apesar de sua generosidade, assim também a memória do homem mereceria subsistir. Seu rosto tinha a graça e a finura um pouco femininas de um anjo gótico, e em todos os seus modos transparecia uma nobreza tão natural que seus defeitos, entre os quais a vaidade não era o menor, não chegavam a chocar ou a irritar, de tal modo pareciam o indício suplementar de um privilégio de sangue ou de espírito.

Ele morava para os lados do XVIIe arrondissement, num grande apartamento burguês e antiquado, onde, já quase cego, cercava-o com uma dedicação ativa sua mulher cuja idade (que exclui a confusão, só possível na juventude, entre as características físicas e morais) decompusera em feiura e em vivacidade aquilo que outrora certamente fora admirado como *picante*.

Ele recebia muito pouco, não só porque se julgava desconhecido entre as jovens gerações e porque os meios oficiais o haviam repudiado, mas sobretudo porque se instalara em tão elevado pedestal que lhe era difícil encontrar interlocutores. De modo espontâneo ou pensado, nunca pude saber, ele contribuíra, com alguns outros, para o estabelecimento de uma confraria internacional de super-homens da qual faziam parte cinco ou seis: ele próprio, Keyserling, Ladislas Reymond, Romain Rolland e, creio, Einstein, por certo tempo. A base do sistema consistia em que, sempre que um de seus membros publicasse um livro, os outros, dispersos pelo mundo, apressavam-se em saudá-lo como uma das mais elevadas manifestações do gênio humano.

Porém, o mais comovente em Victor Margueritte era a simplicidade com que desejava assumir em sua pessoa toda a história da literatura francesa. Isso lhe era mais fácil na medida em que ele vinha de um meio literário: sua mãe era prima irmã de Mallarmé; as histórias, as recordações respaldavam-lhe a afetação. Assim, em sua casa falava-se com familiaridade de Zola, dos Goncourt, de Balzac, de Hugo, como de tios e avós cuja herança ele recebera a incumbência de administrar. E quando exclamava com impaciência: "Dizem que escrevo sem estilo! E Balzac, será que tinha estilo?", pensaríamos estar diante de um descendente de reis explicando uma de suas estripulias pelo temperamento ardente de um antepassado, temperamento célebre que o comum dos mortais evoca, não como traço pessoal, mas como a explicação oficialmente reconhecida de uma grande guinada na história contemporânea; e estremecemos de alegria ao reencontrá-lo encarnado. Outros escritores tiveram mais talento; mas certamente poucos souberam criar, com tanta graça, uma concepção tão aristocrática de sua profissão.

6. Como se faz um etnógrafo

Eu me preparava para a licenciatura de filosofia à qual me levara menos uma verdadeira vocação do que a repugnância sentida no contato com as outras disciplinas que eu até então abordara.

Ao chegar ao curso de filosofia, estava vagamente imbuído de um monismo racionalista que eu me dispunha a justificar e a fortalecer; portanto, fiz das tripas coração para entrar na turma cujo professor tinha a fama de ser o mais "avançado". É verdade que Gustave Rodrigues era um militante do partido Seção Francesa da Internacional Operária, mas, no plano filosófico, sua doutrina apresentava uma mistura de bergsonismo e de neokantismo que era uma séria decepção para as minhas expectativas. A serviço de uma aridez dogmática, ele professava um fervor que se traduziu ao longo de todo o seu curso em uma gesticulação apaixonada. Jamais conheci tamanha convicção cândida associada a reflexão tão escassa. Ele se suicidou em 1940, no momento da entrada dos alemães em Paris.

Ali comecei a aprender que todo problema, grave ou fútil, pode ser liquidado pela aplicação de um método, sempre idêntico, que consiste em contrapor duas visões tradicionais da questão; em introduzir a primeira pelas justificações do sentido comum, depois, em destruí-las por meio da segunda; por último, opô-las mutuamente graças a uma terceira que revela o caráter também parcial das outras duas, reduzidas pelos artifícios do vocabulário aos aspectos complementares de uma mesma realidade: forma e fundo, continente e conteúdo, ser e parecer, contínuo e descontínuo, essência e existência etc. Tais exercícios logo se tornam verbais, baseados numa arte do trocadilho que ocupa o lugar da reflexão; as assonâncias entre os termos, as homofonias e as ambiguidades fornecem progressivamente a matéria dessas piruetas especulativas por cuja engenhosidade se reconhecem os bons trabalhos filosóficos.

Cinco anos de Sorbonne reduziam-se ao aprendizado dessa ginástica cujos perigos, todavia, são óbvios. Primeiramente, porque a mola de tais acrobacias é tão simples que não há problema que não possa ser tratado dessa maneira. Para preparar o concurso e essa prova suprema, a aula (que consiste, após algumas horas de preparação, em discorrer sobre um tema sorteado), meus companheiros e eu propúnhamos os assuntos mais extravagantes. Eu me gabava de elaborar em dez minutos uma conferência de uma hora, com sólido arcabouço dialético, sobre a superioridade respectiva dos ônibus e dos bondes. O método não apenas fornece um passe-partout, como incita a só se enxergar na riqueza dos temas de reflexão uma forma única, sempre parecida, com a condição de fazer-lhe certas correções elementares: um pouco como uma música que se reduzisse a uma única melodia, desde que compreendamos que esta se lê ora em clave de sol ora em clave de fá. Desse ponto de vista, o ensino filosófico exercitava a inteligência ao mesmo tempo em que ressecava o espírito.

Vejo um perigo ainda mais grave em confundir o progresso do conhecimento com a complexidade crescente das construções do espírito. Convidavam-nos a praticar uma síntese dinâmica tomando como ponto de partida as teorias menos adequadas, para elevar-nos até as mais sutis; porém, ao mesmo tempo (e em virtude da preocupação histórica que obcecava todos os nossos mestres), havia que explicar de que modo estas tinham nascido gradualmente daquelas. No fundo, tratava-se mais de compreender como os homens haviam aos poucos superado as contradições, e menos de diferenciar o verdadeiro do falso. A filosofia não era *ancilla scientiarum*, a serva e a auxiliar da exploração científica, mas uma espécie de contemplação estética da consciência por si mesma. Viam-na, através dos séculos, elaborando construções cada vez mais leves e audaciosas, resolvendo problemas de equilíbrio ou de alcance, inventando requintes lógicos, e tudo isso era tanto mais meritório quanto maior fosse a perfeição técnica ou a coerência interna; o ensino filosófico tornava-se comparável ao de uma história da arte que proclamaria o gótico como necessariamente superior ao românico, e, no âmbito do primeiro, o flamboyant mais perfeito do que o primitivo, mas em que ninguém indagaria o que é belo e o que não é. O significante não se reportava a nenhum significado, já não havia referente. O savoir-faire substituía o gosto pela verdade. Depois de anos consagrados a esses exercícios, encontro-me frente a frente com certas convicções toscas que não são muito diferentes das de meus quinze anos. Talvez eu perceba melhor a insuficiência dessas ferramentas; pelo menos têm elas um valor instrumental que as torna adequadas ao serviço que lhes peço; não corro o risco de ser enganado por sua complicação interna, nem de esquecer sua finalidade prática para me perder na contemplação de sua maravilhosa organização.

Todavia, pressinto causas mais pessoais na rápida aversão que me afastou da filosofia e me levou a agarrar-me à etnografia como a uma tábua de salvação. Após passar no liceu de Mont-de-Marsan um ano feliz a preparar meu curso, ao mesmo tempo em que ensinava, descobri horrorizado já no início do ano letivo seguinte, em Laon, para onde eu fora nomeado, que o resto da minha vida inteira consistiria em repeti-lo. Ora, meu espírito apresenta uma peculiaridade, que decerto é uma inaptidão: a dificuldade de ser por mim fixado duas vezes no mesmo objeto. De costume, o concurso para a licenciatura é considerado uma prova desumana ao fim da qual, por menos que se queira, conquista-se o repouso definitivo. Para mim, era o contrário. Aprovado no meu primeiro concurso, caçula de minha turma, eu ganhara sem me cansar aquele rali por entre as doutrinas, as teorias e as hipóteses. Mas era em seguida que meu suplício começaria: ser-me-ia impossível articular verbalmente minhas aulas caso não me dedicasse a produzir todo ano um curso novo. Essa incapacidade revelava-se ainda mais incômoda quando eu me encontrava no papel de examinador, pois, tirando na sorte os pontos do programa, eu nem mais sequer sabia que respostas os candidatos deveriam me dar. O mais incapaz parecia já ter dito tudo. Era como se os temas se dissolvessem na minha frente pelo simples fato de que alguma vez eu lhes aplicara minha reflexão.

Hoje, às vezes me pergunto se a etnografia não me atraiu, sem que eu suspeitasse, devido a uma afinidade de estrutura entre as civilizações que ela estuda e a de meu próprio pensamento. Faltam-me aptidões para conservar cuidadosamente cultivado um campo cujas ceifas eu acumulasse ano após ano: tenho uma inteligência neolítica. Semelhante às queimadas indígenas, ela abrasa solos por vezes inexplorados; fecunda-os talvez para extrair-lhes às pressas algumas colheitas, e deixa atrás de si um território devastado. Porém, na época eu era incapaz de tomar consciência dessas motivações profundas. Desconhecia tudo acerca da etnologia, jamais seguira um curso, e quando sir James Frazer fez sua última visita à Sorbonne e proferiu uma conferência memorável — em 1928, creio —, embora eu estivesse a par do acontecimento, nem sequer me veio a ideia de assistir a ela.

Sem dúvida, desde a tenra infância eu me dedicara a uma coleção de curiosidades exóticas. Mas era uma atividade de antiquário, voltada para áreas em que nem tudo era inacessível às minhas posses. Na adolescência, minha orientação ainda continuava tão indecisa, que o primeiro que tentou formular um diagnóstico, meu professor de filosofia do último ano, chamado André Cresson, indicou-me os estudos jurídicos como os que melhor correspondiam a meu temperamento; conservo profunda gratidão por sua memória devido à semiverdade que esse erro encobria.

Desisti, portanto, da Escola Normal e inscrevi-me em direito ao mesmo tempo em que fiz o curso de filosofia; simplesmente porque era muito fácil. Uma curiosa fatalidade pesa sobre o ensino do direito. Preso entre a teologia da qual, nessa época, seu espírito o aproximava, e o jornalismo, para o qual a recente reforma o está fazendo pender, parece que lhe é impossível situar-se num plano a um só tempo sólido e objetivo: perde uma das virtudes quando tenta conquistar ou conservar a outra. Objeto de estudo para o homem de ciência, o jurista fazia-me pensar num animal que pretendesse mostrar a lanterna mágica ao zoólogo. Na época, felizmente, os exames de direito eram preparados em quinze dias, graças às fichas que decorávamos. Mais ainda do que sua esterilidade, repelia-me a clientela do direito. A distinção ainda será marcante? Tenho dúvidas. Mas, por volta de 1928, os estudantes de primeiro ano de diversas ordens repartiam-se em duas espécies, quase se poderia dizer em duas raças separadas: direito e medicina de um lado, letras e ciências, de outro.

Por pouco sedutores que sejam os termos *extrovertido* e *introvertido*, são decerto os mais apropriados para traduzir a oposição. De um lado, uma "juventude" (no sentido em que o folclore tradicional emprega essa palavra para designar uma faixa etária) barulhenta, agressiva, preocupada em se afirmar, ainda que às custas da pior vulgaridade, orientada em termos políticos para a extrema direita (da época); de outro, adolescentes precocemente envelhecidos, discretos, retraídos, habitualmente "de esquerda", e tentando já serem admitidos no ambiente desses adultos que tratavam de se tornar.

A explicação para essa diferença é bastante simples. Os primeiros, que se preparam para o exercício de uma profissão, celebram por seu comportamento a alforria da escola e uma posição já ocupada no sistema das funções sociais. Colocados numa situação intermediária entre o estado indiferenciado de alunos de liceu e a atividade especializada à qual se destinam, sentem-se marginalizados e reivindicam os privilégios contraditórios típicos de uma e outra condição.

Nas letras e nas ciências, as profissões de praxe, como magistério, pesquisa e algumas carreiras imprecisas, são de outra natureza. O estudante que as escolhe não se despede do universo infantil: antes, empenha-se em mantê-lo. Não é o magistério o único meio oferecido aos adultos que lhes possibilita permanecer na escola? O estudante de letras ou de ciências caracteriza-se por uma espécie de recusa que ele contrapõe às exigências do grupo. Uma reação quase conventual incita-o a retrair-se temporariamente ou de forma mais duradoura, no estudo, na preservação e na transmissão de um patrimônio, independentemente do tempo que passa; quanto ao futuro cientista, seu objeto só é comensurável à duração do universo. Portanto, nada é mais falso do que persuadi-los de que eles se envolvem; mesmo quando creem fazê-lo, o envolvimento não consiste em aceitar um grupo determinado, em identificar-se com uma de suas funções, em assumir suas oportunidades e seus riscos pessoais, mas em julgá-lo de fora e como se eles mesmos não fizessem parte dele; seu envolvimento ainda é uma maneira peculiar de se manterem descomprometidos. Desse ponto de vista, o ensino e a pesquisa não se confundem com a aprendizagem de uma profissão. São sua grandeza e sua desgraça constituírem, quer um refúgio, quer uma missão.

Nessa antinomia que opõe, de um lado, a profissão e, de outro, um projeto ambíguo que oscila entre a missão e o refúgio, e que sempre participa de uma ou de outro, sendo ora uma ora outro, a etnografia ocupa decerto um lugar privilegiado. É a forma mais extrema que se possa conceber do segundo termo. Sempre se considerando humano, o etnógrafo procura conhecer e julgar o homem de um ponto de vista elevado e distante o suficiente para abstraí-lo das contingências próprias a esta sociedade ou àquela civilização.

Suas condições de vida e de trabalho o isolam fisicamente de seu grupo por longos períodos; pela brutalidade das mudanças a que se expõe, ele adquire uma espécie de desarraigamento crônico: nunca mais se sentirá em casa, em lugar nenhum, permanecerá psicologicamente mutilado. Como a matemática ou a música, a etnografia é uma das raras vocações autênticas. Podemos descobri-la em nós, ainda que não nos tenha sido ensinada por ninguém.

Às particularidades individuais e às atitudes sociais, cabe acrescentar as motivações de natureza propriamente intelectual. O período 1920-30 foi o da difusão das teorias psicanalíticas na França. Por intermédio delas, eu aprendia que as antinomias estáticas em torno das quais nos aconselhavam a construir nossas dissertações filosóficas e, mais tarde, nossas aulas — racional e irracional, intelectual e afetivo, lógica e pré-lógica — reduziam-se a um jogo gratuito. Primeiramente, para além do racional existe uma categoria mais importante e mais fértil, a do significante, que é a mais elevada forma de ser do racional mas cujo nome nossos professores (decerto mais ocupados em meditar sobre o *Essai sur les données immédiates de la conscience* do que sobre o *Curso de linguística geral*, de F. de Saussure) nem sequer pronunciavam. Em seguida, a obra de Freud revelava-me que essas oposições não o são verdadeiramente, uma vez que justo os comportamentos na aparência mais afetivos, as operações menos racionais, as manifestações declaradas pré-lógicas é que são ao mesmo tempo os mais significantes. No lugar dos atos de fé ou das petições de princípio do bergsonismo, reduzindo seres e coisas a um estado pastoso para melhor salientar-lhes a natureza inefável, eu me convencia de que seres e coisas podem conservar seus valores próprios sem perder a nitidez dos contornos que os delimitam uns em relação aos outros, e dão a cada um uma estrutura inteligível. O conhecimento não se baseia numa renúncia ou numa permuta, mas consiste em uma seleção de aspectos verdadeiros, isto é, aqueles que coincidem com as propriedades de meu pensamento. Não, conforme pretendiam os neokantianos, porque este exerce sobre as coisas uma inevitável coerção, porém bem mais porque meu pensamento é ele próprio um objeto. Sendo "deste mundo", participa da mesma natureza que ele.

Essa evolução intelectual, pela qual passei junto com outros homens de minha geração, coloria-se, no entanto, de um matiz particular em virtude da intensa curiosidade que, desde a infância, me encaminhara para a geologia; ainda guardo entre minhas mais caras lembranças menos tal expedição por uma zona desconhecida do Brasil central do que o acompanhamento pelo flanco de um planalto calcário languedociano da linha de contato entre duas camadas geológicas. Trata-se, aqui, de algo muito diferente de um passeio ou de uma simples exploração do espaço: essa busca, incoerente para um observador não iniciado, oferece, a meu ver, a própria imagem do conhecimento, das dificuldades que se opõem e das alegrias que se podem esperar dele.

Toda paisagem apresenta-se de início como uma imensa desordem que nos deixa livres para escolhermos o sentido que preferimos lhe atribuir. Porém, mais além das especulações agrícolas, dos acidentes geográficos, das transformações da história e da pré-história, o sentido, augusto entre todos, não é o que precede, comanda e, em grande escala, explica os outros? Essa linha tênue e confusa, essa diferença quase sempre imperceptível na forma, e a consistência dos detritos rochosos testemunham que, ali onde hoje vejo um terreno árido, dois oceanos outrora se sucederam. Seguindo passo a passo as provas de sua estagnação milenar e vencendo todos os obstáculos — paredes abruptas, desabamentos, matagais, plantações —, indiferente às trilhas como às barreiras, parecemos agir em sentido contrário. Ora, essa insubordinação tem como único objetivo recuperar um sentido primeiro, obscuro sem dúvida, mas do qual cada um dos outros é a transposição parcial ou deformada.

Que se produza o milagre, como ocorre de vez em quando; que de um lado e outro da rachadura secreta surjam par a par duas verdes plantas de espécies diferentes, cada uma escolhendo o solo mais propício; e que no mesmo momento se percebam na rocha duas amonites de involuções desigualmente complicadas, comprovando a seu modo uma distância de algumas dezenas de milênios: de repente, o espaço e o tempo se confundem, a diversidade viva do instante justapõe e perpetua as eras. O pensamento e a sensibilidade atingem uma dimensão nova em que cada gota de suor, cada flexão muscular, cada arfar tornam-se outros tantos símbolos de uma história cujo movimento próprio meu corpo reproduz, e cujo significado, ao mesmo tempo, meu pensamento abarca. Sinto-me banhado numa inteligibilidade mais densa, em cujo seio os séculos e os lugares se respondem e falam linguagens afinal reconciliadas.

Quando conheci as teorias de Freud, pareceram-me, naturalmente, a aplicação ao homem como indivíduo de um método cujo cânone era representado pela geologia. Em ambos os casos, o pesquisador é posto, já de saída, diante de fenômenos na aparência impenetráveis; em ambos os casos, para inventariar e avaliar os elementos de uma situação complexa, ele deve lançar mão de qualidades delicadas: sensibilidade, faro e bom gosto. E, no entanto, a ordem que se introduz num conjunto à primeira vista incoerente não é contingente nem arbitrária. À diferença da história dos historiadores, a do geólogo, assim como a do psicanalista, busca projetar no tempo, um pouco à maneira de um quadro vivo, certas propriedades fundamentais do universo físico ou psíquico. Acabo de falar de quadro vivo; de fato, o jogo dos "provérbios em ação" fornece a imagem ingênua de uma iniciativa que consiste em interpretar cada gesto como o desenrolar no tempo de certas verdades intemporais cujo aspecto concreto os provérbios tentam restituir no plano moral mas que, em outras áreas, chamam-se exatamente leis. Em todos esses casos, uma solicitação da curiosidade estética permite alcançar o conhecimento sem maiores esforços.

Por volta de meus dezessete anos, fui iniciado no marxismo por um jovem socialista belga, que eu conhecera durante as férias e que hoje é embaixador de seu país no exterior. A leitura de Marx extasiou-me mais ainda na medida em que eu tomava contato pela primeira vez, por meio desse grande pensamento, com a corrente filosófica que vai de Kant a Hegel: todo um mundo era-me revelado. Desde então, esse fervor jamais se desmentiu e raras vezes dedico-me a enfrentar um problema de sociologia ou de etnologia sem previamente revigorar minha reflexão com algumas páginas do *18 de brumário de Luís Napoleão* ou da *Crítica da economia política*. Aliás, não se trata de saber se Marx previu com acerto este ou aquele desdobramento da história. Seguindo-se a Rousseau, e de forma que me parece decisiva, Marx ensinou que a ciência social constrói-se tão pouco no plano dos acontecimentos quanto a física a partir dos dados da sensibilidade: a meta é construir um modelo, estudar suas propriedades e suas diferentes formas de reação no laboratório, para em seguida aplicar essas observações à interpretação do que ocorre empiricamente e que pode estar muito distante das previsões.

Em um nível diferente da realidade, o marxismo parecia-me proceder da mesma maneira que a geologia e a psicanálise entendida no sentido que lhe dera seu fundador. Os três demonstram que compreender consiste em reduzir um tipo de realidade a outro; que a realidade verdadeira nunca é a mais patente; e que a natureza do verdadeiro já transparece no zelo que este emprega em se ocultar. Em todos os casos, coloca-se o mesmo problema, que é o da relação entre o sensível e o racional, e o objetivo pretendido é o mesmo: uma espécie de *super-racionalismo*, visando a integrar o primeiro ao segundo sem nada sacrificar de suas propriedades.

Assim, pois, eu era rebelde às novas tendências da reflexão metafísica tais como estas começavam a se esboçar. A fenomenologia me desagradava, na medida em que postula uma continuidade entre a vivência e o real. Concordo em reconhecer que este envolve e explica aquela, eu aprendera com minhas três professoras que a passagem entre as duas ordens é descontínua; que para alcançar o real é necessário, primeiramente, repudiar a vivência, ainda que seja para reintegrá-la em seguida numa síntese objetiva destituída de qualquer sentimentalismo. Quanto à corrente de pensamento que iria eclodir com o existencialismo, parecia-me ser o oposto de uma reflexão legítima em razão da condescendência que manifesta pelas ilusões da subjetividade. Essa promoção das preocupações pessoais à dignidade de problemas filosóficos arrisca-se demasiado a terminar numa espécie de metafísica para mocinhas de subúrbio, desculpável a título de processo didático, mas muito perigosa caso permita tergiversar com essa missão reservada à filosofia até que a ciência seja suficientemente forte para substituí-la, que é a de compreender o ser com relação a si mesmo e não com relação a mim. Em vez de abolir a metafísica, a fenomenologia e o existencialismo introduziam dois métodos para encontrar-lhe álibis.

Entre o marxismo e a psicanálise, que são ciências humanas, uma com perspectiva social, outra, individual, e a geologia, ciência física — mas também mãe e nutriz da história, tanto por seu método quanto por seu objeto —, a etnografia se instala espontaneamente em seu próprio reino, pois esta humanidade, que encaramos com as limitações apenas do espaço, confere um novo sentido às transformações do globo terrestre legadas pela história geológica: trabalho indissolúvel que prossegue no correr dos milênios, na obra de sociedades anônimas como as forças telúricas, e no pensamento de indivíduos que oferecem à atenção do psicólogo outros tantos casos particulares. A etnografia proporciona-me uma satisfação intelectual: como história que une por suas duas extremidades a do mundo e a minha, ela desvenda ao mesmo tempo a razão comum de ambas. Ao me propor estudar o homem, liberta-me da dúvida, pois nele considera essas diferenças e essas mudanças que têm um sentido para todos os homens com exclusão daqueles, próprios a uma só civilização, que desapareceriam se optássemos por nos manter afastados. Por último, ela aplaca esse apetite inquieto e destruidor a que me referi, garantindo à minha reflexão matéria praticamente inesgotável, fornecida pela diversidade dos costumes, dos usos e das instituições. Reconcilia meu caráter e minha vida.

Depois disso, pode parecer estranho que eu tenha ficado tanto tempo surdo a uma mensagem que desde o ano de filosofia, porém, fora-me transmitida pela obra dos mestres da escola sociológica francesa. Em realidade, a revelação só ocorreu por volta de 1933 ou 1934, com a leitura de um livro encontrado por acaso e já antigo: *Primitive society*, de Robert H. Lowie. Mas é que, em vez de noções extraídas dos livros e imediatamente metamorfoseadas em conceitos filosóficos, eu me defrontava com uma experiência vivida das sociedades indígenas e cujo significado fora preservado pelo envolvimento do observador. Meu pensamento escapava dessa exsudação em compartimento fechado a que a prática da reflexão filosófica o reduzia. Transportado para o ar livre, ele se sentia rejuvenescido por um novo fôlego. Qual um citadino largado nas montanhas, eu me inebriava com o espaço, enquanto meu olhar deslumbrado avaliava a riqueza e a variedade dos objetos.

Assim se iniciou essa longa intimidade com a etnologia anglo-americana, estabelecida à distância pela leitura e mantida mais tarde por meio de contatos pessoais, que iria ocasionar mal-entendidos tão graves. No Brasil primeiramente, onde os professores da universidade esperavam de mim que eu contribuísse para o ensino de uma sociologia durkheimiana para a qual os haviam impelido a tradição positivista, tão viva na América do Sul, e a preocupação de dar uma base filosófica ao liberalismo moderado que é a arma ideológica habitual das oligarquias contra o poder pessoal. Cheguei em estado de insurreição declarada contra Durkheim e contra qualquer tentativa de utilizar a sociologia para fins metafísicos. Com certeza, não seria no momento em que eu procurava com todas as minhas forças alargar meu horizonte que haveria de ajudar a reerguer as velhas muralhas. Desde então, diversas vezes criticaram-me sei lá eu que enfeudação ao pensamento anglo-saxônico. Que tolice! Além de, no momento atual, ser eu provavelmente mais fiel do que qualquer outro à tradição durkheimiana — ninguém se engana no estrangeiro —, os autores com quem faço questão de proclamar-me em dívida — Lowie, Kroeber, Boas —, parecem-me tão afastados quanto possível dessa filosofia americana à maneira de James ou de Dewey (e agora, do pretenso lógico-positivismo) que há muito prescreveu. Europeus de nascimento, eles próprios formados na Europa ou por professores europeus, representam algo totalmente diverso:

uma síntese que reflete, no plano do conhecimento, aquela cuja ocasião objetiva Colombo fornecera quatro séculos antes; desta vez, entre um método científico vigoroso e o campo experimental único oferecido pelo Novo Mundo, num momento em que, já desfrutando das melhores bibliotecas, podia-se deixar a universidade e ir para um meio indígena com a mesma facilidade com que se ia ao País Basco ou à Côte d'Azur. Não é a uma tradição intelectual que presto homenagem, mas a uma situação histórica. Que se imagine só o privilégio de ter acesso a populações virgens de qualquer investigação séria e bem preservadas o bastante, graças ao tempo tão curto decorrido desde que teve início sua destruição. Uma pequena história explicará bem isso: a de um índio que escapou sozinho, milagrosamente, do extermínio das tribos calinianas ainda selvagens, e que, durante anos, viveu ignorado por todos nos arredores das grandes cidades, talhando as pontas de pedra de suas flechas que lhe permitiam caçar. Entretanto, pouco a pouco a caça desapareceu; um dia descobriu-se esse índio nu e morrendo de fome às portas de um subúrbio. Terminou sua vida sossegadamente como porteiro da Universidade da Califórnia.

7. O pôr do sol

Aí estão considerações bem longas e bem inúteis para levarem àquela manhã de fevereiro de 1935 em que cheguei a Marselha pronto para embarcar com destino a Santos. Posteriormente, conheci outras partidas e todas se confundem em minha lembrança que só preserva certas imagens: primeiro, aquela alegria particular do inverno no Sul da França; sob um céu azul-claríssimo, ainda mais imaterial que de costume, um ar fustigante oferecia o prazer quase insuportável proporcionado ao sedento por uma água gasosa e gelada bebida depressa demais. Em contraste, bafios pesados circulavam pelos corredores do navio imóvel e superaquecido, mistura de odores marinhos, de emanações vindas das cozinhas e de recente pintura a óleo. Por último, lembro-me da satisfação e da quietude, diria quase da plácida felicidade, que propicia no meio da noite a surda percepção da trepidação das máquinas e do atrito da água no casco; como se o movimento levasse a uma espécie de estabilidade de essência mais perfeita que a imobilidade; esta, em compensação, ao despertar abruptamente quem está dormindo, por ocasião de uma escala noturna, provoca uma sensação de insegurança ou de mal-estar: impaciência porque o ritmo das coisas, já agora natural, foi de súbito comprometido.

Nossos barcos faziam muitas escalas. Na verdade, a primeira semana de viagem passava-se quase completamente em terra, enquanto o frete era carregado e descarregado; navegava-se de noite. Cada despertar encontrava-nos acostados em outro porto: Barcelona, Tarragona, Valência, Alicante, Málaga, Cádiz às vezes; ou então Argel, Orã, Gibraltar, antes da mais longa etapa que levava a Casablanca, e afinal a Dacar. Só então começava a grande travessia, fosse direto até o Rio e Santos, fosse, mais raramente, retardada lá pelo final por um reinício de cabotagem ao longo da costa brasileira, com escalas em Recife, Salvador e Vitória. O ar ia amornando pouco a pouco, as *sierras* espanholas desfilavam suavemente no horizonte, e miragens em forma de montículos de areia e falésias prolongavam o espetáculo durante dias inteiros, ao largo do litoral da África por demais baixo e pantanoso para ser visível a olho nu. Era o contrário de uma viagem. Mais do que meio de transporte, o barco parecia-nos morada e lar, em cuja porta o palco giratório do mundo tivesse instalado a cada dia um cenário novo.

Entretanto, o espírito etnográfico ainda me era tão alheio que eu não pensava em aproveitar essas ocasiões. Desde então, aprendi o quanto esses breves relances de uma cidade, de uma região ou de uma cultura exercitam utilmente a atenção e, por vezes, permitem inclusive — devido à intensa concentração que se faz necessária pelo instante tão curto de que dispomos — apreender certas propriedades do objeto que poderiam, em outras circunstâncias, manter-se escondidas por muito tempo. Outros espetáculos me atraíam mais, e, com a ingenuidade do novato, eu observava apaixonado, no convés deserto, esses cataclismos sobrenaturais cujo nascimento, evolução e fim o nascer e o pôr do sol representavam, diariamente por alguns instantes, nos quatro cantos do horizonte mais vasto que eu jamais contemplara. Se encontrasse uma linguagem para fixar essas aparências a um só tempo instáveis e rebeldes a qualquer esforço de descrição, se me fosse dado comunicar a outros as fases e as articulações de um acontecimento no entanto único e que jamais se reproduziria nos mesmos termos, então, parecia-me, eu teria de uma só vez atingido os arcanos de minha profissão: não haveria experiência estranha ou peculiar a que a pesquisa etnográfica me expusesse e cujo sentido e alcance eu não pudesse um dia fazer com que todos captassem.

Após tantos anos, conseguiria eu recolocar-me nesse estado de graça? Saberia reviver aqueles instantes febris quando, de caderneta na mão, eu anotava segundo após segundo a expressão que talvez me permitisse imobilizar essas formas evanescentes e sempre renovadas? O jogo ainda me fascina, e volta e meia me flagro arriscando-me a isso.

Escrito no navio

Para os cientistas, a aurora e o crepúsculo são um só fenômeno e os gregos pensavam o mesmo, já que os designavam com uma palavra diversamente qualificada caso se tratasse da tarde ou da manhã. Essa confusão exprime bem a preocupação predominante com as especulações teóricas e uma singular negligência no aspecto concreto das coisas. Que um ponto qualquer da terra se desloque por um movimento indivisível entre a zona de incidência dos raios solares e aquela onde a luz lhe foge ou lhe retorna, é possível. Porém, na realidade nada é mais diferente do que a tarde e a manhã. O nascer do dia é um prelúdio, seu poente, uma ouverture que se apresentaria no final, e não no começo, como nas velhas óperas. O semblante do sol anuncia os momentos que vão se seguir, sombrio e lívido se as primeiras horas da manhã devem ser chuvosas; róseo, leve, espumoso quando uma luz clara vai brilhar. Mas, quanto ao resto do dia, a aurora não o prejulga. Inicia a ação meteorológica e diz: vai chover, vai ser um belo dia. Quanto ao pôr do sol, é outra coisa; trata-se de uma representação completa, com um início, um meio e um fim. E esse espetáculo oferece uma espécie de imagem reduzida dos combates, das vitórias e das derrotas que se sucederam durante doze horas de modo palpável, mas também mais lento. A aurora é apenas o início do dia; o crepúsculo é sua repetição.

Eis por que os homens prestam mais atenção no sol poente do que no sol nascente, a aurora só lhes fornece uma indicação suplementar às do termômetro, do barômetro e — para os menos civilizados — das fases da lua, do voo dos pássaros ou das oscilações das marés. Ao passo que um pôr de sol eleva-os, reúne em misteriosas configurações as peripécias do vento, do frio, do calor ou da chuva nas quais seu ser físico se debateu. Os caprichos da consciência podem também ser lidos nessas constelações algodoadas. Quando o céu começa a se iluminar com os clarões do poente (assim como, em certos teatros, são as bruscas iluminações do proscênio, e não as três pancadas tradicionais, que anunciam o início do espetáculo), o camponês suspende sua caminhada pela trilha, o pescador retém seu barco e o selvagem pisca o olho, sentado perto de um fogo declinante. Recordar-se é uma grande volúpia para o homem, mas não na medida em que a memória se mostra literal, porque poucos aceitariam viver novamente as labutas e os sofrimentos que, no entanto, gostam de rememorar. A recordação é a própria vida, mas com outra qualidade. Assim, é quando o sol se abaixa sobre a superfície po-

lida da água calma, tal como o óbolo de um celestial avarento, ou quando seu disco recorta a crista das montanhas como uma folha dura e denteada, que o homem encontra por excelência, numa curta fantasmagoria, a revelação das forças opacas, dos vapores e das fulgurações cujos obscuros conflitos, no fundo de si mesmo, e ao longo de todo o dia, ele vagamente percebeu.

Foi necessário, portanto, que lutas um tanto sinistras se travassem nas almas. Pois a insignificância dos acontecimentos externos não justificava nenhuma orgia atmosférica. Nada marcara esse dia. Por volta das quatro horas — exatamente naquele momento da tarde em que o sol a meio caminho já perde sua nitidez mas não ainda seu brilho, em que tudo se confunde numa espessa luz dourada que parece acumulada de propósito para ocultar um preparativo — o Mendoza *mudara de rota. A cada oscilação provocada pelo ligeiro marulho, começáramos a notar o calor com mais insistência, mas a curva descrita era tão pouco sensível que se podia confundir a mudança de direção com um suave aumento do balanço. Ninguém, aliás, prestara atenção nisso, já que nada lembrava mais um deslocamento geométrico do que uma travessia em alto-mar. Nenhuma paisagem existe para comprovar a lenta transição ao longo das latitudes, o avanço das isotermas e das curvas pluviométricas. Cinquenta quilômetros de estrada terrestre podem dar a impressão de uma mudança de planeta, mas 5 mil quilômetros de oceano apresentam um semblante imutável, pelo menos para o olho não treinado. Nenhuma preocupação com o itinerário, a orientação, nenhum conhecimento das terras invisíveis mas presentes atrás do horizonte arredondado, nada disso atormentava o espírito dos passageiros. Pareciam estar fechados entre paredes estreitas, por um número de dias fixado de antemão, não porque havia uma distância a percorrer, mas antes para expiar o privilégio de serem transportados de um extremo a outro da terra sem que seus membros precisassem fazer um esforço; moles demais pelas manhãs passadas na cama e pelas indolentes refeições que, desde muito, haviam deixado de propiciar um deleite sensual e iam se tornando uma distração prevista (e, ainda assim, com a condição de prolongá-la ao extremo) para preencher o vazio dos dias.*

Aliás, nada existia para atestar o esforço. Sabia-se muito bem que em algum lugar no fundo daquela grande caixa havia máquinas e homens ao redor, que as faziam funcionar. Mas eles não se interessavam em receber visitas, nem os passageiros em fazer-lhes, e nem os oficiais em exibir estes àqueles ou inversamente. Restava ficar perambulando em torno da carcaça, onde o trabalho do marujo soli-

tário assentando umas pinceladas de tinta numa mangueira de ventilação, e os gestos econômicos dos camareiros de uniforme azul propulsando um trapo úmido pelo corredor da primeira classe eram os únicos a oferecer a prova do desfile regular das milhas cujo marulho se ouvia vagamente na base do casco enferrujado.

Às 17h40, o céu, do lado oeste, dava a impressão de obstruído por um edifício complexo, perfeitamente horizontal embaixo, à imagem do mar de onde pareceria descolado por uma incompreensível elevação acima do horizonte, ou ainda pela interposição entre eles de uma placa de cristal espessa e invisível. Em seu cume estavam presos e suspensos em direção do zênite, sob o efeito de uma gravidade invertida qualquer, andaimes instáveis, pirâmides dilatadas, efervescências fixas num estilo de molduras que pretendessem representar nuvens, mas com as quais as próprias nuvens se assemelhassem porquanto evocam o polimento e o alto-relevo da madeira talhada e dourada. Esse amontoado confuso que encobria o sol destacava-se em tonalidades escuras com raros fulgores, a não ser no alto, por onde voavam as pequenas chamas.

Ainda mais alto no céu, matizes dourados desfaziam-se em sinuosidades indolentes que pareciam sem matéria e com uma textura puramente luminosa.

Seguindo o horizonte para o Norte, via-se o motivo principal afinar-se, elevar-se num rosário de nuvens atrás das quais, muito longe, uma barra mais alta se destacava, efervescente em seu cume; do lado mais perto do sol — ainda invisível, porém —, a luz contornava esses relevos como um vigoroso arremate. Mais ao norte, os relevos desapareciam e só restava a própria barra, desbotada e achatada, que se desfazia no mar.

Ao sul, ainda a mesma barra surgia, mas coroada por grandes lajes de nuvens que repousavam como dolmens cosmológicos sobre as cristas do suporte.

Pondo-se totalmente de costas para o sol e olhando-se para leste, percebia-se, enfim, dois grupos superpostos de nuvens, estiradas no sentido do comprimento e destacadas como em contraluz pela incidência dos raios solares batendo num pano de fundo de muralha peituda e barriguda, mas aérea e nacarada por reflexos róseos, cor de malva e prateados.

Enquanto isso, atrás dos arrecifes celestes obstruindo o Ocidente, o sol evoluía devagar; a cada avanço de sua queda, algum de seus raios traspassava a massa opaca ou abria caminho por vias cujo traçado, no momento em que o raio irrompia, cortava o obstáculo numa pilha de setores circulares, diferentes pelo tamanho e pela intensidade luminosa. Por instantes, a luz reabsorvia-se como um punho que se fecha e o regalo nebuloso deixava passar apenas um ou dois dedos cintilantes e endurecidos. Ou então um polvo incandescente apresentava-se fora das grutas vaporosas, precedendo uma nova retração.

Há duas fases bem distintas num pôr do sol. No início, o astro é arquiteto. Só depois (quando seus raios chegam refletidos e não mais diretos), transforma-se em pintor. Assim que se esconde atrás do horizonte, a luz enfraquece e faz surgir planos a cada instante mais complexos. A luz plena é inimiga da perspectiva, mas, entre o dia e a noite, há lugar para uma arquitetura tão fantasista quanto temporária. Com a escuridão, tudo se achata de novo, como um brinquedo japonês maravilhosamente colorido.

Às 17h45 em ponto, esboçou-se a primeira fase. O sol já estava baixo, sem tocar ainda o horizonte. No momento em que saiu por sob o edifício nebuloso, pareceu arrebentar como uma gema de ovo e lambuzar de luz as formas às quais ainda estava agarrado. Esse desabrochar de claridade logo deu lugar a uma retirada; as imediações tornaram-se foscas e, nesse vazio mantendo distanciados o limite superior do oceano e o inferior das nuvens, pôde-se ver uma cordilheira de vapores, ainda há pouco deslumbrante e indiscernível, agora aguda e sombria. Ao mesmo tempo, de inicialmente plana, passava a ser volumosa. Esses pequenos objetos sólidos e pretos passeavam, migração ociosa através de uma vasta placa avermelhada que — inaugurando a fase das cores — subia lentamente do horizonte para o céu.

Aos poucos, as construções profundas da tarde se recolheram. A massa que, o dia inteiro, ocupara o céu ocidental pareceu laminada como uma folha metálica iluminada por trás por um fogo de início dourado, depois vermelhão, depois cereja. Este já fundia, decapava e levava, num turbilhão de fragmentos, as nuvens contorcidas que progressivamente se desvaneceram.

Inúmeras redes vaporosas surgiram no céu; pareciam estendidas em todos os sentidos: horizontal, oblíquo, perpendicular, e inclusive espiral. Os raios do sol, à medida que iam declinando (qual um arco de violino inclinado ou reto para tocar cordas diferentes), estouravam-nas sucessivamente, uma, depois outra, numa gama de cores que pareciam propriedade exclusiva e arbitrária de cada uma. No instante em que se manifestava, cada rede apresentava a nitidez, a exatidão e a frágil rigidez de um fio de vidro, mas aos poucos se dissolvia, como se sua matéria superaquecida por uma exposição num céu repleto de chamas, adquirindo um colorido mais escuro e perdendo sua individualidade, se espalhasse em uma camada cada vez mais fina até sair de cena revelando uma nova rede tecida há pouco. Ao final, houve apenas tonalidades confusas e misturando-se umas às outras, tal como, numa taça, líquidos de cores e densidades diferentes, de início superpostos, começam lentamente a se fundir apesar de sua aparente estabilidade.

Depois disso, foi muito difícil acompanhar um espetáculo que parecia se repetir com uma diferença de minutos, e às vezes de segundos, em pontos afastados do céu. Para leste, tão logo o disco solar tocou o horizonte oposto, vimos materializarem-se de repente, altíssimas e em tonalidades malva, nuvens até então invisíveis. A aparição desenvolveu-se com rapidez, enriqueceu-se de pormenores e nuances, depois tudo começou a se apagar lateralmente, da direita para a esquerda, como que sob a ação de um pano passado com um gesto seguro e lento. Ao fim de alguns segundos, só restou a ardósia depurada do céu acima da muralha nebulosa. Mas esta ia passando aos brancos e cinzentos, enquanto o céu ia ficando rosado.

Do lado do sol, elevava-se uma nova barra atrás da anterior, que se tornara cimento uniforme e confuso. Agora, era a outra que flamejava. Quando suas irradiações vermelhas enfraqueceram, os furta-cores do zênite, que ainda não haviam representado seu papel, adquiriram volume, lentamente. Sua face inferior tornou-se dourada e rebentou, seu cume outrora cintilante passou aos marrons, aos violetas. Simultaneamente, sua contextura pareceu vista no microscópio: descobrimos que se constituía de mil pequenos filamentos sustentando, como um esqueleto, suas formas roliças.

Agora, os raios diretos do sol haviam desaparecido por completo. O céu só apresentava cores rosa e amarelas: camarão, salmão, linho, palha; e sentimos essa riqueza discreta esfumar-se também. A paisagem celeste renascia numa gama de brancos, de azuis e de verdes. Entretanto, cantinhos do horizonte ainda gozavam de uma vida efêmera e independente. À esquerda, um véu despercebido afirmou-se súbito como um capricho de verdes misteriosos e misturados; estes passaram progressivamente a vermelhos de início intensos, depois escuros, depois violeta, depois negros, e restou apenas o traço irregular de um bastão de fusain aflorando um papel granuloso. Por trás, o céu era de um amarelo-esverdeado alpino, e a barra mantinha-se opaca, com um contorno rigoroso. No céu a oeste, pequenas estrias douradas horizontais ainda cintilaram um instante, mas ao norte já era quase noite: a muralha peituda só apresentava saliências esbranquiçadas sob um céu de cal.

Nada é mais misterioso do que o conjunto de processos sempre idênticos, mas imprevisíveis, pelos quais a noite sucede ao dia. Sua marca aparece subitamente no céu, acompanhada de incerteza e de angústia. Ninguém sabe pressentir a forma que adotará, desta vez única entre todas as outras, o arqueamento noturno. Por uma alquimia impenetrável, cada cor consegue metamorfosear-se em sua complementar, quando se sabe muito bem que na palheta seria absolutamente indispensável abrir outro tubo a fim de obter o mesmo resultado. Mas para a noite as misturas não têm limites, pois ela inaugura um espetáculo falso: o céu passa do rosa ao verde, mas é porque não prestei atenção em certas nuvens que se tornaram vermelho-vivas, e assim, por contraste, fazem parecer verde um céu que era mesmo cor-de-rosa, mas de um matiz tão claro que não pode mais lutar com o valor superagudo da nova tonalidade que, no entanto, eu não observara, pois a passagem do dourado para o vermelho acompanha-se de uma surpresa menor que a do rosa para o verde. A noite introduz-se, pois, como por um embuste.

Assim, ao espetáculo dos dourados e das púrpuras, a noite começava a substituir o seu negativo, no qual os tons quentes eram trocados pelos brancos e pelos cinzentos. A chapa noturna revelou lentamente uma paisagem marinha acima do mar, imensa tela de nuvens esgarçando-se diante de um céu oceânico em penínsulas paralelas, qual um litoral plano e arenoso avistado de um avião que voa a baixa altitude e inclinado sobre a asa, estirando suas flechas no mar. A ilusão aumentava com os últimos clarões do dia que, atingindo num ângulo bem oblíquo essas pontas nebulosas, davam-lhes uma aparência de relevo evocadora de sólidos rochedos — também eles, mas em outras horas, esculpidos por sombras e luz —, como se o astro já não pudesse exercitar seus buris faiscantes nos pórfiros e nos granitos, mas apenas nas substâncias frágeis e vaporosas, embora mantendo em seu declínio o mesmo estilo.

Sobre esse fundo de nuvens que lembrava uma paisagem costeira, à medida que o céu ia limpando vimos surgir praias, lagunas, multidões de ilhotas e de bancos de areia invadidos pelo oceano inerte do céu, crivando de fiordes e lagos interiores a camada em vias de desagregação. E porque o céu que contornava essas flechas nebulosas simulava um oceano, e porque o mar em geral reflete a cor do céu, esse quadro celeste reconstituía uma paisagem distante sobre a qual o sol voltaria a se pôr. Aliás, bastava considerar o mar verdadeiro, bem embaixo, para escapar da miragem: já não era a placa ardente do meio-dia, nem a superfície graciosa e encrespada de depois do jantar. Os raios do dia, recebidos quase horizontalmente, só iluminavam ainda a face das pequenas ondas voltadas para eles, enquanto a outra estava toda escura. Assim, a água adquiria um relevo de sombras nítidas, carregadas, perfuradas como num metal. Toda a transparência desaparecera.

Então, por uma passagem muito habitual, mas como sempre imperceptível e instantânea, a tarde deu lugar à noite. Tudo ficou diferente. No céu opaco ao horizonte, e depois, em cima, de um amarelo pálido e passando ao azul no zênite, dispersavam-se as derradeiras nuvens produzidas pelo fim do dia. Muito depressa, não houve mais do que sombras esquálidas e enfermiças, como os suportes de um cenário cuja pobreza, fragilidade e caráter provisório percebemos de repente, após o espetáculo e num palco privado de luz, e cuja ilusão de realidade que conseguiu criar não decorria de sua natureza, mas de algum truque de iluminação ou de perspectiva. Da mesma maneira como havia pouco elas viviam e se transformavam a cada segundo, agora parecem imobilizadas numa forma imutável e dolorosa, no meio do céu cuja escuridão crescente em breve as confundirá com ele mesmo.

PARTE III
O NOVO MUNDO

8. A calmaria

Em Dacar, tínhamos dito adeus ao Velho Mundo, e, sem avistar as ilhas do Cabo Verde, chegáramos a esse fatídico 7° N, onde, durante a sua terceira viagem em 1498, Colombo, que partira na direção certa para descobrir o Brasil, mudou de rota rumo a noroeste e só por milagre não passou ao largo, quinze dias depois, de Trinidad e da costa da Venezuela.

Aproximávamo-nos da Calmaria, temida pelos antigos navegantes. Os ventos próprios aos dois hemisférios param de um lado e outro dessa zona onde as velas ficavam pendentes durante semanas, sem um sopro para animá--las. O ar é tão imóvel que pensamos estar num recinto fechado e não mais ao largo; nuvens escuras cujo equilíbrio nenhuma brisa compromete, sensíveis apenas à gravidade, baixam e se desagregam lentamente em direção do mar. Não fosse tão grande sua inércia, varreriam a superfície polida com suas pontas rastejantes. O oceano, iluminado de maneira indireta pelos raios de um sol invisível, apresenta um reflexo untuoso e monótono, superando aquele que um céu escuro recusa, e que inverte a relação habitual dos valores luminosos entre o ar e a água. Ao movermos a cabeça, toma forma certa marinha mais verossímil, em que céu e mar se substituem reciprocamente. Através desse horizonte agora íntimo, de tal modo os elementos são passivos e a claridade reduzida, vagueiam preguiçosos alguns temporais, curtas e confusas colunas que diminuem ainda mais a altura aparente que separa o mar do teto nebuloso. Entre essas superfícies vizinhas, o barco desliza com uma espécie de pressa ansiosa, como se o tempo lhe estivesse contado para escapar do sufocamento. De vez em quando, um temporal se aproxima, perde seus contornos, invade o espaço e flagela o convés com suas vergastadas úmidas. Depois, do outro lado, reencontra a sua forma visível, ao mesmo tempo em que sua essência sonora é abolida.

Toda e qualquer vida abandonara o mar. Já não se via à frente do navio, sólida e mais bem ritmada do que o ataque da espuma contra a roda de proa, a negra ressaca dos bandos de delfins precedendo graciosamente a fuga branca das ondas. O esguicho de um cetáceo já não cortava o horizonte; doravante, em momento algum o mar intensamente azul era povoado pela flotilha de delicadas velas membranosas, malvas e róseas dos náutilos.

Do outro lado do fosso, ainda estariam lá para nos acolher todos aqueles prodígios avistados pelos navegantes dos séculos idos? Ao percorrerem espaços virgens, eles estavam menos empenhados em descobrir um novo mundo do que em verificar o passado do antigo. Adão, Ulisses eram-lhes confirmados. Quando abordou a costa das Antilhas em sua primeira viagem, Colombo talvez acreditasse ter chegado ao Japão, porém, mais ainda, ter encontrado o Paraíso Terrestre. Não seriam os quatrocentos anos decorridos desde então que poderiam anular essa grande defasagem graças à qual, por dez ou vinte milênios, o Novo Mundo manteve-se à margem das agitações da história. Algo subsistiria, num plano diferente. Eu não demoraria a aprender que, se a América do Sul não era mais um Éden antes da queda, ainda devia a esse mistério ter permanecido como uma idade de ouro, ao menos para os que tinham dinheiro. Sua sorte estava se derretendo como neve ao sol. O que resta hoje? Reduzida a uma preciosa poça, ao mesmo tempo em que agora a ela só podem ter acesso os privilegiados, transformou-se em sua natureza, de eterna passando a histórica, e de metafísica, a social. O paraíso dos homens, tal como Colombo o entrevira, prolongava-se e estragava-se simultaneamente na doçura de viver reservada só aos ricos.

O céu fuliginoso da Calmaria, sua atmosfera pesada não são apenas o sinal evidente da linha equatorial. Resumem o clima em que dois mundos se defrontaram. Esse elemento sombrio que os separa, essa bonança onde as forças maléficas parecem apenas se recobrar, são a última barreira mística entre o que constituía, ainda ontem, dois planetas opostos por condições tão diversas que as primeiras testemunhas não puderam acreditar que fossem igualmente humanos. Um continente apenas aflorado pelo homem oferecia-se a homens cuja avidez já não os deixava se contentar com o seu. Tudo seria questionado de novo por esse segundo pecado: Deus, a moral, as leis. Tudo seria, de forma tão simultânea quanto contraditória, verificado de fato, revogado de direito. Verificados, o Éden da Bíblia, a Idade de Ouro dos antigos, a Fonte da Juventude, a Atlântida, as Hespérides, as Pastorais e as Ilhas Afortunadas; mas também sujeitos à dúvida pelo espetáculo de uma humanidade mais pura e mais feliz (que decerto não o era de fato mas que um secreto remorso já apresentava como se fosse), a revelação, a salvação, os costumes e o direito. Nunca a humanidade conhecera provação tão dilacerante, e nunca mais conhecerá outra igual, a não ser que um dia, a milhões de quilômetros do nosso, outro globo se revele, habitado por seres pensantes. Nós ainda sabemos que essas distâncias são teoricamente transponíveis, ao passo que os primeiros navegantes temiam enfrentar o nada.

Para avaliar o caráter absoluto, total, intransigente dos dilemas em que a humanidade do século XVI se sentia encerrada, convém recordar certos incidentes. A essa Hispaniola (hoje Haiti e República Dominicana), onde os indígenas, somando cerca de 100 mil em 1492, eram apenas duzentos um século depois, morrendo de horror e de repulsa pela civilização europeia, mais ainda que de varíola e de violências, os colonizadores enviavam delegação atrás de delegação a fim de determinar-lhes a natureza. Se eram homens de verdade, devia-se enxergá-los como os descendentes das dez tribos perdidas de Israel? Mongóis chegados em cima de elefantes? Ou escoceses levados alguns séculos antes pelo príncipe Modoc? Continuavam a ser pagãos de origem ou seriam antigos católicos batizados por são Tomé e relapsos? Nem sequer se tinha certeza de que fossem homens, e não criaturas diabólicas ou animais. Esta era a impressão do rei Fernando, já que em 1512 ele importava escravas brancas para as Índias Ocidentais com o único fito de impedir que os espanhóis se casassem com indígenas "que estão longe de ser criaturas racionais". Diante dos esforços de Las Casas para suprimir o trabalho forçado, os colonos mostravam-se mais incrédulos do que indignados: "Pois então", exclamavam, "não podemos nem mais nos servir dos animais de carga?".

De todas essas delegações, a mais justamente famosa, a dos monges da

Ordem de São Jerônimo, comove a um só tempo pelo escrúpulo que as empresas coloniais esqueceram de todo desde 1517, e pela luz que lança sobre as atitudes mentais da época. Numa verdadeira pesquisa psicossociológica concebida segundo os mais modernos padrões, submeteram os colonos a um questionário visando saber se, segundo eles, os índios eram ou não "capazes de viver por conta própria, como os camponeses de Castela". Todas as respostas foram negativas: "A rigor, talvez, seus netos; ainda assim, os indígenas são tão profundamente viciosos, que pode se duvidar; a prova: eles fogem dos espanhóis, recusam-se a trabalhar sem remuneração, mas levam a perversidade a ponto de dar de presente seus bens; não aceitam rejeitar os companheiros cujas orelhas os espanhóis cortaram". E, à guisa de conclusão unânime: "É melhor para os índios tornarem-se homens escravos do que se manterem como animais livres...".

Um testemunho posterior de alguns anos coloca o ponto final nesse requisitório: "Eles comem carne humana, não têm justiça, andam inteiramente nus, comem pulgas, aranhas e vermes crus... Não têm barba e, se por acaso esta lhes cresce, apressam-se em depilá-la" (Ortiz perante o Conselho das Índias, 1525).

Aliás, no mesmo momento, e numa ilha vizinha (Porto Rico, segundo o testemunho de Oviedo), os índios empenhavam-se em capturar os brancos e matá-los por imersão, e depois montavam guarda, semanas a fio, em volta dos afogados a fim de saber se eram ou não sujeitos à putrefação. Dessa comparação entre as pesquisas tiram-se duas conclusões: os brancos invocavam as ciências sociais, ao passo que os índios tinham mais confiança nas ciências naturais; e enquanto os brancos proclamavam que os índios eram animais, os segundos contentavam-se em suspeitar que os primeiros fossem deuses. Em nível idêntico de ignorância, o último procedimento era, com certeza, mais digno de homens.

As provas intelectuais acrescem um patético suplementar ao transtorno moral. Tudo era mistério para os nossos viajantes: a *Imagem do mundo* de Pierre d'Ailly refere-se a uma humanidade recém-descoberta e sumamente feliz, *gens beatissima*, composta de pigmeus, de macróbios e inclusive de acéfalos. Pierre Martyr coleta a descrição de animais monstruosos: serpentes parecidas com crocodilos; animais tendo um corpo de boi dotado de probóscide como um elefante; peixes de quatro membros e cabeça de boi, com o dorso ornado de mil verrugas e carapaça de tartaruga; *tiburóns* devorando gente. São apenas, no final das contas, jiboias, antas, peixes-bois ou hipopótamos e tubarões. Mas, inversamente, aparentes mistérios eram encarados como óbvios. Para justificar a brusca mudança de rota que o impediu de chegar ao Brasil, Colombo não descrevia, em seus relatórios oficiais, extravagantes circunstâncias, jamais renovadas desde então, sobretudo nessa zona sempre úmida? Calor escaldante que impossibilitou a visita aos porões, tanto assim que os tonéis de água e de vinho explodiram, o trigo incendiou-se, o toucinho e a carne-seca assaram durante uma semana; o sol era tão abrasador que a tripulação pensou estar sendo queimada viva! Século feliz, em que tudo ainda era possível, como talvez hoje graças aos discos voadores!

Nessas ondas por onde agora vogamos, não foi aí, ou praticamente, que Colombo encontrou sereias? Na verdade, ele as avistou ao final da primeira viagem, no mar do Caribe, mas estas não teriam sido deslocadas do largo do delta amazônico. "As três sereias", ele conta, "levantavam seus corpos acima da superfície do oceano, e embora não fossem tão bonitas quanto as representam na pintura, seu rosto redondo tinha nitidamente forma humana." Os peixes-bois têm a cabeça redonda, têm mamas no peito; como as fêmeas amamentam os filhotes apertando-os contra si com as patas, a identificação não é tão surpreendente, numa época que se preparava para descrever o algodoeiro (e inclusive para desenhá-lo) com o nome de "árvores de carneiros": uma árvore carregando, à guisa de frutos, carneiros inteiros pendurados pelas costas e dos quais bastava tosquiar a lã.

Do mesmo modo, quando no *Quarto Livro* de Pantagruel, Rabelais, baseando-se talvez nos relatos de navegadores desembarcados da América, oferece a primeira caricatura do que os etnólogos chamam hoje de um sistema de parentesco, ele borda livremente num frágil bastidor, pois há poucos sistemas de parentesco concebíveis em que um ancião possa chamar uma garotinha de "meu pai". Em todos esses casos, a consciência do século XVI carecia de um elemento mais essencial do que os conhecimentos, uma qualidade indispensável à reflexão científica e que lhe fazia falta. Os homens dessa época não eram sensíveis ao estilo do universo, assim como hoje, no plano das belas-artes, um rústico que tivesse percebido certos caracteres externos da pintura italiana ou da escultura negra, e não sua harmonia significativa, seria incapaz de diferenciar uma contrafação de um autêntico Botticelli, ou um objeto de bazar de um estatueta *pahuin*.* As sereias e a árvore de carneiros são outra

---

* Povo do Gabão. (N. T.)

coisa e mais que erros objetivos: no plano intelectual, são, antes, faltas de gosto, são o defeito de espíritos que, apesar de seu gênio e da sofisticação que demonstram em outros campos, eram ineptos no plano da observação. O que não resulta em censura a eles, porém, bem mais, em um sentimento de reverência diante dos resultados obtidos a despeito dessas lacunas.

Melhor do que Atenas, o convés de um barco a caminho das Américas oferece ao homem moderno uma acrópole para a sua prece. Doravante, a ti nós a recusaremos, anêmica deusa, preceptora de uma civilização emparedada! Por cima desses heróis — navegantes, exploradores e conquistadores do Novo Mundo — que (à espera da viagem à Lua) buscaram a única aventura total proposta à humanidade, meu pensamento eleva-se até vós, sobreviventes de uma retaguarda que pagou tão cruelmente pela honra de manter as portas abertas: índios cujo exemplo, por intermédio de Montaigne, Rousseau, Voltaire, Diderot, enriqueceu a substância com que a escola me nutriu, Huroniano, Iroquês, Caraíba, Tupi, eis-me aqui!

Os primeiros clarões entrevistos por Colombo e que ele confundiu com o litoral provinham de uma espécie marinha de vaga-lumes ocupados em pôr seus ovos entre o crepúsculo e o nascer da lua, pois a terra ainda não podia estar visível. Mas são bem dela as luzes que agora vislumbro, durante esta noite sem sono passada no convés, a espreitar a América.

Já desde ontem o Novo Mundo está presente; não à vista, pois a costa acha-se longe demais apesar da mudança de rota do navio, obliquando progressivamente para o Sul a fim de se colocar num eixo que, desde o cabo de Santo Agostinho até o Rio de Janeiro, permanecerá paralelo à costa. Durante pelo menos dois dias, três talvez, navegaremos de conserva com a América. E também não são mais as grandes aves marinhas que nos anunciam o fim da viagem: rabos-de-palha barulhentos, petréis tirânicos que obrigam os mergulhões em pleno voo a vomitar suas presas; pois essas aves arriscam-se longe das terras, o que Colombo aprendera às próprias custas, uma vez que, ainda em pleno meio do oceano, saudava-lhes o voo como sendo sua vitória. Quanto aos peixes-voadores, propulsados por uma rabanada que agita a água, e atirados à distância por suas barbatanas abertas, faíscas de prata jorrando em todas as direções acima do crisol azul do mar, andavam um tanto escassos, de uns dias para cá. O Novo Mundo, para o navegador que se aproxima, impõe-se primeiramente como um perfume, bem diferente daquele sugerido desde Paris por uma assonância verbal, e difícil de descrever para quem não o aspirou.

De início, parece que os cheiros marinhos das semanas precedentes já não circulam livremente; batem num muro invisível; assim imobilizados, já não solicitam uma atenção agora disponível para odores de outra natureza, e que nenhuma experiência anterior permite qualificar; brisa de floresta alternando com perfumes de estufa, quintessência do reino vegetal cujo frescor específico estivesse tão concentrado que se traduziria em uma embriaguez olfativa, última nota de um poderoso acorde arpejado como que para isolar e fundir simultaneamente os tempos sucessivos de aromas de frutas diversas. Só compreenderão os que meteram o nariz no miolo de uma pimenta exótica recém-debulhada, depois de terem cheirado, em algum 'botequim' do 'sertão' brasileiro, a trança melosa e preta do 'fumo de rolo', folhas de tabaco fermentadas e enroladas em cordas de vários metros; e que na união desses odores primos irmãos reencontram essa América que foi, por milênios, a única a possuir-lhes o segredo.

Mas quando às quatro horas da manhã, no dia seguinte, ela afinal se ergue no horizonte, a imagem visível do Novo Mundo parece digna de seu perfume. Por dois dias e duas noites, uma cordilheira imensa se desvenda; imensa, não decerto por sua altura, mas porque se reproduz idêntica a si mesma, sem que seja possível distinguir um início ou uma interrupção no encadeamento desordenado de suas cristas. A várias centenas de metros acima das vagas, essas montanhas erguem suas paredes de pedra polida, amontoado de formas provocantes e alucinantes, como às vezes se observam em castelos de areia corroídos pela onda mas que não suspeitaríamos que, pelo menos em nosso planeta, pudessem existir em tão larga escala.

Essa impressão de enormidade é bem típica da América; sentimo-la por todo lado, nas cidades como no campo; sentia-a no litoral e nos planaltos do Brasil central, nos Andes bolivianos e nas Rochosas do Colorado, nos arredores do Rio, nos subúrbios de Chicago e nas ruas de Nova York. Por todo canto levamos o mesmo choque; esses espetáculos evocam outros, essas ruas são ruas, essas montanhas são montanhas, esses rios são rios: de onde vem a sensação de terra estrangeira? Simplesmente de que a relação entre o tamanho do homem e o das coisas distendeu-se a ponto de se excluir qualquer termo de comparação. Mais tarde, quando nos familiarizamos com a América, operamos de maneira quase inconsciente essa acomodação que restabelece uma relação normal entre os termos; esse trabalho tornou-se imperceptível, verificamo-lo apenas pelo mecanismo mental que é acionado à descida do avião. Mas a incomensurabilidade congênita dos dois mundos penetra e deforma nossos julgamentos. Os que declaram Nova York feia são apenas vítimas de uma ilusão de percepção. Não tendo ainda aprendido a mudar de registro, insistem em julgar Nova York uma cidade, e criticam as avenidas, os parques, os monumentos. E, sem dúvida, objetivamente Nova York é uma cidade, mas o espetáculo que propõe à sensibilidade europeia é de outra ordem de grandeza: a de nossas próprias paisagens; ao passo que as próprias paisagens americanas nos arrastariam para um sistema ainda mais vasto e para o qual não possuímos equivalente. Portanto, a beleza de Nova York não decorre de sua natureza de cidade, mas de sua transposição, inevitável para o nosso olhar se renunciarmos à nossa rigidez, de cidade para o nível de uma paisagem artificial onde os princípios do urbanismo já não contam: os únicos valores significativos seriam o aveludado da luz, a delicadeza dos confins, os precipícios sublimes ao pé dos arranha-céus, e vales sombreados salpicados de automóveis multicoloridos, como flores.

Depois disso, sinto-me ainda mais embaraçado para falar do Rio de Janeiro, que me desagrada, apesar de sua beleza celebrada tantas vezes. Como direi? Parece-me que a paisagem do Rio não está à altura de suas próprias dimensões. O Pão de Açúcar, o Corcovado, todos esses pontos tão enaltecidos lembram ao viajante que penetra na baía cacos perdidos nos quatro cantos de uma boca desdentada. Quase constantemente submersos no nevoeiro sujo dos trópicos, esses acidentes geográficos não chegam a preencher um horizonte vasto demais para se contentar com isso. Se quisermos abarcar o espetáculo, teremos que atacar a baía pela retaguarda e contemplá-la das alturas. Perto do mar e por uma ilusão contrária à de Nova York, aqui é a natureza que se reveste de um aspecto de canteiro de obras.

Assim, as dimensões da baía do Rio não são perceptíveis com o auxílio de referências visuais: a lenta progressão do navio, suas manobras para evitar as ilhas, o frescor e os perfumes descendo bruscamente das florestas agarradas aos morros estabelecem de antemão uma espécie de contato físico com flores e rochas que ainda não existem como objetos, mas pré-formam para o viajante a fisionomia de um continente. E é ainda Colombo que volta à memória:

"As árvores eram tão altas que pareciam tocar o céu; e, se bem entendi, nunca perdem suas folhas; pois as vi tão verdes e frescas em novembro quanto o são no mês de maio na Espanha; algumas inclusive estavam em flor, e outras carregavam frutas... Em qualquer direção que eu me virasse, o rouxinol cantava, acompanhado por milhares de pássaros de espécies diferentes". Eis a América, o continente impõe-se. É feito de todas as presenças que animam no crepúsculo o horizonte nublado da baía; mas, para o recém-chegado, esses movimentos, essas formas, essas luzes não indicam províncias, povoados e cidades; não significam florestas, prados, vales e paisagens; não traduzem as iniciativas e os trabalhos de indivíduos que se ignoram uns aos outros, cada um fechado no horizonte estreito de sua família e de sua profissão. Tudo isso vive uma existência única e global. O que me cerca por todos os lados e me esmaga não é a diversidade inesgotável das coisas e dos seres, mas uma só e formidável entidade: o Novo Mundo.

9. Guanabara

O Rio é mordido por sua baía até o coração; desembarca-se em pleno centro, como se a outra metade, nova Ys, já tivesse sido devorada pelas ondas. E em certo sentido é verdade, pois a primeira cidade, simples forte, ficava nessa ilhota rochosa que havia pouco o navio roçava e que continua a ter o nome do fundador: Villegaignon. Ando pela avenida Rio Branco onde outrora erguiam-se as aldeias tupinambá, mas carrego no bolso Jean de Léry, breviário do etnólogo.

Há quase exatos 378 anos, ele aqui chegava com outros dez genebrinos, protestantes enviados por Calvino a pedido de Villegaignon, seu antigo condiscípulo que acabava de se converter, apenas um ano após seu estabelecimento na baía de Guanabara. Esse estranho personagem que exercera sucessivamente todos os ofícios e enfrentara todos os problemas, havia lutado contra os turcos, os árabes, os italianos, os escoceses (sequestrou Maria Stuart para permitir seu casamento com Francisco II) e os ingleses. Fora visto em Malta, em Argel e na Batalha de Ceresola. E foi quase no fim de sua carreira aventurosa, quando parecia ter se dedicado à arquitetura militar, que, após uma decepção profissional, resolveu ir para o Brasil. Porém, ainda aí, seus planos estão à altura de seu espírito irrequieto e ambicioso. Que deseja fazer no Brasil? Fundar uma colônia, mas talvez também construir um império para si mesmo; e, como objetivo imediato, instituir um refúgio para os protestantes perseguidos que gostariam de abandonar a metrópole. Católico e provavelmente livre-pensador, obtém o patrocínio de Coligny e do cardeal da Lorena. Após uma campanha de recrutamento junto aos fiéis dos dois cultos, feita também em praça pública junto aos devassos e aos escravos fugitivos, ele consegue afinal, a 12 de julho de 1555, embarcar seiscentas pessoas em dois navios: mescla de pioneiros representando todas as instituições do Estado e criminosos saídos das prisões. Só se esqueceu das mulheres e do abastecimento.

A partida foi trabalhosa; por duas vezes, retornam a Dieppe, e finalmente, a 14 de agosto, levantam âncora de vez e têm início as dificuldades: rixas nas Canárias, putrefação da água a bordo, escorbuto. A 10 de novembro, Villegaignon aporta à baía de Guanabara, onde franceses e portugueses disputavam, fazia vários anos, os favores dos indígenas.

A posição privilegiada da França na costa brasileira nessa época suscita curiosos problemas. Com certeza ela data do princípio do século, quando são assinaladas inúmeras viagens — em especial a de Gonneville, em 1503, que trouxe do Brasil um genro índio —, quase simultâneas à descoberta da Terra de Santa Cruz por Cabral, em 1500. Deve-se recuar mais ainda? Do nome Brasil (documentado desde o século XII, pelo menos, como a denominação — segredo ciosamente guardado — do continente mítico de onde provinham as madeiras para tingir), atribuído de imediato pelos franceses a essa nova terra, e do grande número de termos de dialetos indígenas incorporados diretamente ao francês sem passar pelas línguas ibéricas — *ananas, manioc, tamandua, tapir, jaguar, sagouin, agouti, ara, caïman, toucan, coati, acajou* etc. —, deve-se concluir que um fundo de verdade sustenta essa tradição de Dieppe de uma descoberta do Brasil por Jean Cousin, quatro anos antes da primeira viagem de Colombo? Cousin tinha um certo Pinzón a bordo, são os Pinzón que tornam a encorajar Colombo quando, em Palos, ele parece disposto a abandonar seu projeto, é ainda um Pinzón que comanda a *Pinta* durante a primeira viagem, e que Colombo faz questão de consultar toda vez que imagina uma mudança de rota; por fim, é ao renunciar à rota que será, exatamente um ano depois, a que leva outro Pinzón até o cabo de Santo Agostinho e lhe garante a primeira descoberta oficial do Brasil, que Colombo perde por pouco um título de glória suplementar.

Salvo um milagre, o problema jamais será solucionado, uma vez que os arquivos de Dieppe, inclusive a relação de Cousin, desapareceram no século XVII no incêndio provocado pelo bombardeio inglês. Porém, pondo pela primeira vez o pé na terra do Brasil, não posso me impedir de evocar todos esses incidentes burlescos e trágicos que comprovavam a intimidade reinante, há quatrocentos anos, entre franceses e índios: os intérpretes normandos conquistados pela vida natural, juntando-se com mulher indígena e tornando-se antropófagos; o infeliz Hans Staden, que passou anos de angústia esperando diariamente ser comido e, a cada vez, salvo pela sorte, tentando se fazer passar por francês ao invocar uma barba ruiva muito pouco ibérica e recebendo do rei Cunhambebe a seguinte réplica: "Já peguei e comi cinco portugueses e todos alegavam ser franceses; entretanto, mentiam!". E que constante convívio não foi necessário para que, em 1531, a fragata *La Pèlerine* pudesse levar para a França, junto com 3 mil peles de pantera e trezentos macacos e macacas, seiscentos papagaios "já sabendo algumas palavras de francês...".

Villegaignon funda, numa ilha em plena baía, o Forte Coligny; os índios o constroem, abastecem a pequena colônia; mas logo decepcionados por darem sem receber, caem fora, desertam de suas aldeias. A fome e as doenças instalam-se no Forte. Villegaignon principia a manifestar seu temperamento tirânico; os forçados se revoltam: são massacrados. A epidemia passa para terra firme: os raros índios ainda fiéis à missão são contaminados. Oitocentos morrem assim.

Villegaignon menospreza as questões temporais; passa por uma crise espiritual. Em contato com os protestantes, converte-se, apela a Calvino para obter missões que o iluminarão sobre a sua nova fé. É assim que se organiza, em 1556, a viagem da qual Léry participa.

A história assume então um aspecto tão estranho que me espanta que nenhum romancista ou roteirista ainda não a tenha explorado. Que filme daria! Isolados num continente tão desconhecido quanto um outro planeta, incapazes de cultivar a terra para garantir sua subsistência, dependendo para todas as suas necessidades de uma população incompreensível que, aliás, passou a odiá-los, atacados pelas doenças, esse punhado de franceses, que se haviam exposto a todos os perigos para escapar das lutas metropolitanas e fundar um lar onde pudessem coexistir as crenças sob um regime de tolerância e liberdade, acham-se presos na própria armadilha. Os protestantes tentam converter os católicos, e estes, os protestantes. Em vez de trabalharem para sobreviver, passam as semanas em discussões alucinantes: como se deve interpretar a Santa Ceia? Cumpre misturar a água e o vinho para a consagração? A Eucaristia, a administração do batismo fornecem o tema de autênticos torneios teológicos após os quais Villegaignon se converte ou desconverte.

Chega-se até a despachar um emissário à Europa para consultar Calvino e mandá-lo decidir os pontos litigiosos. Enquanto isso, recrudescem os conflitos. Alteram-se as faculdades de Villegaignon; Léry conta que se podia prever seu humor e seus rigores pela cor de suas roupas. Finalmente, ele se volta contra os protestantes e resolve matá-los de fome; estes deixam de participar da vida comum, passam para o continente e aliam-se aos índios. Ao idílio que se cria entre eles devemos essa obra-prima da literatura etnográfica, a *Viagem feita à terra do Brasil*, de Jean de Léry. O fim da aventura é triste: os genebrinos conseguem, não sem dificuldades, regressar num barco francês; já não se trata, como na ida, quando eram numerosos, de "limpar" — isto é, de saquear — tranquilamente os navios encontrados no caminho; a bordo, reina a fome. Comem os macacos, e aqueles papagaios tão preciosos, que uma índia amiga de Léry negava-se a ceder o seu, a menos que fosse em troca de uma peça de artilharia. Os ratos e os camundongos dos porões, derradeiras vitualhas, atingem a cotação de quatro escudos por peça. Em 1558, a tripulação desembarca na Bretanha, semimorta de fome.

Na ilha, a colônia desagrega-se num clima de execuções e de terror; detestado por todos, considerado traidor por uns, renegado por outros, temível para os índios, apavorado com os portugueses, Villegaignon renuncia a seu sonho. O Forte Coligny, comandado por seu sobrinho, Boisle-Comte, cai em mãos dos portugueses em 1560.

Nesse Rio que agora me serve de alimento, é o sabor dessa história que inicialmente procuro discernir. Na verdade, eu iria adivinhá-la um dia, por ocasião de uma excursão arqueológica organizada pelo Museu Nacional em homenagem a um cientista japonês. Uma lancha nos deixara numa praia pantanosa onde enferrujava um velho casco encalhado; com certeza, não datava do século XVI, mas, ainda assim, introduzia uma dimensão histórica naqueles espaços onde mais nada ilustrava a passagem do tempo. Sob as nuvens baixas, atrás de uma chuva fina que caía sem parar desde a madrugada, a cidade distante desaparecera. Para além dos caranguejos pululando na lama preta e dos mangues cuja expansão de formas nunca se sabe se deriva do crescimento ou do apodrecimento, a floresta realçava as silhuetas gotejantes de algumas cabanas de palha que não pertenciam a qualquer idade. Mais longe ainda, encostas montanhosas afogavam suas escarpas numa névoa esbranquiçada. Aproximando-nos das árvores, atingimos o objetivo de nossa visita: um areal onde camponeses haviam descoberto pouco tempo antes fragmentos de vasilhames. Apalpo essa cerâmica espessa, de uma fatura incontestavelmente tupi por seu revestimento branco debruado de vermelho e pelo fino entrelaçado de riscos pretos, labirinto destinado, dizem, a desnortear os maus espíritos em busca das ossadas humanas outrora preservadas nessas urnas. Explicam-me que poderíamos ter chegado de automóvel a esse local, distante cinquenta quilômetros apenas do centro da cidade, mas que a chuva, isolando as estradas, poderia deixar-nos bloqueados ali por uma semana. Seria aproximar-se mais ainda de um passado impotente para transformar aquele lugar melancólico, onde Léry talvez matou o tempo de espera a olhar o gesto célere da mão morena formando, com uma espátula mergulhada num verniz preto, aqueles "mil pequenos mimos, como guilhochês, laços-de-amor e outras gracinhas", cujo enigma hoje interrogo no reverso de um caco encharcado.

O primeiro contato com o Rio foi diferente. Eis-me aqui, pela primeira vez de minha vida, do outro lado do Equador, sob os trópicos, no Novo Mundo. Graças a que indício fundamental irei reconhecer essa tripla mutação? Qual é a voz que há de confirmá-la, que nota jamais escutada ressoará inicialmente em meus ouvidos? Minha primeira observação é fútil: estou num salão.

Vestindo roupas mais leves que de costume e pisando nos meandros ondulados de um calçamento de mosaico branco e preto, percebo, nessas ruas estreitas e sombreadas que cortam a avenida principal, um ambiente particular; a transição entre as residências e a rua é menos marcada do que na Europa; as lojas, apesar do luxo de suas vitrines, prolongam a exposição das mercadorias até a calçada; ninguém presta muita atenção se está fora ou dentro. Na verdade, a rua não é mais apenas um lugar por onde se passa; é um local onde se fica. Viva e sossegada ao mesmo tempo, mais animada e mais bem protegida do que as nossas, encontro o termo de comparação que ela me inspira. Pois as mudanças de hemisfério, de continente e de clima quase nada fizeram, por enquanto, senão tornar supérflua a fina cobertura envidraçada que, na Europa, estabelece artificialmente condições idênticas: o Rio parece em primeiro lugar reconstituir ao ar livre as Gallerias de Milão, a Galerij de Amsterdã, a Passage des Panoramas ou a sala de espera da estação Saint-Lazare.

Em geral, concebemos as viagens como um deslocamento no espaço. É pouco. Uma viagem inscreve-se simultaneamente no espaço, no tempo e na hierarquia social. Cada impressão só é definível se a relacionarmos de modo solidário com esses três eixos, e, como o espaço possui sozinho três dimensões, precisaríamos de pelo menos cinco para fazermos da viagem uma representação adequada. Sinto isso logo ao desembarcar no Brasil. Sem dúvida, estou do outro lado do Atlântico e do Equador, e pertinho do trópico. Diversas coisas me comprovam: esse calor tranquilo e úmido que liberta meu corpo do peso habitual da lã e suprime o contraste (que descubro retrospectivamente como uma das constantes de minha civilização) entre a casa e a rua; aliás, aprenderei depressa que é apenas para introduzir outro, entre o homem e a mata, que minhas paisagens integralmente humanizadas não comportavam; há também as palmeiras, flores novas, e, na varanda dos cafés, esses montes de cocos verdes dos quais se sorve, após decapitá-los, uma água açucarada e fresca que cheira a porão.

Mas sinto também outras mudanças: eu era pobre e sou rico; primeiro, porque minha condição material mudou; depois, porque o preço dos produtos locais é inacreditavelmente baixo: esse abacaxi iria me custar um franco, esse cacho de bananas, dois francos, essas galinhas que um vendedor italiano assa no espeto, quatro francos. Parecia o palácio de Dame Tartine.* Por fim, o estado de disponibilidade proporcionado por uma escala, oportunidade oferecida gratuitamente mas que se acompanha do sentimento de obrigação de aproveitá-la, cria uma atitude ambígua propícia à suspensão dos controles mais habituais e à liberação quase ritual da prodigalidade. É certo que a viagem pode agir de modo diametralmente oposto, conforme a experiência que tive quando cheguei sem dinheiro a Nova York, após o Armistício; mas, que se trate de mais ou de menos, no sentido de melhoria da condição material ou no de sua deterioração, só por milagre a viagem não acarretaria, nesse aspecto, uma mudança qualquer. Ao mesmo tempo em que transporta a milhares de quilômetros, a viagem faz subir ou descer alguns graus na escala dos status.

---

* Personagem do folclore francês da metade do século XIX. Dame Tartine morava num palácio maravilhoso em que o chão era de praliné, as paredes, de açúcar-cande etc. (N. T.)

Promove, mas também desqualifica — para o bem e para o mal —, e a cor e o sabor dos lugares não podem ser dissociados do nível sempre imprevisto onde ela nos instala para apreciá-los.

Houve um tempo em que a viagem confrontava o viajante com civilizações radicalmente diferentes da sua e que se impunham de início por sua estranheza. Já há alguns séculos essas ocasiões se tornam cada vez mais raras. Que seja na Índia ou na América, o viajante moderno é menos surpreendido do que admite. Ao escolhermos objetivos e itinerários, nós nos damos sobretudo a liberdade de preferir tal data de penetração e tal ritmo de invasão da civilização mecânica a tais outros. A busca do exotismo resume-se à coleção de estados antecipados ou retardados de um tema que nos é familiar. O viajante torna-se um antiquário, forçado, pela falta de objetos, a abandonar sua galeria de arte negra para se restringir a suvenires velhuscos, regateados durante seus passeios pelo mercado das pulgas da terra habitada.

Essas diferenças já são perceptíveis dentro de uma cidade. Como plantas que atingem a floração, cada uma em sua época própria, os bairros trazem a marca dos séculos em que se produziram seu crescimento, seu desabrochar e seu declínio. Nesse canteiro de vegetação urbana, há concomitância e sucessões. Em Paris, o Marais estava em flor no século XVII, e o mofo o corrói; espécie mais tardia, o IXe arrondissement desabrochou no Segundo Império, mas suas casas hoje murchas são ocupadas por uma fauna de gente modesta que, qual insetos, ali encontra um terreno propício a humildes formas de atividade. O XVIIe arrondissement mantém-se imobilizado em seu luxo defunto como um grande crisântemo carregando nobremente sua cabeça ressecada muito além de seu fenecimento. O XVIe ontem era deslumbrante; hoje, suas flores brilhantes afogam-se num matagal de edifícios que o confundem aos poucos com uma paisagem de subúrbio.

Quando se comparam entre si cidades muito distantes pela geografia e pela história, essas diferenças de ciclo complicam-se ainda com os ritmos desiguais. Assim que nos afastamos do centro do Rio, que lembra muito o ambiente do princípio do século, caímos em ruas sossegadas, longas avenidas plantadas de palmeiras, mangueiras e jacarandás podados, onde se erguem palacetes antiquados no meio de jardins. Penso (como iria fazê-lo mais tarde nos bairros residenciais de Calcutá) em Nice ou em Biarritz à época de Napoleão III. Os trópicos são menos exóticos do que obsoletos. Não é a vegetação que os caracteriza, mas pequenos detalhes da arquitetura e a sugestão de um tipo de vida que, mais do que ter transposto imensos espaços, convence que imperceptivelmente recuamos no tempo.

O Rio de Janeiro não é construído como uma cidade qualquer. Situada de início na zona plana e pantanosa que margeia a baía, ela se introduziu entre os morros abruptos que a comprimem de todos os lados, como dedos dentro de uma luva apertada demais. Tentáculos urbanos, tendo às vezes vinte ou trinta quilômetros de comprimento, deslizam ao pé de formações graníticas cuja encosta é tão íngreme que nenhuma vegetação consegue se fixar; por vezes, num terraço isolado ou num desfiladeiro profundo, instalou-se, porém, uma ilha de floresta, tanto mais verdadeiramente virgem quanto o local é inacessível apesar da proximidade: de avião, pensaríamos estar roçando os galhos desses corredores frescos e graves por onde planamos entre tapeçarias suntuosas antes de aterrissar a seus pés. Essa cidade tão pródiga em morros trata-os com um desprezo que em parte se explica pela falta d'água lá no alto. A esse respeito, o Rio é o contrário de Chittagong, no golfo de Bengala: numa planície pantanosa, pequenas elevações cônicas de argila alaranjada, cintilante sob o mato verde, ostentam, todas, um bangalô solitário, fortaleza dos ricos que se protegem do calor abafado e da imundície da ralé. No Rio, é o contrário: essas calotas globulosas onde o granito surge em bloco como um ferro fundido reverberam tão violentamente o calor que a brisa circulando no fundo dos desfiladeiros não consegue subir. Talvez o urbanismo tenha agora resolvido o problema, mas em 1935, no Rio, o lugar ocupado por cada um na hierarquia social media-se pelo altímetro: tanto mais baixo quanto mais alto fosse o domicílio. Os miseráveis viviam empoleirados nos morros, nas favelas onde uma população de negros, vestidos de trapos bem limpinhos, inventavam ao violão essas melodias alertas que, na época do Carnaval, desceriam das alturas e invadiriam a cidade junto com eles.

Mal pegamos uma dessas pistas urbanas que embrenham seus meandros pelos morros, muito depressa surge o aspecto de arrabaldes. Botafogo, no final da avenida Rio Branco, ainda é a cidade de luxo, mas, depois do Flamengo,* pensaríamos estar em Neuilly, e perto do túnel de Copacabana era, há vinte

---

* Lapso do autor, que troca Flamengo por Botafogo, ou confunde Botafogo com o bairro da Glória. (N. T.)

anos, Saint-Denis ou Le Bourget, com um toque campestre a mais, como podiam ser nossos subúrbios antes da guerra de 1914. Em Copacabana, hoje ouriço de arranha-céus, eu descobria apenas uma cidadezinha do interior com seu comércio e suas lojas.

Última lembrança do Rio, que data de minha partida definitiva: um hotel onde visitei colegas norte-americanos, na encosta do Corcovado; ia-se até lá num funicular sumariamente construído no meio das pedras, num estilo semigaragem, semirrefúgio de altas montanhas, com postos de comando controlados por empregados atentos: uma espécie de Luna Park. Tudo isso para chegarmos, no alto do morro e depois de termos nos içado à beira de terrenos baldios, sujos e pedregosos, e que com frequência se aproximavam da vertical, a uma pequena residência da época do Império, casa 'térrea', decorada com estuques e caiada de ocre, onde jantávamos numa plataforma transformada em varanda, no alto de uma mistura incoerente de prédios de concreto, casebres e aglomerações urbanas, tendo, ao fundo, em vez das chaminés de fábrica que seriam de esperar como limite dessa paisagem heterogênea, um mar tropical, brilhante e acetinado, encimado por um luar monstruoso.

Retorno a bordo. O barco apresta-se para partir e pulsa com todas as suas luzes; desfila diante do mar que se contorce, e parece passar em revista um trecho ambulante de rua mal-afamada. Pela noitinha, houve uma tempestade e o mar reluz ao largo como um ventre de animal. Entretanto, a lua está escondida por nuvens esgarçadas que o vento deforma em zigue-zagues, em cruzes e em triângulos. Essas figuras esquisitas são iluminadas como que por dentro; contra o fundo negro do céu, pareceriam uma aurora boreal para uso dos trópicos. De vez em quando, percebe-se por entre essas aparições vaporosas um fragmento de lua avermelhada que passa, repassa e desaparece como uma lanterna errante e cheia de angústia.

10. Passagem do trópico

O litoral entre o Rio e Santos ainda propõe trópicos de sonho. A serra costeira, que em determinado ponto ultrapassa 2 mil metros, precipita-se no mar e recorta-o de ilhotas e enseadas; praias de areia fina rodeadas de coqueiros ou de florestas úmidas, transbordantes de orquídeas, vêm bater em paredes de arenito ou de basalto que lhes impedem o acesso, a não ser pelo mar. Pequenos portos, distantes um do outro uma centena de quilômetros, abrigam os pescadores em residências do século XVIII, agora em ruínas e que outrora os armadores, capitães e vice-governadores construíam em pedras nobremente talhadas. Angra dos Reis, Ubatuba, Parati, São Sebastião, Vila Bela,* todos pontos aonde o ouro, os diamantes, os topázios e os crisólitos extraídos de Minas Gerais, as "minas gerais" do reino, chegavam após semanas de viagem pela montanha, transportados em lombo de mula. Quando procuramos o vestígio dessas pistas ao longo dos 'espigões', é difícil imaginar esse tráfego tão importante a ponto de uma indústria especial viver da recuperação de ferraduras perdidas no caminho pelos animais.

Bougainville contou as precauções que cercavam a mineração e o transporte. Mal extraído, o ouro devia ser entregue às casas de fundição situadas

---

* Antigo nome de Ilhabela. (N. T.)

em cada distrito: Rio das Mortes, Sabará, Cerro Frio. Ali cobravam-se os direitos da Coroa, e o que cabia aos mineradores era-lhes entregue em barras marcadas com seu peso, quilate, número e as armas do rei. Um entreposto central, situado a meio caminho entre as minas e o litoral, fazia outro controle. Um tenente e cinquenta soldados cobravam o quinto, o direito de pedágio por cabeça de homem e de animal. Esse imposto era dividido entre o rei e o destacamento; assim, não havia nada de surpreendente em que os comboios, vindo das minas e passando obrigatoriamente por esse registro, ali fossem "detidos e revistados com o maior rigor".

Em seguida, os particulares levavam o ouro em barras à casa de fundição do Rio de Janeiro que as trocava por moedas, meios dobrões que valiam oito piastras da Espanha, sendo que para cada um o rei ganhava uma piastra pela liga e pelo direito de cunhagem. E Bougainville acrescenta: "O edifício da casa de fundição [...] é um dos mais belos que existem; é provido de todas as comodidades necessárias para se trabalhar com a maior celeridade. Como o ouro desce das minas ao mesmo tempo em que as frotas chegam de Portugal, é preciso acelerar o trabalho da moeda e ela é cunhada com uma presteza surpreendente".

Quanto aos diamantes, o sistema era ainda mais rigoroso. Os negociantes, conta Bougainville, "são obrigados a prestar contas exatas dos diamantes encontrados e entregá-los nas mãos do intendente nomeado pelo rei para tal fim. Esse intendente logo os deposita num cofre rodeado de ferro e trancado com três fechaduras. Ele tem uma das chaves, o vice-rei, outra, e o provedor da Fazenda Real, a terceira. Esse cofre é fechado dentro de um segundo, onde são gravados os sinetes das três pessoas supracitadas, e que contém as três chaves do primeiro. O vice-rei não tem o poder de verificar o que ele encerra. Apenas guarda o conjunto num terceiro cofre-forte que envia a Lisboa, depois de ter aposto seu selo sobre o fecho. A abertura se faz em presença do rei, que escolhe os diamantes que quiser, e paga-os aos negociantes com base numa tarifa acertada pelo tratado entre eles".

Dessa imensa atividade que, só no ano de 1762, incluíra o transporte, o controle, a cunhagem e a expedição de 119 arrobas de ouro, ou seja, mais de uma tonelada e meia, nada subsiste ao longo dessa costa restituída ao Éden, a não ser algumas fachadas majestosas e solitárias no fundo de suas angras, muralhas batidas pelas vagas, ao pé das quais atracavam os galeões. Essas florestas grandiosas, essas enseadas virgens, essas rochas escarpadas, gostaríamos de acreditar que só uns índios de pés descalços se enfiaram por ali, vindos dos planaltos, e não que elas tenham servido para oficinas onde, há apenas duzentos anos, forjava-se o destino do mundo moderno.

Depois de fartar-se de ouro, o mundo sentiu fome de açúcar, mas o açúcar, por sua vez, consumia escravos. O esgotamento das minas — precedido, aliás, pela devastação das florestas que forneciam combustível para as caldeiras —, a abolição da escravatura, e, por fim, uma demanda mundial crescente orientam São Paulo e seu porto de Santos para o café. De amarelo, e depois branco, o ouro passou a negro. Mas, apesar dessas transformações que fizeram de Santos um dos centros do comércio internacional, o lugar continua a ser de uma secreta beleza; enquanto o navio penetra devagar entre as ilhas, sinto aqui o primeiro choque dos trópicos. Um canal verdejante nos envolve. Esticando a mão, quase poderíamos pegar aquelas plantas que o Rio ainda mantinha à distância, em estufas penduradas lá no alto. Num palco mais modesto, estabelece-se o contato com a paisagem.

O interior de Santos, planície inundada, crivada de lagoas e pântanos, entrecortada por rios, estreitos e canais cujos contornos são eternamente esbatidos por uma neblina nacarada, parece a própria Terra emergindo no princípio da criação. Os bananais que a cobrem são do verde mais viçoso e mais suave que se possa imaginar; mais intenso do que o ouro verde dos campos de juta no delta do Bramaputra a que minha lembrança gosta de associá-los: mas essa delicadeza mesma da nuance, sua gracilidade inquieta, comparada com a suntuosidade serena do outro, contribuem para criar um ambiente primordial. Durante meia hora, rodamos entre as bananeiras, plantas mastodônticas mais do que árvores anãs, troncos seivosos que terminam numa abundância de folhas elásticas por cima da mão de cem dedos que sai de um enorme lótus marrom e rosado. Depois, a estrada sobe a oitocentos metros de altitude, até o alto da serra. Como por todo esse litoral, encostas abruptas protegeram das investidas do homem uma floresta virgem tão rica que, para encontrar sua semelhante, teríamos que ir a milhares de quilômetros ao norte, perto da bacia amazônica. Enquanto o automóvel geme nas curvas que nem sequer podemos mais qualificar de "fechadíssimas", de tal modo são em espiral, em meio a um nevoeiro que imita o de altas montanhas em outros climas, tenho tempo de inspecionar as árvores e as plantas sobrepostas diante de meu olhar como espécimes de museu.

Essa floresta difere da nossa pelo contraste entre a folhagem e os troncos. Aquela é mais escura, seus matizes de verde lembram mais o mineral do que o vegetal e, no primeiro reino, mais ainda o jade e a turmalina do que a esmeralda e a olivina. Os troncos, ao contrário, brancos ou cinzentos, perfilam-se como ossadas sobre o fundo escuro da folhagem. Perto demais daquela muralha para observar o conjunto, eu examinava sobretudo os pormenores. Plantas mais copiosas que as da Europa erguem caules e folhas que parecem recortados no metal, tão firme é seu porte e de tal maneira sua forma plena de significado parece protegida das provas do tempo. Vista de fora, essa natureza é de uma ordem diferente da nossa; manifesta um grau superior de presença e de permanência. Como nas paisagens exóticas de Henri Rousseau, seus seres alcançam a dignidade de objetos.

Já uma vez senti impressão análoga. Foi por ocasião das primeiras férias na Provença, depois de anos dedicados à Normandia e à Bretanha. A uma vegetação que para mim permanecia confusa e desinteressante, seguia-se outra em que cada espécie me oferecia um significado particular. Era um pouco como se eu fosse transportado de uma aldeia banal para um sítio arqueológico onde cada pedra não fosse mais um elemento da casa, mas uma testemunha. Eu percorria, exaltado, o caminho pedregoso, repetindo-me que ali cada raminho chamava-se tomilho, orégano, rosmaninho, manjericão, esteva, louro, alfazema, medronheiro, alcaparra, lentisco, que possuía seus títulos de nobreza e que recebera uma incumbência privilegiada. E o pesado cheiro resinoso era-me a um só tempo prova e razão de um universo vegetal mais notável. O que então a flora provençal me proporcionava por seu aroma, a do trópico me sugeria agora por sua forma. Não mais mundo de odores e de utilidades, herbário de receitas e de superstições, mas grupo vegetal semelhante a um corpo de grandes bailarinas que tivessem, cada uma, imobilizado seu gesto na posição mais sensível, como para evidenciar um propósito mais aparente, caso não tivesse mais nenhum receio da vida; balé imóvel, perturbado apenas pela agitação mineral das nascentes.

Quando se chega ao alto, mais uma vez tudo se modifica; acabam-se o calor úmido dos trópicos e os heroicos emaranhados de cipós e penedos. Em vez do imenso panorama límpido que, do mirante da serra, descortinamos pela última vez até o mar, avistamos na direção oposta um planalto desigual e desnudo, desenrolando cristas e barrancos sob um céu instável. Lá de cima cai uma garoa bretã. Pois estamos a quase mil metros de altitude, conquanto o mar ainda esteja próximo. No alto dessa escarpa começam as terras altas, sucessão de plataformas das quais a serra litorânea forma o primeiro e o mais árduo degrau. Essas terras baixam insensivelmente em direção ao Norte. Até a bacia do Amazonas onde desabam por meio de grandes falhas geológicas a 3 mil quilômetros daqui, sua descida só será interrompida duas vezes, por fileiras de escarpas: na serra de Botucatu, a cerca de quinhentos quilômetros do litoral, e na chapada do Mato Grosso, a 1500. Vou transpô-las, ambas, antes de encontrar, ao redor dos grandes rios amazônicos, uma floresta semelhante a esta que se agarra à muralha costeira; a maior parte do Brasil, circunscrita entre o Atlântico, o Amazonas e o Paraguai, representa uma mesa inclinada que se reergue para os lados do mar: trampolim encrespado de matas cercado por um úmido anel de selva e de pântanos.

Ao meu redor, a erosão devastou as terras de relevo inacabado, mas o homem sobretudo é responsável pelo aspecto caótico da paisagem. Primeiro, desmatou-se para plantar; mas, ao fim de alguns anos, o solo exaurido e lavado pelas chuvas se esquivou dos cafezais. E as plantações foram transportadas para mais longe, para ali onde a terra ainda era virgem e fértil. Entre o homem e o solo, jamais se instaurou essa reciprocidade atenta que, no Velho Mundo, assenta a intimidade milenar durante a qual eles se amoldaram mutuamente. Aqui, o solo foi violentado e destruído. Uma agricultura de rapina apoderou-se de uma riqueza jacente e depois foi-se para outro sítio, após extrair algum lucro. É com razão que se descreve a área de atividade dos pioneiros como uma franja. Pois, devastando o solo quase tão depressa quanto o desmatam, eles parecem condenados a sempre ocupar apenas uma faixa movediça, mordendo de um lado a terra virgem e abandonando do outro alqueives extenuados. Como um incêndio no mato que antecipa o esgotamento de sua substância, em cem anos a explosão agrícola cruzou o estado de São Paulo. Ativada no meio do século XIX pelos mineiros que abandonavam seus filões exauridos, deslocou-se de leste a oeste, e em breve eu iria alcançá-la do outro lado do rio Paraná, abrindo caminho por entre uma multidão confusa de troncos derrubados e de famílias desenraizadas.

O território atravessado pela estrada de Santos a São Paulo é um dos explorados há mais tempo no país; assim, lembra um sítio arqueológico dedicado a uma agricultura defunta. Encostas, taludes outrora arborizados deixam à vista suas ossaturas sob um fino manto de relva agreste. Adivinha-se aqui e acolá o pontilhado dos morrinhos que marcavam a localização dos cafezais; eles sobressaem sob os flancos cobertos de mato, lembrando mamas atrofiadas. Nos vales, a vegetação se reapossou do solo; mas já não é a nobre arquitetura da floresta primitiva: a 'capoeira', isto é, a floresta secundária, renasce como um bosque contínuo de árvores miúdas. De vez em quando, observa-se a cabana de um imigrante japonês que se dedica, segundo métodos arcaicos, a regenerar um canto de terra para plantar suas hortaliças.

O viajante europeu fica desconcertado com essa paisagem que não se enquadra em nenhuma de suas categorias tradicionais. Ignoramos a natureza virgem, nossa paisagem é ostensivamente subjugada ao homem; às vezes, parece-nos selvagem, não porque o seja de fato, mas porque as trocas se produziram num ritmo mais lento (como na floresta), ou então — nas montanhas — porque os problemas surgidos eram tão complexos que o homem, em vez de dar-lhes uma resposta sistemática, reagiu no correr dos séculos por meio de uma profusão de diligências no nível dos detalhes; as soluções de conjunto que as resumem, jamais claramente desejadas ou pensadas como tais, lhe parecem, vistas de fora, ter um aspecto primitivo. São consideradas como uma autêntica selvageria da paisagem, conquanto resultem de um encadeamento de iniciativas e de decisões inconscientes.

Porém, mesmo as mais agrestes paisagens da Europa apresentam um ordenamento cujo intérprete incomparável foi Poussin. Vá à montanha: observe o contraste entre as encostas áridas e as florestas; os patamares que estas formam por sobre as pastagens, a diversidade de matizes resultantes da predominância desta ou daquela essência vegetal segundo a exposição ou a inclinação — é preciso ter viajado pela América para saber que essa harmonia sublime, longe de ser uma expressão espontânea da natureza, provém de acordos longamente buscados durante uma colaboração entre o local e o homem. Este admira ingenuamente os vestígios de suas realizações passadas.

Na América habitada, tanto a do Norte como a do Sul (exceção feita aos altiplanos andinos, ao México e à América Central, onde uma ocupação mais densa e mais persistente aproxima-se da situação europeia), só temos a escolha entre uma natureza domada com tanta impiedade que mais se tornou uma fábrica ao ar livre do que um campo (penso nas plantações de cana das Antilhas e nas de milho no *corn-belt*) e outra que — como a que neste momento considero — foi suficientemente ocupada pelo homem para dar-lhe o tempo de saqueá-la, mas não o bastante para que uma lenta e incessante coabitação a tenha elevado à categoria de paisagem. Nos arredores de São Paulo, como mais tarde no estado de Nova York, no Connecticut e inclusive nas montanhas Rochosas, aprendi a me familiarizar com uma natureza mais bravia do que a nossa, porque menos povoada e menos cultivada, e no entanto privada de verdadeiro frescor: não selvagem, mas desqualificada.

Terrenos baldios grandes como províncias, o homem outrora, e por pouco tempo, os possuiu; em seguida, foi-se para outro lugar. Atrás de si, deixou um relevo machucado, todo emaranhado de vestígios. E nesses campos de batalha onde, por algumas dezenas de anos, ele afrontou uma terra ignorada, renasce lentamente uma vegetação monótona, numa desordem tanto mais enganadora quanto, sob o semblante de uma falsa inocência, preserva a memória e a formação dos combates.

11. São Paulo

Um espírito malicioso definiu a América como uma terra que passou da barbárie à decadência sem conhecer a civilização. Poder-se-ia, com mais acerto, aplicar a fórmula às cidades do Novo Mundo: elas vão do viço à decrepitude sem parar na idade avançada. Uma estudante brasileira voltou-me em lágrimas após sua primeira viagem à França: Paris lhe parecera suja, com seus prédios enegrecidos. A brancura e a limpeza eram os únicos critérios à sua disposição para apreciar uma cidade. Mas essas férias fora do tempo a que convida o gênero monumental, essa vida sem idade que caracteriza as mais belas cidades, transformadas em objeto de contemplação e de reflexão, e não mais em simples instrumentos da função urbana — as cidades americanas nunca chegam a tal. Nas cidades do Novo Mundo, seja Nova York, Chicago ou São Paulo, que muitas vezes lhe foi comparada, o que me impressiona não é a falta de vestígios: essa ausência é um elemento de seu significado. Ao contrário desses turistas europeus que torcem o nariz porque não podem acrescentar a seus troféus de caça mais uma catedral do século XIII, alegro-me em me adaptar a um sistema sem dimensão temporal, para interpretar uma forma diferente de civilização. Mas é no erro contrário que caio: já que as cidades são novas e tiram dessa novidade sua essência e sua justificação, custo a perdoá-las por não continuarem a sê-lo. Para as cidades europeias, a passagem dos séculos constitui uma promoção; para as americanas, a dos anos é uma decadência. Pois não são apenas construídas recentemente; são construídas para se renovarem com a mesma rapidez com que foram erguidas, quer dizer, mal. No momento em que surgem, os novos bairros nem sequer são elementos urbanos: são brilhantes demais, novos demais, alegres demais para tanto. Mais se pensaria numa feira, numa exposição internacional construída para poucos meses. Após esse prazo, a festa termina e esses grandes bibelôs fenecem: as fachadas descascam, a chuva e a fuligem traçam seus sulcos, o estilo sai de moda, o ordenamento primitivo desaparece sob as demolições exigidas, ao lado, por outra impaciência. Não são cidades novas contrastando com cidades velhas; mas cidades com ciclo de evolução curtíssimo, comparadas com cidades de ciclo lento. Certas cidades da Europa adormecem suavemente na morte; as do Novo Mundo vivem febrilmente uma doença crônica; eternamente jovens, jamais são saudáveis, porém.

Ao visitar Nova York ou Chicago em 1941, ao chegar a São Paulo em 1935, não foi, portanto, o aspecto novo que de início me espantou, mas a precocidade dos estragos do tempo. Não me surpreendeu que a essas cidades faltassem dez séculos, impressionou-me verificar que tantos bairros já tivessem cinquenta anos; que, sem pejo, alardeassem tais estigmas, visto que o único encanto a que poderiam aspirar seria o de uma juventude fugaz tanto para eles como para os vivos. Ferros-velhos, bondes vermelhos como carros de bombeiros, bares de mogno com balcão de latão polido, depósitos de tijolos em ruelas solitárias onde só o vento varre o lixo, paróquias rústicas ao pé de escritórios e de Bolsas de valores em estilo de catedral, labirintos de prédios esverdeados encimando abismos entrecortados por trincheiras, viadutos sinuosos e passarelas, cidade que cresce permanentemente em altura pela acumulação de seus próprios escombros que sustentam as construções novas: Chicago, imagem das Américas, não surpreende que em ti o Novo Mundo preze a memória dos anos 1880! Pois a única antiguidade a que ele pode aspirar em sua sede de renovação é essa modesta distância de meio século, curta demais para servir à apreciação de nossas sociedades milenares mas que lhe dá, a ele que não pensa no tempo, uma ínfima oportunidade de se enternecer com sua juventude transitória.

Em 1935, os paulistas vangloriavam-se de que construíam em sua cidade, em média, uma casa por hora. Tratava-se, na época, de mansões; garantem-me que o ritmo se manteve igual, mas com edifícios. A cidade desenvolve-se a tal velocidade que é impossível obter seu mapa: cada semana demandaria uma nova edição. Parece, inclusive, que se formos de táxi a um encontro marcado algumas semanas antes, corremos o risco de chegar com um dia de avanço em relação ao bairro. Em tais condições, a evocação de lembranças de quase vinte anos atrás assemelha-se à contemplação de uma fotografia apagada. Mas pode, ao menos, oferecer um interesse documental; despejo os fundos de gaveta de minha memória nos arquivos municipais.

Na época, descrevia-se São Paulo como uma cidade feia. Sem dúvida, os prédios do centro eram pomposos e antiquados; a pretensiosa indigência de sua ornamentação agravava-se mais ainda pela pobreza da construção: estátuas e guirlandas não eram de pedra, mas de gesso caiado de amarelo para fingir uma pátina. De modo geral, a cidade mostrava esses tons fortes e arbitrários que caracterizam as más construções cujo arquiteto teve de recorrer à caiação tanto para proteger quanto para dissimular o substrato.

Nas construções de pedra, as extravagâncias do estilo 1890 são parcialmente desculpáveis pelo peso e pela densidade do material: situam-se em seu nível de acessório. Ao passo que lá, aquelas intumescências trabalhosas evocam apenas as improvisações dérmicas da lepra. Sob as cores falsas, as sombras ficam mais negras; as ruas estreitas não deixam que uma camada de ar fina demais "crie um clima", e disso resulta uma sensação de irrealidade, como se tudo aquilo não fosse uma cidade, mas um simulacro de construções edificadas às pressas para atender a uma filmagem cinematográfica ou a uma representação teatral.

E, contudo, São Paulo nunca me pareceu feia: era uma cidade selvagem, como o são todas as cidades americanas, com exceção talvez de Washington, DC, nem selvagem, nem domesticada, essa aí, mas antes cativa e morrendo de tédio na gaiola estrelada de avenidas dentro da qual Lenfant a encarcerou. Quanto a São Paulo, era, na época, indômita. Construída originalmente sobre um terraço em forma de esporão apontando para o Norte, na confluência de dois pequenos rios, o Anhangabaú e o Tamanduateí, que se lançam um pouco mais abaixo no rio Tietê, afluente do Paraná, foi uma simples "redução de índios": centro missionário em torno do qual os jesuítas portugueses esforçaram-se, desde o século XVI, em agrupar os selvagens e iniciá-los nas virtudes da civilização. Sobre o talude que desce para o Tamanduateí e que domina os bairros populares do Brás e da Penha, ainda subsistiam em 1935 algumas ruelas interioranas e os 'largos': praças quadradas e cheias de mato, cercadas de casas baixas com teto de telhas e janelinhas de grades, caiadas, tendo de um lado uma igreja paroquial austera, cuja única decoração era o duplo arco cortando o frontão barroco na parte superior da fachada. Muito longe, rumo ao Norte, o Tietê prolongava seus meandros prateados pelas 'várzeas' — pântanos transformando-se pouco a pouco em vilas — cercadas por um rosário irregular de subúrbios e loteamentos. Logo atrás, ficava o centro de negócios, fiel ao estilo e às aspirações da Exposição de 1889: a praça da Sé, a meio caminho entre o canteiro de obras e a ruína. Depois, o famoso Triângulo, do qual São Paulo tinha tanto orgulho quanto Chicago de seu Loop: zona de comércio formada pela interseção das ruas Direita, São Bento e 15 de Novembro, vias atulhadas de letreiros onde se comprimia uma multidão de comerciantes e de funcionários que, com seus trajes escuros, proclamavam sua fidelidade aos valores europeus ou norte-americanos, ao mesmo tempo que seu orgulho pelos oitocentos metros de altitude que os livrava dos langores do trópico (o qual, porém, passa em plena cidade).

Em São Paulo, no mês de janeiro, a chuva não "chega", mas é engendrada pela umidade ambiente, como se o vapor d'água de que tudo se embebe se materializasse em pérolas aquáticas caindo abundantes mas que dariam a impressão de serem freadas pela afinidade com toda essa neblina pela qual deslizam. Não é, como na Europa, uma chuva riscadinha, mas um cintilar pálido, formado por uma profusão de bolinhas d'água que rolam numa atmosfera úmida: cascata de consomê claro com tapioca. E tampouco é quando a nuvem passa que a chuva para, mas quando o ar local, pela punção pluviosa, livrou-se suficientemente de um excesso de umidade. Então, o céu clareia, entrevê-se o azul muito pálido entre as nuvens amarelas, enquanto enxurradas alpinas correm pelas ruas.

Na extremidade norte do terraço, um gigantesco canteiro de obras estava no início: era o da avenida São João, artéria de vários quilômetros que se começava a traçar paralelamente ao Tietê, seguindo o percurso da velha estrada do Norte para Itu, Sorocaba e as ricas plantações de Campinas. Presa por seu início à ponta do esporão, a avenida descia pelos escombros de velhos bairros. Cruzava primeiro, à direita, com a rua Florêncio de Abreu, que ia dar na estação de trem, entre os bazares sírios que abasteciam todo o interior de bugigangas, e calmas oficinas de seleiros e estofadores onde prosseguia — mas por quanto tempo? — a fabricação de grandes selas de couro trabalhado, de xairéis para cavalos com grossos fios de algodão, de arreios decorados com prata lavrada, destinados aos fazendeiros e aos peões do mato tão próximo. Depois, a avenida, passando ao pé de um arranha-céu — então único e inacabado —, o rosado Prédio Martinelli, enfiava-se pelos Campos Elíseos, outrora domicílio dos ricos, onde os palacetes de madeira pintada se deterioravam no meio de jardins de eucaliptos e mangueiras; a popular Santa Ifigênia, margeada por um bairro reservado de casebres com porão alto, de onde as moças berravam para os clientes pelas janelas. Por fim, nos limites da cidade, progrediam os loteamentos pequeno-burgueses de Perdizes e de Água Branca, fundindo-se a sudoeste na colina verdejante e mais aristocrática do Pacaembu.

Para o Sul, o terraço continua a se elevar; modestas avenidas o escalam, juntando-se no alto, sobre a própria espinha dorsal do relevo, pela avenida Paulista e suas residências outrora fastuosas dos milionários do último meio século, num estilo de cassino e de estação de águas. Bem no final, para o Leste, a avenida domina a planície acima do novo bairro do Pacaembu, onde se constroem desordenadamente mansões cúbicas ao longo de avenidas sinuosas salpicadas pelo azul-violeta dos jacarandás em flor, entre rampas gramadas e aterros de terra ocre. Mas os milionários abandonaram a avenida Paulista. Seguindo a expansão da cidade, desceram com ela o Sul da colina, para bairros sossegados de ruas sinuosas. Suas residências de inspiração californiana, em cimento misturado à mica e com sacadas de ferro fundido, deixam-se entrever no fundo de jardins abertos nos pequenos bosques rústicos onde se implantam esses loteamentos para os ricos.

Pastos de vacas estendem-se ao pé de imóveis em concreto, um bairro surge como uma miragem, avenidas ladeadas de luxuosas residências são interrompidas de um lado e outro por ribanceiras; ali, uma torrente barrenta circula entre as bananeiras, servindo ao mesmo tempo de nascente e de esgoto para casebres de taipa sobre estrutura de bambu, onde se encontra a mesma população negra que, no Rio, se instala no alto dos morros. As cabras correm pelas encostas. Certos locais privilegiados da cidade conseguem acumular todos os aspectos. Assim, à saída de duas ruas divergentes que seguem em direção do mar, desembocamos na beira do barranco do rio Anhangabaú, cruzado por uma ponte que é uma das principais artérias da cidade. A parte baixa é ocupada por um parque ao gosto inglês: gramados enfeitados com estátuas e coretos, enquanto na perpendicular dos dois taludes erguem-se os principais edifícios, o Teatro Municipal, o Hotel Esplanada, o Automóvel Clube, os escritórios da companhia canadense que explora a eletricidade e os transportes. Seus volumes heteróclitos afrontam-se numa desordem imóvel. Essa confusão de imóveis lembra grandes manadas de mamíferos reunidos à noite em torno de um bebedouro, por alguns instantes indecisos e imóveis; condenados, por uma necessidade mais premente que o medo, a misturar temporariamente suas espécies antagônicas. A evolução animal se cumpre segundo fases mais lentas que as da vida urbana; se hoje eu contemplasse o mesmo local, talvez verificasse que o híbrido rebanho desapareceu: pisoteado por uma raça mais vigorosa e mais homogênea de arranha-céus implantados nessas margens que uma autoestrada fossilizou com asfalto.

Protegida dessa fauna de pedra, a elite paulista, tal como as suas orquídeas prediletas, formava uma flora indolente e mais exótica do que imaginava. Os botânicos ensinam que as espécies tropicais incluem variedades mais numerosas que as das zonas temperadas, embora, em contrapartida, cada uma seja formada por um número às vezes muito pequeno de indivíduos. O 'grã-fino' local levara ao extremo essa especialização.

Uma sociedade restrita distribuíra os papéis entre si. Todas as atividades, os gostos, as curiosidades dignas da civilização contemporânea ali se encontravam, mas cada uma encarnada por um único representante. Nossos amigos não eram propriamente pessoas, eram mais funções cuja importância intrínseca, menos que sua disponibilidade, parecia haver determinado a lista. Assim, havia o católico, o liberal, o legitimista, o comunista; ou, em outro plano, o gastrônomo, o bibliófilo, o amador de cães (ou de cavalos) de raça, de pintura antiga, de pintura moderna; e também o erudito local, o poeta surrealista, o musicólogo, o pintor. Nenhuma verdadeira preocupação em aprofundar um campo do conhecimento estava na origem dessas vocações; se dois indivíduos, após uma manobra em falso ou por ciúmes, viam-se ocupando o mesmo terreno ou terrenos distintos mas demasiado próximos, tinham uma única ideia: destruírem-se mutuamente, e nisso demonstravam uma persistência e uma ferocidade admiráveis. Em compensação, entre feudos vizinhos havia visitas intelectuais, faziam-se reverências: cada um estava interessado não só em defender seu papel, mas também em aperfeiçoar esse minueto sociológico em cuja execução a sociedade paulista parecia encontrar inesgotável deleite.

Cabe reconhecer que certos papéis eram representados com um brio extraordinário, graças à combinação entre a fortuna herdada, o charme inato e a matreirice adquirida, que tornavam a frequentação dos salões tão deliciosa e ao mesmo tempo tão decepcionante. Mas a necessidade, que exigia que todos os papéis fossem ocupados para perfazer o microcosmo e representar o grande jogo da civilização, também acarretava alguns paradoxos: que casualmente o comunista fosse o rico herdeiro do feudalismo local, e que uma sociedade muito pretensiosa permitisse, ainda assim, a um de seus membros, mas a um só — já que era preciso ter o poeta de vanguarda —, sair com sua jovem amante em público. Alguns papéis não puderam ser desempenhados pelo que havia de melhor: o criminologista era um dentista que introduzira na polícia civil os moldes de maxilares para substituir as impressões digitais como sistema de identificação; e o monarquista vivia para colecionar espécimes de louça de todas as famílias reais do universo: as paredes de seu salão estavam cobertas de pratos, salvo o lugar necessário ao cofre-forte onde ele conservava as cartas em que damas de honra das rainhas demonstravam interesse por suas solicitações domésticas.

Essa especialização no plano mundano ia de par com um apetite enciclopédico. O Brasil culto devorava os manuais e as obras de vulgarização. Em vez de se gabarem do prestígio ainda inigualado da França no estrangeiro, nossos ministros teriam sido mais sensatos caso se empenhassem em compreendê-lo; infelizmente, desde essa época ele já não decorria tanto da riqueza e da originalidade de uma criação científica declinante quanto do talento, de que muitos de nossos cientistas ainda eram dotados, para tornar acessíveis problemas difíceis que eles haviam ajudado modestamente a solucionar. Nesse sentido, o amor demonstrado pela América do Sul à França derivava em parte de uma conivência secreta baseada na mesma inclinação a consumir e a facilitar aos outros o consumo, mais do que a produzir. Os grandes nomes que eram venerados por lá, Pasteur, Curie, Durkheim, pertenciam todos ao passado, decerto bastante próximo para justificar um amplo crédito; mas desse crédito nós ainda só pagávamos os juros em dinheiro miúdo, apreciado na medida em que uma clientela pródiga preferia ela própria gastar a investir. Nós lhe poupávamos apenas o esforço de liquidar.

É triste verificar que até mesmo esse papel de corretor intelectual, para o qual a França se deixava arrastar, parece hoje tornar-se-lhe pesado demais.

Seremos nós a esse ponto prisioneiros de uma perspectiva científica herdada do século XIX, quando cada campo do pensamento era restrito o bastante para que um homem munido das qualidades tradicionalmente francesas — cultura geral, vivacidade e clareza, espírito lógico e talento literário — chegasse a abarcá-lo por inteiro e, trabalhando de maneira isolada, conseguisse repensá-lo por conta própria e apresentar uma síntese? Que nos alegremos ou a deploremos, a ciência moderna já não permite essa exploração artesanal. Ali onde bastava um especialista para ilustrar seu país, é preciso um exército, que nos falta; as bibliotecas pessoais transformaram-se em curiosidades museográficas, mas nossas bibliotecas públicas, sem locais, sem crédito, sem pessoal documentalista e inclusive sem número suficiente de cadeiras para os leitores, desencorajam os pesquisadores, em vez de servi-los. Enfim, a criação científica representa hoje uma realização coletiva e amplamente anônima, para o que estamos o menos preparados possível, tendo nos ocupado demasiado apenas em prolongar mais além de seu tempo os sucessos fáceis de nossos velhos virtuoses. Estes continuarão a crer por muito tempo que um estilo a toda prova pode remediar a ausência de partitura?

Países mais jovens aprenderam a lição. Nesse Brasil que conhecera certos êxitos individuais brilhantes, mas raros — Euclides da Cunha, Oswaldo Cruz, Chagas, Villa-Lobos —, a cultura permanecera, até época recente, um brinquedo para os ricos. E era porque essa oligarquia precisava de uma opinião pública de inspiração civil e laica, para fazer frente à influência tradicional da Igreja e do exército, assim como ao poder pessoal, que, ao criar a Universidade de São Paulo, ela se propôs levar a cultura a uma clientela mais vasta.

Quando cheguei ao Brasil para participar dessa fundação, julguei — lembro-me ainda — a condição humilhante de meus colegas locais com uma compaixão um pouco arrogante. Ao ver aqueles professores miseravelmente pagos, obrigados, para comer, a fazer obscuros trabalhos, senti o orgulho de pertencer a um país de velha cultura onde o exercício de uma profissão liberal era cercado de garantias e de prestígio. Não desconfiava que, vinte anos depois, meus alunos necessitados de então ocupariam cátedras universitárias, às vezes mais numerosas e melhor equipadas do que as nossas, servidos por bibliotecas como gostaríamos de possuir.

No entanto, vinham de longe, esses homens e essas mulheres de todas as idades que se amontoavam em nossas aulas com um fervor desconfiado: jovens de olho nos empregos acessíveis com os diplomas que conferíamos; ou advogados, engenheiros, políticos bem implantados, que temiam a concorrência próxima dos títulos universitários se eles próprios não tivessem o bom-senso de disputá-los. Todos estavam minados por um espírito mundano e destruidor, em parte inspirado por uma tradição francesa obsoleta no estilo da "vida parisiense" do século passado, introduzido por alguns brasileiros primos do personagem de Meilhac e Halévy, porém, mais ainda, traço sintomático de uma evolução que foi a de Paris no século XIX e que São Paulo e o Rio de Janeiro reproduziam então por conta própria, pelo ritmo acelerado de diferenciação entre a cidade e o campo, aquela desenvolvendo-se às custas deste, com a resultante preocupação, para uma população urbanizada havia pouco, de se desvincular da ingenuidade rústica simbolizada no Brasil do século XX pelo 'caipira', como ocorrera com o natural de Arpajon ou de Charentonneau no nosso teatro de bulevar. Lembro-me de um exemplo desse humor duvidoso.

No meio de uma dessas ruas quase rurais, embora com três ou quatro quilômetros de extensão, que prolongavam o centro de São Paulo, a colônia italiana mandara erguer uma estátua de Augusto. Era uma reprodução de bronze, em tamanho natural, de um mármore antigo, medíocre, para falar a verdade, mas que merecia algum respeito numa cidade onde nada mais evocava a história anterior ao século passado. Contudo, a população de São Paulo decidiu que o braço levantado para a saudação romana significava: "É aqui que mora Carlito". Carlos Pereira de Sousa, ex-ministro e político influente, possuía na direção indicada pela mão imperial uma dessas vastas casas térreas, construída com tijolos e taipa e coberta por um reboco de cal acinzentado e descascado fazia vinte anos mas que pretendera sugerir, por volutas e rosáceas, os faustos da época colonial.

Concluiu-se também que Augusto estava de short, o que só era engraçado em parte, pois a maioria dos passantes ignoravam o saiote romano. Essas boas piadas corriam pela cidade uma hora depois da inauguração, e repetiram-nas, acompanhadas por uns bons tapinhas nas costas, na "noite elegante" do cinema Odeon que se realizava no mesmo dia. Era assim que a burguesia de São Paulo (responsável pela instituição de uma sessão cinematográfica semanal a preço alto, destinada a protegê-la dos contatos plebeus) vingava-se de ter, por sua incúria, permitido a formação de uma aristocracia de emigrantes italianos chegados há meio século para vender gravatas pelas ruas, e hoje donos das mais vistosas residências da "Avenida" e doadores do bronze tão comentado.

Nossos estudantes queriam saber tudo; mas, em qualquer campo que fosse, só a teoria mais recente parecia merecer-lhes a atenção. Fartos de todos os festins intelectuais do passado, que aliás só conheciam por ouvir dizer, já que não liam as obras originais, conservavam um entusiasmo sempre disponível pelos pratos novos. No caso deles, conviria falar mais de moda que de gastronomia: ideias e doutrinas não ofereciam, em seu entender, um interesse intrínseco, consideravam-nas como instrumentos de prestígio cujas primícias deviam conseguir. Partilhar uma teoria conhecida com outros equivalia a usar um vestido já visto; expunham-se a um vexame. Em compensação, praticavam uma concorrência ferrenha às custas de muitas revistas de vulgarização, periódicos sensacionalistas e compêndios, para conseguir a exclusividade do modelo mais recente no campo das ideias. Produtos selecionados dos viveiros acadêmicos, meus colegas e eu mesmo muitas vezes nos sentíamos encabulados: criados para respeitar apenas as ideias maduras, ficávamos expostos às investidas de estudantes de uma ignorância completa quanto ao passado mas cuja informação tinha sempre alguns meses de avanço em relação à nossa. No entanto, a erudição, da qual não tinham o gosto nem o método, parecia-lhes, mesmo assim, um dever; de modo que suas dissertações consistiam, qualquer que fosse o tema, numa evocação da história geral da humanidade desde os macacos antropoides, para terminar, por meio de algumas citações de Platão, Aristóteles e Comte, na paráfrase de um polígrafo enfadonho cuja obra tinha tanto mais valor na medida em que, por sua própria obscuridade, era bem possível que nenhum outro tivesse a ideia de pilhá-la.

A universidade apresentava-se para eles como um fruto tentador, mas envenenado. Para esses jovens que não tinham percorrido o mundo e cuja condição muitas vezes modestíssima privava da esperança de conhecer a Europa, nós havíamos sido levados como magos exóticos por filhinhos de papai duplamente execrados: primeiro, porque representavam a classe dominante, e depois, em virtude mesmo de sua existência cosmopolita que lhes conferia uma superioridade em relação a todos os que haviam ficado na cidade pequena, o que os isolara da vida e das aspirações nacionais. Pelas mesmas razões que eles, parecíamos suspeitos; porém, trazíamos em nossas mãos os frutos da sabedoria, e os estudantes fugiam de nós e nos cortejavam alternadamente, ora cativados e ora rebeldes. Cada um de nós media sua influência pela importância da pequena corte que se organizava em torno de si. Essas clientelas travavam uma guerra de prestígio da qual os queridos professores eram os símbolos, os beneficiários ou as vítimas. Isso se traduzia pelas 'homenagens', quer dizer, pelas manifestações em homenagem ao mestre, almoços ou chás oferecidos graças a esforços tanto mais comoventes quanto supunham autênticas privações. As pessoas e as disciplinas flutuavam durante essas festas como títulos da bolsa de valores, em razão do prestígio do estabelecimento, do número de participantes, da categoria das personalidades mundanas ou oficiais que aceitavam comparecer. E como cada grande nação tinha em São Paulo sua embaixada em forma de loja: o Chá Inglês, a Confeitaria Vienense, ou Parisiense, a Cervejaria Alemã, intenções tortuosas expressavam-se também segundo esta ou aquela que fosse escolhida.

Que todos aqueles que entre vós lançarem os olhos nestas linhas, alunos encantadores, hoje colegas estimados, não sintam rancor. Pensando em vós, segundo vosso costume, por vossos nomes de batismo tão barrocos para um ouvido europeu, mas cuja diversidade exprime o privilégio que foi ainda o de vossos pais, de poder livremente, de todas as flores de uma humanidade milenar, colher o viçoso buquê da vossa: Anita, Corina, Zenaida, Lavínia, Thaís, Gioconda, Gilda, Oneide, Lucilla, Zenith, Cecília, e vós, Egon, Mário Wagner, Nicanor, Ruy, Lívio, James, Azor, Achilles, Décio, Euclides, Mílton, evoco esse período balbuciante sem ironia. Muito pelo contrário, pois me ensinou uma lição: a da precariedade das vantagens conferidas pelo tempo. Pensando no que era a Europa da época e no que é hoje, aprendi, vendo-vos vencer em poucos anos uma distância intelectual que se poderia supor da ordem de vários decênios, como desaparecem e como nascem as sociedades; e que essas grandes reviravoltas da história que, nos livros, parecem resultar do jogo das forças anônimas agindo no centro das trevas, também podem, num claro instante, realizar-se pela resolução viril de um punhado de crianças bem-dotadas.

PARTE IV
A TERRA E OS HOMENS

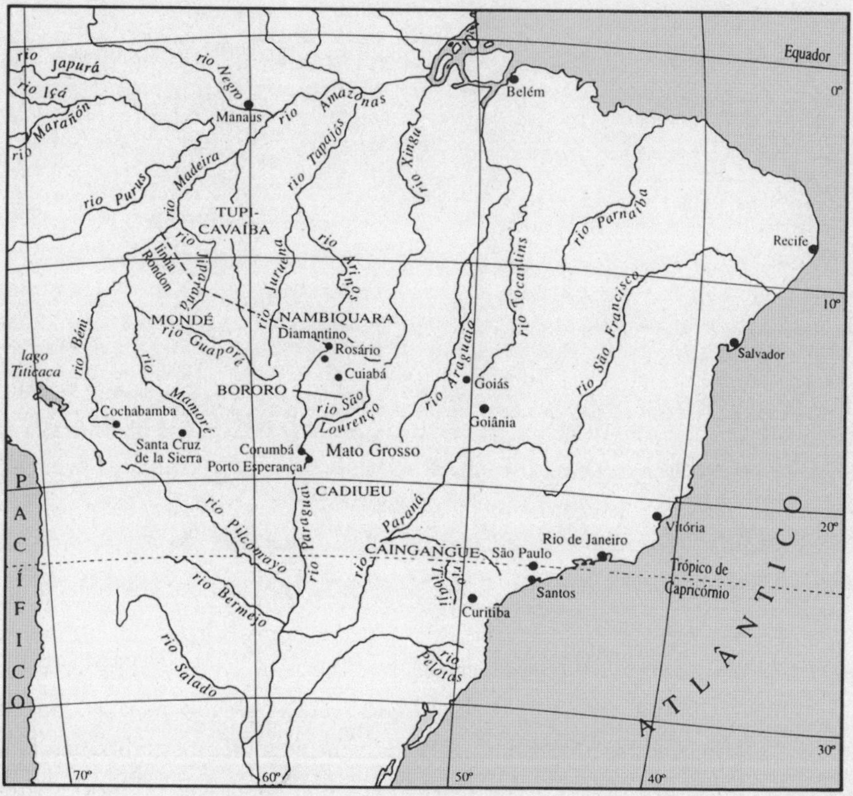

Equador
0º
10º
20º
30º
70º
60º
50º
40º
rio Japurá
rio Içá
rio Marañón
rio Negro
Manaus
rio Amazonas
Belém
rio Purus
rio Madeira
rio Tapajós
rio Xingu
rio Parnaíba
Recife
TUPI-CAVAÍBA
rio Jiparaná
linha Rondon
rio Juruena
rio Arinos
rio Tocantins
NAMBIQUARA
MONDÉ
Diamantino
Rosário
rio Guaporé
rio Beni
lago Titicaca
rio Mamoré
Cuiabá
BORORO
rio São Lourenço
rio Araguaia
Goiás
Goiânia
rio São Francisco
Salvador
Cochabamba
Santa Cruz de la Sierra
Corumbá
Porto Esperança
Mato Grosso
CADIUEU
rio Pilcomayo
rio Paraguai
rio Paraná
CAINGANGUE
São Paulo
rio Tibaji
Rio de Janeiro
Vitória
Santos
Curitiba
Trópico de Capricórnio
rio Bermejo
rio Salado
rio Pelotas
PACÍFICO
ATLÂNTICO

12. Cidades e campos

Em São Paulo, podíamos nos dedicar à etnografia de domingo. Não com os índios dos arrabaldes que me haviam falsamente prometido, pois os arrabaldes eram sírios ou italianos, e a curiosidade etnográfica mais próxima, a uns quinze quilômetros, consistia numa aldeia primitiva cuja população maltrapilha traía por seus cabelos louros e seus olhos azuis uma origem germânica recente, já que fora por volta de 1820 que grupos de colonos alemães tinham ido se instalar nas regiões menos tropicais do país. Aqui, de certa maneira eles se fundiram e se perderam entre os miseráveis camponeses locais, porém, mais ao sul, no estado de Santa Catarina, as cidadezinhas de Joinville e Blumenau perpetuavam sob as araucárias um ambiente do século passado: as ruas, ladeadas de casas de telhados bem inclinados, tinham nomes alemães; ali só se falava essa língua. Nas varandas das cervejarias, velhotes de suíças e bigodes fumavam cachimbos compridos com fornilhos de porcelana.

Em redor de São Paulo havia também muitos japoneses; estes eram de uma abordagem mais difícil. Empresas de imigração os recrutavam, encarregavam-se da travessia, do alojamento temporário à chegada, e depois os distribuíam pelas fazendas do interior que eram ao mesmo tempo uma aldeia e um campo militar. Ali, encontravam-se reunidos todos os serviços: escola, oficinas, enfermaria, lojas, distrações. Os emigrantes passavam longos períodos numa reclusão parcialmente voluntária e sistematicamente estimulada, reembolsando as dívidas à companhia e depositando os ganhos em seus cofres. Após vários anos, esta encarregava-se de despachá-los à terra de seus ancestrais para ali morrerem, ou, caso a malária os tivesse vitimado antes, de repatriar seus corpos. Tudo estava organizado para que essa grande aventura ocorresse sem que eles jamais tivessem a sensação de haver deixado o Japão. Mas nada garante que as preocupações dos agentes fossem simplesmente financeiras, econômicas ou humanitárias. Um exame atento dos mapas revelava as segundas intenções estratégicas que podiam inspirar a implantação das fazendas. A extrema dificuldade que se encontrava para entrar nos escritórios da Kaigai-Iju-Kumiai ou da Brazil-Takahoka-Kumiai, e mais ainda nas redes quase clandestinas de hotéis, hospitais, olarias, serrarias, graças ao que a imigração era autossuficiente, e, por fim, nos centros agrícolas, encobria intenções oblíquas das quais a segregação dos colonos em pontos bem escolhidos, de um lado, e de outro as pesquisas arqueológicas (metodicamente feitas por ocasião dos trabalhos agrícolas, tendo como objetivo salientar certas analogias entre os vestígios indígenas e os do Neolítico japonês) eram apenas, ao que tudo indica os dois aspectos extremos.

No coração da cidade, certos mercados dos bairros populares eram explorados pelos negros. Mais exatamente — uma vez que esse termo não tem muito sentido num país onde a grande diversidade racial, acompanhando-se de pouquíssimos preconceitos, pelo menos no passado, possibilitou misturas de todo tipo —, ali podíamos nos exercitar em diferenciar os 'mestiços', cruzas de branco e de negro, os 'caboclos', de branco e índio, e os 'cafuzos', de índio e negro. Os produtos à venda conservavam um estilo mais puro: 'peneiras' para farinha de mandioca de feitura tipicamente indígena, formadas por um trançado largo de fios de taquara e cercadas por ripas; 'abanicos', abanos para o fogo, também herdados da tradição indígena, e cujo estudo é divertido, pois cada tipo representa uma solução engenhosa para transformar, pelo trançado, a estrutura permeável e emaranhada de uma folha de palmeira numa superfície rígida e contínua, adequada para deslocar o ar ao ser agitada com violência. Como há diversos modos de resolver o problema e diversos tipos de folhas de palmeira, é possível combiná-los para determinar todas as formas concebíveis e em seguida colecionar os modelos que ilustram esses pequenos teoremas tecnológicos.

Existem duas espécies principais de palmeiras: ora os folíolos são distribuídos simetricamente de um lado e outro de um talo mediano; ora divergem, em forma de leque. O primeiro tipo sugere dois métodos: ou trazer todos os folíolos para o mesmo lado do talo e trançá-los juntos, ou trançar cada grupo isoladamente, dobrando os folíolos em ângulo reto sobre si mesmos e inserindo as pontas de uns pela parte inferior dos outros e vice-versa. Obtêm-se assim duas espécies de abano: em asa ou em borboleta. Quanto ao segundo tipo, oferece várias possibilidades que são sempre, embora em graus diversos, uma combinação das duas outras, e o resultado em colher, em palheta ou em rosácea lembra por sua estrutura um gênero de coque grande e achatado.

Outro objeto sobremodo atraente dos mercados paulistas é a 'figa'. Chama-se 'figa' um antigo talismã mediterrâneo em forma de antebraço terminado por um punho fechado, mas cuja ponta do polegar emerge entre as primeiras falanges dos dedos do meio. Trata-se com certeza de uma figuração simbólica do coito. As 'figas' que encontrávamos nos mercados eram berloques de ébano ou de prata, ou ainda objetos grandes como tabuletas, ingenuamente talhadas e pintadas de cores vivas. Eu as pendurava em alegres carrosséis no teto de minha casa, palacete pintado de ocre, no estilo romano dos anos 1900, situado no alto da cidade. Entrava-se ali por uma arcada de jasmins e, nos fundos, havia um jardim velhusco em cuja extremidade eu pedira ao proprietário que plantasse uma bananeira que me convencesse de estar nos trópicos. Alguns anos mais tarde, a bananeira simbólica transformara-se numa pequena floresta onde eu fazia minha colheita.

Finalmente, nos arredores de São Paulo, podia-se observar e registrar um folclore rústico: festas de maio, quando as aldeias enfeitavam-se de palmas verdes, combates comemorativos fiéis à tradição portuguesa, entre 'mouros' e 'cristãos', procissão da 'nau catarineta', navio de papelão armado com velas de papel, romaria a distantes paróquias protetoras dos leprosos onde, entre os eflúvios devassos da 'pinga' — aguardente de cana-de-açúcar muito diferente do rum e que se toma pura ou em 'batida', quer dizer, misturada com suco de limão —, bardos mestiços, de botas, vestidos de ouropéis e fantasticamente embriagados, provocavam-se ao som do tambor para duelos de cantigas satíricas. Havia também as crendices e as superstições cujo mapa era interessante fazer: cura do terçol pela fricção de um anel de ouro; repartição de todos os alimentos em dois grupos incompatíveis: 'comida quente, comida fria'. E outras associações maléficas: peixe e carne, manga com bebida alcoólica ou banana com leite.

Entretanto, no interior do estado era mais apaixonante ainda fixar-se não nos vestígios das tradições mediterrâneas, mas nas formas singulares favorecidas por uma sociedade em gestação. O tema era o mesmo, tratava-se sempre do passado e do presente, mas, ao contrário da investigação etnográfica de tipo clássico, que busca explicar este por meio daquele, ali era o presente fluido que parecia reconstituir etapas antiquíssimas da evolução europeia. Como no tempo da França merovíngia, víamos nascer a vida comunitária e urbana numa região de latifúndios.

As aglomerações que surgiam não eram como as cidades de hoje — tão gastas que fica difícil descobrir a marca de sua história particular —, misturadas num formato cada vez mais homogêneo onde se afirmam apenas as diferenças administrativas. Ao contrário, podíamos escrutar as cidades como um botânico as plantas, reconhecendo pelo nome, pelo aspecto e pela estrutura de cada uma sua filiação a esta ou àquela grande família de um reino acrescentado pelo homem à natureza: o reino urbano.

Nos séculos XIX e XX, o anel movediço da franja pioneira deslocara-se lentamente do Leste para o Oeste e do Sul para o Norte. Em 1836, só o Norte, ou seja, a região entre Rio e São Paulo, estava solidamente povoado, e o movimento ganhava a zona central do estado. Vinte anos depois, a colonização chegava ao Nordeste, pela Mogiana e pela Paulista; em 1886, ela se iniciava na região de Araraquara, da Alta Sorocabana e da Noroeste. Nessas últimas zonas, ainda em 1935, a curva de crescimento da população casava com a da produção do café, ao passo que, nas velhas terras do Norte, o despencar de uma antecipava em meio século o declínio da outra: a queda demográfica começa a se fazer sentir a partir de 1920, enquanto desde 1854 as terras exauridas caem no abandono.

Esse ciclo de utilização do espaço correspondia a uma evolução histórica cuja marca era igualmente passageira. Só nas grandes cidades do litoral — Rio e São Paulo — é que a expansão urbana aparentava ter uma base bastante sólida para poder ser irreversível: São Paulo contava com 240 mil habitantes em 1900, 580 mil em 1920, ultrapassava o milhão em 1928 e, hoje, duplica esse número. Mas, no interior, as espécies urbanas nasciam e desapareciam; a província se povoava e se despovoava ao mesmo tempo. Ao se deslocar de um ponto a outro, mantendo o mesmo total sempre, os habitantes mudavam de tipo social, e a observação lado a lado de cidades fósseis e de vilas embrionárias permitia, no plano humano e dentro de limites temporais extremamente curtos, o estudo de transformações tão impressionantes quanto as do paleontólogo ao comparar, ao longo das camadas geológicas, as fases, que se estendem por milhões de séculos, da evolução dos seres organizados.

Ao nos afastarmos do litoral, não devíamos perder de vista que, nos últimos cem anos, o Brasil se transformara mais do que se desenvolvera.

Na época imperial, a ocupação humana era fraca, mas relativamente bem distribuída. Se as cidades litorâneas ou as vizinhas mantinham-se pequenas, as do interior possuíam uma vitalidade maior do que hoje. Por um paradoxo histórico que com demasiada frequência tendemos a esquecer, a insuficiência geral dos meios de comunicação favorecia os piores; quando o único recurso era andar a cavalo, era menor a relutância em prolongar tais viagens durante meses, e não apenas durante dias ou semanas, e embrenhar-se ali onde só os muares podiam se arriscar. O interior do Brasil vivia solidariamente uma vida vagarosa, sem dúvida, mas contínua; navegava-se pelos rios em datas fixas, em pequenas etapas que se estendiam por vários meses; e caminhos esquecidos por completo em 1935, como o de Cuiabá a Goiás, ainda serviam, um século antes, a um intenso tráfego de tropas, tendo cada uma de cinquenta a duzentas mulas.

Se excetuarmos as regiões mais remotas, o abandono em que caíra o Brasil central em princípio do século XX não refletia de modo algum uma situação primitiva: era o preço pago pela intensificação do povoamento e das trocas nas regiões costeiras, em virtude das condições de vida moderna que se instauravam; ao passo que o interior, por ser ali o progresso demasiado difícil, regredia em vez de acompanhar o movimento no ritmo lento que é o seu. Assim, a navegação a vapor, que encurtou os trajetos, matou pelo mundo afora portos de escala outrora famosos; pode-se indagar se a aviação, convidando-nos a brincar de pular carniça por sobre as antigas escalas, não está fadada a desempenhar o mesmo papel. Afinal, é permitido sonhar que o progresso mecânico arranque de si mesmo esse resgate no qual reside nossa esperança: obrigá-lo a nos devolver umas moedinhas de solidão e de esquecimento, em troca da intimidade cujo deleite vai nos roubando maciçamente.

Numa escala reduzida, o interior do estado de São Paulo e as regiões vizinhas ilustravam essas transformações. Sem dúvida, não havia mais rastro daquelas cidades-fortins, com as quais se garantia outrora a posse de uma província, e que estão na origem de tantas cidades brasileiras do litoral ou à beira-rio: Rio de Janeiro, Vitória, Florianópolis em sua ilha, Salvador e Fortaleza no promontório; Manaus e Óbidos, à beira do Amazonas; ou ainda Vila Bela de Mato Grosso, cujas ruínas periodicamente invadidas pelos índios Nambiquara subsistem perto de Guaporé, outrora guarnição famosa de um 'capitão do mato', na fronteira boliviana, ou seja, na própria linha que o papa Alexandre VI traçara simbolicamente em 1493 pelo Novo Mundo ainda desconhecido, para desempatar as cobiças rivais das Coroas da Espanha e de Portugal.

Para o Norte e para o Leste, observavam-se algumas cidades mineiras, hoje desertas, cujos monumentos em ruínas — igrejas de um flamejante barroco do século XVIII — contrastavam por sua suntuosidade com a desolação ao redor. Fervilhantes enquanto as minas foram exploradas, agora letárgicas, pareciam ter se aferrado em reter em cada desvão e cada dobra de suas colunatas retorcidas, de seus frontões de volutas e de suas estátuas drapeadas parcelas dessa riqueza que lhes engendrou a ruína: o preço pago pela exploração do subsolo era a devastação dos campos, em especial das florestas cuja madeira alimentava as fundições. As cidades mineiras extinguiram-se ali mesmo, após esgotarem sua substância, como um incêndio.

O estado de São Paulo evoca também outros episódios: a luta que, desde o século XVI, opôs os jesuítas aos fazendeiros, cada um defendendo uma forma diferente de povoamento. Com as reduções, os primeiros queriam arrancar os índios da vida selvagem e juntá-los sob sua direção num gênero de vida comunitária. Em certas regiões recuadas do estado, identificamos esses primeiros povoados brasileiros por seu nome de 'aldeia' ou de 'missão', e mais ainda por seu plano amplo e funcional: igreja no centro comandando uma praça retangular de terra batida invadida pelo capim, o 'largo da matriz', e rodeada de ruas cruzando-se em ângulo reto, ladeadas de casas baixas que substituem as cabanas indígenas de outrora. Os 'fazendeiros' invejavam o poder temporal das missões que freava suas atrocidades e privava-os também de mão de obra servil. Lançavam expedições punitivas após as quais padres e índios debandavam. Assim se explica esse traço singular da demografia brasileira, de que a vida de vilarejo, herdeira das 'aldeias', tenha se mantido nas regiões mais pobres, ao passo que em outros lugares, ali onde uma terra rica era furiosamente cobiçada, a única opção da população era juntar-se em torno da casa do senhor, em barracos de sapé ou de taipa todos semelhantes, de modo que o fazendeiro pudesse ficar de olho em seus colonos. Ainda hoje, ao longo de certas linhas de estrada de ferro onde, na ausência de vida comunitária, os construtores se limitam a instalar arbitrariamente estações a distância regular, designando-as por ordem alfabética: Buarquina, Felicidade, Limão, Marília (por volta de 1935, a Companhia Paulista estava na letra P), ocorre de, em centenas de quilômetros, o trem só parar nas "chaves", escalas servindo uma 'fazenda' que reúne toda a população: Chave Bananal, Chave Conceição, Chave Elisa...

Em certos casos, ao contrário, os fazendeiros decidiam, por motivos religiosos, entregar terras a uma paróquia. Assim nascia um 'patrimônio', aglomeração posta sob a proteção de um santo. Outros patrimônios tinham caráter laico, quando um proprietário resolvia se tornar 'povoador', e até 'plantador de cidade'. Batizava-a então com seu nome: Paulópolis, Orlândia; ou, por cálculo político, colocava-a sob a proteção de um personagem famoso: Presidente Prudente, Cornélio Procópio, Epitácio Pessoa... Pois, mesmo no ciclo de vida tão curto como era o seu, as aglomerações ainda encontravam uma maneira de trocar de nome várias vezes, cada uma dessas etapas sendo igualmente reveladora de sua transformação. No início, simples localidade identificada por sua alcunha, seja por causa de uma pequena plantação no meio do mato — Batatais —, seja em razão de uma carência de combustível para aquecer a marmita num local ermo — Feijão Cru —, seja, enfim, porque faltam provisões quando se chega a uma paragem distante, que passa a ser Arroz sem Sal. Depois, um dia, sobre alguns milhares de hectares recebidos como concessão, um "coronel" — título distribuído com liberalidade aos grandes proprietários e aos agentes políticos — tenta conquistar influência; recruta, emprega, assenta uma população flutuante, e Feijão Cru muda para Leopoldina, Fernandópolis. Mais tarde, a vila nascida do capricho e da ambição definha e desaparece: só restam alguns casebres onde se extingue uma população minada pela malária e pela ancilostomose. Ou então a cidade deslancha; conquista uma consciência coletiva, quer esquecer que foi o brinquedo e o instrumento de um homem: uma população emigrada há pouco da Itália, da Alemanha, ou de meia dúzia de outras procedências, sente necessidade de raízes e vai buscar nos dicionários os elementos de um nome indígena, que a seu ver embeleza-a com um prestígio pré-colombiano, como Tanabi, Votuporanga, Tupã ou Aimorés...

Mortos, os povoados fluviais liquidados pela estrada de ferro, mas dos quais subsistem, aqui e ali, vestígios que ilustram um ciclo abortado: de início, pousada e galpões às margens, para permitir aos pirogueiros pernoitar protegidos das emboscadas indígenas; depois, com a pequena navegação a vapor, os 'portos de lenha' onde, a aproximadamente cada trinta quilômetros, os vapores de roda e de chaminé fina paravam para se abastecer de lenha; por fim, os portos fluviais nas duas extremidades do trecho navegável, e — nos locais intransponíveis por causa das corredeiras e dos saltos — os centros de baldeação.

Em 1935, dois tipos de cidades conservavam um aspecto tradicional embora se mantendo vivas. Eram os 'pousos', aldeias de encruzilhada, e as 'bocas de sertão', no fim das estradas. O caminhão já começava a substituir os velhos meios de transporte — tropas de mulas ou carros de boi —, pegando os mesmos caminhos, limitado por seu estado precário a andar em primeira ou em segunda por centenas de quilômetros, reduzido ao mesmo ritmo de marcha das bestas de carga e forçado a fazer as mesmas paradas onde se encontravam os motoristas com macacões sujos de óleo e os 'tropeiros' ataviados de couro.

As estradas não correspondiam à esperança nelas depositadas. Eram diversas por suas origens: antigos caminhos de comboios tendo outrora servido, num sentido, ao transporte de café, de aguardente de cana e de açúcar, e no outro, do sal, dos legumes secos e da farinha; cortadas de vez em quando por um 'registro' no meio do mato: barreira de madeira cercada por alguns casebres onde uma autoridade duvidosa, encarnada por um lavrador maltrapilho, cobrava o preço do pedágio; e, isto explicando aquilo, outras redes mais secretas: as 'estradas francas', destinadas a evitar os direitos de entrada; por último, as 'estradas muladas', ou seja, de mulas, e as 'estradas boiadas', para os carros de boi. Nestas, volta e meia se ouvia, por duas ou três horas seguidas, o uivo monótono e lancinante — a ponto de enlouquecer quem não estava acostumado — produzido pelo atrito do eixo de um carro se aproximando devagar. Esses carros de modelo antigo, importados no século XVI de um mundo mediterrâneo onde quase não haviam mudado desde os tempos proto-históricos, compunham-se de uma pesada carroceria com timão e taipais de caniços, apoiando-se diretamente num eixo encaixado nas rodas maciças, sem mancal. Os animais de tiro se esfalfavam para vencer a resistência estridente oposta pelo eixo girante à carroceria, bem mais do que para puxar o conjunto.

Assim, as estradas eram o resultado amplamente acidental do nivelamento produzido pela ação repetida dos animais, dos carros de boi e dos caminhões que andavam mais ou menos no mesmo rumo, mas cada um ao acaso das chuvas, dos desabamentos ou do crescimento da vegetação, procurando abrir o caminho que mais se adaptasse às circunstâncias: meada complicada de ribanceiras e de ladeiras nuas, às vezes juntas, e tendo então uma centena de metros de largura, como um bulevar em plena selva que me fazia lembrar as pistas dos carneiros transumantes das Cévennes, ou se dissociando nos quatro cantos do horizonte sem que jamais se soubesse qual de todos esses fios de Ariadne se devia seguir para, ao fim de uns trinta quilômetros vencidos em várias horas de um avanço perigoso, não se encontrar perdido no meio dos areais ou do pântano. Na época das chuvas, as estradas transformadas em canais de lama gordurenta eram intransitáveis; mas, depois, o primeiro caminhão que conseguisse passar cavava no barro sulcos profundos aos quais a seca conferia em três dias a consistência e a solidez do cimento. O único jeito de os veículos que iam atrás se movimentarem era pôr suas rodas nessas valas e deixar-se levar, o que era possível, com a condição de a distância entre as rodas e a altura de chassi serem as mesmas do predecessor. Se a distância fosse a mesma e o chassi mais baixo, a lombada da pista levantava o veículo de repente, e este ficava pendurado num pedestal compacto que era preciso demolir a picareta. Se a distância fosse diferente, havia que andar dias inteiros com as rodas de um lado em declive, dentro de uma ranhura, e as outras alteadas, de tal modo que o veículo corria o risco de capotar a qualquer momento.

Ainda me lembro de uma viagem em que Renê Courtin sacrificou seu Ford novo. Jean Maugüé, ele e eu nos propusemos a ir tão longe quanto o carro aguentasse. O que se concluiu a 1500 quilômetros de São Paulo, na cabana de uma família de índios Carajá, à beira do Araguaia; na volta, as molas da suspensão dianteira partiram-se, andamos por cem quilômetros com o bloco do motor apoiado diretamente no eixo, e depois, durante seiscentos outros, sustentado por uma barra de ferro que um artesão de aldeia concordou em forjar. Mas, sobretudo, lembro-me daquelas horas de direção ansiosa, tendo caído a noite — pois os vilarejos são raros nos confins de São Paulo e Goiás —, sem saber em que momento o sulco que havíamos escolhido como pista, entre dez outros, nos trairia. De repente, surgia o 'pouso' no breu crivado de estrelas tremeluzentes: lâmpadas elétricas alimentadas por um motorzinho cuja pulsação era por vezes perceptível muitas horas antes, mas confundida pelo ouvido com os ruídos noturnos do mato. A hospedaria oferecia suas camas de ferro ou suas redes, e desde a aurora percorríamos a 'rua direita' da 'cidade viajante', com suas casas e seus bazares, e sua praça ocupada pelos 'regatões' e pelos 'mascates': comerciantes, médicos, dentistas, e inclusive tabeliães itinerantes.

Nos dias de feira, a animação era grande: centenas de camponeses isolados saíam de seu barraco para a ocasião, com toda a família, viagem de vários dias que permitiria, uma vez no ano, vender um vitelo, uma mula, uma pele de anta ou de suçuarana, algumas sacas de milho, de arroz, ou de café, e levar em troca um corte de algodão, sal, querosene para a lamparina e algumas balas de espingarda.

Ao fundo, estende-se o planalto, coberto de mato, com arbustos esparsos. Uma recente erosão — o desmatamento data de meio século — desbastou-o ligeiramente, como que a golpes cautelosos de enxó. Diferenças de nível de alguns metros circunscrevem o início dos terraços e marcam as ravinas nascentes. Perto de um curso de água largo mas raso — enchente caprichosa mais do que riacho já fixado num leito —, duas ou três avenidas paralelas ladeiam os cercados luxuriantes em torno dos ranchos de pau a pique, cobertos de telhas e fazendo cintilar a brancura cremosa de sua caiação, mais intensa ainda pela esquadria marrom das janelas e pelo brilho do solo purpúreo. Desde as primeiras moradias, que lembram mercados cobertos devido às suas fachadas perfuradas por grandes janelas sem vidraças e quase sempre escancaradas, começam os pastos de capim duro roído até a raiz pelo gado. Com vistas à feira, os organizadores mandaram armazenar provisões de forragem: palha de cana-de-açúcar ou folhas novas de palmeiras amarradas com galhos e atilhos de capim. Os visitantes acampam nos intervalos entre esses blocos cúbicos, com seus carros de boi de rodas maciças e pregos em toda a volta. Taipais de palha nova, um teto de peles de boi preso por cordas forneceram durante a viagem um abrigo completado aqui por um alpendre de folhas de palmeira ou uma tenda de lona branca que prolonga a traseira do carro. Cozinham-se em pleno vento o arroz, o feijão-preto e a carne-seca; as crianças nuas correm entre as patas dos bois que mascam o capim cujos talos flexíveis pendem de suas bocas, como verdejantes chafarizes.

Alguns dias mais tarde, todos se foram, os viajantes são reabsorvidos pelo mato, o 'pouso' dorme ao sol; durante um ano, a vida interiorana se limitará à animação semanal das 'vilas de domingo', fechadas a semana inteira; os cavaleiros aí se encontram aos domingos numa encruzilhada de caminhos onde se instalaram um botequim e alguns casebres.

13. Zona pioneira

Cenas desse tipo, o interior do Brasil as reproduz ao infinito quando nos afastamos da costa para o Norte ou para o Oeste, ali onde a selva se prolonga até os charcos do Paraguai ou até a mata ciliar dos afluentes do Amazonas. Os vilarejos tornam-se raros e mais vastos os espaços que os separam: ora descampados, e é o 'campo limpo'; ora cobertos de mato, e chamados então de 'campo sujo', ou ainda 'cerrado' e 'caatinga', que são duas espécies de maqui.

Na direção do Sul, rumo ao estado do Paraná, o afastamento progressivo do trópico, a elevação das terras e a origem vulcânica do subsolo são responsáveis, por motivos diversos, por outras paisagens e outras formas de vida. Ali encontramos lado a lado os restos de povos indígenas, ainda próximos dos centros civilizados, e as formas mais modernas da colonização interna. Assim, foi para essa zona do Norte do Paraná que orientei minhas primeiras excursões.

Levavam-se menos de 24 horas de viagem para chegar, do outro lado da fronteira do estado de São Paulo marcada pelo rio Paraná, à grande floresta temperada e úmida de coníferas que por tanto tempo opusera sua massa à penetração dos fazendeiros; até cerca de 1930, ela se manteve praticamente virgem, com exceção dos grupos indígenas que ainda zanzavam por ali e de uns poucos pioneiros isolados, em geral camponeses pobres que plantavam milho em roçados pequenos.

No momento em que cheguei ao Brasil, a região estava se abrindo, principalmente sob a influência de uma empresa britânica que obtivera do governo a cessão inicial de 1,5 milhão de hectares em troca do compromisso de construir estradas e ferrovia. Os ingleses propunham-se a revender o território, em lotes, aos emigrantes vindos sobretudo da Europa Central e Oriental, e a conservar a posse da estrada de ferro cujo tráfego seria assegurado pela produção agrícola. Em 1935, a experiência estava em andamento; a via avançava de modo regular pela floresta: cinquenta quilômetros no início do ano de 1930, 125 no final, duzentos em 1932, 250 em 1936. Aproximadamente a cada quinze quilômetros instalava-se uma estação à beira de um terreno desmatado de um quilômetro quadrado, que se tornaria uma cidade. Com o tempo, esta ia se povoando, de modo que, ao fazermos esse percurso, atravessávamos sucessivamente, no início da linha, Londrina, a decana, que já tinha 3 mil habitantes, depois, Nova Dantzig, com noventa, Rolândia, com sessenta, e a caçula, Arapongas, que em 1935 possuía uma casa e um único morador: um francês já maduro que especulava no deserto, calçando perneiras militares vindas da guerra de 1914-8 e com um chapéu de palhinha na cabeça. Grande especialista dessa franja pioneira, Pierre Monbeig diz-me que Arapongas, em 1950, tinha 10 mil habitantes.

Quando se percorria a região a cavalo ou de caminhão, pegando as estradas recém-traçadas que acompanhavam as cristas, à maneira das vias romanas na Gália, era impossível saber se existia vida na região: os lotes compridos encostavam, de um lado, na estrada, de outro, no riacho que corria ao fundo de cada vale; mas foi embaixo, perto da água, que se iniciou a colonização; a 'derrubada' foi subindo lentamente a encosta, de tal modo que a própria estrada, símbolo de civilização, permanecia como que embainhada dentro da densa cobertura florestal que, ainda por alguns meses ou alguns anos, continuaria a cobrir o alto das colinas. Mas, no fundo dos vales, as primeiras colheitas, sempre fabulosas nessa 'terra roxa', violeta e virgem, germinavam entre os troncos das grandes árvores jacentes e as cepas. As chuvas de inverno se encarregariam de decompô-las em húmus fértil, o qual, quase de imediato, seria levado de roldão pelos declives, junto com o outro que alimentava a floresta desaparecida cujas raízes fariam falta para retê-lo. Quantos anos levaria, dez, vinte ou trinta, até que essa terra de Canaã adquirisse o aspecto de uma paisagem árida e devastada?

Por ora, os emigrantes só pensavam nas árduas alegrias da abundância; famílias pomerânias ou ucranianas — que ainda não haviam tido tempo de construir uma casa, dividindo com seus animais um abrigo de tábuas à beira do riacho — cantavam essa gleba milagrosa cuja impetuosidade precisaram inicialmente domar, qual a de um cavalo selvagem, para que o milho e o algodão frutificassem em vez de se perder numa vegetação luxuriante. Um lavrador alemão chorava de alegria ao nos mostrar o pequeno bosque de limoeiros nascidos de uns poucos caroços. Pois esses homens do Norte não estavam apenas perplexos com a fertilidade, mas talvez, mais ainda, com a estranheza das culturas conhecidas somente pelos contos de fadas. Como a região fica no limite das zonas tropical e temperada, alguns metros de desnível correspondem a diferenças climáticas sensíveis: podia-se tudo cultivar lado a lado, as plantas da terra natal e as da América, de modo que, encantados com esses divertimentos agrícolas, eles justapunham o trigo à cana-de-açúcar, o linho ao café...

As novas vilas eram inteiramente nórdicas; a recente imigração ali se juntava com a antiga: alemã, polonesa, russa, italiana em menor escala, a qual, apenas cem anos antes, concentrara-se no Sul do estado, em torno de Curitiba. Casas de tábuas ou de troncos de árvores esquadrados evocavam a Europa Central e Oriental. Carroças compridas de quatro rodas raiadas, puxadas a cavalos, substituíam os carros de boi ibéricos. E, ali também, os lineamentos de um futuro que ia tomando forma em ritmo acelerado apaixonavam mais do que aquelas sobrevivências inesperadas. O espaço informe ia adquirindo, dia após dia, uma estrutura urbana; diferenciava-se como um embrião que se segmenta em células, as quais por sua vez se especializam em grupos, cada um marcado por sua função. Londrina já era uma cidade organizada com sua rua principal, seu centro de negócios, seu bairro de artesãos e sua zona residencial. Mas que misteriosos elementos formadores estavam trabalhando no terreno baldio a que se resumia Rolândia, e sobretudo Arapongas, prestes a estimular certos tipos de habitantes numa direção, e tipos distintos em outra, limitando cada zona a uma função e impondo-lhe uma vocação particular? Nesses quadriláteros de maneira arbitrária cavados no coração da floresta, as ruas em ângulo reto são, de início, todas parecidas: traçados geométricos, privados de qualidade própria. Entretanto, umas são centrais, outras, periféricas; algumas são paralelas e outras, perpendiculares à via férrea ou à estrada; assim, as primeiras estão no sentido do tráfego, as segundas o cortam e o interrompem. O comércio e os negócios escolherão as primeiras, necessariamente com grande freguesia; e, por motivo inverso, as residências particulares e certos serviços públicos preferirão as segundas, ou a elas serão relegados. Por sua combinação, essas duas oposições entre, de um lado, central e periférica, e de outro, paralela e perpendicular, determinam quatro modos diferentes de vida urbana que moldarão os futuros habitantes, favorecendo uns e desestimulando outros, gerando sucessos ou fracassos. E não é só: esses habitantes são de dois tipos, os gregários, para quem uma zona será tanto mais atraente quanto a implantação urbana estiver mais avançada, e os solitários, preocupados com a liberdade; e se organizará um novo contraponto, complicando o primeiro.

Finalmente, há que se levar em conta os misteriosos fatores que agem em tantas cidades, expulsando-as para oeste e condenando seus bairros orientais à miséria ou à decadência. Simples expressão, talvez, desse ritmo cósmico que, desde suas origens, imbuiu a humanidade da crença inconsciente de que o sentido do movimento solar é positivo, o sentido inverso, negativo; de que um traduz a ordem, o outro, a desordem. Já vai tempo que não adoramos mais o sol e que deixamos de associar os pontos cardeais a qualidades mágicas: cores e virtudes. Contudo, por mais que nosso espírito euclidiano tenha se tornado rebelde à concepção qualitativa do espaço, não depende de nós que os grandes fenômenos astronômicos ou mesmo meteorológicos afetem as regiões com um imperceptível mas indelével coeficiente; que, para todos os homens, a direção leste-oeste seja a da realização; e que, para o habitante das regiões temperadas do hemisfério boreal, o Norte seja a matriz do frio e da noite, e o Sul, a do calor e da luz. Nada disso transparece no comportamento sensato de cada indivíduo. Mas a vida urbana oferece um estranho contraste. Conquanto represente a forma mais complexa e mais requintada da civilização, pela excepcional concentração humana que promove num pequeno espaço e pela duração de seu ciclo, ela precipita em seu crisol atitudes inconscientes, cada uma delas infinitesimal, mas que, em virtude do número de indivíduos que as manifestam por motivo idêntico e de modo idêntico, se tornam capazes de gerar grandes efeitos. Tal como o crescimento das cidades de leste para oeste e a polarização do luxo e da miséria de acordo com esse eixo, incompreensível se não reconhecermos esse privilégio — ou essa servidão — das cidades que consiste, como num microscópio, e graças ao poder de ampliação que lhes é peculiar, em fazer surgir na lâmina da consciência coletiva o pulular microbiano de nossas superstições ancestrais e sempre vivas.

Por sinal, trata-se de fato de superstições? Em tais predileções enxergo de preferência a marca de uma sabedoria que os povos selvagens praticaram com espontaneidade e contra a qual a rebelião moderna é a verdadeira loucura. Muitas vezes eles souberam conquistar sua harmonia mental com um custo mínimo. Quantos desgastes, quantas irritações inúteis não nos pouparíamos se admitíssemos reconhecer as condições reais de nossa experiência humana, e que não depende de nós livrarmo-nos integralmente de seus limites e de seu ritmo? O espaço possui seus valores próprios, assim como os sons e os perfumes têm cor, e os sentimentos, um peso. Essa busca de correspondências não é um jogo de poeta ou uma mistificação (assim como se ousou escrevê-lo a respeito do soneto das vogais, hoje exemplo clássico para o linguista que conhece o fundamento — não da cor dos fonemas, variável segundo os indivíduos, mas da relação que os une e que admite uma gama limitada de possíveis); ela propõe ao cientista o terreno mais novo e aquele cuja exploração ainda pode lhe proporcionar ricas descobertas. Se os peixes distinguem, tal qual um esteta, os perfumes em claros e escuros, e se as abelhas classificam as intensidades luminosas em termos de peso — para elas, a escuridão é pesada, e a claridade, leve —, a obra do pintor, do poeta ou do músico, os mitos e os símbolos do selvagem devem afigurar-se-nos, se não como uma forma superior de conhecimento, pelo menos como a mais fundamental, a única verdadeiramente comum, e cujo pensamento científico constitui apenas a ponta afiada: mais penetrante porque amolada na pedra dos fatos, mas às custas de uma perda de substância; e cuja eficácia decorre de seu poder de penetrar com suficiente profundidade para que a massa da ferramenta acompanhe por completo a ponta.

O sociólogo pode contribuir para essa elaboração de um humanismo global e concreto. Pois as grandes manifestações da vida social têm em comum com a obra de arte o fato de que nascem no nível da vida inconsciente, porque são coletivas no primeiro caso, embora sejam individuais no segundo; mas a diferença é secundária, inclusive é só aparente, já que as primeiras são produzidas pelo público e as outras, para o público, e que esse público fornece a ambas o seu denominador comum, e determina-lhes as condições de criação.

Portanto, não é de modo metafórico que é correto comparar — como se fez com tanta frequência — uma cidade a uma sinfonia ou a um poema; são objetos da mesma natureza. Talvez ainda mais preciosa, a cidade se situa na confluência da natureza e do artifício. Congregação de animais que encerram dentro de seus limites sua história biológica e que ao mesmo tempo a modelam com todas as suas intenções de seres pensantes, por sua gênese e por sua forma a cidade depende simultaneamente da procriação biológica, da evolução orgânica e da criação estética. É a um só tempo objeto de natureza e sujeito de cultura; indivíduo e grupo; vivida e sonhada: a coisa humana por excelência.

Nessas cidades de síntese do Brasil meridional, a vontade secreta e obstinada que surgia na implantação das casas, na especialização das artérias, no estilo nascente dos bairros, parecia mais significativa na medida em que contrariava, prolongando-o, o capricho que dera origem ao empreendimento. Londrina, Nova Dantzig, Rolândia e Arapongas — nascidas da decisão de um time de engenheiros e capitalistas — entravam de mansinho na concreta diversidade de uma ordem verdadeira, como Curitiba fizera um século antes, como Goiânia o faz talvez hoje.

Curitiba, capital do estado do Paraná, surgiu no mapa no dia em que o governo decidiu fazer uma cidade: a terra comprada de um fazendeiro foi vendida em lotes suficientemente baratos para criar um afluxo de população. O mesmo sistema foi aplicado mais tarde para se dotar o estado de Minas Gerais de sua capital, Belo Horizonte. Com Goiânia, arriscou-se mais, já que de início o objetivo fora fabricar, a partir do nada, a capital federal do Brasil.

Aproximadamente a um terço da distância que, grosso modo, separa a costa meridional do curso do Amazonas, estendem-se vastos planaltos esquecidos pelo homem há dois séculos. No tempo dos tropeiros e da navegação fluvial, podia-se cruzá-los em poucas semanas para se subir das minas rumo ao Norte; chegava-se assim às margens do Araguaia, o qual se desceria de barco até Belém. Única testemunha dessa antiga vida provinciana, a pequena capital do estado de Goiás, que lhe deu seu nome, dormia a mil quilômetros do litoral do qual estava praticamente isolada. Num sítio verdejante dominado pelo perfil caprichoso dos morros empenachados de palmeiras, ruas de casas térreas desciam pelas encostas entre as hortas e as praças onde os cavalos pastavam diante das igrejas de janelas ornamentadas, metade granjas, metade casas com campanário. Colunatas, estuques, frontões sempre recém-pincelados com um reboco espumoso como clara de ovo e colorido de creme, ocre, azul ou rosa, lembravam o estilo barroco das pastorais ibéricas. Um rio corria por entre margens limosas, que às vezes desmoronavam sob o peso dos cipós, das bananeiras e das palmeiras que invadiam as residências abandonadas; mas essa vegetação suntuosa mais parecia acrescentar uma dignidade silenciosa às suas fachadas deterioradas do que imprimir-lhes a marca da decrepitude.

Não sei se devemos deplorar o absurdo ou nos alegrarmos com ele: o governo decidira esquecer Goiás, seus campos, suas ladeiras e sua graça antiquada. Tudo aquilo era pequeno demais, velho demais. Precisa-se de uma tábua rasa para fundar o gigantesco empreendimento com que se sonhava. Encontraram-na a cem quilômetros a leste, na forma de um planalto coberto unicamente de capim duro e de arbustos espinhentos, como se tivesse sido atacado por um flagelo destruidor de toda a fauna e inimigo da vegetação. Nenhuma via férrea, nenhuma estrada para ir até lá, a não ser caminhos que só serviam para carroças. Correspondendo a esse território, um quadrado simbólico de cem quilômetros de lado foi marcado no mapa, sede do distrito federal em cujo centro se elevaria a futura capital do país. Como não havia por lá nenhum acidente natural para importunar os arquitetos, estes puderam trabalhar no local como se estivessem trabalhando na planta. Desenharam na terra o traçado da cidade; delimitaram o contorno e, dentro, os diferentes setores: residencial, administrativo, comercial, industrial e o dedicado às diversões. Estas são sempre importantes numa cidade pioneira; não houve uma época, por volta de 1925, em que Marília, nascida de uma iniciativa semelhante, tinha entre as seiscentas casas construídas quase cem de tolerância, na maioria entregues àquelas 'francesinhas' que, junto com as freiras, formavam no século XIX os dois pelotões de frente de nossa influência no estrangeiro? Bem o sabia o Ministério de Relações Exteriores francês, que, ainda em 1939, dedicava parcela substancial de suas verbas secretas à difusão de revistas ditas picantes. Certos antigos colegas meus não me desmentirão se eu recordar que a fundação da Universidade do Rio Grande do Sul, estado mais meridional do Brasil, e o predomínio que ali houve de professores franceses, tiveram como origem o gosto por nossa literatura e por nossa liberdade, inculcado em Paris, durante sua juventude, a um futuro ditador por uma senhorita de vida fácil.

Do dia para a noite os jornais se cobriram de anúncios de página inteira. Comunicava-se a fundação da cidade de Goiânia; em torno de um mapa detalhado como se a cidade fosse centenária, enumeravam-se as vantagens prometidas aos moradores: serviço de limpeza urbana, estrada de ferro, água encanada, esgotos e cinemas. Se não me engano, inicialmente houve inclusive, em 1935-6, um período em que a terra era dada de brinde aos compradores que aceitassem pagar as despesas de escritura. Pois os tabeliães e os especuladores eram os primeiros ocupantes.

Visitei Goiânia em 1937. Uma planície sem fim, que lembrava um terreno baldio e um campo de batalha, espetado por postes de eletricidade e por fixas de agrimensura, deixava entrever uma centena de casas novas espalhadas pelos quatro cantos do horizonte. A mais importante era o hotel, paralelepípedo de concreto que, no meio daquela monotonia, evocava um aeródromo ou um fortim; de bom grado poder-se-ia aplicar-lhe a expressão "bastião da civilização", num sentido, não mais figurado mas próprio, que adquiria no caso um valor singularmente irônico. Pois nada podia ser tão bárbaro, tão desumano, quanto essa implantação no deserto. Essa construção sem graça era o contrário de Goiás; nenhuma história, nenhuma duração, nenhum hábito lhe saturara o vazio ou lhe suavizara a rigidez; ali nos sentíamos como numa estação de trem ou num hospital, sempre passageiros, e nunca residentes. Só o receio de um cataclismo podia justificar aquela casamata. De fato, produzira-se um, cuja ameaça era prolongada pelo silêncio e pela imobilidade reinantes. Cadmo, o civilizador, semeara os dentes do dragão. Numa terra esfolada e queimada pelo sopro do monstro, esperava-se para ver os homens crescerem.

14. O tapete voador

Hoje, a lembrança do grande hotel de Goiânia encontra outras em minha memória, que comprovam, nos dois polos do luxo e da miséria, o absurdo das relações que o homem aceita manter com o mundo, ou melhor, que lhe são impostas de forma crescente. Reencontrei o hotel de Goiânia, mas ampliado numa escala desproporcional, em outra cidade não menos arbitrária, já que os cálculos políticos e o desenraizamento sistemático das populações haviam feito, em 1950, Karachi passar em três anos de 300 mil a 1,2 milhão de habitantes; e em pleno deserto também: na ponta oriental dessa planície árida, do Egito até a Índia, que despoja uma imensa área de nosso globo de sua epiderme viva.

Originariamente aldeia de pescadores, depois, com a colonização inglesa, pequeno porto e cidade mercantil, Karachi viu-se em 1947 promovida à categoria de capital. Nas longas avenidas do antigo acampamento margeadas por casernas coletivas ou individuais — estas, residências particulares de oficiais ou de funcionários —, cada uma isolada em seu terreno de vegetação empoeirada, hordas de refugiados dormiam ao relento e viviam uma existência miserável na calçada ensanguentada de escarros de bétel, enquanto milionários parses construíam para os homens de negócios ocidentais palácios babilônicos. Meses a fio, do alvorecer à noite, desfilava uma procissão de homens e de mulheres maltrapilhos (em país muçulmano, a segregação das mulheres é mais um sinal de prestígio burguês do que uma prática religiosa, e os mais pobres não têm sequer direito a um sexo), cada um carregando uma cesta com concreto fresco que era esvaziada despejando-se seu conteúdo na fôrma e que, sem fazer uma pausa, eles voltavam para encher nas betoneiras a fim de completar mais um circuito. Cada ala, assim que ficava pronta, era entregue à clientela, pois o custo diário do quarto com pensão era maior do que o salário mensal de uma operária; assim, em nove meses se amortizava o custo da construção de um hotel de luxo. Tinha-se, portanto, que andar depressa, e os contramestres pouco se preocupavam se os diferentes blocos se encaixavam perfeitamente. Com certeza, nada havia mudado desde que os sátrapas obrigavam os escravos a despejar o barro e a empilhar os tijolos para construir palácios de carregação, ornamentados com frisos aos quais o desfile das portadoras de cestos, recortadas contra o céu no alto dos andaimes, poderia servir de modelo.

Afastada da vida nativa (ela própria, naquele deserto, criação artificial da colonização) por poucos quilômetros, intransponíveis devido à insuportável umidade de uma monção sempre abortada, e mais ainda devido ao medo da disenteria — "Karachi tummy", como diziam os ingleses —, uma clientela de comerciantes, industriais e diplomatas enlanguesciam de calor e de tédio naquelas cubas de cimento nu que lhes serviam de quarto, como se a preocupação que presidira ao projeto tivesse sido, mais ainda que a de economizar, a de poder desinfetá-las facilmente sempre que mudasse o espécime humano que ali se imobilizara por semanas ou meses. E minha lembrança logo transpõe 3 mil quilômetros, para justapor a essa imagem outra captada no templo da deusa Kali, o mais antigo e venerado santuário de Calcutá. Ali, perto de um tanque de águas paradas e nessa atmosfera de pátio dos milagres e de escabrosa exploração comercial em que se desenrola a vida religiosa popular da Índia, perto dos bazares abarrotados de cromolitografias sacras e divindades em gesso pintado, ergue-se o moderno caravançará construído pelos empreiteiros do culto para alojar os peregrinos: é a *rest-house*, galpão comprido de cimento dividido em duas alas, uma para os homens, outra para as mulheres, e ao longo das quais alinham-se os estrados, também de cimento nu, destinados a servir de camas; fazem-me admirar as valas para esgoto e as bicas d'água: assim que a carga humana desperta e é despachada para se prosternar, implorando a cura de seus cânceres e de suas úlceras, de suas secreções e de suas chagas, lava-se tudo com muita água, aos esguichos, e as bancadas esfregadas estão prontas para receber nova leva; nunca, provavelmente — salvo nos campos de concentração —, confundiram-se a tal ponto seres humanos com carne de açougue.

E, ainda assim, era só um lugar de passagem. Mas um pouco mais longe, em Narrayanganj, os operários da juta trabalham dentro de uma gigantesca teia de aranha, filamentos esbranquiçados que pendem das paredes e pairam no ar; saem dali para se dirigir às *coolie fines*, cafuas de tijolos sem luz e sem assoalho onde vivem de seis a oito pessoas, enfileiradas em ruelas cortadas por esgotos a céu aberto que são irrigados três vezes por dia para evacuar a imundície. O progresso social tende a substituir essa fórmula por aquela dos *workers' quarters*, prisões onde dois ou três operários dividem células de três metros por quatro. Muros em toda a volta, policiais armados vigiando as portas; cozinha e refeitório comuns: cubas de cimento nu, laváveis com água abundante, onde cada um acende seu fogareiro e come de cócoras, no escuro.

Quando ocupei meu primeiro posto de professor, nas Landes, mostraram-me um dia os galinheiros feitos especialmente para a cevagem dos gansos: cada um destes, fechado num estreito cubículo, estava reduzido à condição de tubo digestivo. Era exatamente a mesma coisa, aqui, com a dupla diferença de que, no lugar dos gansos, eu observava homens e mulheres, e que ao invés de engordá-los, preocupavam-se mais em emagrecê-los. Mas nos dois casos o criador reconhecia em seus pensionistas uma atividade exclusiva, desejável lá, inevitável aqui: aqueles alvéolos escuros e sem ventilação não se prestavam ao repouso, nem ao lazer, nem ao amor. Simples amarras à margem do esgoto comunitário, eles procediam de uma concepção da vida humana reduzida ao exercício exclusivo das funções de excreção.

Pobre Oriente! Na secreta Daca, visitei casas burguesas: algumas luxuosas, que lembravam as lojas de antiquários nova-iorquinas da Terceira Avenida; outras confortáveis, mobiliadas com mesinhas de vime, toalhas de franjas e porcelanas iguais à de uma casinha de aposentados em Bois-Colombes. Algumas de estilo antigo, parecidas com as nossas mais pobres choupanas, com um forno de terra batida à guisa de cozinha no fundo de um pequeno quintal lamacento; e apartamentos de sala e dois quartos para jovens casais abastados em prédios indiferenciáveis daqueles que os serviços da reconstrução edificam a baixo custo em Châtillon-sur-Seine ou em Givors, com a diferença de que em Daca os aposentos eram de cimento nu, assim como o banheiro, com uma simples bica, e a mobília era mais escassa que a de um quarto de menina. De cócoras no chão acimentado e iluminado por uma lâmpada fraca pendendo do teto com seu fio, ó *Mil e uma noites*, ali comi, com meus dedos, um jantar repleto de suculências ancestrais: primeiro, o Khichuri, arroz e pequenas lentilhas chamadas em inglês *pulse*, cujas sacas cheias de variedades multicoloridas vemos nos mercados. Depois, o Nimkorma, um fricassê de galinha; o Chingri Cari, ensopado gorduroso e adocicado de camarões gigantes, e o de ovos cozidos, que se chama Dimer Tak, servido com um molho de pepinos, Shosha; por último, a sobremesa Firni, arroz-doce.

Eu era convidado de um jovem professor; lá estavam seu cunhado, que fazia as vezes de maître, uma empregada e um bebê; por último, a mulher de meu anfitrião, que se emancipava do *purdah*:* animalzinho silencioso e assustado, enquanto o marido, para afirmar sua recente liberação, cobria-a de sarcasmos cuja grosseria ofendia a mim tanto quanto a ela, e a obrigava, visto que eu era etnógrafo, a tirar sua roupa-branca de um armário de aluna de pensionato para que eu pudesse fazer o inventário. Mais um pouco e ele a teria despido, tão ansioso estava de oferecer garantias a esse Ocidente que ele ignorava.

Assim, eu via prefigurar-se diante de meus olhos uma Ásia de vilas operárias e de habitações populares que será a de amanhã, repudiando todo o exotismo e retomando, após um eclipse de 5 mil anos, esse estilo de vida moderna e eficaz que ela tenha talvez inventado no III milênio e que em seguida se espalhou pela face da terra, imobilizando-se provisoriamente no Novo Mundo na época contemporânea a ponto de ainda o identificarmos com a América, mas, desde 1850, retomando sua marcha para o Oeste, alcançando o Japão e retornando hoje a seu lugar de origem, após ter completado a volta ao mundo.

No vale do Índus, perambulei por aqueles austeros vestígios que os séculos, os areais, as enchentes, o salitre e as invasões arianas deixaram subsistir da mais antiga cultura do Oriente: Mohenjo-Dano, Harappa, excrescências endurecidas de tijolos e cacos. Que desconcertante espetáculo o desses antigos casarios! Ruas traçadas a régua e cruzando-se em ângulo reto; bairros operários de casas idênticas; oficinas industriais para a moagem de farinhas, fundição e cinzelamento de metais, e fabricação desses copinhos de barro cujos

---

* Costume de certos indianos e muçulmanos que segregam ou escondem a mulher atrás de um véu ou cortina chamado *purdah*. (N. T.)

restos cobrem o chão; celeiros municipais ocupando (dir-se-ia transpondo no tempo e no espaço) vários "blocks"; banhos públicos, canalizações e esgotos; bairros residenciais com sólido conforto e sem graça. Nenhum monumento, nenhuma grande escultura, mas, enterrados a dez ou vinte metros de profundidade, bibelôs leves e joias preciosas, indícios de uma arte sem mistério e sem lei profunda, visando a satisfazer a necessidade de ostentação e a sensualidade dos ricos. Esse conjunto lembra ao visitante os prestígios e as taras de uma grande cidade moderna; prefigura essas formas mais adiantadas da civilização ocidental cujo modelo os Estados Unidos oferecem hoje à própria Europa.

Gostamos de imaginar que, ao fim de 4 ou 5 mil anos de história, um ciclo se encerrou; que a civilização urbana, industrial, burguesa, inaugurada pelas cidades do Índus, não era tão diferente em sua inspiração profunda daquela fadada, após uma longa involução na crisálida europeia, a alcançar a plenitude do outro lado do Atlântico. Quando ainda era jovem, o mais Velho Mundo já esboçava o semblante do Novo.

Desconfio, pois, dos contrastes superficiais e do aparente pitoresco; eles cumprem suas promessas por pouquíssimo tempo. O que chamamos de exotismo traduz uma desigualdade de ritmo, significativa durante alguns séculos e encobrindo provisoriamente um destino que poderia de igual modo ter se mantido solidário, conforme o conceberam Alexandre e os reis gregos das margens do Jumna, os impérios cita e parto, as expedições navais romanas às costas do Vietnã, e as cortes cosmopolitas dos imperadores mongóis. Quando, transposto o Mediterrâneo, o avião se aproxima do Egito, o olhar se surpreende, de início, com essa sinfonia grave formada pelo verde-amarronzado dos palmeirais, pelo verde da água — percebemos enfim por que é chamado de Nilo [anil] —, pela areia bege e o limo violeta; e, mais ainda que a paisagem, com a planta das aldeias sobrevoadas: mal contidas em seu perímetro, elas apresentam uma desordem complicada de casas e de ruelas que atesta o Oriente. Não é isso o oposto do Novo Mundo, tanto o espanhol quanto o anglo-saxão, que, no século XVI assim como no XX, afirma sua predileção pelas plantas geométricas?

Após o Egito, o voo sobre a Arábia propõe uma série de variações em torno de um só tema: o deserto. Primeiro, rochas semelhantes a castelos de tijolos vermelhos em ruínas, elevando-se acima do opala das areias; depois, os motivos complicados, em forma de árvores horizontais — ou, melhor ainda, de cristais ou de algas —, traçados pelo paradoxal escoamento dos *ueds*:* em vez de juntarem suas águas, dispersam-nas em finas ramificações. Mais adiante, a terra parece pisoteada por um monstruoso animal que teria se exaurido espremendo-lhe o suco com patadas furiosas.

Como são suaves as cores dessas areias! Parece um deserto de carne: pele de pêssego, nácar, peixe cru. Em Ácaba, a água, ainda que generosa, reflete um azul implacavelmente duro, ao passo que os invisíveis maciços rochosos se fundem em tonalidades furta-cores.

Lá pelo fim da tarde, a areia desaparece progressivamente na neblina: ela própria areia celeste, aliada ao partido da terra contra o azul-verde límpido do céu. O deserto perde inflexões e acidentes. Confunde-se com a noite, imensa massa rosa, uniforme, ligeiramente mais pastosa do que o céu. O deserto ficou deserto em relação a si mesmo. Aos poucos, a neblina se impõe: não há mais nada a não ser a noite.

Após a escala de Karachi, o dia se levanta sobre o deserto de Thar, lunar, incompreensível; aparecem pequenos grupos de lavouras, ainda isoladas por longas extensões desérticas. Com o dia, as plantações se juntam e apresentam uma área contínua em tons rosa e verdes, qual as cores maravilhosas e esmaecidas de uma tapeçaria muito antiga, gasta por um uso prolongado e incansavelmente remendada. É a Índia.

Os lotes são irregulares mas de modo algum desordenados na forma ou na cor. Agrupados de um jeito ou de outro, formam um conjunto equilibrado, como se seu traçado tivesse sido longamente meditado de acordo com a sua colocação: algo como o devaneio geográfico de um Klee. Tudo isso é de uma raridade, de uma preciosidade extrema e arbitrária, apesar da recorrência de um tema trinitário associando a aldeia aos campos reticulados e ao bosque ao redor de um laguinho.

A escala em Delhi, num voo rasante, dá uma rápida ideia de uma Índia romanesca: templos em ruínas entre matagais de um verde violento. Em seguida, começam as inundações. A água parece tão estagnada, tão compacta, tão lodosa que mais lembra um óleo cujos rastros boiariam à tona de uma água que fosse ela própria o solo. Sobrevoa-se Bihar, com suas colinas rochosas e suas florestas, e depois é o início do delta: a terra é cultivada até a última

---

* Rios temporários das regiões áridas da África do Norte e do Oriente Médio. (N. T.)

polegada, e cada campo parece uma joia de ouro verde, cintilante e pálido sob a água que o impregna, cercado pela delimitação perfeita de suas sebes. Não há nenhum ângulo bem marcado, todos os limites são arredondados e encaixam-se, porém, uns aos outros como as células de um tecido vivo. Mais perto de Calcutá, multiplicam-se as aglomerações: casebres empilhados como ovos de formigas dentro de alvéolos de vegetação cuja cor intensa é mais exaltada ainda pelas telhas vermelho-escuras de alguns tetos. Ao aterrissarmos, descobrimos que chove torrencialmente.

Depois de Calcutá, atravessa-se o delta do Bramaputra: monstro de rio, massa tão tortuosa que parece um bicho. Ao redor, o campo está obliterado pela água, a perder de vista, salvo as plantações de juta que, do avião, formam inúmeros quadrados de musgo cujo frescor teria exasperado o verde. As aldeias cercadas de árvores emergem da água como buquês. Avistam-se embarcações que pululam em toda a volta.

Situada entre essa areia sem homens e essa humanidade sem solo, como a Índia, terra dos homens, apresenta um semblante equívoco! A ideia que posso fazer dela, nas oito horas que dura a sua travessia, de Karachi a Calcutá, desgarra-a definitivamente do Novo Mundo. Não é nem o quadriculado rigoroso do Middle-West ou do Canadá, formado por unidades idênticas que apresentam todas, num dos lados, sempre no mesmo local, a exata junção com a fazenda; nem, muito menos, o veludo profundo da floresta tropical que as regiões pioneiras começam apenas a morder abrindo-lhe nesgas audaciosas. O espetáculo dessa terra, dividida em ínfimos lotes e cultivada até o último alqueire, de início inspira a um europeu uma sensação de familiaridade. Porém, aqueles tons mesclados, aqueles contornos irregulares dos campos e dos arrozais que se repetem ininterruptamente com traçados distintos, aquelas margens indiferenciadas e como que remendadas, trata-se de fato da mesma tapeçaria, mas de uma tapeçaria que — comparada com as formas e as cores mais bem delimitadas do campo europeu — temos a impressão de olhar *pelo avesso*.

Simples imagem mas que traduz bastante bem as respectivas posições da Europa e da Ásia com respeito à civilização comum a ambas (e desta mesma com respeito à sua cria americana). Do ponto de vista dos aspectos materiais, pelo menos, uma aparenta ser o avesso da outra, uma sempre foi ganhadora, a outra, perdedora; como se, no exercício de uma empreitada comum, uma tivesse drenado todas as vantagens, deixando à outra as misérias à guisa de colheita. Num caso (mas por quanto tempo ainda?), uma expansão demográfica regular possibilitou o progresso agrícola e industrial, os recursos aumentando mais depressa do que os consumidores. No outro, a mesma revolução acarretou, desde o século XVIII, uma baixa constante daquilo que cada indivíduo retirava de uma massa de bens que se manteve relativamente estacionária. Europa, Índia, América do Norte e América do Sul não esgotam as combinações possíveis entre o quadro geográfico e o povoamento? À América amazônica, região dos trópicos pobre mas sem homens (uma coisa compensando parcialmente a outra), opõe-se a Ásia do Sul, também tropical e pobre, mas superpovoada (uma coisa agravando a outra), assim como — na categoria dos países temperados — a América do Norte de amplos recursos e com população relativamente reduzida tem simetria com uma Europa de recursos relativamente restritos mas com uma população numerosa. Seja qual for a maneira como se ordenam essas evidências, a Ásia do Sul é sempre o continente sacrificado.

15. Massas

Que se trate de cidades mumificadas do Velho Mundo ou das cidades fetais do Novo, é à vida urbana que estamos acostumados a associar nossos valores mais elevados no plano material e espiritual. As grandes cidades da Índia são subúrbios miseráveis; mas aquilo que nos envergonha como se fosse uma tara, aquilo que consideramos uma lepra constitui aqui o fato urbano reduzido à sua expressão última: aglomeração de indivíduos cuja razão de ser é aglomerar-se aos milhões, sejam quais forem as condições reais. Lixo, desordem, promiscuidade, ajuntamentos; ruínas, cabanas, lama, imundícies; humores, bosta, urina, pus, secreções, purulências; tudo aquilo contra o que a vida urbana nos parece ser a defesa organizada, tudo aquilo que odiamos, tudo aquilo de que nos protegemos a tão alto custo, todos esses subprodutos do convívio aqui jamais alcançam seu limite. Antes, formam o meio natural de que a cidade necessita para prosperar. Para cada indivíduo, a rua, atalho ou viela, fornece um lar onde ele senta, dorme, pega sua comida diretamente de um lixo pegajoso. Longe de repugnar-lhe, ela adquire uma espécie de estatuto doméstico só pelo fato de ter sido exsudada, excrementada, pisoteada e manipulada por tantos homens.

Toda vez que saio de meu hotel em Calcutá, investido pelas vacas e cujas janelas servem de poleiro para os abutres, torno-me o centro de um balé que eu acharia cômico se não inspirasse tanta pena. Podemos distinguir várias entradas, cada uma representada por um grande ator:

o engraxate, que se joga a meus pés;

o garotinho fanho que se precipita: "One anna, papa, one anna!";

o aleijado quase nu para que possamos examinar melhor os seus cotos;

o proxeneta: "British girls, very nice...";

o vendedor de clarinetas;

o carregador do New-Market, que me suplica para comprar tudo, não porque esteja diretamente interessado, mas porque os anás ganhos ao me acompanhar lhe permitirão comer. Recita o catálogo com a mesma concupiscência como se todos aqueles produtos lhe fossem destinados: "Suitcases? shirts? hose?...".

E, por último, toda a trupe dos pequenos bailarinos: aliciadores de *rickshaws*, de *gharries*, de táxis. Há tantos táxis quantos se queiram, a três metros, ao longo da calçada. Mas quem sabe? Eu posso ser uma personalidade tão insigne que não me dignaria percebê-los... Sem falar da coorte de comerciantes, lojistas, camelôs para quem a minha passagem anuncia o Paraíso: talvez eu vá comprar alguma coisa.

Quem quiser rir ou se irritar com isso, que se cuide, é como se cometesse um sacrilégio. Aqueles gestos grotescos, aquelas gesticulações careteiras, seria inútil censurá-las, criminoso, ridicularizá-las, em vez de enxergá-las como os sintomas clínicos de uma agonia. Uma só obsessão, a fome, inspira esses comportamentos de desespero; a mesma que expulsa as massas do campo, fazendo Calcutá passar em poucos anos de 2 milhões a 5 milhões de habitantes; que amontoa os retirantes nos becos das estações ferroviárias, onde os avistamos de dentro do trem, à noite, dormindo nas plataformas e enrolados no pano de algodão branco que hoje é sua vestimenta e amanhã será seu sudário; e que confere sua intensidade trágica ao olhar do mendigo que cruza o nosso, por entre as grades metálicas do compartimento de primeira classe ali colocadas — qual o soldado armado de cócoras no estribo — para nos proteger dessa reivindicação muda de um só indivíduo, e que poderia se transformar num tumulto vociferante se a compaixão do viajante, mais forte do que a prudência, entretivesse esses condenados na esperança de uma esmola.

O europeu que vive na América tropical enfrenta problemas. Observa relações originais entre o homem e o meio geográfico; e as próprias modalidades da vida humana oferecem-lhe incessantemente temas de reflexão. Mas as relações de pessoa para pessoa não revestem uma forma nova; são da mesma ordem do que aquelas que sempre o rodearam. Na Ásia meridional, ao contrário, parece-lhe estar aquém ou além do que o homem tem o direito de exigir do mundo, e do homem.

A vida cotidiana aparenta-se a um repúdio permanente da noção de relações humanas. Oferecem-nos tudo, comprometem-se a tudo, proclamam-se tendo todas as competências, quando na verdade nada sabem. Assim, obrigam-nos de saída a negar ao outro a qualidade humana que reside na boa-fé, no sentido do contrato e na capacidade de compromisso. *Rickshaw boys* propõem levar-nos a qualquer lugar, embora conheçam menos o itinerário do que nós. Assim, como não se enfurecer e — seja qual for o escrúpulo que temos em subir em seus carrinhos e sermos puxados por eles — não tratá-los como animais, já que nos forçam a considerá-los como tais por essa insensatez que demonstram?

A mendicância generalizada perturba com profundidade ainda maior. Já não nos atrevemos a cruzar francamente um olhar, pela pura satisfação de tomar contato com outro homem, pois a menor pausa será interpretada como uma fraqueza, uma deixa dada à imploração de alguém. O tom do mendigo que chama "SA-HIB!" é espantosamente parecido com o que usamos para ralhar com uma criança — "PA-RE!" —, amplificando a voz e baixando o tom na última sílaba, como se eles dissessem: "Mas é óbvio, isso salta aos olhos, eu não estou aqui, a mendigar na sua frente, tendo só por isso um crédito com você? Em que está pensando, afinal? Onde está com a cabeça?". A aceitação de uma situação de fato é tão cabal que consegue dissolver o elemento de súplica. Só resta a comprovação de um estado objetivo, de uma relação natural dele para comigo, da qual deveria resultar a esmola com a naturalidade que une, no mundo físico, as causas e os efeitos.

Também aí, somos obrigados pelo parceiro a negar-lhe a humanidade que tanto gostaríamos de lhe reconhecer. Todas as situações iniciais que definem as relações entre pessoas são falseadas, as regras do jogo social, desvirtuadas, não há jeito de aplicá-las. Pois, ainda que desejássemos tratar esses pobres coitados como nossos iguais, eles protestariam contra a injustiça: não desejam ser iguais; suplicam que os esmaguemos com nossa soberbia, conjuram-nos a isso, já que é da dilatação da distância que nos separa que esperam uma migalha (a qual o inglês chama acertadamente de *bribery*), mais substancial na medida em que a relação entre nós for distante; quanto mais alto me colocarem, mais esperarão que esse nada que me pedem se torne alguma coisa. Não reivindicam um direito à vida; só o fato de sobreviverem parece-lhes uma esmola imerecida, levemente justificada pela homenagem prestada aos poderosos.

Portanto, não sonham em se colocarem como iguais. Porém, mesmo de seres humanos não podemos suportar essa pressão incessante, essa engenhosidade sempre alerta para nos ludibriar, nos "pegar", obter alguma coisa de nós pela esperteza, pela mentira ou pelo roubo. E, no entanto, como endurecermos? Pois — e é daí que *não temos mais como nos safar* — todos esses procedimentos são modalidades diversas da oração. E é porque a atitude fundamental a nosso respeito é a da oração, mesmo quando nos roubam, que a situação é tão rigorosamente, tão completamente insuportável, e que não posso, seja qual for a vergonha que sinto, resistir a confundir os refugiados — que ouço o dia inteiro, das janelas de meu grande hotel, lamuriando-se e chorando à porta do primeiro-ministro, em vez de nos expulsarem de nossos quartos que alojariam diversas famílias — com esses corvos pretos de papo cinzento que crocitam sem parar nas árvores de Karachi.

Essa alteração das relações humanas parece, no princípio, incompreensível para a mente europeia. Concebemos as oposições de classes na forma de luta ou de tensão, como se a situação inicial — ou ideal — correspondesse à solução desses antagonismos. Mas, aqui, o termo *tensão* não tem sentido. Nada é tenso, não é de hoje que tudo o que podia estar tenso arrebentou. A ruptura reside no princípio, e essa ausência de "bons tempos" a que possamos nos referir para encontrar os seus vestígios ou para desejar a sua volta, deixa-nos diante de uma única convicção: todas essas pessoas com quem cruzamos na rua estão se perdendo. Para segurá-las por um instante ladeira abaixo, será que bastaria nos despojarmos?

E se quisermos pensar em termos de tensão, o quadro a que chegamos não é menos sombrio. Pois então, cumprirá dizer que tudo está tão tenso que não há mais equilíbrio possível: nos termos do sistema, e a menos que comecemos por destruí-la, tornou-se irreversível a situação. Já de saída, encontramo-nos em desequilíbrio diante de suplicantes que devemos rechaçar, não porque os desprezamos, mas porque nos aviltam com sua veneração, desejando-nos mais majestosos, mais poderosos ainda, na convicção extravagante de que cada ínfima melhoria de sua sina só pode provir da nossa, multiplicada cem vezes. Como se esclarecem as origens da chamada crueldade asiática! Aquelas fogueiras, aquelas execuções e aqueles suplícios, aquelas armas cirúrgicas concebidas para infligir ferimentos incuráveis, não resultam de um jogo atroz, embelezamento dessas relações abjetas em que os humildes nos transformam em coisa ao se desejarem coisa, e vice-versa? A distância entre o excesso de luxo e o excesso de miséria faz explodir a dimensão humana. Resta apenas uma sociedade na qual os que não são capazes de nada sobrevivem esperando tudo (que sonho tão oriental os gênios das *Mil e uma noites*!) e na qual os que exigem tudo não oferecem nada.

Nessas condições, não surpreende que relações humanas sem qualquer termo de comparação com aquelas que gostamos de imaginar (quase sempre de forma ilusória) serem as que definem a civilização ocidental apareçam-nos alternativamente como desumanas e subumanas, tais quais as que observamos no nível da atividade infantil. Pelo menos em certos aspectos, esse povo trágico parece-nos infantil: a começar pela gentileza de seus olhares e de seus sorrisos. Há também a indiferença pelos bons modos e pelo local, chocante entre todas aquelas pessoas sentadas, deitadas de qualquer jeito; o gosto pela bugiganga e pelo espalhafatoso; o comportamento ingênuo e condescendente de homens que passeiam de mãos dadas, urinam de cócoras em público, e chupam o fumo açucarado do seu *chilam*; o prestígio mágico dos atestados e dos certificados, e essa crença comum de que tudo é possível, traduzindo-se entre os cocheiros (e mais genericamente entre todos os empregados) em pretensões desmedidas logo satisfeitas com a quarta ou a décima parte. "De que podem se queixar?", certo dia o governador de Bengala oriental perguntou, por intermédio de seu intérprete, aos nativos das colinas de Chittagong, minados pela doença, pela subnutrição, pela pobreza, e maliciosamente perseguidos pelos muçulmanos. Eles refletiram muito tempo e responderam: "Do frio...".

Todo europeu na Índia vê-se — querendo ou não — cercado por um número respeitável de criados-que-fazem-de-tudo, que são chamados de *bearers*. Será o sistema de castas, será uma desigualdade social tradicional ou serão as exigências dos colonizadores que explicam sua sede de servir? Não sei, mas a subserviência que demonstram logo consegue deixar a atmosfera irrespirável. Eles se estirariam no chão para poupar-nos um passo no assoalho, propõem-nos dez banhos por dia: quando nos assoamos, quando comemos uma fruta, quando sujamos o dedo... A todo instante ficam rondando, implorando uma ordem. Há algo de erótico nessa ânsia de submissão. E se o nosso comportamento não corresponde à sua expectativa, se não agimos em todas as ocasiões tal como seus antigos senhores britânicos, seu universo desaba: não quer *pudding*? Banho depois do jantar em vez de antes? Então, nosso santo Deus já não existe... Estampa-se o desespero em seus rostos; apressadamente, dou marcha a ré, renuncio a meus hábitos ou a circunstâncias mais requintadas. Comerei uma pera dura como pedra, um *custard* solado, já que devo pagar com o sacrifício de um abacaxi a salvação moral de um ser humano.

Por alguns dias hospedei-me no Circuit House de Chittagong: palácio de madeira no estilo de chalé suíço onde eu ocupava um quarto de nove metros por cinco e pé-direito de seis metros. Havia nada menos do que doze interruptores: lustre do teto, apliques murais, iluminação indireta, banheiro, *dressing room*, espelho, ventiladores etc. Aquela terra não era a dos *fogos de bengala*? Graças a essa esbórnia elétrica, algum marajá reservara-se as delícias de um fogo de artifício íntimo e cotidiano.

Um dia, na cidade baixa, parei o carro posto à minha disposição pelo chefe do distrito diante de um estabelecimento de boa aparência onde quis entrar: Royal Hair Dresser, "High class cutting" etc. O chofer olhou-me horrorizado: "How can you sit here!". Com efeito, o que seria de seu próprio prestígio junto aos seus se o *Master* se degradasse, e o degradasse ao mesmo tempo, sentando-se perto dos de sua raça?... Desanimado, deixo-lhe a incumbência de organizar pessoalmente o ritual do corte de cabelo para um ser de essência superior. Resultado: uma hora de espera no carro até que o cabeleireiro terminasse com seus clientes e apanhasse seu material; regressamos juntos ao Circuit House no nosso Chevrolet. Mal chegamos ao meu quarto dos doze interruptores, o *bearer* prepara um banho para que eu possa, tão logo termine o corte, lavar-me da sujeira daquelas mãos servas que tocaram em meu cabelo.

Tais atitudes estão enraizadas num país cuja cultura tradicional inspira a cada um poses de rei em relação ao outro, por pouco que consiga descobrir ou criar para si mesmo um inferior. Assim como desejaria que eu o tratasse, o *bearer* tratará o mariola que pertence às *scheduled castes*, isto é, às mais baixas, "inscritas", dizia a administração inglesa, como tendo direito à sua proteção, uma vez que o costume praticamente recusava-lhes a qualidade humana; e, de fato, são mesmo homens esses varredores e carregadores de tinas de excrementos obrigados por essa dupla função a ficarem agachados o dia inteiro, seja porque à entrada dos quartos coletam em suas mãos o lixo com a ajuda de uma vassourinha sem cabo, seja porque, nos fundos, solicitam, martelando com socos a base das portas, ao ocupante do gabinete sanitário que acabe depressa de usar aquele monstruoso utensílio que os ingleses chamam de *commode*, como se, sempre contraídos e correndo qual caranguejos pelo quintal, eles também encontrassem, roubando do senhor sua substância, o meio de afirmar uma prerrogativa e adquirir um status.

De fato, será necessário mais do que a independência e o tempo para apagar esse vinco de servidão. Do que me dei conta uma noite em Calcutá, saindo do Start Theater onde eu fora assistir à representação de uma peça bengali, inspirada num tema mitológico e chamada *Urboshi*. Meio perdido naquele bairro periférico de uma cidade aonde eu chegara na véspera, fui preterido, ao mandar parar o único táxi que passava, por uma família da boa burguesia local. Mas o motorista via a coisa com outros olhos: durante uma conversa animada que se travou entre ele e seus clientes, e na qual a palavra *Sahib* voltava com insistência, ele parecia acentuar o inconveniente de fazerem concorrência com um branco. Com um discreto mau humor, a família saiu a pé pela noite e o táxi me levou; talvez o motorista contasse com uma gorjeta mais substancial; porém, tanto quanto o meu bengali sumário permitiu-me compreender, foi sobre outra coisa que versou a discussão: uma ordem tradicional, que devia ser respeitada.

Fiquei mais acabrunhado porque aquela noite me dera a ilusão de superar certas barreiras. Naquela ampla sala malconservada que lembrava tanto um galpão quanto um teatro, por mais que eu fosse o único estrangeiro, estava, ainda assim, misturado com a sociedade local. Aqueles comerciantes, lojistas, empregados, funcionários, perfeitamente dignos e muitas vezes em companhia de suas esposas cuja encantadora gravidade parecia comprovar que não estavam muito habituadas a sair, manifestavam a meu respeito uma indiferença que tinha algo de benéfico após a experiência do dia; por mais negativa que fosse, e talvez até por essa razão, a atitude deles instaurava entre nós uma discreta fraternidade.

A peça, da qual eu só entendia umas frases, era uma mistura de Broadway, de Teatro do Châtelet e de *La belle Hélène*. Havia cenas cômicas e de romances com as criadas, cenas de amor patéticas, o Himalaia, um amante desiludido que ali vivia como eremita e um deus portador de tridente e de olhar fulminante que o protegia contra um general de fartos bigodes; por último, um grupo de coristas, metade das quais lembravam raparigas de quartéis, e a outra, preciosos ídolos tibetanos. No intervalo, serviam-se chá e limonada em copinhos de cerâmica largados após serem usados — como se fazia havia 4 mil anos em Harappa, onde até hoje é possível recolher os seus cacos —, enquanto alto-falantes transmitiam uma música infame e muito animada, a meio caminho das melodias chinesas e do *paso doble*.

Contemplando as evoluções do jovem protagonista cujo figurino leve salientava os cachinhos, a papada e as formas rechonchudas, eu me lembrava de uma frase lida dias antes na página literária de um jornal local, e que aqui transcrevo sem traduzi-la para não deixar escapar o sabor indescritível do anglo-indiano: "[...] and the young girls who sigh as they gaze into the vast blueness of the sky, of what are they thinking? Of fat, prosperous suitors [...]". Essa referência aos "pretendentes gordos" espantara-me, mas, considerando o herói avantajado que balançava no palco as dobras de seu estômago, e lembrando-me dos mendigos esfomeados que eu haveria de encontrar à saída, percebi melhor esse valor poético da repleção para uma sociedade que vive em intimidade tão lancinante com a fome. Aliás, os ingleses compreenderam que, aqui, o meio mais seguro de posarem de super-homens era convencer os nativos de que precisavam de uma quantidade de comida muito superior à que basta a um homem comum.

Ao viajar pelas colinas de Chittagong, na fronteira birmanesa, com o irmão de um rajá local que virara funcionário, logo me surpreendeu a solicitude com que ele me fazia cevar por seus criados: ao amanhecer, a *palancha*, isto é, o "chá na cama" (se é que a expressão podia se aplicar às elásticas pranchas de bambu trançadas sobre as quais dormíamos nos casebres nativos); duas horas depois, um sólido *breakfast*; o almoço; um chá copioso às cinco horas; por último, o jantar. Tudo isso em vilarejos cuja população se alimentava, duas vezes ao dia apenas, de arroz e de abóboras cozidas, temperadas entre os mais ricos com um pouco de molho de peixe fermentado. Logo, logo não mais aguentei, tanto por motivos fisiológicos quanto morais. Meu companheiro, aristocrata budista educado num colégio anglo-indiano, e orgulhoso de uma genealogia que datava de 46 gerações (ele se referia a seu modestíssimo bangalô dizendo "meu palácio", uma vez que aprendera na escola que assim se chamava a morada dos príncipes), mostrava-se perplexo e vagamente chocado com a minha temperança: "Don't you take five times a day?". Não, eu não "tomava" cinco vezes por dia, muito em especial no meio de gente morrendo de fome. Da boca desse homem que nunca vira outros brancos a não ser os ingleses, as perguntas brotavam: o que se comia na França? de que se compunham as refeições? o intervalo que as separava? Eu me esforçava para informá-lo tal como um indígena consciencioso que respondia à pesquisa de um etnógrafo, e a cada uma de minhas palavras eu calculava o transtorno que se operava em sua mente. Toda a sua concepção do mundo mudava: afinal, um branco podia ser tão somente um homem.

Entretanto, precisa-se de tão poucas coisas, aqui, para criar a humanidade! Ali está um artesão instalado sozinho numa calçada, onde colocou uns restos de metal e suas ferramentas. Dedica-se a um trabalho ínfimo, do qual tira a sua subsistência e a dos seus. Que subsistência? Nas cozinhas ao ar livre, nacos de carne aglomerados em torno de espetos assam sobre braseiros; laticínios são preparados em bacias cônicas; tiras de folhas arrumadas em espiral servem para enrolar a bolinha de bétel; os grãos dourados do *gram* torram-se na areia quente. Uma criança leva numa bacia alguns grãos-de-bico dos quais um homem compra o equivalente a uma colher de sopa; ele logo se põe de cócoras para comer, na mesma posição indiferente aos passantes que assumirá instantes depois, para urinar. Em botequins de tábuas, os desocupados passam horas a beber um chá pingado de leite.

Precisa-se de pouco para existir: pouco espaço, pouca comida, pouca alegria, poucos utensílios ou ferramentas; é a vida num cantinho de nada. Em compensação, parece haver muito entusiasmo. Sentimo-lo na animação da rua, na intensidade dos olhares, na virulência da menor discussão, na cortesia dos sorrisos que marcam a passagem do estrangeiro, muitas vezes acompanhados, em terra muçulmana, por um "Salaam" com a mão à testa. Como interpretar de outra forma a facilidade com que essas pessoas instalam-se no cosmos? Aí está, de fato, a civilização do tapete de preces, que representa o mundo, ou do quadrado desenhado no chão, que define um lugar de culto. Ali estão eles, no meio da rua, cada um no universo de sua pequena vitrine e cuidando placidamente de sua indústria no meio das moscas, dos transeuntes e da barulheira: barbeiros, escribas, cabeleireiros, artesãos. Para poder resistir, é necessário um vínculo muito forte, muito pessoal com o sobrenatural, e é aí que reside talvez um dos segredos do islã e dos outros cultos dessa região do mundo, que consiste em cada um se sentir constantemente em presença de seu Deus.

Lembro-me de um passeio a Clifton Beach, perto de Karachi, à beira do oceano Índico. Ao final de um quilômetro de dunas e pântanos, dá-se numa longa praia de areia escura, hoje deserta, mas para onde, nos dias de festa, a massa se dirige nos carros puxados por camelos mais endomingados do que seus donos. O oceano era de um branco-esverdeado. O sol se punha; a luminosidade parecia vir da areia e do mar, por baixo de um céu a contraluz. Um velho de turbante improvisara uma pequena mesquita individual com duas cadeiras de ferro emprestadas de um botequim vizinho onde assavam os *kebabs*. Sozinho na praia, ele rezava.

16. Mercados

Sem que fosse minha intenção, uma espécie de *travelling* mental conduziu-me do Brasil central à Ásia do Sul, das terras mais recentemente descobertas àquelas onde a civilização manifestou-se em primeiro lugar, das mais ermas às mais lotadas, se é verdade que Bengala é 3 mil vezes mais populoso que o Mato Grosso ou Goiás. Ao reler-me, percebo que a diferença é ainda mais profunda. O que eu observava na América eram, em primeiro lugar, os sítios naturais ou urbanos; nos dois casos, objetos definidos por suas formas, suas cores, suas estruturas particulares, que lhes conferem uma existência independente dos seres vivos que os ocupam. Na Índia, esses grandes objetos desapareceram, destruídos pela história, reduzidos a uma poeira física ou humana que se torna a única realidade. Lá onde de início eu enxergava coisas, aqui noto apenas criaturas. Uma sociologia erodida pela ação dos milênios desmorona, dá lugar a uma multiplicidade de relações entre pessoas, de tal forma interpõe-se a densidade humana entre o observador e um objeto que se dissolve. O termo *subcontinente*, tão corrente por lá para designar aquela parte do mundo, adquire, então, novo sentido. Já não significa simplesmente uma parte do continente asiático, parece aplicar-se a um mundo que pouco merece o nome de continente, de tanto que a desintegração levada ao extremo limite de seu ciclo destruiu a estrutura que outrora mantinha dentro de espaços organizados algumas centenas de milhões de partículas: os homens, hoje largados dentro de um nada gerado pela história, jogados de um lado para outro pelas motivações mais elementares do medo, do sofrimento e da fome.

Na América tropical, o homem é dissimulado, antes de mais nada, por sua escassez; porém, mesmo ali onde se juntaram em formações mais densas, os indivíduos mantêm-se presos, se podemos dizer assim, ao relevo ainda bem marcado de sua recente agregação. Seja qual for a pobreza do nível de vida no interior ou até nas cidades, ele só se rebaixa excepcionalmente, a ponto de ouvirmos as criaturas gritarem, de tal forma é possível subsistir com poucas coisas numa terra que o homem resolveu pilhar — e, ainda assim, em certos pontos — há apenas 450 anos. Mas na Índia, agrícola e manufatureira há 5 mil ou 10 mil anos, são as próprias bases que se esquivam: as florestas desapareceram; à falta de lenha, precisa-se, para cozinhar os alimentos, queimar um adubo que é negado aos campos; a terra arável, lavada pelas chuvas, foge para o mar; o gado faminto reproduz-se mais devagar do que os homens e deve a sua sobrevivência à proibição que estes se impõem de alimentar-se com ele.

Essa oposição radical entre os trópicos ermos e os trópicos lotados, nada a ilustra melhor do que uma comparação entre suas feiras e seus mercados. No Brasil, como na Bolívia ou no Paraguai, essas grandes ocasiões da vida coletiva evidenciam um regime de produção ainda individual; cada tabuleiro reflete a originalidade de seu titular: como na África, a feirante propõe ao freguês os mirrados excedentes de sua atividade doméstica. Dois ovos, um punhado de pimentas, um molho de legumes, outro de flores, dois ou três colares de contas feitos com sementes selvagens — "olhos-de-cabra" com pontinhos pretos, "lágrimas-de-nossa-senhora" cinzentas e lustrosas — colhidas e enfiadas durante os momentos de folga; um cesto ou uma cerâmica, obra da vendedora, e algum antigo talismã, prosseguindo ali um ciclo complicado de transações. Essas vitrines de brinquedo, que são, todas, humildes obras de arte, expressam uma diversidade de gostos e de atividades, um equilíbrio específico para cada uma delas, que depõem em favor da liberdade preservada por todos. E quando o passante é interpelado, não é para chocá-lo com o espetáculo de um corpo esquelético ou mutilado, para implorar-lhe que salve alguém da morte, mas para propor-lhe 'tomar a borboleta' — ou outro animal qualquer — nessa loteria chamada de 'bicho', em que os números correspondem aos figurantes de um gracioso bestiário.

De um bazar oriental conhece-se tudo antes de tê-lo visitado, exceto duas coisas: a densidade humana e a sujeira. Ambas são inimagináveis, é preciso a experiência para senti-las. Pois, de chofre, essa experiência restitui uma dimensão fundamental. Naquele ar salpicado de preto por causa das moscas, naquela efervescência identificamos um quadro natural ao homem, esse onde, desde Ur, na Caldeia, até Paris de Filipe, o Belo, passando pela Roma imperial, foi lentamente segregado o que chamamos de civilização.

Corri todos os mercados de Calcutá, o novo e os antigos; Bombay Bazar, em Karachi; os de Delhi e os de Agra — Sadar e Kunari; Daca, que é uma sucessão de mercados onde vivem famílias amontoadas nos interstícios das barracas e das oficinas; Riazuddin Bazar e Khatunganj, em Chittagong; todos os das portas de Lahore: Anarkali Bazar, Delhi, Shah, Almi, Akkari; e Sadr, Dabgari, Sirki, Bajori, Ganj, Kalan, em Peshawar. Nas feiras rurais do passo de Khaiber, na fronteira afegã, e nas de Rangamati, às portas da Birmânia, visitei os mercados de frutas e legumes, pilhas de berinjelas e cebolas cor-de-rosa, de romãs arrebentadas com um cheiro enjoativo de goiaba; os dos floristas, que engrinaldam as rosas e os jasmins com lantejoulas e fios brilhantes; os tabuleiros dos vendedores de frutas cristalizadas, montes amarelados e castanhos sobre um fundo de papel prateado; olhei, aspirei os temperos e os curries, pirâmides de pós vermelho, laranja e amarelo; montanhas de pimentas, exalando um cheiro fortíssimo de damasco e de alfazema, de se desmaiar de volúpia; vi os grelhadores, os fervedores de leite coalhado, os fabricantes de panquecas: *nān* ou *chapati*; os vendedores de chá e limonada, os comerciantes atacadistas de tâmaras aglomeradas em montículos pegajosos de polpa e caroços, evocando as dejeções de algum dinossauro; os doceiros, que mais nos lembrariam vendedores de moscas coladas nos mostruários em forma de bolo; os caldeireiros, perceptíveis ao ouvido cem metros antes, pelo rufar sonoro de seus maços; os cesteiros e os cordoeiros com palhas amarelas e verdes; os chapeleiros, enfileirando os cones dourados dos *kallas*, parecidos com as mitras dos reis sassânidas, entre as faixas de turbantes; as lojas de tecidos onde flutuam os cortes recém-tingidos de azul ou amarelo, e os lenços cor de açafrão e cor-de-rosa feitos de seda artificial no estilo de Bukhara; os marceneiros, entalhadores e laqueadores de madeira para camas; os amoladores puxando o cordão do seu esmeril; a feira de ferro-velho, isolada e triste; os vendedores de tabaco com as pilhas de folhas amarelas alternando com o melaço avermelhado do *tombak*, perto dos tubos de *chilam* dispostos em feixes; os de sandálias, arrumadas às centenas como garrafas numa adega; os vendedores de pulseiras — *bangles* —, tripas de vidro nos tons azul e rosa caindo em todos os sentidos e como que saídas de um corpo desventrado; as tendas dos oleiros onde se alinham os vasos dos *chilam*, oblongos e envernizados, as jarras de argila com mica e as pintadas de marrom, branco e vermelho sobre fundo de barro fulvo com enfeites vermiformes, os fornilhos dos *chilam* enfiados em cachos, como rosários. Os vendedores de farinha, peneirando o dia inteiro; os ourives pesando em balanças ínfimos fragmentos de fios preciosos, com vitrines menos deslumbrantes que as dos vizinhos latoeiros; os estampadores de tecidos, imprimindo as peças de algodão branco com um gesto leve e monótono que deixa uma delicada marca colorida; os ferreiros ao ar livre: universo fervilhante e ordenado sobre o qual tremulam, qual árvores com folhas agitadas pela brisa, as varas espetadas dos cata-ventos multicoloridos destinados às crianças.

Mesmo em regiões rústicas o espetáculo pode ser igualmente comovente. Eu viajava num barco a motor pelos rios do Bengala. No meio do Buliganga margeado por bananeiras e palmeiras, rodeando mesquitas de ladrilhos brancos que parecem flutuar rente à água, tínhamos acostado uma ilhota para visitar um *hat*, mercado rural que nos chamara a atenção pelos mil barcos e sampanas atracados. Embora não se observasse nenhuma habitação, havia ali uma verdadeira cidade de um dia, repleta da multidão instalada na lama, com bairros diferentes, sendo cada um reservado a um comércio: *paddy*, gado, embarcações, varas de bambu, tábuas, cerâmicas, tecidos, frutas, nozes de bétel, nassas. A circulação era tão intensa que os braços do rio pareciam ruas líquidas. As vacas recém-compradas deixavam-se transportar, cada uma delas em pé dentro de sua barca e desfilando diante de uma paisagem que a observava.

Toda essa região é extraordinariamente amena. Nessa vegetação azulada pelos jacintos, na água dos pântanos e dos rios onde passam as sampanas, há algo de relaxante, de adormecedor; de bom grado nos deixaríamos apodrecer como os velhos muros de tijolos vermelhos abalados pelos pés de *banyans*.

Porém, ao mesmo tempo essa amenidade é inquietante: a paisagem não é normal, há água demais para isso. A inundação anual cria condições de vida excepcionais, já que causa uma queda na produção de legumes e na pesca: tempos de enchente, tempos de penúria. Até o gado fica esquelético e morre, não conseguindo encontrar nos esponjosos jacintos d'água uma forragem suficiente. Estranha humanidade que vive embebida em água, mais ainda que em ar; cujas crianças aprendem a usar o seu pequeno *dinghy** quase ao mesmo tempo que a andar; lugar onde, à falta de outro combustível, a juta seca, depois de macerada e desfibrada, é vendida, na época das cheias, por 250 francos os duzentos caules a pessoas que ganham menos de 3 mil francos por mês.

Entretanto, havia que se penetrar nas aldeias para compreender a situação trágica dessas populações que os costumes, a habitação e o gênero de vida aproximam das mais primitivas mas que mantêm mercados tão complicados quanto uma loja de departamentos. Há apenas um século, seus esqueletos cobriam os campos; tecelões em maioria haviam sido reduzidos à fome e à morte pela interdição, feita pelo colonizador, de exercerem seu ofício tradicional, a fim de se abrir um mercado para os tecidos de algodão de Manchester. Hoje, cada polegada de terra plantada, embora alagada durante a metade do ano, é dedicada à cultura da juta que parte, após a maceração, para as fábricas de Narrayanganj e de Calcutá ou, inclusive, direto para a Europa e para a América, de sorte que, embora de outra forma, tão arbitrária quanto a anterior, esses camponeses analfabetos e seminus dependem para sua alimentação diária das flutuações do mercado mundial. Se pescam seu peixe, o arroz que comem é quase inteiramente importado; e para completar o minguado rendimento das culturas — só uma minoria é proprietária —, dedicam seus dias a penosas indústrias.

Demra é um povoado quase lacustre, tão precária é a rede de taludes emersos onde se concentram os casebres dentro das matas. Vi sua população, inclusive as crianças bem pequenas, ocupada desde o raiar do dia em tecer à mão esses véus de musselina que outrora fizeram a fama de Daca. Um pouco adiante, em Langalbund, toda uma região se dedica à fabricação de botões de madrepérola do gênero usado em nossa roupa de baixo masculina. Uma casta de barqueiros, os *bidyaya* ou *badia*, que vivem permanentemente dentro da cabine de palha de suas sampanas, colhem e vendem os mexilhões de rio destinados a fornecer o nácar; as pilhas de conchas lamacentas dão aos vilarejos a aparência de *placers*.** Depois de decapadas num banho ácido, as conchas são quebradas com martelo em pedacinhos, em seguida arredondados numa pedra de amolar manual. Depois, cada rodela é colocada num suporte para ser

---

* Canoa usada nos rios da Índia. (N. T.)
** Terreno de mineração, sobretudo aluvial. (N. T.)

modelada com a ajuda de um pedaço de lima rombuda presa a uma broca de madeira movida por um arco. Um instrumento análogo, embora pontudo, serve, finalmente, para fazer quatro orifícios. As crianças costuram os botões prontos, por dúzias, em cartelas revestidas de material brilhante, como são vendidas em nossos armarinhos do interior.

Antes das grandes transformações políticas que resultaram da independência dos países asiáticos, essa indústria modesta, que abastecia o mercado indiano e as ilhas do Pacífico, assegurava a subsistência dos trabalhadores, apesar da exploração de que eram e continuam a ser vítimas por parte dessa classe de agiotas e de intermediários, os *mahajans*, que adiantam a matéria-prima e os produtos de transformação. O preço destes últimos multiplicou-se por cinco ou seis, enquanto, devido ao fechamento do mercado, a produção regional caiu de 60 mil grosas por semana para menos de 50 mil por mês; por último, simultaneamente o preço pago ao produtor baixou 75%. Quase da noite para o dia 50 mil pessoas verificaram que um rendimento já irrisório era reduzido à centésima parte. Mas é que, apesar das formas de vida primitivas, o contingente de população, o volume da produção e o aspecto do produto final impedem que se fale de um verdadeiro artesanato. Na América tropical — no Brasil, na Bolívia ou no México —, o termo permanece aplicável ao trabalho em metal, vidro, lã, algodão ou palha. A matéria-prima é de origem local, as técnicas são tradicionais, e as condições de produção, domésticas; a utilização e a forma são, antes de mais nada, regidas pelos gostos, pelos hábitos e pelas necessidades dos produtores.

Aqui, populações medievais são jogadas em plena era manufatureira e lançadas à voracidade do mercado mundial. Do ponto de partida ao ponto de chegada, vivem num regime de alienação. A matéria-prima lhes é estrangeira, totalmente para os tecelões de Demra que empregam fios importados da Inglaterra ou da Itália, parcialmente para os operários de Langalbund cujas conchas são de origem local, mas não os produtos químicos, as cartelas e as folhas metálicas indispensáveis à sua indústria. E por todo lado a produção é concebida *according to foreign standards*, já que esses pobres coitados mal têm meios de se vestir, menos ainda de se abotoar. Sob os campos verdejantes e os canais tranquilos ladeados de choupanas, aparece em filigrana o semblante hediondo da fábrica, como se a evolução histórica e econômica tivesse conseguido fixar e superpor suas fases mais trágicas às expensas dessas vítimas dignas de pena: carências e epidemias medievais, exploração desenfreada como em princípios da era industrial, desemprego e especulação do capitalismo moderno. Aqui, os séculos XIV, XVII e XX marcaram um encontro para expor ao escárnio o idílio cujo cenário é mantido pela natureza tropical.

Foi nessas regiões, onde às vezes a densidade de população supera mil habitantes por quilômetro quadrado, que avaliei plenamente o privilégio histórico ainda reservado à América tropical (e, até certo ponto, a toda a América) de ter permanecido absoluta ou relativamente vazia em matéria de homens. A liberdade não é uma invenção jurídica nem um tesouro filosófico, propriedade querida de civilizações mais dignas que outras porque só elas saberiam produzi-la ou preservá-la. Resulta de uma relação objetiva entre o indivíduo e o espaço que ele ocupa, entre o consumidor e os recursos de que dispõe. Ainda assim, nada garante que uma coisa compense a outra, e que uma sociedade rica mas densa demais não se envenene com essa densidade, como os parasitas da farinha que conseguem se exterminar à distância por suas toxinas, antes mesmo que lhes falte a matéria nutritiva.

Só mesmo muita ingenuidade ou má-fé para pensar que os homens escolhem suas crenças independentemente de sua condição. Longe de os sistemas políticos determinarem a forma de existência social, são as formas de existência que dão um sentido às ideologias que os exprimem: esses sinais só constituem uma linguagem em presença dos objetos aos quais se referem. Neste momento, o mal-entendido entre o Ocidente e o Oriente é, antes de tudo, semântico: as fórmulas que lá propagamos implicam significados ausentes ou diversos. Se fosse possível mudar as coisas, pouco importaria às suas vítimas que isso se passasse dentro de contextos que nós julgaríamos insuportáveis. Elas não se sentiriam transformadas em escravos, mas, muito pelo contrário, libertadas, ao terem acesso ao trabalho forçado, à alimentação racionada e ao pensamento dirigido, já que lhes seria a maneira histórica de conseguir trabalho, comida e o contato com uma vida intelectual. Modalidades que se nos afiguram privativas seriam reabsorvidas em face da evidência de uma realidade oferecida, e até então por nós mesmos recusada, em nome de sua aparência.

Para além dos remédios políticos e econômicos adequados, o problema criado pelo confronto entre a Ásia e a América tropicais continua a ser o da multiplicação humana num espaço limitado. Como esquecer que, a esse respeito, a Europa ocupa uma posição intermediária entre os dois mundos? Esse problema quantitativo, a Índia o atacou há uns 3 mil anos, buscando, com o sistema de castas, um meio de transformar a quantidade em qualidade, ou seja, diferenciar os agrupamentos humanos para possibilitar-lhes viver lado a lado. Inclusive, concebeu o problema em termos mais vastos: ampliando-o, para além do homem, a todas as formas da vida. A regra vegetariana inspira-se na mesma preocupação que o regime de castas, a saber, impedir que os agrupamentos sociais e as espécies animais se *atropelem* uns sobre os outros, reservar a cada um a liberdade que lhe seja própria graças à renúncia pelos outros ao exercício de uma liberdade antagônica. É trágico para o homem que essa grande experiência haja fracassado; refiro-me a que, no decorrer da história, as castas não tenham conseguido atingir um estado em que houvessem permanecido iguais porque diferentes — iguais no sentido de que fossem incomensuráveis — e que se tenha introduzido entre elas essa dose pérfida de homogeneidade que permitia a comparação, e portanto a criação de uma hierarquia. Pois, se os homens podem chegar a coexistir, contanto que se reconheçam todos *igualmente* homens, mas *diferentemente*, podem-no também recusando uns aos outros um grau comparável de humanidade, e, portanto, subordinando-se.

Esse grande fracasso da Índia traz um ensinamento: ao se tornar numerosa demais, e apesar do gênio de seus pensadores, uma sociedade só se perpetua caso produza a servidão. Quando os homens começam a se sentir apertados em seus espaços geográfico, social e mental, correm o risco de se seduzirem por uma solução simples: esta que consiste em recusar a qualidade humana a uma parte da espécie. Por algumas dezenas de anos, os outros voltarão a ter inteira liberdade de agir. Em seguida, terá que se proceder a nova expulsão. Sob esse enfoque, os acontecimentos cujo teatro nos últimos vinte anos foi a Europa, resumindo um século durante o qual sua população dobrou, já não me parecem o resultado da aberração de um povo, de uma doutrina ou de um grupo de homens. Enxergo-os, de preferência, como um sinal prenunciador de uma evolução rumo ao mundo acabado, do qual a Ásia do Sul fez a experiência um ou dois milênios antes de nós, e do qual, a menos que se tomem grandes decisões, talvez não conseguiremos nos livrar. Pois essa desvalorização sistemática do homem pelo homem alastra-se, e seria hipocrisia e inconsciência demais afastar o problema com a desculpa de uma contaminação momentânea.

O que me apavora na Ásia é a imagem de nosso futuro, por ela antecipado. Com a América indígena acalento o reflexo, fugaz mesmo ali, de uma era em que a espécie se encontrava na escala de seu universo e em que persistia uma relação adequada entre o exercício da liberdade e seus sinais.

CADIUEU

1. Floresta virgem no Paraná.

2. O Pantanal.

3. Nalike, capital da nação Cadiueu.

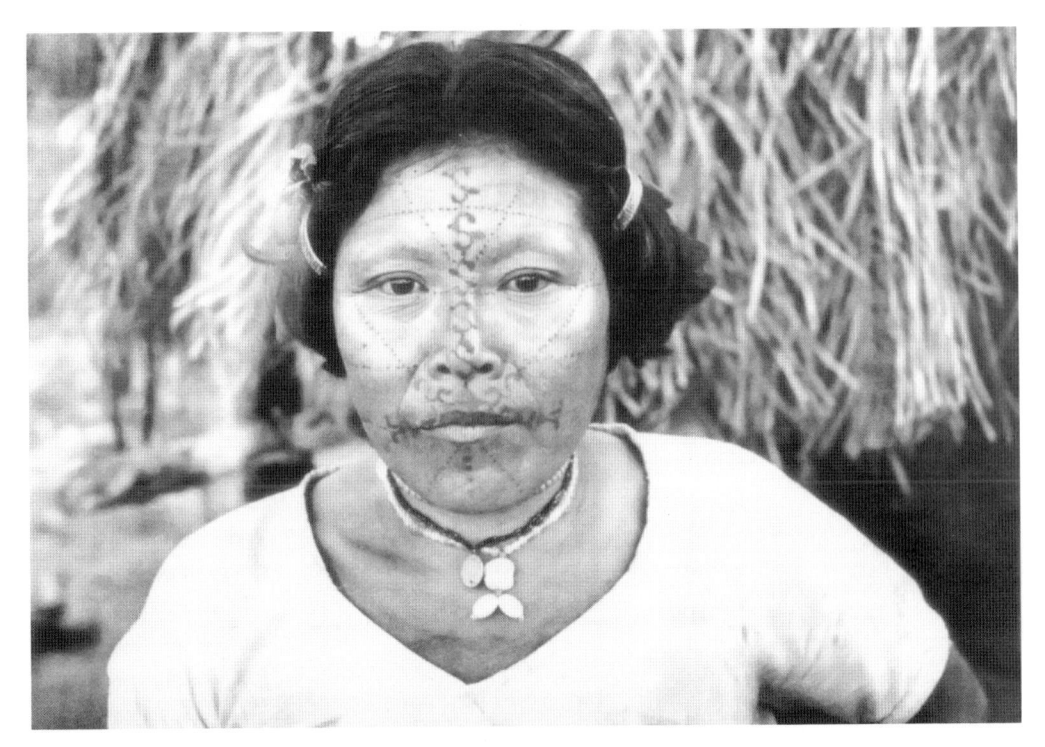

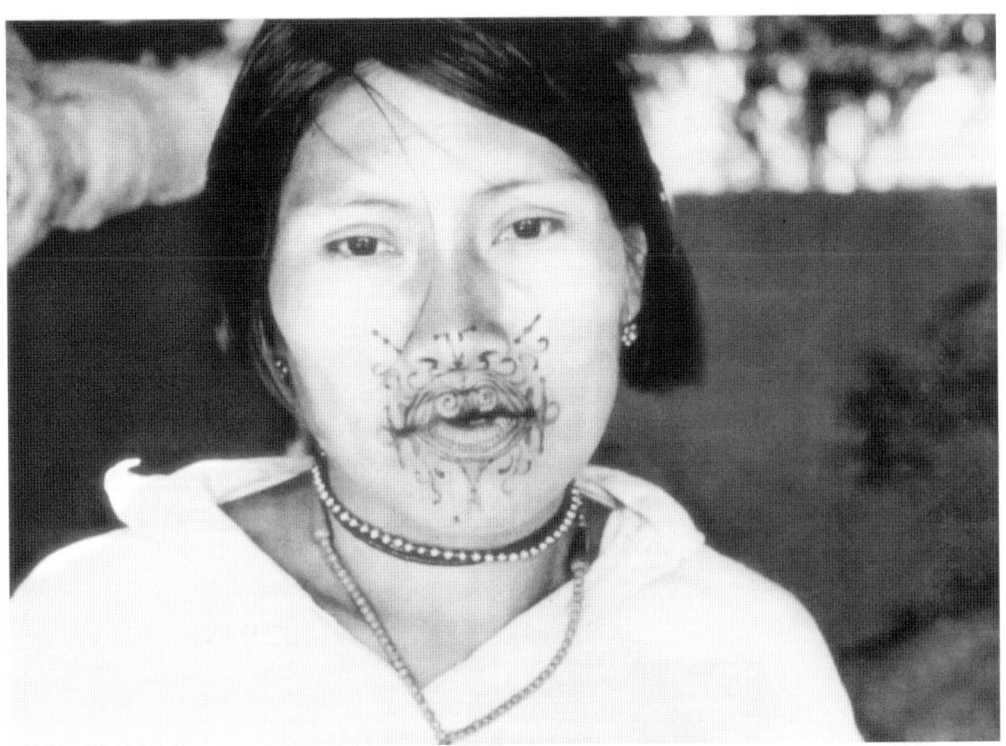

4-5. Mulheres cadiueu de rosto pintado.

6. Uma bela Cadiueu em 1895 (segundo Boggiani).

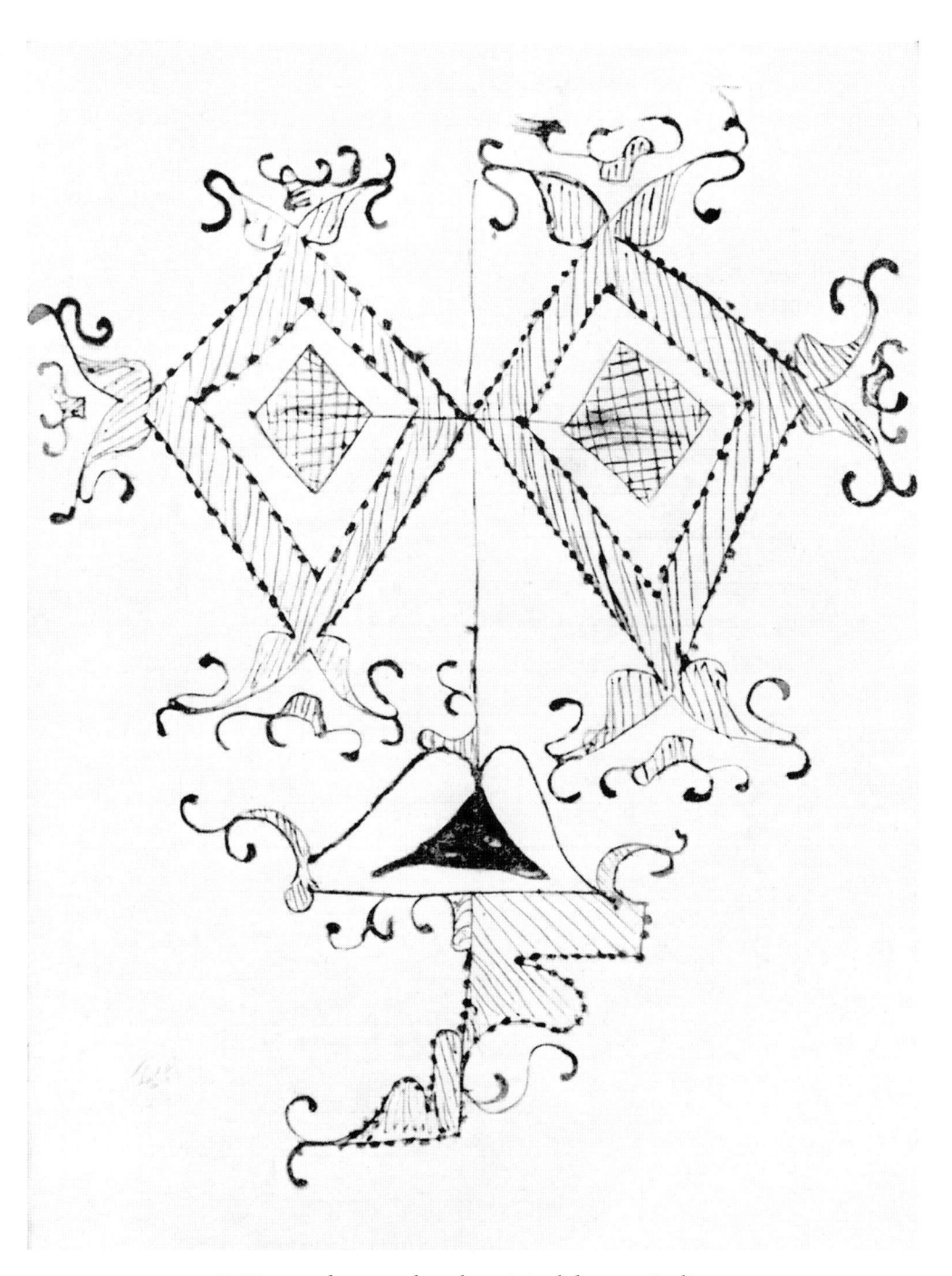

7. Pintura de rosto; desenho original de uma Cadiueu.

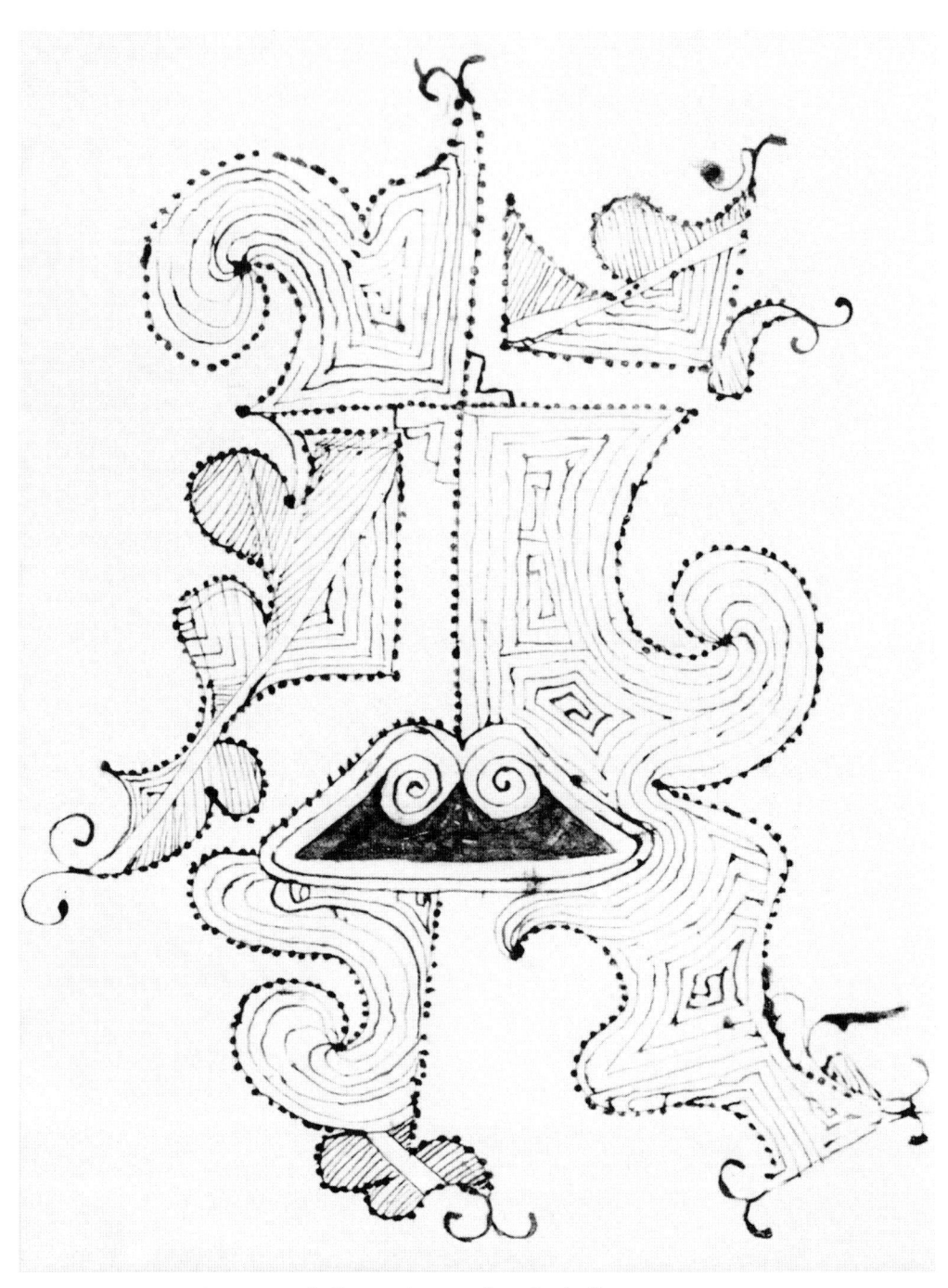

8. *Outra pintura; desenho indígena.*

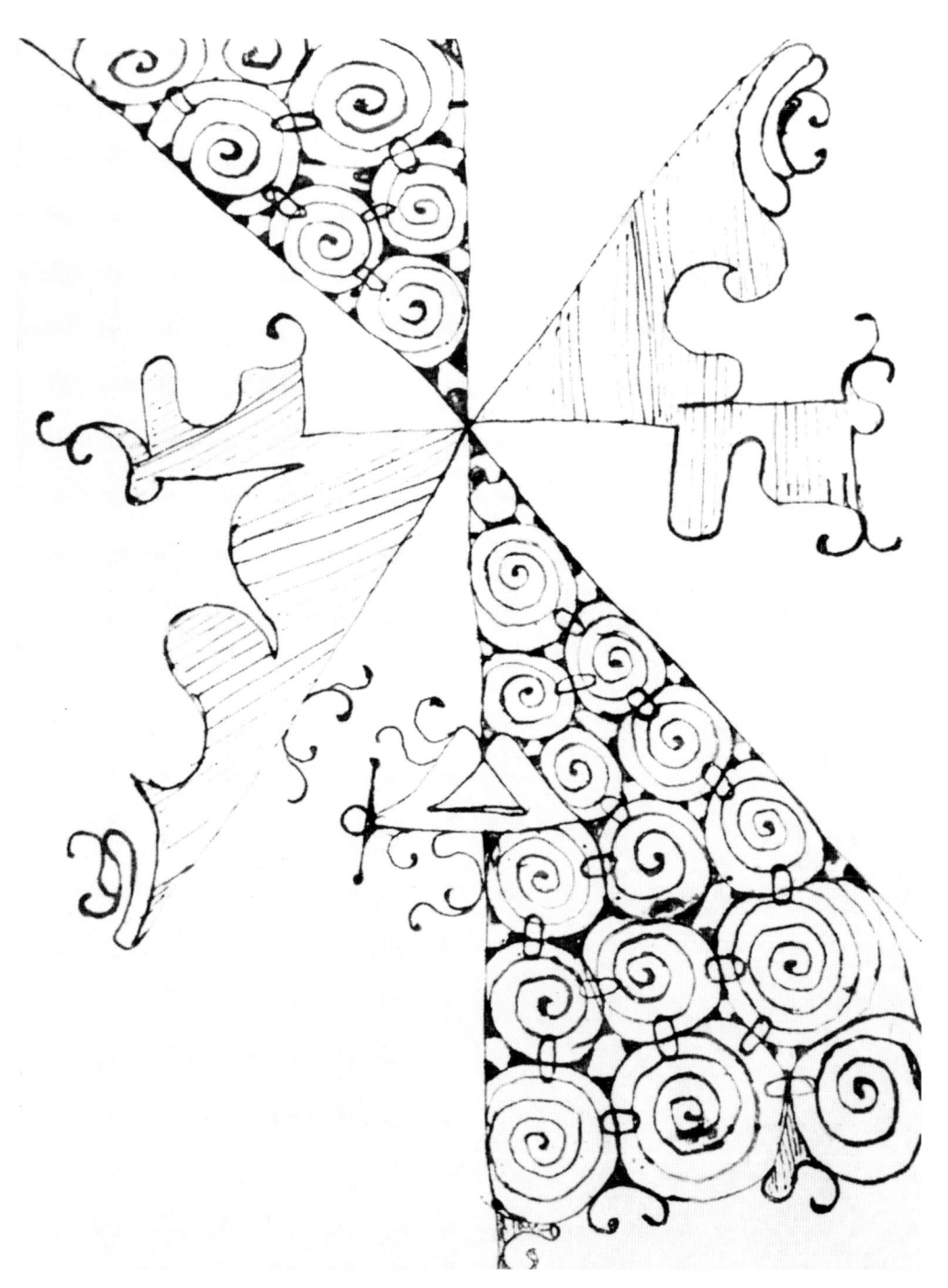

9. *Outra pintura; desenho indígena.*

10. Adolescente cadiueu enfeitada para a sua festa de puberdade.

**PARTE V
CADIUEU**

17. Paraná

Campistas, acampai no Paraná. Ou melhor, não: abstende-vos. Reservai aos últimos recantos da Europa vossos papéis engordurados, vossos frascos indestrutíveis e vossas latas de conserva abertas. Espalhai por ali a ferrugem de vossas barracas. Porém, mais adiante da franja pioneira e até a expiração do prazo tão curto que nos separa de sua pilhagem definitiva, respeitai as torrentes fustigadas pela espuma recente, que descem aos saltos os degraus cavados nos flancos violeta dos basaltos. Não pisoteais os musgos vulcânicos de ácido frescor; possam vossos passos vacilar à entrada das pradarias desabitadas e da grande floresta úmida de coníferas, varando o emaranhado de cipós e de samambaias para erguer no céu formas inversas às de nossos pinheiros: não cones afilados no cume, mas, ao contrário — vegetal regular que encantaria Baudelaire —, sobrepondo ao redor do tronco as bandejas hexagonais de seus galhos, e alargando-as até a última que desabrocha numa gigantesca umbela. Virgem e solene paisagem que, por milhões de séculos, parece ter preservado intacta a face do Carbonífero e que a altitude, conjugada com o afastamento do trópico, liberta da confusão amazônica para conferir-lhe majestade e ordenamento inexplicáveis, a não ser que nisso enxerguemos o efeito de um uso imemorial por uma raça mais sensata e mais poderosa do que a nossa, e a cujo desaparecimento devemos o fato de poder penetrar nesse parque sublime, hoje prostrado no silêncio e no abandono.

Nessas terras que dominam as duas margens do rio Tibaji, cerca de mil metros acima do nível do mar, tive meu primeiro contato com os selvagens, quando acompanhei em sua visita um chefe de distrito do Serviço de Proteção aos Índios.

Na época do descobrimento, toda a zona meridional do Brasil servia de habitat a grupos aparentados pela língua e pela cultura e que outrora eram confundidos sob o nome de Jê. Provavelmente, haviam sido rechaçados pelos invasores recentes de língua tupi que já ocupavam toda a faixa costeira e contra os quais eles lutavam. Protegidos por sua retirada para regiões de difícil acesso, os Jê do Sul do Brasil sobreviveram por alguns séculos aos Tupi, logo liquidados pelos colonizadores. Nas florestas dos estados meridionais, Paraná e Santa Catarina, pequenos bandos* selvagens mantiveram-se até o século xx; talvez ainda subsistissem alguns em 1935, tão ferozmente perseguidos nos cem últimos anos que se mantinham invisíveis; porém, a maioria fora aldeada e assentada pelo governo brasileiro, por volta de 1914, em vários centros. No princípio, esforçaram-se para integrá-los à vida moderna. Houve na aldeia de São Jerônimo, que me servia de base, uma serralharia, uma serraria, uma escola, uma farmácia. O posto recebia ferramentas regularmente: machados, facas, pregos; distribuíam-se roupas e cobertores. Vinte anos depois, essas tentativas eram abandonadas. Ao deixar os índios entregues aos próprios meios, o Serviço de Proteção demonstrava a indiferença de que se tornara objeto por parte dos poderes públicos (desde então, recuperou certa autoridade); assim, foi obrigado, sem tê-lo desejado, a tentar outro método que incitasse os indígenas a ter alguma iniciativa e os forçasse a reassumir seu próprio governo.

De sua experiência efêmera de civilização, os indígenas só conservaram as roupas brasileiras, o machado, a faca e a agulha de costura. Quanto ao resto, foi um fracasso. Haviam lhes construído casas, e eles viviam do lado de fora. Esforçaram-se para fixá-los nas aldeias, e eles permaneciam nômades. As camas, quebraram-nas para fazer lenha e dormiam diretamente no chão. Os rebanhos de vacas mandadas pelo governo vagavam ao léu, já que os indígenas rejeitavam com nojo sua carne e seu leite. Os pilões de madeira, movidos mecanicamente pelo encher e esvaziar alternados de um recipiente preso a um braço de alavanca (dispositivo frequente no Brasil, onde é conhecido pelo nome de 'mon-

---

* Termo usado na época, principalmente para grupos nômades. (N. T.)

jolo', e que os portugueses talvez tenham importado do Oriente), apodreciam, inutilizados, mantendo-se a prática generalizada da moagem à mão.

Portanto, para minha grande decepção, os índios do Tibaji não eram nem inteiramente "índios verdadeiros" nem, muito menos, "selvagens". Mas, ao privarem de sua poesia a imagem ingênua que o etnógrafo principiante forma de suas experiências futuras, davam-me uma lição de prudência e objetividade. Se encontrei-os menos intactos do que esperava, iria descobri-los mais secretos do que sua aparência poderia deixar supor. Eles ilustravam plenamente essa situação sociológica que tende a se tornar exclusiva para o observador da segunda metade do século XX, de "primitivos" a quem a civilização foi imposta de modo brutal e pelos quais, uma vez vencido o perigo que supostamente representavam, em seguida nos desinteressamos. Formada em parte por antigas tradições que resistiram à influência dos brancos (tal como a prática da limagem e da incrustação dentárias, ainda tão frequente entre eles), e em parte por empréstimos feitos à civilização moderna, sua cultura constituía um conjunto original cujo estudo, por mais desprovido de pitoresco que fosse, não me colocava, porém, numa escola menos instrutiva que a dos puros índios que eu iria abordar posteriormente.

Mas, sobretudo, desde que esses índios viviam entregues a seus próprios meios, assistia-se a uma estranha inversão do equilíbrio superficial entre cultura moderna e cultura primitiva. Antigos gêneros de vida e técnicas tradicionais reapareciam, oriundos de um passado cuja proximidade viva estaríamos errados em esquecer. De onde vêm aqueles pilões de pedra admiravelmente polidos que encontrei nas casas indígenas, misturados com os pratos de ferro esmaltado, as colheres ordinárias e até — de vez em quando — com os restos esqueléticos de uma máquina de costura? Intercâmbios comerciais, no silêncio da floresta, com populações de mesma raça mas que se mantinham selvagens e cuja atividade guerreira continuava a vedar aos desbravadores certas regiões do Paraná? Para responder, seria preciso conhecer exatamente a odisseia daquele velho índio 'bravo' que na época vivia como um aposentado na colônia do governo.

Esses objetos que dão o que pensar subsistem nas tribos como testemunhas de uma época em que o índio não conhecia casa, nem roupas, nem utensílios metálicos. E nas recordações semiconscientes dos homens, assim é que se conservam as velhas técnicas. Aos fósforos, bem conhecidos mas caros e difíceis de conseguir, o índio continua a preferir a rotação ou a fricção de dois pedaços macios de caule de palmito. E as vetustas espingardas e pistolas outrora distribuídas pelo governo, volta e meia as encontramos penduradas na casa abandonada, enquanto o homem caça na floresta com arco e flechas que são de uma técnica tão segura quanto a dos povos que jamais viram arma de fogo. Assim, os antigos gêneros de vida, sumariamente encobertos pelos esforços oficiais, abrem caminho mais uma vez, com a mesma lentidão e a mesma certeza que essas colunas de índios que encontrei, palmilhando as trilhas minúsculas da floresta, enquanto desabam os telhados das aldeias desertas.

Durante uns quinze dias, viajamos a cavalo por caminhos imperceptíveis através de extensões de floresta tão vastas que muitas vezes precisávamos avançar noite adentro para chegar à cabana onde faríamos escala. Como os cavalos conseguiam deslocar seus cascos, apesar da escuridão que uma vegetação cerrada trinta metros acima de nossas cabeças tornava impenetrável, não sei. Lembro-me apenas das horas de cavalgada sofreada pela marcha de nossas montarias. De vez em quando, descendo uma rampa íngreme, estas nos atiravam para a frente, e, a fim de evitar o tombo, a mão devia estar pronta para se agarrar no arção alto das selas toscas; pelo frescor vindo do chão e pelo marulho sonoro adivinhava-se a ultrapassagem de um baixio. Depois, desequilibrando a balança, o cavalo sobe tropeçando a margem oposta, e parece, por seus movimentos desordenados e pouco compreensíveis à noite, querer se livrar de sua sela e de seu cavaleiro. Uma vez restabelecido o equilíbrio, resta-nos apenas manter a vigilância para não perdermos o benefício dessa presciência singular que, pelo menos na metade das vezes, nos permite encolher a cabeça entre os ombros a tempo de escapar da vergastada de um galho baixo, que não pudemos enxergar.

Logo, um som se define ao longe; não mais o rugido de uma onça, que ouvimos por um instante no crepúsculo. Desta vez, é um cachorro que late, a escala está perto. Minutos depois, nosso guia muda de direção; penetramos atrás dele numa pequena clareira onde barreiras de troncos fendidos delimitam um campo de gado; na frente da cabana, feita de palmeiras desconjuntadas cobertas por um teto de palha, agitam-se duas formas vestidas com uma roupa leve de algodão branco: nossos anfitriões, o marido quase sempre de origem portuguesa, a mulher, índia. À luz de um pavio mergulhado no querosene, logo se faz o inventário: chão de terra batida, uma mesa, um estrado de tábuas, alguns caixotes que servem de cadeiras e, no fogão de barro endurecido, uma bateria de cozinha composta de tambores e latas de conserva reaproveitadas. Apressamo-nos em pendurar as redes passando as cordas pelos interstícios das paredes; ou vamos dormir fora, no 'paiol', alpendre sob o qual se amontoa a colheita de milho ao abrigo da chuva. Por mais surpreendente que possa parecer, um monte de espigas secas ainda enroladas em suas folhas fornece uma cama confortável; todos aqueles corpos oblongos deslizam uns sobre os outros e o conjunto molda-se à forma de quem dorme. O fino odor, herbáceo e adocicado, do milho seco é maravilhosamente sedativo. Porém, de manhãzinha o frio e a umidade despertam; uma neblina leitosa sobe da clareira; entramos às pressas na cabana onde a lareira brilha no perpétuo claro-escuro dessa habitação sem janelas, cujas paredes mais parecem tabiques cheios de furinhos. A anfitriã prepara o café, torrado até o preto brilhante em cima de um fundo de açúcar, e uma 'pipoca', grãos de milho que rebentaram em flocos junto com pedaços de toucinho; reunimos os cavalos, arreamo-los e partimos. Em poucos instantes, a floresta molhada fechou-se em torno da cabana esquecida.

A reserva de São Jerônimo estende-se por cerca de 100 mil hectares, povoados por 450 índios reunidos em cinco ou seis povoados. Antes da partida, as estatísticas do posto tinham me permitido avaliar os estragos causados pela malária, pela tuberculose e pelo alcoolismo. Nos últimos dez anos o total dos nascimentos não ultrapassara 170, ao passo que só a mortalidade infantil alcançava 140 crianças.

Visitamos as casas de madeira construídas pelo governo federal, reunidas em aldeias de cinco a dez famílias à beira dos rios; vimos as casas mais isoladas que às vezes os índios constroem: uma cerca quadrada de troncos de palmitos amarrados por cipós e cobertos por um telhado de folhas preso às paredes nos quatro cantos apenas. Por fim, penetramos debaixo desses paióis de folhagens onde vive às vezes uma família ao lado da casa sem uso.

Os habitantes estão reunidos em torno de uma fogueira que arde dia e noite. Os homens, em geral vestidos com uma camisa esfarrapada e uma calça velha, as mulheres, com um vestido de algodão usado em cima da pele, ou às vezes com um simples pano enrolado sob as axilas, e as crianças, completamente nuas. Todos usam, como nós durante a viagem, grandes chapéus de palha, sua única indústria e sua única fonte de rendimento. Nos dois sexos e em todas as idades, é patente o tipo mongólico: baixa estatura, face larga e achatada, maçãs do rosto salientes, olhos puxados, pele amarela, cabelos pretos e lisos — que as mulheres usam, indiferentemente, compridos ou curtos —, pelos raros e quase sempre ausentes. Um só aposento é habitado. Ali comem a qualquer hora as batatas-doces que assam sob a cinza e que pegam com pinças compridas de bambu; ali dormem sobre uma fina camada de samambaias ou sobre uma esteira de palha de milho, todos deitados com os pés para o fogo; no meio da noite, as poucas brasas que subsistem e a parede de troncos mal juntados constituem uma fraca defesa contra o frio glacial a mil metros de altitude.

A esse aposento único reduzem-se as casas construídas pelos indígenas; mas, nas do governo, também só um cômodo é utilizado. É ali que está espalhada direto sobre o chão toda a riqueza do índio, numa desordem que escandalizava nossos guias, 'caboclos' do 'sertão' vizinho, e na qual se distinguem com dificuldade os objetos de origem brasileira e os de fabricação local. Dentre os primeiros, geralmente encontramos machado, facas, pratos esmaltados e recipientes metálicos, trapos, agulha e linha de costura, às vezes algumas garrafas e até um guarda-chuva. A mobília também é rudimentar: alguns tamboretes baixos, de madeira, de origem guarani, igualmente usados pelos 'caboclos'; cestos de todos os tamanhos e para todos os usos, que ilustram a técnica do "entrançado de marchetaria" tão frequente na América do Sul; peneira de farinha, morteiro de madeira, pilões de madeira ou de pedra, algumas cerâmicas, enfim, uma quantidade fantástica de vasilhames de formas e usos diversos, confeccionados com a 'abóbora', cabaça esvaziada e seca. Que dificuldade para conseguir esses pobres objetos! Às vezes, a distribuição prévia, a toda a família, de nossos anéis, colares e broches de miçangas é insuficiente para estabelecer o indispensável contato amistoso. Até mesmo a oferta de uma quantidade de mil-réis em monstruosa desproporção com a indigência do utensílio deixa o dono indiferente. "Ele não pode." "Se o objeto fosse de sua fabricação, ele o daria de bom grado, mas ele mesmo o comprou há muito tempo de uma velha que é a única que sabe confeccionar esse gênero de coisas. Se nos dá, como substituí-lo?" A velha, claro, nunca está lá. Onde? "Ele não sabe", gesto vago, "na floresta..." Aliás, o que valem todos os nossos mil-réis para aquele velho índio, tiritando de febre, a cem quilômetros do armazém mais próximo dos brancos? Sentimo-nos envergonhados por arrancar daqueles homens tão privados de tudo um pequeno instrumento cuja perda será uma diminuição irreparável...

Mas muitas vezes a história é outra. Essa índia quer me vender o seu pote? "Sem dúvida, quer. Infelizmente, não lhe pertence. A quem, então?" Silêncio. "A seu marido?" Não. "A seu irmão?" Também não. "A seu filho?" Tampouco. É de sua neta. A neta possui inevitavelmente todos os objetos que queremos comprar. Olhamo-la — tem três ou quatro anos — de cócoras perto do fogo, absorta diante do anel que, ainda há pouco, passei no seu dedo. E começam então, com a senhorita, demoradas negociações em que os pais não têm a menor participação. Um anel e quinhentos réis deixam-na indiferente. Um broche e quatrocentos réis a decidem.

Os Caingangue cultivam um pouco a terra, mas a pesca, a caça e a coleta constituem suas ocupações essenciais. Os processos de pesca são tão pobremente imitados dos brancos que sua eficácia deve ser pequena: um galho flexível, um anzol brasileiro preso por um pouco de resina na ponta de um fio, às vezes um simples trapo à guisa de rede. A caça e a coleta regulam essa vida nômade da floresta, onde as famílias desaparecem semanas a fio, onde ninguém as seguiu até seus refúgios e por seus itinerários complicados. Ocasionalmente encontramos o pequeno grupo, numa curva da picada, saído da floresta para logo aí se embrenhar; os homens à frente, armados com o 'bodoque', arco que serve para atirar bolinhas na caça de passarinhos, levando a tiracolo o cesto de palha que contém os projéteis de barro seco. Em seguida, as mulheres, transportando toda a riqueza da família num balaio suspenso por uma tipoia de pano ou por uma larga tira de cortiça presa na testa. Assim viajam crianças e objetos domésticos. Algumas palavras trocadas, nós, segurando os cavalos, eles, mal diminuindo a marcha, e a floresta retorna a seu silêncio. Sabemos apenas que a próxima casa estará — como tantas outras — vazia. Por quanto tempo?

Essa vida nômade pode durar dias e semanas. A temporada da caça, a das frutas — 'jabuticaba', laranja e 'lima' — provocam deslocamentos maciços de toda a população. Em que abrigos vivem no fundo das selvas? Em que esconderijos reencontram seus arcos e flechas, dos quais só casualmente achamos exemplares esquecidos num canto da casa? Com que tradições, ritos e crenças reatam os vínculos?

A horticultura também tem seu lugar nessa economia primitiva. Em plena floresta, atravessamos às vezes as derrubadas indígenas. Entre as altas muralhas das árvores, uma pobre vegetação ocupa algumas dezenas de metros quadrados: bananeiras, batatas-doces, mandioca, milho. Primeiro, o grão é seco no fogo, depois é moído no pilão pelas mulheres que trabalham sozinhas ou em dupla. A farinha é comida diretamente ou aglomerada em gordura para formar um bolo compacto; o feijão acrescenta-se a essa alimentação; a caça e o porco semidoméstico trazem o elemento carne. Esta é sempre assada, espetada num galho acima do fogo.

Há que se mencionar os 'corós', larvas brancas que pululam em certos troncos de árvores podres. Os índios, magoados com as zombarias dos brancos, não mais confessam seu gosto por esses bichinhos e negam categoricamente que os comem. Basta percorrer a floresta para ver no chão, por uma extensão de vinte ou trinta metros, o sulco de um grande 'pinheiro' derrubado pela tempestade, estraçalhado, reduzido ao estado de fantasma de árvore. Os catadores de 'coró' passaram por ali. E quando se entra de improviso numa casa indígena, pode-se notar, antes que mãos rápidas a escondam, uma tigela fervilhante da preciosa guloseima.

Assim, não é fácil assistir à extração dos 'corós'. Meditamos longamente sobre nosso projeto, como conspiradores. Um índio febril, sozinho numa aldeia abandonada, parece uma presa fácil. Metemos-lhe o machado na mão, sacudimo-lo, empurramo-lo. Esforço inútil, ele parece ignorar por completo o que queremos. Será mais um fracasso? Paciência! Lançamos nosso derradeiro argumento: queremos comer 'corós'. Conseguimos arrastar a vítima até defronte de um tronco. Uma machadada revela milhares de canais furados bem no fundo da madeira. Em cada um deles, um bicho grande, de cor creme, bastante parecido com o bicho-da-seda. Agora, precisamos nos decidir. Diante do olhar impassível do índio, decapito minha caça; do corpo escapa uma gordura esbranquiçada, que eu provo, não sem vacilar: tem a consistência e a delicadeza da manteiga, e o sabor do leite de coco.

18. Pantanal

Depois desse batismo, eu estava pronto para as verdadeiras aventuras. A oportunidade iria se apresentar no período das férias universitárias que, no Brasil, vão de novembro a março, isto é, durante a época das chuvas. Apesar desse inconveniente, concebi o plano de tomar contato com dois grupos indígenas, um muito mal estudado e talvez já quase totalmente extinto: os Cadiueu da fronteira paraguaia; o outro, melhor conhecido, mas ainda cheio de promessas: os Bororo, no Mato Grosso central. Ademais, o Museu Nacional do Rio de Janeiro sugeria-me ir identificar um sítio arqueológico que se encontrava em meu caminho e cuja menção perpetuava-se nos arquivos sem que ninguém tivesse tido a oportunidade de cuidar do assunto.

Desde então, circulei muitas vezes entre São Paulo e Mato Grosso, ora de avião, ora de caminhão, ora, enfim, de trem e de barco. Foram estes últimos meios de transporte que utilizei em 1935-6; na verdade, a jazida a que acabo de me referir ficava nas vizinhanças da via férrea, perto do fim da linha, que ia até Porto Esperança, na margem esquerda do rio Paraguai.

Há pouco a dizer sobre essa exaustiva viagem; a Companhia Noroeste de estrada de ferro levava-nos primeiro a Bauru, em plena zona pioneira; ali pegava-se o "noturno" do Mato Grosso, que atravessava o Sul do estado. Ao todo, três dias de viagem num trem movido a lenha, andando em marcha lenta, parando com frequência e tempo demais para se abastecer de combustível. Os vagões também eram de madeira e relativamente mal vedados; ao acordarmos, tínhamos o rosto coberto por uma película de barro endurecido, formada pela fina poeira vermelha do 'sertão' que se insinuava em cada dobra e em cada poro. O vagão-restaurante já era fiel ao estilo alimentício do interior: carne fresca ou seca, dependendo da ocasião, arroz e feijão-preto e, para absorver o caldo, a 'farinha': polpa de milho ou de mandioca fresca, desidratada no calor e moída em forma de um pó grosso; por último, a sempiterna sobremesa brasileira, fatia de marmelada ou de goiabada acompanhada de queijo. A cada estação, garotos vendiam aos viajantes por uns vinténs abacaxis suculentos de polpa amarela que proporcionavam um refresco providencial.

Entra-se no estado de Mato Grosso pouco antes da Estação de Três Lagoas, cruzando o rio Paraná, tão vasto que, apesar das chuvas já começadas, o leito ainda aparece em muitos lugares. Em seguida, inicia-se a paisagem que para mim vai se tornar a um só tempo familiar, insuportável e indispensável durante meus anos de viagem pelo interior, pois caracteriza o Brasil central desde o Paraná até a bacia amazônica: chapadas sem relevo ou pouco onduladas; horizontes distantes, vegetação de cerrado, e, de vez em quando, rebanhos de zebus que debandam à passagem do trem. Muitos viajantes cometem um contrassenso ao traduzirem Mato Grosso por "grande *fôret*" [grande floresta]: a palavra *fôret* traduz-se pelo feminino 'mata', ao passo que o masculino exprime o aspecto complementar da paisagem sul-americana. Portanto, Mato Grosso é, exatamente, "grande brousse" [grande mato]; e nenhum termo poderia ser mais apropriado para essa região selvagem e triste, mas cuja monotonia oferece algo de grandioso e exaltante.

É verdade que também traduzo 'sertão' por *brousse*. O termo tem uma conotação um pouco diferente. 'Mato' refere-se a um caráter objetivo da paisagem: a *brousse*, no seu contraste com a floresta; ao passo que 'sertão' refere-se a um aspecto subjetivo: a paisagem em relação ao homem. Portanto, o 'sertão' designa a *brousse*, mas em oposição às terras habitadas e cultivadas: são as regiões onde o homem não possui instalação duradoura. A gíria colonial fornece talvez um equivalente exato com *bled*.

O planalto interrompe-se às vezes para dar lugar a um vale arborizado, herbáceo, quase risonho sob o céu leve. Entre Campo Grande e Aquidauana, uma fratura mais profunda deixa aparecer as falésias deslumbrantes da serra de Maracaju cujas gargantas já abrigam, no Correntes, um 'garimpo'. E eis que tudo muda. Tão logo se passa Aquidauana, entra-se no Pantanal: o maior pântano do mundo, que ocupa a bacia média do rio Paraguai.

Vista de avião, essa região de rios serpenteando por entre as terras planas cria o espetáculo de arcos e meandros onde estagnam as águas. O próprio leito do rio parece circunscrito por curvas brancas, como se a natureza tivesse hesitado antes de lhe dar seu traçado atual e temporário. Em terra, o Pantanal torna-se uma paisagem de sonho, onde as manadas de zebus se refugiam como em arcas flutuantes no alto das elevações; enquanto isso, nos charcos submersos, os bandos de grandes pássaros, flamingos, garças, garças-reais, formam ilhas compactas, brancas e cor-de-rosa, ainda menos plumosas do que as copas em leque das palmeiras 'carandás' que destilam em suas folhas uma cera preciosa, e cujos bosques espaçados são os únicos a quebrar a perspectiva falsamente risonha desse deserto aquático.

O lúgubre Porto Esperança, tão mal denominado, subsiste em minha memória como o lugar mais esquisito que se possa encontrar na face da terra, com exceção talvez de Fire Island no estado de Nova York, que agora me apraz associar-lhe, pois os dois locais são análogos ao reunirem os dados mais contraditórios, mas cada um num registro diferente. O mesmo absurdo geográfico e humano se expressa, aqui, cômico, e lá, sinistro.

Swift teria inventado Fire Island? É uma flecha de areia destituída de vegetação, que se estende ao largo de Long Island. É toda no sentido do comprimento, mas não tem largura: oitenta quilômetros num sentido, duzentos a trezentos metros no outro. Do lado do oceano, o mar é aberto, mas tão violento que não nos atrevemos a nos banhar; em direção do continente, sempre calmo mas pouco profundo, a ponto de não podermos entrar na água. Portanto, passamos o tempo a pescar peixes não comestíveis; para evitar que apodreçam tabuletas fincadas a intervalos regulares ao longo das praias intimam os pescadores a enterrá-los na areia tão logo os retirarem da água. As dunas de Fire Island são tão instáveis, e tão precariamente assentadas sobre a água, que outras tabuletas proíbem caminhar sobre elas, temendo-se que desmoronem sobre as ondas que estão embaixo. Veneza às avessas, aqui é a terra que é fluida, e os canais, sólidos: para poder circular, os moradores de Cherry Grove, vilarejo que ocupa a parte mediana da ilha, devem obrigatoriamente pegar uma rede de passarelas de madeira que formam um arruamento sobre pilotis.

Para completar o quadro, Cherry Grove é habitada principalmente por casais masculinos, atraídos decerto pela inversão geral de todos os termos. Como nada cresce na areia, a não ser a hera venenosa, em grandes placas, abastecem-se uma vez por dia no único comerciante, instalado ao pé do desembarcadouro. Nas ruelas mais altas e mais estáveis do que a duna, veem-se casais estéreis voltando para suas cabanas e empurrando carrinhos de criança (únicos veículos compatíveis com a estreiteza das ruas) vazios, não fossem as garrafas de leite do fim de semana que nenhum bebê tomará.

Fire Island dá a impressão de uma farsa alegre, da qual Porto Esperança fornece uma réplica destinada a uma população mais amaldiçoada. Nada justifica sua existência, salvo o paredão, à beira do rio, do fim de uma linha de estrada de ferro com 1500 quilômetros de extensão através de uma região praticamente despovoada; a partir dali, as relações com o interior só se fazem de barco, e os trilhos são interrompidos acima da margem barrenta, mal e mal consolidada pelas tábuas que servem de desembarcadouro aos pequenos vapores fluviais.

A única população são os empregados da linha; as únicas casas são as suas. São barracos de madeira construídos em pleno pântano. Alcançamo-los pelas tábuas bambas que percorrem a zona habitada. Instalamo-nos num chalé posto à nossa disposição pela Companhia, caixa cúbica formando um quartinho empoleirado sobre altas palafitas cujo acesso é possibilitado por uma escada. A porta abre para o vazio, acima de uma via de estacionamento dos trens; de madrugada, acorda-nos o apito da locomotiva solitária que nos servirá de carro particular. As noites são sofridas: o calor úmido, os grandes mosquitos dos pântanos que assaltam nosso refúgio, os próprios mosquiteiros, cuja concepção estudada com extrema sabedoria antes da partida revela-se falha, tudo contribui para impossibilitar o sono. Às cinco horas da manhã, quando a locomotiva nos transfunde seu vapor pelo nosso fino assoalho, o calor do dia anterior ainda está ali. Nenhuma cerração, apesar da umidade, mas um céu de chumbo, uma atmosfera pesada como se um elemento suplementar tivesse se somado ao ar e o tornasse impróprio à respiração. Felizmente, a locomotiva anda depressa e, sentados na brisa, com as pernas balançando por cima do limpa-trilhos, conseguimos espantar a modorra noturna.

A via única (onde passam dois trens por semana) é sumariamente armada sobre o pântano, passarela frágil que a locomotiva parece a todo instante inclinada a abandonar. De um lado e outro dos trilhos, uma água barrenta e repugnante exala um fedor enjoativo. No entanto, é essa água que beberemos por duas semanas.

À direita e à esquerda, erguem-se arbustos, espaçados como num pomar; a distância confunde-os em massas escuras, ao passo que sob seus galhos o céu refletido pela água cria manchas brilhantes. Tudo parece estar sendo cozido em fogo brando numa tepidez propícia a lentas maturações. Se fosse possível permanecer por milênios nessa paisagem pré-histórica e observar como ela se esvai, assistiríamos com certeza à transformação das matérias orgânicas em turfa, em carvão ou em petróleo. Parecia-me, inclusive, ver este último brotar na superfície, tingindo a água de irisações delicadas; nossos empregados negavam-se a admitir que nós tínhamos tanto trabalho e lhes infligíamos tanto esforço por uns cacos! Encorajados pelo valor simbólico que conferiam a nossos capacetes de cortiça, emblema dos "engenheiros", eles concluíam que a arqueologia servia de pretexto para prospecções mais sérias.

De vez em quando, o silêncio era perturbado por animais que pouco se assustavam com o homem: um 'veado' espantado, de rabo branco; bandos de 'emas', que são pequenos avestruzes, ou voos brancos de garças rasando a beira da água.

No meio do caminho, os trabalhadores voltam para a locomotiva e trepam ao nosso lado. Parada: é o quilômetro 12; a via secundária está interrompida, agora temos que chegar ao sítio a pé. Avistamo-lo ao longe, com seu aspecto característico de 'capão'.

Ao contrário do que parece, a água do Pantanal é ligeiramente corrente; arrasta conchas e o limo que se acumulam em certos pontos onde a vegetação se enraíza. Assim, o Pantanal está coalhado de tufos de vegetação chamados 'capões', onde os antigos índios estabeleciam seus acampamentos e onde descobrimos vestígios de sua passagem.

Portanto, íamos diariamente para o nosso 'capão' por um caminho arborizado que havíamos fabricado com os dormentes amontoados perto da via férrea; ali passávamos dias sufocantes, respirando com dificuldade e bebendo a água do charco aquecida pelo sol. Ao cair da tarde, a locomotiva vinha nos buscar, ou às vezes um daqueles veículos chamados lastros, que operários de pé nos quatro cantos propulsavam com grandes gestos de ganchorra sobre o balastro, à moda dos gondoleiros. Cansados e sedentos, voltávamos, para não dormir, ao deserto de Porto Esperança.

Uns cem quilômetros antes, havia uma exploração agrícola que tínhamos escolhido como base de partida para chegar aos Cadiueu. A Fazenda Francesa, como a chamavam na linha férrea, ocupava uma faixa de cerca de 50 mil hectares que o trem percorria por 120 quilômetros. Nessa extensão de matagal e gramíneas duras, vagava um rebanho de 7 mil cabeças (em região tropical, cinco a dez hectares dão justo o suficiente para um animal), periodicamente exportado para São Paulo, graças à estrada de ferro que fazia duas ou três paradas dentro dos limites da propriedade. A que servia à residência chamava-se Guaicurus, lembrando o nome das grandes tribos guerreiras que outrora reinaram naquelas paragens e das quais, em território brasileiro, os Cadiueu são os últimos sobreviventes.

Dois franceses dirigiam a fazenda com algumas famílias de vaqueiros. Não me lembro do nome do mais moço; o outro, que beirava os quarenta anos, chamava-se Félix R — dom Félix, dizia-se familiarmente. Morreu há alguns anos, assassinado por um índio.

Nossos anfitriões tinham crescido ou servido durante a Primeira Guerra Mundial; seus temperamentos e suas aptidões destinavam-nos a se tornarem colonos marroquinos. Não sei que especulações em Nantes os arrastaram para uma aventura mais incerta, numa desvalida região do Brasil. Seja como for, dez anos depois de sua fundação, a Fazenda Francesa definhava em virtude da insuficiência dos primeiros capitais, absorvidos pela compra das terras, sem margem disponível para a melhoria do gado e do equipamento. Num espaçoso bangalô à inglesa, nossos anfitriões levavam uma vida austera, meio criadores e meio donos de armazém. Com efeito, o entreposto da fazenda era o único centro de abastecimento a cem quilômetros ao redor, ou praticamente. Os 'empregados', isto é, trabalhadores ou peões, ali iam gastar com uma das mãos o que ganhavam com a outra; um jogo de escriturações permitia transformar-lhes o crédito em dívida e, desse ponto de vista, todo o empreendimento funcionava mais ou menos sem dinheiro. Como os preços das mercadorias alcançavam, conforme a praxe, o dobro ou o triplo do valor normal, o negócio poderia ter sido rentável se esse aspecto comercial não fosse secundário. Havia algo de doloroso, nos sábados, em ver os lavradores chegarem com uma pequena colheita de cana-de-açúcar, moê-la imediatamente no 'engenho' da fazenda — máquina feita de troncos talhados de forma grosseira onde os talos das canas são esmagados pela rotação de três cilindros de madeira —, e depois, nos grandes tachos de lata, deixar evaporar o caldo ao fogo antes de despejá-lo nas formas onde endurece em blocos amarelados de consistência granulosa: a 'rapadura'; então, entregavam o produto ao armazém adjacente aonde, transformados em compradores, iam na mesma noite comprá-lo a preço alto para oferecer a seus filhos essa única guloseima do 'sertão'.

Nossos anfitriões encaravam com filosofia a profissão de fazendeiros, sem contatos com os seus empregados afora os de trabalho, e sem vizinhos de sua própria classe (já que a reserva indígena estendia-se entre eles e as fazendas mais próximas da fronteira paraguaia); impunham-se uma vida muito estrita cuja observância era com certeza a melhor proteção contra o desânimo. Suas únicas concessões ao continente eram a roupa e a bebida; nessa região fronteiriça onde se misturavam as tradições brasileira, paraguaia, boliviana e argentina, haviam adotado o traje do pampa: chapéu boliviano de palha escura finamente trançada, com abas largas viradas e copa alta, e o 'chiripá', espécie de fralda para adultos em algodão de cores suaves, listrado de roxo, rosa ou azul, que deixa as coxas e as pernas de fora, a não ser pelas botas brancas de brim grosso subindo até a barriga da perna. Nos dias mais frescos, substituíam o 'chiripá' pelas 'bombachas': calças bufantes à la zuavo, ricamente bordadas nos lados.

Quase todos os seus dias se passavam no curral para "trabalhar" os animais, isto é, inspecioná-los e selecioná-los para a venda, por ocasião de feiras periódicas. Em meio a uma tempestade de poeira, os animais guiados pelos berros guturais do 'capataz' desfilavam diante do olhar dos donos para serem separados em vários pastos. Zebus de chifres compridos, vacas gordas, vitelos apavorados amontoavam-se nas passagens de tábuas onde às vezes um touro negava-se a entrar. Então, quarenta metros de corda de couro finamente trançada passam, num turbilhão, por cima da cabeça do 'laçoeiro', e, ao que parece, no mesmo instante o animal cai, enquanto o cavalo triunfante se empina.

Mas duas vezes por dia — às onze e meia da manhã e às sete horas da noite — todos se reuniam na pérgola que rodeava os aposentos habitados para o rito do 'chimarrão', ou seja, o mate bebido com canudinho. Sabe-se que o mate é um arbusto da mesma família que o nosso carrasqueiro, cujos ramos, ligeiramente torrados na fumaça de um braseiro subterrâneo, são moídos num pó grosso, cor de resedá, que se conserva muito tempo em barris. Refiro-me ao mate de verdade, pois o produto vendido na Europa com essa etiqueta geralmente passou por transformações tão maléficas que perdeu qualquer semelhança com o original.

Há várias maneiras de beber o mate. Em expedição, quando, exaustos, estávamos sôfregos demais do reconforto instantâneo que ele proporciona, nós nos contentávamos em jogar um bom punhado na água fria, posta em seguida para ferver, mas retirada do fogo — isso é capital — à primeira fervura, caso contrário o mate perde todo o seu valor. Chamam-no então de 'chá de mate', infusão ao contrário, verde-escura e quase oleosa como uma xícara de café forte. Quando não há tempo, contentamo-nos com o 'tereré', que consiste em chupar com uma bombilha a água fria com que se molha um punhado de pó. Pode-se também, caso se receie o amargo, preferir o 'mate doce', à moda das belas paraguaias; então, deve-se caramelizar o pó misturado com açúcar em fogo alto, cobrir essa mistura com água fervendo e coar. Mas não conheço amante de mate que não coloque mais alto do que todas essas receitas o 'chimarrão', que é ao mesmo tempo um rito social e um vício privado, tal como era praticado na fazenda.

Sentamo-nos em círculo ao redor de uma garotinha, a 'china', que traz uma chaleira, um fogareiro e a 'cuia', ora cabaça com um orifício debruado de prata, ora — como em Guaicurus — um chifre de zebu talhado por um peão. Enchem-se dois terços do recipiente com o pó, que a garotinha embebe progressivamente de água fervendo; assim que a mistura forma uma pasta, ela abre, com o tubo de prata terminado em sua parte inferior por um bulbo cheio de furinhos, um caminho cuidadosamente traçado para que a pipeta descanse bem lá no fundo, numa pequena gruta onde se acumulará o líquido, enquanto o tubo deve manter justo a folga necessária para não comprometer o equilíbrio da massa pastosa, mas não demais, do contrário a água não vai se misturar. Preparado assim o 'chimarrão', só resta saturá-lo de líquido antes de oferecê-lo ao dono da casa; depois que ele o sorveu duas ou três vezes e mexeu a cuia, a mesma operação se renova com todos os participantes, homens primeiro, mulheres em seguida, se for o caso. As rodadas se repetem até esvaziar a chaleira.

Os primeiros goles proporcionam uma sensação deliciosa — pelo menos para o bebedor assíduo, pois o iniciante se queima —, resultante do contato um pouco gorduroso com a prata escaldante e a água fervendo, com sua abundante espuma substancial: amarga e perfumada ao mesmo tempo, como uma floresta inteira concentrada em umas poucas gotas. O mate contém um alcaloide semelhante ao do café, do chá e do chocolate, mas cuja dosagem (e o semiamargor do veículo) explica talvez a virtude ao mesmo tempo relaxante e revigorante. Após algumas rodadas, o mate perde o gosto, mas explorações prudentes possibilitam atingir com a bombilha anfractuosidades ainda virgens, e que prolongam o prazer com outras tantas pequenas explosões de amargor.

Sem dúvida, há que se colocar o mate muito à frente do 'guaraná' amazônico, do qual falarei em outro trecho; e, mais ainda, à frente da triste coca do altiplano boliviano: insípida ruminação de folhas secas, logo reduzidas ao estado de bolota fibrosa com sabor de tisana, insensibilizando a mucosa e transformando a língua do mascador em corpo estranho. Digna de lhe ser comparada, só vejo a planturosa noz de bétel recheada de temperos, embora ela enlouqueça o paladar não prevenido com uma salva terrível de sabores e perfumes.

Os índios Cadiueu viviam nas terras baixas da margem esquerda do rio Paraguai, separadas da Fazenda Francesa pelas colinas da serra Bodoquena. Nossos anfitriões os julgavam preguiçosos e degenerados, ladrões e bêbados, e os expulsavam de maneira rude dos pastos quando ali tentavam penetrar. Nossa expedição parecia-lhes previamente condenada, e, apesar da ajuda generosa que nos deram e sem a qual não poderíamos ter realizado nosso propósito, encaravam-na com desaprovação. Qual não foi seu espanto quando nos viram, após algumas semanas, voltar com bois tão carregados quanto os de um comboio: grandes jarras de cerâmica pintada e gravada, peles de veado com iluminuras de arabescos, madeiras esculpidas representando um panteão desaparecido... Foi uma revelação, que lhes causou uma estranha mudança: por ocasião de uma visita que dom Félix me fez em São Paulo dois ou três anos depois, penso ter compreendido que ele e seu companheiro, outrora tão arrogantes com a população local, tinham, como diziam os ingleses, *gone native*; o pequeno salão burguês da fazenda estava agora coberto de peles pintadas, com cerâmicas indígenas por todos os lados; nossos amigos brincavam de bazar sudanês ou marroquino, como os bons administradores coloniais que seria melhor terem sido. E os índios, que viraram seus fornecedores titulares, eram recebidos na fazenda, onde os hospedavam com famílias inteiras em troca de seus objetos. Até que ponto foi essa intimidade? Era bastante difícil admitir que solteiros, aprendendo a conhecê-las, pudessem resistir à atração das garotinhas indígenas, seminuas nos dias de festa e tendo o corpo pacientemente decorado com finas volutas pretas ou azuis que pareciam confundir sua pele com um vestido justo de preciosa renda. De toda maneira, foi por volta de 1944 ou 1945, creio, que dom Félix foi morto por um de seus novos familiares, talvez menos ainda vítima dos índios que da perturbação em que lhe deixara dez anos antes a visita de etnógrafos principiantes.

O armazém da fazenda forneceu-nos os mantimentos: carne-seca, arroz, feijão-preto, farinha de mandioca, mate, café e rapadura. Emprestaram-nos também os animais, cavalos para os homens e bois para as bagagens, pois estávamos levando um material de intercâmbio em vista das coleções a reunir — brinquedos de criança, colares de miçangas, espelhos, pulseiras, anéis e perfumes — e, enfim, cortes de fazenda, cobertores, roupas e ferramentas. Trabalhadores da fazenda nos serviriam de guias, um tanto a contragosto, aliás, pois íamos arrancá-los de suas famílias durante as festas de Natal.

Éramos esperados nas aldeias; assim que chegamos à fazenda, 'vaqueiros' índios partiram para anunciar a visita de estrangeiros portadores de presentes. Essa perspectiva inspirava aos indígenas inquietações diversas, entre as quais dominava a de que vínhamos 'tomar conta': pegar suas terras.

19. Nalike

Nalike, capital da nação Cadiueu, fica a cerca de 150 quilômetros de Guaicurus, ou seja, três dias a cavalo. Quanto aos bois de carga, são despachados na frente, por causa de sua marcha mais lenta. Para a primeira paragem, nós nos propúnhamos a escalar as encostas da serra Bodoquena e passar a noite no planalto, no último posto da fazenda. Logo nos embrenhamos por vales estreitos, cobertos de capim alto onde os cavalos custam a abrir caminho. A marcha é ainda mais penosa por causa da lama do charco. O cavalo perde pé, luta, volta para terra firme como pode e onde pode, e encontramo-nos cercados pela vegetação; então, há que se tomar cuidado para que uma folha, inocente na aparência, não derrube o ovo fervilhante formado por um enxame de carrapatos que se abriga sob a sua superfície; os mil bichinhos alaranjados insinuam-se debaixo das roupas, cobrem o corpo qual uma toalha fluida e incrustam-se: para a vítima, o único remédio é ser mais rápido do que eles, saltando do cavalo e despindo-se de todas as roupas para batê-las vigorosamente, enquanto um companheiro lhe escrutará a pele. Menos catastróficos, os grandes parasitas solitários, de cor cinza, se fixam sem dor na epiderme; descobrimo-los pelo tato, algumas horas ou alguns dias depois, quando viraram calombos integrados ao corpo e que devem ser extirpados à faca.

Finalmente, o matagal raleia, dando lugar a um caminho pedregoso que conduz por uma suave ladeira a uma floresta seca onde se misturam as árvores e os cactos. A tempestade que se preparava desde a manhã cai no momento em que contornamos um pico coberto de círios-de-nossa-senhora. Apeamos e procuramos um abrigo numa fenda que na verdade se trata de uma grota úmida, mas protetora. Mal entramos e ela se enche de zumbidos de 'morcegos', que atapetam as paredes e cujo sono viemos perturbar.

Assim que a chuva para, retomamos a marcha por uma floresta densa e escura, cheia de odores frescos e frutas silvestres: o 'jenipapo', de polpa pesada e sabor acre; a 'guavira' das clareiras, que tem fama de acalmar a sede do viajante com sua polpa eternamente fria, ou os 'cajus' que revelam antigas plantações indígenas.

O planalto restitui o aspecto característico do Mato Grosso: vegetação alta, salpicada de árvores. Aproximamo-nos da paragem por uma zona pantanosa, barro fendido pela brisa, onde correm pequenas aves pernaltas; um curral, uma cabana, é o posto do Largão, onde encontramos uma família absorta diante da morte de um 'bezerro', touro jovem que está sendo esquartejado; duas ou três crianças nuas chafurdam e se balançam aos gritos de prazer dentro da carcaça sanguinolenta que utilizam como um barquinho. Em cima do fogo ao relento que brilha no crepúsculo, o 'churrasco' assa e a gordura pinga, enquanto os urubus que desceram às centenas ao local da matança disputam com os cachorros o sangue e as sobras.

A partir de Largão, seguiremos a "estrada dos índios"; a serra é muito íngreme na descida; temos de ir a pé, guiando os cavalos irritados com as dificuldades do relevo. A pista passa por cima de uma torrente cujas águas ouvimos, sem enxergá-las, saltando sobre a rocha e fugindo em cascatas; escorregamos nas pedras úmidas ou nas poças lamacentas deixadas pela última chuva. Por fim, na raiz da serra chegamos a um terreiro limpo, o 'campo dos índios', onde descansamos um momento com nossas montarias antes de partirmos novamente pelo pântano.

Desde as quatro horas da tarde temos de tomar providências para a paragem. Descobrimos umas árvores entre as quais pendurar redes e mosquiteiros; os guias acendem a fogueira e preparam a refeição de arroz e carne-seca. Estamos com tanta sede que engolimos sem repugnância litros daquela mistura de terra, água e permanganato que nos serve de bebida. Cai o dia. Por trás do filó sujo dos mosquiteiros, contemplamos por um instante o céu inflamado. Mal chega o sono e tornamos a partir: à meia-noite, os guias que já selaram os cavalos nos acordam. Nessa estação quente, temos de poupar os animais e aproveitar o frescor noturno. Ao luar, retomamos o caminho, mal despertos, entorpecidos e tiritando; as horas passam à espreita do alvorecer que se aproxima, enquanto os cavalos tropeçam. Lá pelas quatro da madrugada, chegamos a Pitoco, onde o Serviço de Proteção aos Índios teve outrora um posto importante. Não há mais do que três casas em ruínas entre as quais mal é possível pendurar as redes. O rio Pitoco corre em silêncio; saído do Pantanal, ali se perde uns quilômetros mais adiante. Esse riacho dos pântanos, sem nascente nem foz, concentra uma multidão de 'piranhas' que são uma ameaça para o imprudente, mas não impedem o índio atento de se banhar e de pegar água do rio. Pois ainda há algumas famílias indígenas espalhadas pelo pântano.

Daí por diante estamos em pleno Pantanal: ora bacias inundadas entre cristas arborizadas, ora vastas extensões lamacentas sem árvores. O boi de sela seria preferível ao cavalo, pois se o animal pesado, dirigido por uma corda passada numa argola nasal, avança devagar, suporta melhor as caminhadas extenuantes pelo pântano, muitas vezes mergulhado na água até o peito.

Estávamos numa planície que talvez se prolongasse até o rio Paraguai, tão plana que a água não conseguia escoar, quando desabou o temporal mais violento que me foi dado enfrentar. Nenhum abrigo possível, nenhuma árvore tão longe quanto a vista alcançasse; só nos restava ir em frente, pingando e encharcados, tanto quanto as montarias, enquanto caíam raios à direita e à esquerda como projéteis de um tiro de barragem. Depois de duas horas de sofrimento, a chuva parou; começávamos a avistar os pés-d'água circulando vagarosos pelo horizonte, como ocorre em alto-mar. Mas já na extremidade da planície destacava-se um terraço argiloso, com alguns metros de altura e sobre o qual uma dezena de palhoças se delineavam contra o céu. Estávamos em Engenho, perto de Nalike, onde havíamos decidido nos instalar, em vez de fazê-lo na velha capital que, em 1935, consistia em cinco cabanas apenas.

Para o olhar desatento, esses vilarejos mal se diferenciavam daqueles dos lavradores brasileiros mais próximos, com os quais os indígenas se identificavam pela roupa, e frequentemente pelo tipo físico, tão grande era a proporção de mestiços. Quanto ao idioma, era outra coisa. A fonética guaicuru proporciona ao ouvido uma sensação agradável: a fala acelerada e as palavras compridas, todas de vogais claras que alternam com as dentais e guturais, e a abundância de fonemas molhados ou líquidos dão a impressão de um riacho saltando sobre seixos. O termo atual *caduveo* (aliás, pronunciado *cadiueu*) é uma corruptela do nome com que os próprios indígenas se designavam: Cadiguegodi. Estava fora de cogitação aprender a língua durante uma temporada tão curta ainda que o português de nossos novos anfitriões fosse muito rudimentar.

A estrutura das habitações era feita de troncos descascados fincados no chão e suportando as vigas na base da primeira forquilha, reservada pelo lenhador. Uma cobertura de palmas amareladas formava o telhado de duas águas; porém, à diferença das cabanas brasileiras, não havia paredes; as construções eram, assim, uma espécie de compromisso entre as habitações dos brancos (de onde fora copiada a forma do telhado) e os antigos alpendres indígenas de teto plano coberto de esteiras.

As dimensões dessas habitações rudimentares pareciam mais significativas: poucas cabanas abrigavam uma só família; algumas, semelhantes a galpões compridos, alojavam até seis, cada uma dispondo de um setor delimitado pelas estacas do madeirame e munido de um estrado de tábuas — um por família — onde os ocupantes passam o tempo, sentados, deitados ou agachados entre os couros dos cervídeos, os panos de algodão, cabaças, redes, recipientes de palha, colocados, amontoados, pendurados por toda parte. Nos cantos entrevíamos os grandes vasos de água decorados, repousando sobre um suporte formado por uma forquilha de três galhos fincada pela ponta inferior e às vezes entalhada.

Outrora, essas habitações foram "casas compridas", à moda iroquesa; por seu aspecto, algumas continuavam a merecer esse nome, mas as razões da agregação de várias famílias numa só comunidade de trabalho haviam se tornado contingentes; já não se tratava, como antigamente, de uma residência matrilocal onde os genros se reuniam com as esposas no lar de seus sogros.

Aliás, sentíamo-nos longe do passado nesse miserável lugarejo de onde parecia ter desaparecido até mesmo a lembrança da prosperidade que lá encontrara, quarenta anos antes, o pintor e explorador Guido Boggiani, que ali passou duas temporadas, em 1892 e 1897, e deixou dessas viagens importantes documentos etnográficos, uma coleção que se encontra em Roma e um gracioso diário de viagem. A população dos três centros praticamente não ultrapassava duzentas pessoas, que viviam da caça, da coleta de frutos silves-

*1. Vaso de água, decorado em vermelho-claro
e envernizado com resina.*

tres, de alguns bois e de animais de criação, e do cultivo das roças de mandioca que avistávamos do outro lado da única nascente que corria ao sopé do terraço; lá íamos nos lavar, em rodízio, no meio dos mosquitos, e pegar uma água opalescente, levemente doce.

Além do trançado da palha, da tecelagem dos cintos de algodão usados pelos homens e da martelagem das moedas — mais frequentemente de níquel que de prata — para fazer rodelas e canudos a serem enfiados nos colares, a cerâmica constituía a atividade principal. As mulheres misturavam o barro do rio Pitoco com cacos moídos, enrolavam a massa em cordões dispostos em espiral e nos quais elas davam uns tapinhas para juntá-los, até fabricar a peça; esta, ainda fresca, era decorada com impressões em baixo-relevo feitas com cordõezinhos, e pintada com um óxido de ferro que se encontra na serra. Então, era cozida num fogo ao ar livre, e depois disso só restava prosseguir a decoração na peça quente, com a ajuda de dois vernizes de resina derretida: o preto do 'pau-santo', o amarelo translúcido do 'angico'; quando a peça esfriava, procedia-se a uma aplicação de pó branco — giz ou cinza — para realçar as impressões.

Para as crianças, as mulheres confeccionavam figurinhas que representavam personagens ou animais, com tudo o que lhes caía nas mãos: argila, cera, ou favas secas das quais se contentavam em corrigir a forma por meio de uma modelagem sobreposta.

2. Três exemplares de cerâmica cadiueu.

Nas mãos das crianças, também encontrávamos estatuetas de madeira talhada, em geral vestidas de trapos, e que lhes serviam de bonecas, ao passo que outras, embora semelhantes às anteriores, eram guardadas preciosamente por algumas velhas no fundo de seus cestos. Seriam brinquedos? Estátuas de divindades? Ou figurações de ancestrais? Não se podia saber, em face desses usos contraditórios, e menos ainda porque de vez em quando a mesma estatueta passava de um a outro emprego. Para algumas, que hoje estão no Musée de l'Homme, o significado religioso não deixa dúvidas, já que numa pode-se identificar a Mãe dos Gêmeos, na outra, o Velhinho, sendo este um deus vindo à terra e maltratado pelos homens, por ele punidos, salvo a única família junto a quem encontrou proteção. Por outro lado, seria demasiado fácil con-

*3. Duas estatuetas de madeira: à esquerda,
o Velhinho, à direita, a Mãe dos Gêmeos.*

siderar esse abandono dos 'santos' às crianças como um sintoma da ruína de um culto; pois tal situação, tão instável aos nossos olhos, foi descrita exatamente nos mesmos termos por Boggiani quarenta anos antes, e por Fritch dez anos depois; observações dez anos posteriores às minhas também a registram. Uma condição que se prolonga sem mudança por cinquenta anos deve ser, em certo sentido, normal; haveria que se buscar sua interpretação menos numa decadência — real, aliás — dos valores religiosos do que no modo, mais comum do que tendemos a crer, de encarar as relações entre o sagrado e o profano. A oposição entre esses termos não é tão absoluta nem tão contínua quanto muitas vezes gostamos de afirmar.

Havia na cabana vizinha à minha um feiticeiro-curandeiro cujo equipamento incluía um banquinho redondo, uma coroa de palha, um chocalho feito com uma cabaça coberta por uma rede de contas, e uma pena de avestruz utilizada para capturar os 'bichos' — entendam-se os espíritos malfazejos —, causa de doenças e que eram expulsos pela cura, graças ao poder antagônico do 'bicho' do feiticeiro, seu espírito guardião, e, de quebra, conservador, pois foi quem proibiu seu protegido de me ceder aqueles preciosos utensílios "com os quais estava", mandou-me responder, "acostumado".

Durante nossa estada, houve uma festa para celebrar a puberdade de uma menina que morava em outra palhoça; começaram por vesti-la à moda antiga: seu vestido de chita foi substituído por um pano quadrado enrolando o corpo por baixo das axilas. Pintaram-lhe os ombros, os braços e o rosto com ricos desenhos, e passaram todos os colares disponíveis em volta de seu pescoço. Aliás, tudo isso talvez fosse mais uma tentativa para nos "encher os olhos" do que um sacrifício feito aos costumes. Ensina-se aos jovens etnógrafos que os índios receiam que suas imagens sejam captadas pela fotografia, e que convém paliar esse receio e indenizar o que eles consideram um risco, presenteando--os com um objeto ou com dinheiro. Os Cadiueu haviam aperfeiçoado o sistema: não só exigiam ser pagos para se deixarem fotografar, como ainda me obrigavam a fotografá-los para que eu os pagasse; praticamente não se passava dia sem que uma mulher se apresentasse a mim vestida com extraordinário aparato e me impusesse, querendo eu ou não, homenageá-la com um disparo do obturador acompanhado por alguns mil-réis. Para poupar meus rolos de filme, quase sempre eu me limitava a um simulacro, e pagava.

Entretanto, teria sido uma etnografia um tanto pífia resistir a essa manobra, ou até mesmo considerá-la como prova de decadência ou de mercantilismo. Pois, numa forma transposta, reapareciam assim traços específicos da sociedade indígena: independência e autoridade das mulheres de alta estirpe, ostentação diante do estrangeiro e reivindicação da homenagem pelo homem comum. O traje podia ser fantasista e improvisado: o comportamento que o inspirava conservava todo o seu significado; cabia-me restabelecê-lo no contexto das instituições tradicionais.

O mesmo ocorria com as manifestações que se seguiram à imposição de uma tanga à senhorita: desde a tarde, principiaram a beber 'pinga', os homens

4. *Duas estatuetas, a da esquerda, de pedra, a outra, de madeira, representando personagens mitológicos.*

sentados em círculo e se vangloriando, aos berros, das patentes copiadas da hierarquia militar subalterna (a única que conheciam), tais como cabo, sargento, tenente ou capitão. Era mesmo uma dessas "solenes bebedeiras" já descritas pelos autores do século XVIII, na qual os chefes se sentavam de acordo com o seu nível, servidos pelos escudeiros, enquanto os arautos enumeravam os títulos do bebedor e recitavam suas façanhas. Os Cadiueu reagem curiosamente à bebida: após um período de excitação, caem num silêncio sombrio, e, em seguida, precipitam-se em prantos. Então, dois homens menos embriagados pegam o desesperado pelos braços e passeiam com ele de um lado a outro, murmurando-lhe palavras de consolo ou de afeto até que ele resolva vomitar. Em seguida, os três voltam para o seu lugar e a bebedeira prossegue.

Enquanto isso, as mulheres cantavam em três notas uma breve melopeia repetida ao infinito; e algumas velhas, bebendo no seu canto, lançavam-se por instantes no terreiro com gesticulações e discorriam de forma aparentemente pouco coerente, em meio aos risos e chacotas. Ainda aqui, estaríamos errados em considerar seu comportamento como uma simples manifestação de displicência: abandono de velhas embriagadas; pois os antigos autores confirmam que as festas, principalmente as que celebram os momentos mais importantes do crescimento de uma criança nobre, eram marcadas por exibições femininas em papéis de travesti: desfiles guerreiros, danças e torneios. Esses camponeses maltrapilhos, perdidos no fundo de seu pântano, ofereciam um espetáculo bem miserável; mas sua própria decadência tornava mais impressionante ainda a tenacidade com que tinham preservado certos traços do passado.

20. Uma sociedade indígena e seu estilo

O conjunto dos costumes de um povo é sempre marcado por um estilo; eles formam sistemas. Estou convencido de que esses sistemas não existem em número ilimitado, e que as sociedades humanas, assim como os indivíduos — em seus jogos, seus sonhos ou seus delírios —, jamais criam de modo absoluto, mas se limitam a escolher certas combinações num repertório ideal que seria possível reconstituir. Fazendo o inventário de todos os costumes observados, de todos os imaginados nos mitos, destes também evocados nos jogos das crianças e dos adultos, nos sonhos dos indivíduos saudáveis ou doentes e nos comportamentos psicopatológicos, chegaríamos a elaborar uma espécie de quadro periódico como o dos elementos químicos, no qual todos os costumes reais ou simplesmente possíveis apareceriam reunidos em famílias, e no qual só nos restaria identificar aqueles que as sociedades de fato adotaram.

Essas reflexões são apropriadas em especial para o caso dos Mbaiá-Guaicuru, dos quais, junto com os Toba e os Pilaga do Paraguai, os Cadiueu do Brasil são os últimos representantes. Sua civilização evoca irresistivelmente esta com que nossa sociedade se divertiu em sonhar num de seus jogos tradicionais e cujo modelo a fantasia de Lewis Carroll tão bem conseguiu traçar: aqueles índios cavaleiros pareciam-se com *figuras de baralho*. Essa característica já se manifestava em seus trajes: túnicas e casacões de couro, alargando os ombros e caindo em pregas rígidas, decorados em preto e vermelho com desenhos que os antigos autores comparavam com os tapetes da Turquia, e nos quais se repetiam os motivos em forma de espadas, copas, ouros e paus.

Tinham reis e rainhas; e, como a de Alice, o que mais apreciavam era brincar com as cabeças cortadas que lhes traziam os guerreiros. Nobres cavalheiros e nobres damas divertiam-se nos torneios; estavam livres dos trabalhos subalternos graças a uma população instalada havia mais tempo, diferente pelo idioma e pela cultura, os Guaná. Os Tereno, que são seus últimos representantes, vivem numa reserva governamental, perto da cidadezinha de Miranda, onde fui visitá-los. Esses Guaná cultivam a terra e pagam um tributo em produtos agrícolas aos senhores mbaiá em troca de sua proteção, para se preservarem da pilhagem e das depredações feitas pelos bandos de cavaleiros armados, entenda-se. Um alemão do século XVI, que se aventurara por essas regiões, comparava tais relações com as que existiam em seu tempo na Europa Central entre os senhores feudais e seus servos.

Os Mbaiá estavam organizados em castas: no alto da escala social, os nobres divididos em duas ordens, grandes nobres hereditários e nobilitados a título individual, em geral para sancionar a coincidência de seu nascimento com o de uma criança de alta estirpe. Ademais, os grandes nobres distinguiam-se entre ramos mais velhos e ramos mais moços. Em seguida, vinham os guerreiros, entre os quais os melhores eram admitidos, após iniciação, numa confraria que dava direito a usar nomes especiais e a empregar uma língua artificial formada pela adjunção de um sufixo a cada palavra, como em certas gírias. Os escravos chamacoco ou de outra origem e os servos guaná constituíam a plebe, embora estes últimos tivessem adotado, para suas próprias necessidades, uma divisão em três castas imitada de seus senhores.

Os nobres ostentavam sua posição por meio de pinturas corporais feitas com moldes ou por meio de tatuagens, que eram o equivalente a um brasão. Depilavam-se totalmente o rosto, inclusive as sobrancelhas e as pestanas, e tratavam, com repugnância, de "irmãos de avestruz" os europeus de olhos peludos. Homens e mulheres apareciam em público acompanhados por um séquito de escravos e fiéis que se desdobravam em torno deles, poupando-os de qualquer esforço. Ainda em 1935, as velhas monstrengas pintadas e carregadas de penduricalhos, que eram as melhores desenhistas, desculpavam-se de terem descuidado das artes recreativas, estando privadas das 'cativas' — escravas — outrora destinadas a seu serviço. Ainda havia em Nalike uns antigos escravos chamacoco, agora integrados ao grupo, mas tratados com condescendência.

A arrogância desses senhores intimidara até mesmo os conquistadores espanhóis e portugueses, que lhes atribuíam os títulos de dom e dona. Contava-se então que uma mulher branca nada tinha a temer ao ser capturada pelos Mbaiá, pois nenhum guerreiro podia conceber conspurcar o próprio sangue com tal união. Certas senhoras mbaiá negaram-se a encontrar a esposa do vice-rei, alegando que só a rainha de Portugal seria digna de frequentá-las; outra, menina ainda e conhecida com o nome de dona Catarina, rejeitou em Cuiabá um convite do governador do Mato Grosso; como ela já era núbil, esse senhor, pensava, iria pedi-la em casamento, e ela não podia contrair um matrimônio desigual nem ofendê-lo com sua recusa.

Nossos índios eram monogâmicos; mas às vezes as adolescentes preferiam seguir os guerreiros em suas aventuras; serviam-lhes de escudeiros, de pajens e de amantes. Quanto às senhoras nobres, mantinham chichisbéus que, muitas vezes, eram também seus amantes, sem que os maridos se dignassem manifestar ciúmes, o que os deixaria desmoralizados. Essa sociedade mostrava-se extremamente desfavorável aos sentimentos que consideramos naturais; assim, sentia profunda repulsa pela procriação. O aborto e o infanticídio eram praticados de forma quase normal, a tal ponto que a perpetuação do grupo dava-se por adoção, bem mais do que por geração, sendo um dos principais objetivos das expedições guerreiras angariar crianças. Assim, calcula-se que, no início do século xix, apenas 10% dos membros de um grupo guaicuru a ele estavam ligados pelo sangue.

Quando chegavam a nascer, as crianças não eram criadas pelos pais, mas entregues a outra família, e esses só as visitavam em raras ocasiões; ficavam nessa família, ritualmente cobertas de tinta preta da cabeça aos pés — e designadas por um termo que os indígenas aplicaram aos negros, quando os conheceram — até os catorze anos, quando eram iniciadas e lavadas, e uma das duas coroas concêntricas de cabelos que até então formavam seu penteado era raspada.

Contudo, o nascimento das crianças de alta estirpe era ocasião para festas que se repetiam em cada etapa de seu crescimento: o desmame, os primeiros passos, a participação nos jogos etc. Os arautos proclamavam os títulos da família e profetizavam para o recém-nascido um futuro glorioso; designava-se

5-6. Decorações cadiueu.

outro bebê, nascido no mesmo momento, para tornar-se seu irmão de armas; organizavam-se bebedeiras, durante as quais o hidromel era servido em jarros feitos de chifres ou de crânios; as mulheres, tomando emprestado o equipamento dos guerreiros, enfrentavam-se em combates simulados. Os nobres sentados de acordo com sua posição eram servidos por escravos que não tinham o direito de beber, a fim de poderem ajudar os amos a vomitar, em caso de necessidade, e cuidar deles até que dormissem na expectativa das visões deliciosas que lhes proporcionava a embriaguez.

Todos esses Davis, Alexandres, Césares, Carlos Magnos, essas Raquéis, Judiths, Palas e Arginas, esses Heitores, Ogieres, Lancelots e Lahires fundavam sua soberbia na certeza de que estavam predestinados a comandar a humanidade. Era o que lhes garantia um mito, que só conhecemos por fragmentos mas que, depurado pelos séculos, resplandece com admirável simplicidade: a forma mais concisa dessa evidência da qual minha viagem ao Oriente iria me imbuir mais tarde, a saber, que o grau de servidão é função do caráter acabado da sociedade. Eis o mito: quando o Ser supremo, Gonoenhodi, decidiu criar os homens, tirou primeiro da terra os Guaná, depois as outras tribos; aos primeiros, deu a agricultura como quinhão, e a caça aos segundos. O Enganador, que é a outra divindade do panteão indígena, percebeu então que os Mbaiá haviam sido esquecidos no fundo do buraco e os fez sair dali; mas como não sobrava nada para eles, tiveram direito à única função ainda disponível, a de oprimir e explorar os outros. Já houve contrato social mais profundo do que este?

Esses personagens de romances de cavalaria, absortos em seu jogo cruel de prestígios e dominações no seio de uma sociedade que merece duplamente ser chamada de "à l'emporte-pièce",* criaram uma arte gráfica cujo estilo é incomparável diante de quase tudo o que a América pré-colombiana nos legou e que só lembra, talvez, a decoração de nossas cartas de baralho. Já fiz alusão a isso ainda há pouco, mas quero agora descrever esse traço extraordinário da cultura cadiueu.

Na nossa tribo, os homens são escultores e as mulheres são pintoras. Os homens modelam na madeira dura e azulada do guáiaco os santos de que falei

---

* Referência à expressão que, no sentido próprio, é o "saca-bocado", com que os índios parecem fazer seus desenhos corporais, e, no sentido figurado, significa "agir de forma incisiva e mordaz". (N. T.)

7-8. Motivos de pinturas corporais.

9-12. Outros motivos de pinturas corporais.

mais acima; também decoram em relevo os chifres de zebu que lhes servem de xícaras, com figuras de homens, emas e cavalos; e ocasionalmente desenham, mas sempre para representar folhagens, seres humanos ou animais. Às mulheres estão reservadas a decoração da cerâmica e das peles, e as pinturas corporais de que algumas são virtuoses incontestes.

Seus rostos, às vezes também seus corpos inteiros, são cobertos por um trançado de arabescos assimétricos que alternam com motivos de sutil geometria. O primeiro a descrevê-los foi o missionário jesuíta Sánchez Labrador, que viveu entre eles de 1760 a 1770; mas, para vermos as reproduções exatas, temos que esperar um século e Boggiani. Em 1935, eu mesmo recolhi várias centenas de motivos, agindo da seguinte maneira: primeiro, propus-me a fotografar os rostos, mas as exigências financeiras das beldades da tribo muito depressa esgotariam minhas posses. Em seguida, experimentei desenhar os rostos em folhas de papel, sugerindo às mulheres que os pintassem como o fariam em sua própria face; tamanho foi o sucesso que desisti de meus esboços canhestros. As desenhistas não ficavam nem um pouco desconcertadas com as folhas brancas, o que bem mostra a indiferença de sua arte à arquitetura natural do rosto humano.

Só algumas mulheres bem velhas pareciam conservar o virtuosismo antigo; e por muito tempo fiquei convencido de que minha coleção fora reunida nos derradeiros momentos. Qual não foi minha surpresa ao receber, há dois anos, uma publicação ilustrada de uma coleção feita quinze anos depois por um colega brasileiro! Não só seus documentos pareciam de uma execução tão segura quanto os meus, como muitas vezes os motivos eram idênticos. Durante todo esse tempo, o estilo, a técnica e a inspiração tinham se mantido imutáveis, como fora o caso durante os quarenta anos decorridos entre a visita de Boggiani e a minha. Esse conservadorismo é mais notável na medida em que não se estende à cerâmica, a qual, de acordo com as últimas amostras recolhidas e publicadas, parece em total degenerescência. Pode-se enxergar nisso uma prova da importância excepcional que as pinturas corporais, e em especial as do rosto, possuem na cultura indígena.

Antigamente, os motivos eram tatuados ou pintados; só o último método subsiste. A mulher que pinta trabalha no rosto ou no corpo de uma companheira, às vezes também no de um garotinho. Os homens abandonam mais rápido o costume. Com uma fina espátula de bambu mergulhada no suco do

13. *Desenhos feitos por um garotinho cadiueu.*

'jenipapo'— incolor no início mas que se torna azul-noite por oxidação —, a artista improvisa a pintura na criatura viva, sem modelo, esboço nem ponto de referência. Ornamenta o lábio superior com um motivo em forma de arco terminado nas duas pontas em espirais; depois, divide o rosto com um traço vertical, cortado no sentido horizontal às vezes. A face, dividida em quatro, franchada — ou até mesmo cortada no sentido oblíquo —, é então decorada livremente com arabescos que não levam em conta o lugar dos olhos, do na-

14. Outro desenho do mesmo autor.

riz, das faces, da fronte e do queixo, desenvolvendo-se como um campo contínuo. Essas composições complicadas, mas sempre equilibradas, têm início partindo-se de um canto qualquer e vão até o fim sem hesitação nem rasura. Apelam para motivos relativamente simples, tais como espirais, esses, cruzes, losangos, gregas e volutas, mas estes são combinados de tal forma que cada obra possui um caráter original: em quatrocentos desenhos reunidos em 1935, não observei dois semelhantes; porém, como fiz a constatação inversa ao comparar a minha coleção com a reunida mais tarde, pode-se deduzir que o repertório extraordinariamente extenso dos artistas é, ainda assim, fixado pela tradição. Infelizmente, não me foi possível, nem a mim nem a meus sucessores, penetrar na teoria subjacente a essa estilística indígena: os informantes revelam alguns termos correspondendo aos motivos elementares, mas invocam a ignorância ou o esquecimento para tudo o que se refere às decorações mais complexas. Seja porque, de fato, agem com base num saber empírico transmitido de geração em geração, seja porque fazem questão de guardar segredo a respeito dos arcanos de sua arte.

Hoje, os Cadiueu pintam-se apenas por prazer; mas antigamente o costume tinha um significado mais profundo. Segundo o testemunho de Sánchez

15. Duas pinturas de rosto; observe-se o motivo formado por duas espirais em frente uma da outra, que representa e aplica-se no lábio superior.

Labrador, as castas nobres só costumavam pintar a testa, e apenas o vulgo ornamentava todo o rosto; também nessa época, só as moças seguiam a moda: "É raro", escreve ele, "que as velhas percam tempo com esses desenhos: contentam-se com os que os anos gravaram em seu rosto". O missionário mostra-se alarmado com esse desprezo pela obra do Criador; por que os indígenas alteram a aparência do rosto humano? Busca explicações: será para enganar a fome que eles passam horas a traçar seus arabescos? Ou para ficarem irreconhecíveis diante dos inimigos? Em todas as hipóteses que ele imagina, a motivação seria sempre a de enganar. Por quê? Por mais que sinta repugnância, até o missionário é consciente de que essas pinturas têm para os indígenas uma importância primordial e que, em certo sentido, são um fim em si mesmas.

Assim, ele denuncia esses homens que perdem dias inteiros a serem pintados, esquecendo-se da caça, da pesca e de suas famílias. "Por que sois tão estúpidos?", perguntavam aos missionários. "E por que somos estúpidos?", estes retrucavam. "Porque não vos pintais como os Eyiguayegui." Precisava-se estar pintado para ser homem: quem se mantinha no estágio da natureza não se diferenciava do bruto.

É quase certo que, hoje em dia, a persistência do costume entre as mulheres explica-se por considerações eróticas. A reputação das mulheres cadiueu está solidamente implantada nas duas margens do rio Paraguai. Muitos mestiços e índios de outras tribos foram se instalar e se casar em Nalike. As pinturas faciais e corporais explicam talvez essa atração; em todo caso, reforçam-na e simbolizam-na. Esses contornos delicados e sutis, tão sensíveis quanto as linhas do rosto e que ora as realçam ora as traem, conferem à mulher algo deliciosamente provocante. Essa cirurgia pictural enxerta a arte no corpo humano. E quando Sánchez Labrador protesta atormentado que isto é "opor às graças da Natureza uma feiura artificiosa", ele se contradiz, uma vez que, algumas linhas adiante, afirma que as mais lindas tapeçarias seriam incapazes de rivalizar com essas pinturas. Jamais, sem dúvida, o efeito erótico das pinturas foi explorado de maneira tão sistemática e consciente.

Por suas pinturas faciais, bem como pela prática do aborto e do infanticídio, os Mbaiá expressavam um idêntico horror à natureza. A arte indígena proclama um solene desprezo pelo barro de que somos feitos; neste sentido, ela confina com o pecado. De seu ponto de vista de jesuíta e de missionário, Sánchez Labrador mostrava-se singularmente perspicaz, ali pressentindo o demô-

16. Decoração de couro pintado.

nio. Ele próprio salienta o aspecto prometeico dessa arte selvagem, quando descreve a técnica com a qual os indígenas cobriam o corpo de motivos em forma de estrelas: "Assim, cada Eyiguayegui enxerga-se como um outro Atlante que não mais apenas sobre os ombros e em suas mãos, mas por toda a superfície de seu corpo torna-se o suporte de um universo inabilmente configurado". Seria a explicação do caráter excepcional da arte cadiueu, a de que por seu intermédio o homem se recuse a ser um reflexo da imagem divina?

Observando os motivos em forma de barras, de espirais e de verrumas, pelos quais essa arte parece ter grande predileção, pensa-se inevitavelmente no barroco espanhol, em seus ferros batidos e em seus estuques. Não estaríamos em presença de um estilo ingênuo copiado dos conquistadores? É certo que os indígenas se apropriaram de temas, e conhecemos exemplos desse processo. Quando visitaram seu primeiro navio de guerra ocidental, que navegava em 1857 pelo Paraguai, foram vistos pelos marinheiros do *Maracanã*, no dia seguinte, com o corpo coberto de motivos em forma de âncoras; um índio inclusive se fez representar em todo o busto um uniforme de oficial perfeitamente reconstituído, com os botões, os galões, o cinturão e as abas passando por baixo. Tudo o que isso prova é que os Mbaiá já tinham o costume de se pintar e que adquiriram nessa arte um grande virtuosismo. De mais a mais, por raro que seja na América pré-colombiana, seu estilo curvilíneo apresenta analogias com documentos arqueológicos exumados em diversos pontos do continente, alguns anteriores vários séculos à descoberta: Hopewell, no vale do Ohio, e a cerâmica caddo recente no vale do Mississippi; Santarém e Marajó, na foz do Amazonas, e Chavín, no Peru. Essa própria dispersão é um sinal de antiguidade.

O verdadeiro problema é outro. Quando se estudam os desenhos cadiueu, impõe-se uma constatação. Sua originalidade não decorre dos motivos elementares, que são bastante simples para terem sido inventados de modo independente, e não copiados (e provavelmente os dois processos coexistiram): ela resulta do modo como esses motivos são combinados entre si, ela se situa no nível do resultado, da obra acabada. Ora, os processos de composição são tão requintados e sistemáticos que ultrapassam, de longe, as sugestões correspondentes que a arte europeia do tempo do Renascimento poderia ter fornecido aos índios. Portanto, qualquer que seja o ponto de partida, esse desenvolvimento excepcional só pode ser explicado por motivos que lhe são próprios.

No passado, tentei demonstrar algumas dessas razões comparando a arte cadiueu com outras, que oferecem analogias com ela: a da China arcaica, a da costa oeste do Canadá e do Alasca, a da Nova Zelândia.* A hipótese que apresento aqui é bastante diferente, mas não contradiz a interpretação anterior: completa-a.

Como na época eu notava, a arte cadiueu é marcada por um dualismo: o dos homens e das mulheres, uns escultores, outras, pintoras; os primeiros ligados a um estilo representativo e naturalista, apesar das estilizações, ao passo que as segundas dedicam-se a uma arte não representativa. Limitando-me agora à consideração da arte feminina, gostaria de salientar que aí o dualismo se prolonga em vários planos.

As mulheres praticam dois estilos, igualmente inspirados pelo espírito decorativo e pela abstração. Um é angular e geométrico, o outro, curvilíneo e

---

* "Le dédoublement de la représentation dans les arts de l'Asie et de l'Amerique", *Renaissance*, vols. II e III, Nova York, 1945, pp. 168-86, 20 figuras. Reproduzido em *Anthropologie structurale*, cap. XIII.

livre. No mais das vezes, as composições são baseadas numa combinação regular dos dois estilos. Por exemplo, um é empregado para as bordas ou a moldura, o outro, para a decoração principal; mais impressionante ainda é o caso dos vasilhames, nos quais existe em geral uma decoração geométrica no gargalo, e uma decoração curvilínea no bojo, ou vice-versa. O estilo curvilíneo é mais comumente adotado para as pinturas de rosto, e o estilo geométrico, para as do corpo; a não ser que, por uma divisão suplementar, cada região tenha uma decoração que por sua vez proceda de uma combinação dos dois.

Em todos os casos, o trabalho concluído traduz uma preocupação de equilíbrio entre outros princípios que também andam aos pares: uma decoração primitivamente linear é retomada no final da execução para ser transformada em parte em superfícies (por meio do preenchimento de certos setores, como fazemos quando desenhamos de forma mecânica); a maioria das obras se baseia na alternância dos dois temas; e quase sempre a figura e o fundo ocupam aproximadamente uma superfície igual, de sorte que é possível ler a composição de duas maneiras, invertendo os grupos convocados a desempenhar um ou outro papel: cada motivo pode ser visto em positivo ou em negativo. Por último, com frequência a decoração respeita um duplo princípio de simetria e de assimetria aplicados ao mesmo tempo, o que se traduz na forma de registros opostos entre si, raramente partidos ou cortados, no mais das vezes franchados ou talhados, ou ainda esquartelados ou em forma de girão. É de propósito que emprego termos heráldicos; pois todas essas regras evocam os princípios do brasão, irresistivelmente.

Prossigamos a análise com um exemplo: eis uma pintura de corpo que parece simples (figs. 17-18). Consiste em palas onduladas e encostadas, determinando campos fuselados e regulares cujo fundo é tomado por uma proliferação de pequenos adornos à razão de um por campo. Essa descrição é enganadora: olhemos mais de perto. Talvez ela explique a aparência geral, uma vez terminado o desenho. Mas a desenhista não começou por traçar suas faixas onduladas para em seguida ornamentar cada interstício com um adorno. Seu método foi diferente, e mais complicado. Trabalhou como um calceteiro, construindo fileiras sucessivas por meio de elementos idênticos. Cada elemento é composto da seguinte maneira: um setor de faixa, ele mesmo formado pela parte côncava de uma banda e pela parte convexa da banda adjacente; um campo fuselado; um adorno no centro desse campo. Esses elementos imbri-

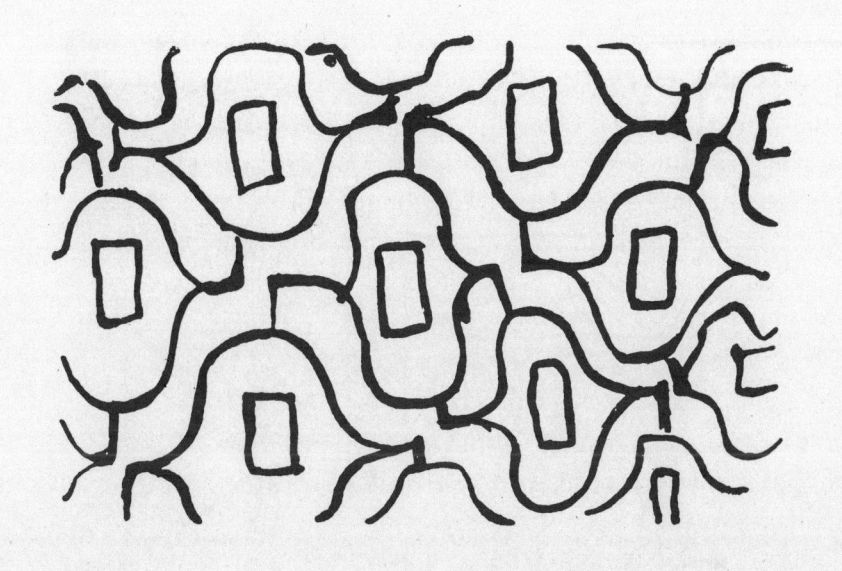

17-18. *Pintura corporal; no alto, registrada por Boggiani (1895), acima, pelo autor (1935).*

19-20. Dois motivos de pinturas facial e corporal.

cam-se ao se engatarem uns nos outros e é só no fim que a figura encontra uma estabilidade que confirma e desmente ao mesmo tempo o processo dinâmico segundo o qual foi executada.

O estilo cadiueu confronta-nos, pois, com toda uma série de complexidades. Primeiramente, há um dualismo que se projeta em planos sucessivos como numa sala de espelhos: homens e mulheres, pintura e escultura, representação e abstração, ângulo e curva, geometria e arabesco, gargalo e bojo, simetria e assimetria, linha e superfície, contorno e motivo, peça e campo, figura e fundo. Mas essas oposições são percebidas a posteriori; têm um caráter estático; a dinâmica da arte, isto é, o modo como os motivos são imaginados e executados, coincide com essa dualidade fundamental em todos os planos, pois os temas primários são, em primeiro lugar, desarticulados, em seguida recompostos em temas secundários que fazem intervir numa unidade provisória fragmentos tirados dos precedentes, e aqueles são justapostos de tal maneira que reaparece a unidade primitiva como num passe de mágica. Por fim, as decorações complexas obtidas por esse processo são elas próprias mais uma vez recortadas e confrontadas, por meio de esquartelamentos semelhantes aos dos brasões nos quais duas decorações se repartem pelos quatro cantos opostos dois a dois, sendo simplesmente repetidos de um para outro, ou coloridos.

Então, torna-se possível explicar por que esse estilo lembra, em mais sutil, o de nossas cartas de baralho. Cada figura de carta obedece a duas necessidades. Primeiro, deve assumir uma função, que é dupla: ser um objeto, e servir ao diálogo — ou ao duelo — entre dois parceiros que se enfrentam; e deve também representar um papel, atribuído a cada carta em sua condição de objeto de uma coleção: o próprio baralho. Dessa vocação complexa decorrem várias exigências: a da simetria, que tem a ver com a função, e a da assimetria, que responde ao papel. O problema é resolvido pela adoção de uma composição simétrica, mas segundo um eixo oblíquo, fugindo assim da fórmula completamente assimétrica, que satisfaria o papel mas contradiria a função, e da fórmula inversa, completamente simétrica, que provocaria o efeito contrário. Também aqui se trata de uma situação complexa que corresponde a duas formas contraditórias de dualidade, e que leva a um compromisso, realizado por uma oposição secundária entre o eixo ideal do objeto e o da figura que ele representa. Mas, para chegar a essa conclusão, fomos obrigados a ultrapassar o plano da análise estilística. Não basta, para compreender o estilo das cartas de baralho, considerar seu desenho; há também que se indagar para que servem. Afinal, para que serve a arte cadiueu?

Respondemos parcialmente à pergunta, ou melhor, os indígenas o fizeram por nós. Antes de mais nada, as pinturas do rosto conferem ao indivíduo sua dignidade de ser humano; operam a passagem da natureza à cultura, do animal "estúpido" ao homem civilizado. Em seguida, diferentes quanto ao estilo e à composição segundo as castas, expressam numa sociedade complexa a hierarquia dos status. Possuem, assim, uma função sociológica.

Por mais importante que seja, essa constatação não basta para explicar as propriedades originais da arte indígena; no máximo, explica sua existência. Portanto, prossigamos a análise da estrutura social. Os Mbaiá se dividiam em três castas; cada uma vivia subjugada às preocupações com a etiqueta. Para os nobres, e até certo ponto para os guerreiros, o problema essencial era o do prestígio. As descrições antigas mostram-nos preocupados em manter as aparências, não perder a dignidade e, sobretudo, não contrair um casamento com gente inferior. Uma sociedade dessas encontrava-se, pois, ameaçada pela segregação. Fosse por vontade, fosse por necessidade, cada casta tendia a se fechar em si mesma às custas da coesão do corpo social inteiro. Em especial, a endogamia das castas e a multiplicação das nuances da hierarquia podiam comprometer as possibilidades das uniões convenientes às necessidades concretas da vida coletiva. Só assim se explica o paradoxo de uma sociedade relutante à procriação, e que, para se proteger dos riscos internos de casamentos desiguais, chega a praticar um racismo às avessas, que consiste na adoção sistemática de inimigos ou de estranhos.

Em tais condições, é significativo encontrar nas fronteiras extremas do vasto território controlado pelos Mbaiá, respectivamente a nordeste e a sudoeste, formas de organização social quase idênticas entre si, apesar da distância geográfica. Os Guaná do Paraguai e os Bororo do Mato Grosso central possuíam (e ainda possuem, neste último caso) uma estrutura hierarquizada, vizinha da dos Mbaiá: estavam ou estão divididos em três classes que, ao que parece, pelo menos no passado implicavam status diferentes. Essas classes eram hereditárias e endógamas. Todavia, o perigo assinalado acima para os Mbaiá era compensado em parte, tanto entre os Guaná quanto entre os Bororo, por uma divisão em duas metades, das quais sabemos, para o último exemplo, que cortavam ao meio as classes. Se era proibido aos membros de classes diferentes casarem-se entre si, a obrigação inversa impunha-se às metades: um homem de uma metade devia obrigatoriamente desposar uma mulher da outra, e vice-versa. De modo que é justo dizer que a assimetria das classes encontra-se, em certo sentido, equilibrada pela simetria das metades.

Deve-se encarar como um sistema solidário essa estrutura complexa, formada por três classes hierarquizadas e duas metades equilibradas? É possível. É igualmente tentador diferenciar os dois aspectos e tratar de um como se fosse mais antigo do que o outro. Neste caso, não faltariam argumentos em favor da prioridade, seja das classes, seja das metades.

A questão que nos interessa aqui é de outra natureza. Por breve que tenha sido minha descrição do sistema dos Guaná e dos Bororo (que será retomada mais adiante, quando eu evocar minha temporada entre estes últimos), está claro que ele oferece no plano sociológico uma estrutura análoga à que demonstrei no plano estilístico a propósito da arte cadiueu. Continuamos a nos confrontar com uma dupla oposição. No primeiro caso, ela consiste, antes de tudo, na oposição entre uma organização ternária e outra binária, uma assimétrica e a outra, simétrica; e, em segundo lugar, na oposição entre mecanismos sociais baseados, uns, na reciprocidade, e os outros, na hierarquia. O esforço para manter-se fiel a esses princípios contraditórios acarreta divisões e subdivisões do grupo social em subgrupos aliados e opostos. Como um brasão que reúne em seu campo prerrogativas recebidas de diversas linhagens, a sociedade acha-se talhada, cortada, partida e franchada. Basta considerar a planta de uma aldeia bororo (o que farei mais adiante) para perceber que é organizada como um desenho cadiueu.

Assim sendo, tudo se passa como se, colocados diante da contradição de sua estrutura social, os Guaná e os Bororo tivessem conseguido resolvê-la (ou disfarçá-la) usando métodos propriamente sociológicos. Talvez possuíssem as metades antes de caírem na esfera de influência dos Mbaiá, e, assim, já tivessem à sua disposição esse meio; talvez tenham inventado depois — ou copiado de outros — as metades, porque a empáfia aristocrática era menor entre os provincianos; poderíamos também imaginar outras hipóteses. Faltou tal solução aos Mbaiá, seja porque a ignoraram (o que é improvável), seja, mais provavelmente, porque foi incompatível com o fanatismo deles. Portanto, não tiveram a sorte de resolver suas contradições, ou pelo menos de dissimulá-las graças a instituições artificiosas. Mas esse remédio, que lhes faltou no plano social, ou que eles

21. Pintura facial.

se recusaram a imaginar, não podia, ainda assim, escapar-lhes por completo. De modo insidioso, continuou a perturbá-los. E, já que não podiam tomar consciência dele e vivenciá-lo, puseram-se a sonhá-lo. Não de forma direta, que teria se chocado com seus preconceitos; de forma transposta e na aparência inofensiva: em sua arte. Pois se esta análise é correta, teremos, em última instância, que interpretar a arte gráfica das mulheres cadiuéu, explicar sua misteriosa sedução e sua complicação à primeira vista gratuita, como o fantasma de uma sociedade que procura, com uma paixão insatisfeita, o meio de expressar simbolicamente as instituições que poderia ter, se os seus interesses e as suas superstições não lhe impedissem. Adorável civilização, cujo sonho as rainhas contornam com suas pinturas faciais: hieróglifos que descrevem uma inacessível idade de ouro que, à falta de código, elas celebram em seus adereços, e cujos mistérios elas desvendam ao mesmo tempo que a própria nudez.

**PARTE VI
BORORO**

21. O ouro e os diamantes

Em frente de Porto Esperança, na margem do rio Paraguai, Corumbá, porta da Bolívia, parece ter sido concebida por Júlio Verne. A cidade está implantada no alto de uma falésia calcária que domina o rio. Cercados de pirogas, um ou dois pequenos vapores de roda, com dois andares de camarotes instalados sobre um casco baixo e coroados por uma chaminé delgada, estão amarrados ao cais de onde parte uma ladeira. Primeiro, erguem-se algumas construções de importância desproporcional com o resto: alfândega, arsenal, que evocam os tempos em que o rio Paraguai formava uma fronteira precária entre Estados recém-independentes e fervilhantes de novas ambições, e para os quais a via fluvial servia à circulação intensa entre o rio da Prata e o interior.

Chegando ao alto da falésia, o caminho acompanha-a por uma avenida à beira-rio por cerca de duzentos metros; depois, vira em ângulo reto e penetra na cidade: longa rua de casas térreas com telhados planos, pintados de branco ou de bege. A rua desemboca numa praça quadrada onde cresce o capim entre os flamboyants de cores ácidas, laranja e verde; mais adiante, é o campo pedregoso, até as colinas que fecham o horizonte.

Um só hotel, e sempre cheio; alguns quartos em casas de moradores, em térreos onde se acumula a umidade dos charcos e onde os pesadelos fiéis à realidade transformam quem vai dormir em mártir cristão de um novo tipo, atirado num fosso sufocante para servir de alimento aos percevejos; quanto à comida, é execrável, de tal forma o campo, pobre ou inexplorado, é incapaz de suprir às necessidades dos 2 a 3 mil habitantes, sedentários e viajantes, que formam a população de Corumbá. Tudo é caríssimo, e a agitação aparente, o contraste que cria com a paisagem plana e desértica — esponja marrom que se estende para além do rio —, dá uma impressão de vida e de alegria, como podiam proporcioná-la, há um século, as cidades pioneiras da Califórnia ou do Far West. À noite, toda a população reúne-se à margem do rio. Diante dos rapazes mudos, sentados com as pernas balançando sobre a amurada, as moças perambulam em grupos de três ou quatro, cochichando. Imaginaríamos observar uma cerimônia; nada mais estranho do que aquela solene parada pré-nupcial que se desenrola à luz de uma eletricidade oscilante, à beira de quinhentos quilômetros de pântano por onde, até as portas da cidade, zanzam as emas e as sucuris.

Corumbá está a apenas quatrocentos quilômetros, a voo de pássaro, de Cuiabá; assisti ao desenvolvimento da aviação entre as duas cidades, desde os pequenos aparelhos de quatro lugares que percorriam a distância em duas ou três horas violentamente agitadas, até os Junker de doze lugares dos anos 1938-9. No entanto, em 1935 só se podia chegar a Cuiabá pelo rio, e os quatrocentos quilômetros duplicavam com os meandros fluviais. Na temporada das chuvas, demorávamos oito dias para chegar à capital do estado, e às vezes três semanas na estação seca, quando o barco encalhava nos bancos apesar de seu baixo calado; perdíamos dias recolocando-o para flutuar, com a ajuda de um cabo preso a algum tronco robusto da margem, puxado com raiva pelo motor. No escritório da Companhia, havia um cartaz sedutor em extremo. Traduzo-o literalmente ao lado, respeitando o estilo e a disposição tipográfica. Inútil dizer que a realidade pouco correspondia à descrição.

No entanto, que deliciosa viagem! Poucos passageiros: famílias de criadores que iam encontrar seus rebanhos, mascates libaneses, militares do batalhão ou funcionários do estado. Mal subia a bordo, todo esse mundo exibia a roupa de praia do interior, ou seja, um pijama listrado, de seda para os elegantes, mal disfarçando os corpos peludos, e chinelos; duas vezes ao dia, sentávamos à mesa em torno de um cardápio imutável que consistia num prato de arroz, outro de feijão, um terceiro de farinha seca de mandioca, tudo isso acompanhando uma carne de boi fresca ou de conserva. É o que se chama de 'feijoada'. Igual à

> # VOSSA EXCELÊNCIA VAI VIAJAR?
>
> *Que exija categoricamente tomar o esplêndido*
>
> # N/M CIDADE DE CORUMBÁ
>
> da **Empresa de Navegação Fluvial do Sr... & Cia.**, esse navio a vapor que possui acomodações superiores, excelentes salas de banho, luz elétrica, água corrente em todos os camarotes e um serviço perfeito de Garçonière.[1]
>
> O mais rápido e confortável navio da linha Cuiabá—Corumbá—Porto Esperança.
>
> Tomando nesta cidade de Corumbá, ou em Porto Esperança, o N/M **CIDADE DE CORUMBÁ**, Vossa Excelência chegará ao destino **3 dias antes**, ou mais, do que com qualquer outro navio, e como o problema **Tempo** é um fator importante no terreno das atividades, a preferência deve ir, por conseguinte, para o mais rápido e que oferece o melhor conforto.
>
> # "VAPOR GUAPORÉ'"
>
> **Para melhor servir aos senhores passageiros**, a Empresa acaba de renovar o esplêndido vapor **GUAPORÉ**, transferindo a sala de jantar para cima, idéia que dá ao vapor uma magnífica **Sala de Jantar** e um grande espaço para a locomoção dos distintos passageiros.
>
> *Todas as vossas preferências devem ir por conseguinte para os vapores rápidos* N/M **CIDADE DE CORUMBÁ** e **GUAPORÉ**.
>
> ---
> (1) Em francês e com essa ortografia no texto.

voracidade de meus companheiros de viagem, só mesmo o discernimento com que julgavam o trivial. Segundo as refeições, proclamavam que a 'feijoada' era 'muito boa' ou 'muito ruim'; da mesma maneira, só possuíam uma expressão para qualificar a sobremesa, composta de queijo gordo e de marmelada ou goiabada, que se comem juntos com a ponta da faca: esta era ou não 'bem doce'.

A cada trinta quilômetros, em média, o barco parava para tomar lenha num depósito; e, quando era necessário, esperávamos duas ou três horas, tempo para o funcionário ir ao pasto pegar uma vaca com as boleadeiras, matá-la e esfolá-la com a ajuda da tripulação, que depois içava a carcaça a bordo, abastecendo-nos de carne fresca por alguns dias.

No resto do tempo, o vapor deslizava suavemente pelos braços estreitos; a isso se chama "negociar" os 'estirões', ou seja, percorrer, umas após outras, essas unidades de navegação que são formadas pelos trechos de rio compreendidos entre duas curvas acentuadas o bastante para que não se possa enxergar mais longe. Esses 'estirões' às vezes se aproximam uns dos outros graças a um meandro: de tal forma que à noite encontramo-nos a apenas alguns metros do lugar onde estávamos de manhã. Muitas vezes, o barco roça nos galhos da floresta alagada que domina a margem; o barulho do motor desperta um mundo incontável de pássaros: araras em seu voo esmaltado de azul, vermelho e dourado; carapirás mergulhadores cujo pescoço sinuoso lembra uma cobra alada; periquitos e papagaios que enchem o ar de gritos suficientemente parecidos com a voz para que se possa qualificá-los de inumanos. Por sua proximidade e sua monotonia, o espetáculo prende a atenção e provoca uma espécie de torpor. De vez em quando, uma ocasião mais rara comove os passageiros: um casal de cervídeos ou antas atravessando a nado; uma 'cascavel' — cobra de chocalho — ou 'jiboia' contorcendo-se na superfície da água, leve como um cisco; ou um bando fervilhante de 'jacarés', crocodilos inofensivos que logo nos cansamos de matar à espingarda com uma bala mirada no olho. A pesca de 'piranhas' é mais movimentada. Em algum lugar no rio encontra-se um grande 'saladeiro', charqueada com jeito de cadafalso: entre as ossadas que cobrem o chão, barras paralelas sustentam nacos violáceos sobre os quais rondam os urubus num voo sombrio. Por centenas de metros, o rio fica vermelho de sangue do matadouro. Basta jogar uma linha para que, sem sequer esperar a imersão do anzol nu, várias 'piranhas' se lancem embriagadas de sangue e que uma o agarre com seu losango dourado. Que o pescador seja prudente ao soltar sua presa: uma dentada lhe levaria o dedo.

Depois de passado o afluente do São Lourenço — a cujo curso superior iremos, por terra, ao encontro dos Bororo —, o Pantanal desaparece; de um lado e outro do rio domina uma paisagem de 'campo', cerrados de gramíneas onde as habitações são mais frequentes e onde vagam as manadas.

Bem poucas coisas assinalam Cuiabá ao navegante: uma rampa calçada, banhada pelo rio, e no alto da qual se entrevê o perfil do velho arsenal. De lá, uma rua com dois quilômetros de comprimento e ladeada por casas toscas leva à praça da matriz, branca e cor-de-rosa, que se ergue entre duas alamedas de palmeiras-imperiais. À esquerda, o bispado; à direita, o palácio do governador, e, na esquina da rua principal, a hospedaria — única na época — mantida por um libanês gordo.

Descrevi Goiás e me repetiria se me detivesse em Cuiabá. O local é menos bonito, mas a cidade possui o mesmo encanto, com suas casas austeras, projetadas a meio caminho entre o palácio e a choupana. Como o lugar é cheio de vales, do andar superior das residências sempre se descobre uma parte da cidade: casas brancas com tetos de telhas alaranjadas, cor da terra que circunda as árvores frondosas dos 'quintais'. Em torno da praça central em forma de L, uma rede de ruelas lembra a cidade colonial do século XVIII; desembocam em terrenos baldios que servem de pouso para os comboios, em vagas alamedas ladeadas de mangueiras e bananeiras que abrigam casebres de taipa; e logo depois vem o campo onde pastam tropas de bois de partida ou mal chegados do 'sertão'.

A fundação de Cuiabá data de meados do século XVIII. Por volta de 1720, os exploradores paulistas, chamados 'bandeirantes', chegavam pela primeira vez à região; a alguns quilômetros do local atual, instalaram um pequeno posto e colonos. A região era habitada pelos índios Cuxipó, entre os quais alguns aceitaram trabalhar nas derrubadas. Certo dia, um colono — Miguel Sutil, o bem chamado — mandou alguns índios à procura de mel selvagem. Voltaram na mesma noite, com as mãos cheias de pepitas de ouro colhidas na superfície. Sem mais tardar, Sutil e um companheiro chamado Barbudo seguiram os indígenas ao local de sua coleta: lá estava o ouro, por todo lado. Em um mês, recolheram cinco toneladas de pepitas.

Portanto, não admira que as terras ao redor de Cuiabá lembrem, em certos locais, um campo de batalha; morros cobertos de capim e capoeira comprovam a febre antiga. Ainda hoje, ocorre a um cuiabano achar uma pepita, plantando seus legumes. E na forma de faíscas, o ouro continua presente. Em Cuiabá, os mendigos são garimpeiros: vemo-los faiscando no leito do riacho que atravessa a cidade baixa. Um dia de esforços proporciona o suficiente para comer, e diversos comerciantes ainda empregam a pequena balança que permite a troca de uma pitada de pó por carne ou arroz. Imediatamente depois de uma grande chuva, quando a água escorre pelos barrancos, as crianças se precipitam, munidas cada uma de uma bola de cera virgem que mergulham na corrente, esperando que mínimas parcelas brilhantes venham se colar. Aliás, os cuiabanos garantem que um veio passa debaixo de sua cidade, a vários metros de profundidade; dizem que jaz sob a modesta agência do Banco do Brasil, mais rica com esse tesouro do que com as reservas depositadas em seu antiquado cofre-forte.

De sua glória antiga, Cuiabá conserva um estilo de vida lento e cerimonioso. Para o forasteiro, o primeiro dia transcorre em idas e vindas pela praça que separa a hospedaria do palácio do governador: entrega de um cartão de visita ao chegar; uma hora depois, o ajudante de ordens, guarda bigodudo, retribui a gentileza; depois da sesta que paralisa a cidade inteira numa morte diária, de meio-dia às quatro horas, apresentamos nossos cumprimentos ao governador (na época, "interventor"), que reserva à etnografia uma acolhida cortês e enfarada; os índios, certamente preferiria que não existissem; que são para ele, se não o lembrete irritante de sua desgraça política, o testemunho de seu confinamento num município atrasado? Com o bispo, é a mesma coisa: os índios, resolve me explicar, não são tão ferozes e estúpidos como se pode pensar. Poderia eu imaginar que uma índia Bororo foi ser freira? Que os irmãos de Diamantino conseguiram — às custas de quantos esforços! — fazer de três Pareci marceneiros razoáveis? E no plano científico, os missionários de fato recolheram tudo o que valia a pena ser preservado. Tinha eu alguma ideia de que o inculto Serviço de Proteção escrevia Bororó com o acento tônico na última vogal, quando o padre fulano de tal estabelecera, já fazia vinte anos, que é na intermediária? Quanto às lendas, eles conheciam a do dilúvio, prova de que Nosso Senhor não quis que permanecessem uns danados. Pretendo encontrá-los, vá lá! Mas, acima de tudo, que eu me abstenha de comprometer a obra dos padres: nada de presentes fúteis, espelhos ou colares. Machados exclusivamente; esses preguiçosos devem ser chamados à santidade do trabalho.

Uma vez desincumbidos dessas formalidades, podemos passar ao que interessa. Os dias se esvaem no fundo das lojas dos comerciantes libaneses, chamados de 'turcos': semiatacadistas, semiagiotas, que alimentam com quinquilharias, tecidos e remédios dúzias de parentes, clientes ou protegidos que, munido cada um de um carregamento comprado a prestação, irão com alguns bois ou numa canoa extorquir os derradeiros mil réis perdidos no fundo do mato ou ao longo dos rios (após vinte ou trinta anos de uma vida tão cruel para ele quanto para os que explora, vai instalar-se graças a seus milhões); na padaria, que preparará os sacos de 'bolachas', pães redondos de farinha sem fermento, amassada com gordura: duros como pedra mas que amolecem ao fogo, até que, esmigalhados pelos sacolejos e impregnados do suor dos bois, se tornem um alimento indefinível, tão rançoso quanto a carne-seca encomendada ao açougueiro. O de Cuiabá era um personagem nostálgico; tinha uma única ambição, e poucas chances de realizá-la: algum dia um circo viria a Cuiabá? Gostaria tanto de contemplar um elefante: "Toda aquela carne!...".

Havia, por último, os irmãos B; eram franceses, de origem corsa, instalados fazia muito tempo em Cuiabá, por que motivo, não me disseram. Falavam sua língua materna com uma voz distante, cantada e insegura. Antes de virarem garagistas, tinham sido caçadores de garças e descreviam sua técnica, que consistia em dispor no chão cartuchos de papel branco onde os grandes pássaros, fascinados por essa cor imaculada que é também a deles, vinham bicar e, cegos por aquele capuz, deixavam-se capturar sem resistência. Pois as bonitas plumas são colhidas na época dos amores, no pássaro vivo. Havia em Cuiabá armários cheios de egretes, invendáveis desde que a moda as menosprezara. Depois, os irmãos B viraram mineradores de diamantes. Agora, especializavam-se em apetrechar caminhões que eles lançavam, como os navios de outrora através dos oceanos desconhecidos, pelas estradas onde o carregamento e o veículo corriam o risco de cair no fundo de uma ribanceira ou de um rio. Mas, se chegassem a bom porto, um lucro de 400% compensava as perdas anteriores.

Com muita frequência percorri de caminhão a região de Cuiabá. Na véspera da partida, enchiam-se os galões de gasolina, em quantidade maior ainda na medida em que se devia prever o consumo da ida e da volta e que andaríamos quase o tempo todo em primeira ou em segunda; arrumavam-se os mantimentos e o material do acampamento, de modo a dar aos passageiros a possibilidade de sentar e de se abrigar em caso de chuva. Também havia que se pendurar nas laterais os macacos e as ferramentas, assim como uma provisão de cordas e de tábuas destinadas a substituir as pontes destruídas. No alvorecer do dia seguinte, trepávamos na carga, como sobre um camelo; e o caminhão começava a sua marcha oscilante; já no meio do dia surgiam as dificuldades: terras alagadiças ou pantanosas, que era preciso cobrir de lenha; assim, perdi três dias a deslocar, de trás para a frente, um tapete de troncos que media duas vezes o comprimento do caminhão, até que a passagem difícil fosse transposta; ou então era a areia, e escavávamos debaixo das rodas, preenchendo os vãos com folhagem. Quando as pontes estavam intactas, tínhamos, contudo, de descarregar completamente, para diminuir o peso, e recarregar uma vez transpostas as tábuas bambas; se as encontrássemos queimadas por um incêndio no mato, acampávamos para reconstruí-las e desmantelá-las em seguida, pois as tábuas podiam ser indispensáveis para uma próxima vez; finalmente, havia os rios maiores, transponíveis apenas em balsas formadas por três pirogas presas por travessões e que, sob o peso do caminhão, mesmo descarregado, afundavam até a borda, talvez só para levar o veículo até uma margem demasiado íngreme ou demasiado barrenta para ser escalada; e, então, eram pistas a improvisar por várias centenas de metros, até uma atracação melhor ou até um baixio.

Os homens que exerciam a profissão de dirigir esses caminhões estavam acostumados a ficar viajando durante semanas, ou meses. A dois, formavam uma equipe: o motorista e seu "ajudante", um na direção, o outro encarapitado no estribo, de olho nos obstáculos, vigiando a marcha, como o marinheiro que se coloca na proa para ajudar o piloto a transpor um estreito. Tinham sempre a espingarda ao alcance da mão, pois não era raro que na frente do caminhão parassem um veado ou uma anta, mais curiosos do que assustados. Atirava-se imediatamente, e o sucesso decidia a continuação da viagem: havia que se esfolar, estripar o animal, cortar os quartos em postas finas de carne, como uma batata que se descascasse em espiral até o meio. As postas eram logo esfregadas com uma mistura sempre pronta de sal, pimenta e alho socado. Estendiam-nas ao sol por algumas horas, o que permitia esperar até o dia seguinte para renovar a operação, que também devia ser repetida nos dias posteriores. Assim obtém-se a 'carne de sol', menos gostosa do que a 'carne de vento' que é colocada para secar no alto de uma vara, em pleno vento, à falta de sol, mas que também se conserva menos tempo.

Estranha vida a desses motoristas-virtuoses, sempre prontos para os mais delicados consertos, improvisando e apagando as pistas por onde passavam, expostos a ficar várias semanas no meio do mato, no lugar onde o caminhão quebrou, até que um caminhão concorrente passe para dar o alerta em Cuiabá, de onde se pedirá a São Paulo ou ao Rio que envie a peça quebrada. Enquanto isso, eles acampam, caçam, lavam roupa, dormem e esperam. Meu melhor motorista era um foragido desde um crime ao qual jamais se referia; sabia-se que morava em Cuiabá; ninguém dizia nada: para fazer um trajeto impossível, ninguém seria capaz de substituí-lo. Aos olhos de todos, sua vida, arriscada todos os dias, compensava amplamente a que ele tirara.

Quando estávamos deixando Cuiabá lá pelas quatro horas da manhã, ainda era noite. O olhar entrevia algumas igrejas decoradas de estuque, da base ao campanário; as últimas ruas ladeadas de mangueiras, podadas em forma de bola, e calçadas com pedras de rio faziam o caminhão estremecer. O aspecto característico de pomar que o cerrado oferece — devido ao espaçamento natural entre as árvores — dá ainda a ilusão de uma paisagem arrumada, embora já se esteja no mato; logo o caminho fica suficientemente difícil para nos convencer disso: eleva-se sobre o rio em curvas pedregosas interrompidas por barrancos e vaus lamacentos, invadidos pela 'capoeira'. Assim que ganhamos um pouco de altitude, descobrimos uma linha tênue e rósea, demasiado fixa para ser confundida com os clarões da aurora. Por muito tempo, no entanto, duvidamos de sua natureza e de sua realidade. Porém, depois de três ou quatro horas de estrada, no alto de uma ladeira de pedra, o olhar abarca um horizonte mais amplo e que força à evidência: do Norte ao Sul, ergue-se uma parede vermelha a duzentos ou trezentos metros acima das colinas verdejantes. Para o Norte, ela se inclina aos poucos até se confundir com o planalto. Mas do lado sul, por onde chegamos, começamos a distinguir os detalhes. Esse paredão que pouco antes parecia sem falhas encobre chaminés estreitas, picos que se destacam na vanguarda, balcões e plataformas. Nessa obra de pedra, há redutos e desfiladeiros. O caminhão levará várias horas para escalar a rampa, mal e mal corrigida pelo homem, que nos conduzirá ao rebordo superior da 'chapada' do Mato Grosso, dando-nos acesso a mil quilômetros de planalto que se inclina suavemente na direção norte, até a bacia amazônica: o 'chapadão'.

É um outro mundo que se revela. O capim agreste, de um verde leitoso, mal disfarça a areia, branca, rosa ou ocre, produzida pela decomposição superficial da base de grés. A vegetação reduz-se a árvores espaçadas, de formas nodosas, protegidas contra a seca, que castiga durante sete meses do ano, por uma casca grossa, folhas envernizadas e espinhos. Todavia, basta que a chuva caia por alguns dias para que essa savana desértica se transforme em jardim: o mato verdeja, as árvores cobrem-se de flores brancas e cor de malva. Mas sempre domina a impressão de imensidade. O solo é tão compacto, os declives tão suaves, que o horizonte estende-se sem obstáculo por dezenas de quilômetros: passa-se a metade de um dia a percorrer uma paisagem contemplada desde a manhã, que repete exatamente a que atravessamos na véspera, de sorte que percepção e lembrança confundem-se numa obsessão de imobilidade. Por mais distante que esteja a terra, ela é tão uniforme, a tal ponto sem acidentes, que, muito alto no céu, confunde-se o horizonte longínquo com nuvens. A paisagem é fantástica demais para ser monótona. De vez em quando, o caminhão passa a vau por cursos de água sem margens que mais inundam do que cruzam o planalto, como se esse terreno — um dos mais antigos do mundo e fragmento ainda intacto do continente de Gondwana que, na era mesozoica, unia o Brasil e a África — houvesse se mantido jovem demais para que os rios tivessem tempo de cavar um leito.

A Europa oferece formas precisas sob uma luz difusa. Aqui, o papel, para nós tradicional, do céu e da terra inverte-se. Acima do rastro leitoso do 'campo', as nuvens erguem as mais extravagantes construções. O céu é a região das formas e dos volumes; a terra conserva a imprecisão das primeiras eras.

Certa noite, paramos perto de um 'garimpo' de diamantes. Sombras logo apareceram ao redor da nossa fogueira: alguns 'garimpeiros' que tiravam de sua sacola ou dos bolsos de suas roupas andrajosas pequenos canudos de bambu que esvaziavam em nossas mãos; são diamantes brutos, que esperam nos vender. Mas fui suficientemente informado pelos irmãos B a respeito dos costumes do garimpo para saber que nada daquilo pode ter real interesse. Pois o garimpo tem suas leis não escritas, que nem por isso são menos rigorosamente cumpridas.

Aqueles homens dividem-se em duas categorias: aventureiros e foragidos; o último grupo é o mais numeroso, o que explica que quem entra no garimpo dificilmente sai. O curso dos riachos, em cuja areia se cata o diamante, é controlado pelos primeiros ocupantes. Suas posses seriam insuficientes para lhes permitir esperar pela sorte grande, que não se produz com tanta frequência. Portanto, estão organizados em bandos, cada um comandado por um chefe que se atribui o título de capitão ou de engenheiro; este deve dispor de capitais para armar seus homens, equipá-los com o material indispensável — balde de ferro estanhado para subir o cascalho, peneira, bateia, às vezes também capacete de escafandro que possibilite descer aos abismos, e bomba de oxigênio; enfim, e acima de tudo, para abastecê-los regularmente. Em troca, o homem compromete-se a só vender seus achados aos compradores cadastrados (eles próprios, em ligação com as grandes lapidações holandesas ou inglesas) e a dividir o lucro com o chefe.

O armamento não se explica apenas pelas rivalidades frequentes entre os bandos. Até época bem recente, e inclusive ainda hoje, ele permitia interditar o acesso da polícia ao garimpo. Assim, a zona diamantífera formava um Estado dentro do Estado, o primeiro em guerra aberta contra o segundo. Em 1935, continuava-se a mencionar a guerrinha travada por vários anos pelo 'engenheiro' Morbeck e seus bravos, os 'valentões', contra a polícia do estado do Mato Grosso, e que se concluiu por um compromisso. É bom que se diga, em favor dos insubmissos, que o infeliz que se deixasse capturar pela polícia nas vizinhanças de um garimpo raramente chegava até Cuiabá. Um famoso chefe de bando, o 'capitão' Arnaldo, foi preso junto com o seu lugar-tenente. Amarraram-nos pelo pescoço, com os pés repousando numa tabuinha, até que o cansaço os fizesse perder o equilíbrio e eles caíssem enforcados do alto da árvore onde os deixaram esquecidos.

A lei do bando é tão bem observada que não raro se vê em Lajeado ou em Poxoréu, que são os centros do garimpo, uma mesa de albergue coberta de diamantes, abandonada por seus ocupantes momentaneamente. Cada pedra, assim que é achada, é identificada por sua forma, seu tamanho, sua cor. Esses detalhes são tão exatos e tão carregados de valor emocional que, anos depois, o descobridor ainda evoca o aspecto de cada pedra: "Quando eu a contemplava", conta-me um de meus visitantes, "era como se a Virgem Santa tivesse deixado cair uma lágrima na palma da minha mão...". Mas as pedras nem sempre são tão puras: muitas vezes são apanhadas em sua ganga e é impossível saber de imediato o seu valor. O comprador cadastrado anuncia seu preço (a isso se chama 'pesar' o diamante) e, assim como a pessoa é obrigada a vender-lhe, deve também aceitar sua oferta. Cabe ao assistente bater o martelo, que indicará a todos o resultado da especulação.

Perguntei se não acontecia de serem logrados; sem dúvida, mas em vão. Um diamante proposto a outro comprador, ou às escondidas do chefe de bando, seria 'queimado' de imediato: isto é, o comprador oferecerá um preço ridículo, que sistematicamente cairá a cada tentativa posterior. Assim, houve garimpeiros de má-fé que morreram de fome com as mãos cheias.

Depois, é outra história. O sírio Fozzi enriqueceu, parece, comprando a preço baixo diamantes impuros que ele aquecia num fogareiro Primus antes de mergulhá-los num corante; esse processo dá ao diamante amarelo uma tonalidade superficial mais agradável e lhe vale o nome de 'pintado'.

Outra fraude também se pratica, mas em nível mais alto: na exportação, para evitar o pagamento dos impostos ao Estado brasileiro; conheci em Cuiabá e em Campo Grande passadores profissionais, chamados 'capangueiros'. Também contavam montes de histórias: falsos maços de cigarros que dissimulavam diamantes e que, quando apanhados pela polícia, eles jogavam displicentemente numa moita, como se estivessem vazios, para ir buscá-los ao serem soltos, pode-se imaginar com que ansiedade.

Mas naquela noite, ao redor da nossa fogueira de acampamento, a conversa abordava os incidentes diários a que estavam expostos nossos visitantes. Eu aprendia assim a língua pitoresca do 'sertão', que, para traduzir o nosso pronome indefinido *on*, usa uma coleção extraordinariamente variada de termos: 'o homem', 'o camarada', 'o colega', 'o negro', 'o tal', 'o fulano' etc. Tiveram, pois, a falta de sorte de pegar ouro nas bateias: mau presságio para um garimpeiro de diamantes; o único jeito era jogá-lo logo na água; quem guardasse o ouro enfrentaria semanas infrutíferas; um outro, apanhando o cascalho com as duas mãos, recebera uma rabanada de uma arraia venenosa. Esses ferimentos são difíceis de curar. Tem que se encontrar uma mulher que aceite se despir e urinar na ferida. Como no garimpo quase só há prostitutas camponesas, tal tratamento rudimentar provoca, no mais das vezes, uma sífilis particularmente virulenta.

Essas mulheres são atraídas pelos lendários relatos de sorte grande. Rico do dia para a noite, o garimpeiro, prisioneiro de sua ficha policial, é obrigado a gastar tudo ali mesmo. Assim se explica o tráfego de caminhões carregados de bens supérfluos. Desde que cheguem ao garimpo com a carga, esta se venderá por qualquer preço, e mais por ostentação do que por necessidade. De manhãzinha, antes de partir, fui até o barraco de um 'camarada', à beira do rio infestado de mosquitos e outros insetos. Com seu antiquado capacete de escafandro na cabeça, ele já estava raspando o fundo. O interior do barraco era tão miserável e deprimente quanto o local; mas, num canto, a companheira me mostrou com orgulho os doze ternos de seu homem, e seus vestidos de seda que as traças devoravam.

BORORO

11. *A aldeia bororo de Quejara: ao centro, a casa dos homens; ao fundo, uma parte das cabanas da metade tugaré.*

12. *Casal bororo.*

13. O melhor informante do autor, em traje de cerimônia.

14. Refeição na casa dos homens.

15. Dança fúnebre.

16. Dança do clã paiwé.

17. *A saída do* mariddo.

18. *Cerimônia funerária (fotografia de René Silz).*

NAMBIQUARA

19. O bando nambiquara em viagem...

20. ... e descansando.

21. Um abrigo de folhagem na estação seca.

22. Garotinha e o macaco.

23. *Construção da cabana para a estação das chuvas.*

24. *Dois homens nambiquara (observe-se o cigarro enrolado numa folha, passado pelo bracelete do bíceps).*

25. *O feiticeiro sabanê.*

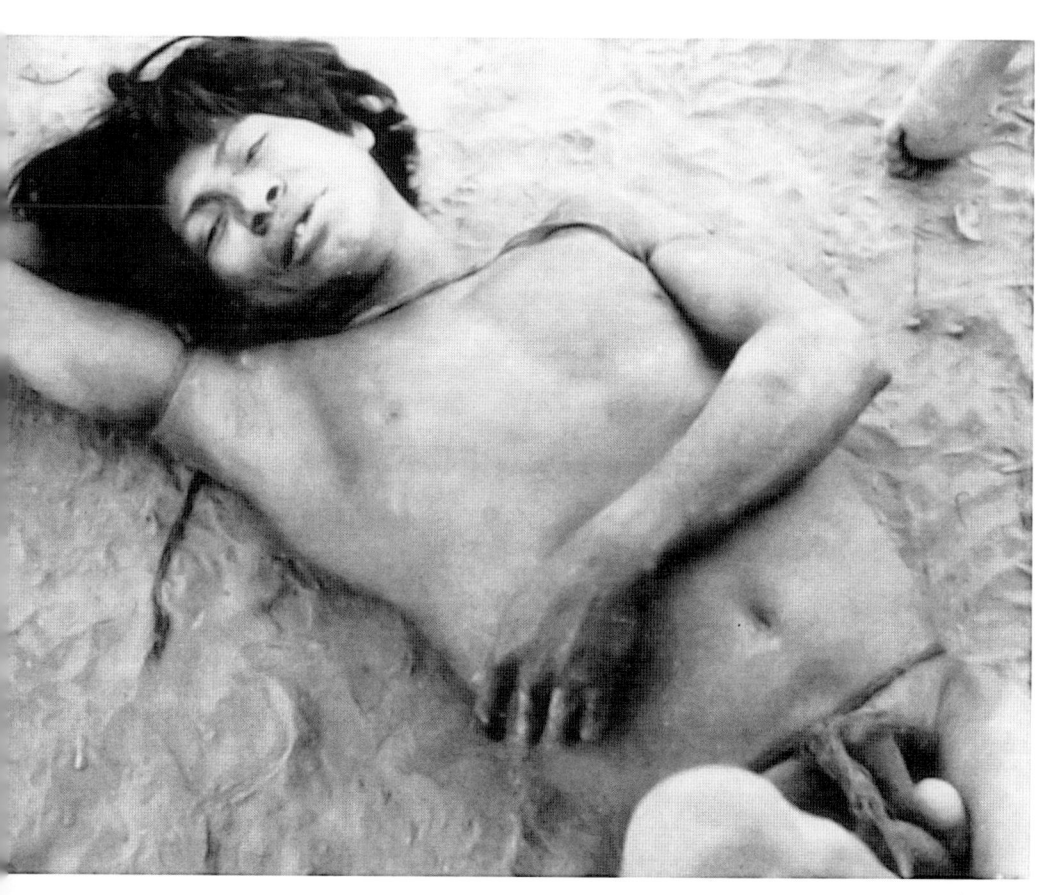

26. *O chefe wakletoçu.*

27. Preparação do curare.

28. *Posição nambiquara da mão direita para o atirar com o arco (chamada de "posição secundária"; comparar com a fig. 52).*

29. *O acampamento nambiquara em pleno trabalho: seleção das miçangas, fiação, tecelagem (ao fundo).*

30. *Mulher nambiquara furando pingentes de orelhas de nácar fluvial.*

31. Uma família poligâmica.

32. Mulher amamentando na posição indígena.

33. *Intimidade.*

34. *A sesta.*

35. *Brincadeira conjugal.*

36. *Carinhosos folguedos...*

37. *... e lutas amistosas.*

38. Catando piolhos.

39. A mocinha e o macaco.

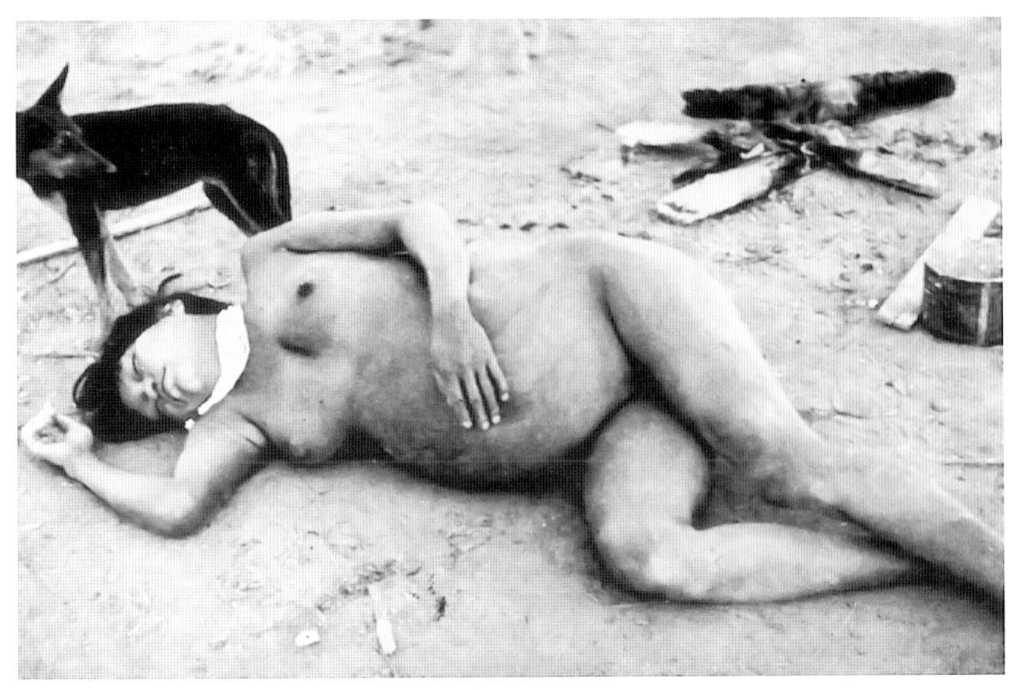

40. Mulher grávida dormindo.

41. Modo de carregar o bebê.

42. A fiandeira interrompida.

43. As duas jovens mulheres do feiticeiro conversando.

44. Garotinho nambiquara usando um fuso nasal e uma fibra rígida à guisa de tembetá.

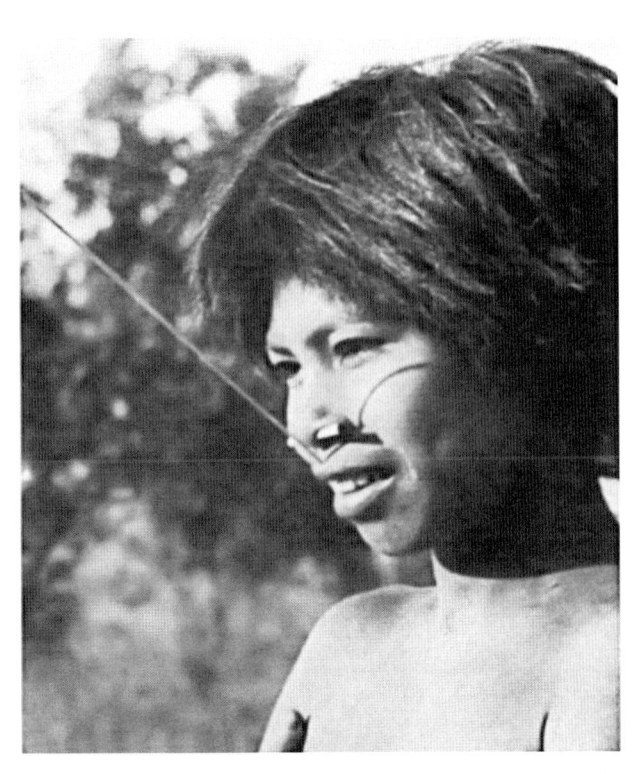

45. A sonhadora.

46. *Sorriso nambiquara.*

A noite transcorrera em cantigas e conversas. Cada conviva é solicitado a "fazer um número" copiado de alguma noitada no cabaré, lembrança de um tempo passado. Encontrei essa defasagem nos confins das fronteiras da Índia, por ocasião de banquetes entre pequenos funcionários. Aqui como lá, apresentavam monólogos, ou então o que se chama na Índia de "caricaturas", isto é, imitações: ruído de uma máquina de escrever, ronco de uma motocicleta em apuros, seguido — extraordinário contraste — pelo barulho evocador de uma "dança de fadas" que precede a imagem sonora de um cavalo a galope. E, para terminar, tendo o mesmo nome que em francês, as "grimaces".

De minha noite com os garimpeiros conservei em meus blocos de notas um fragmento de uma balada de modelo tradicional. Trata-se de um soldado descontente com o cotidiano, que escreve uma reclamação a seu cabo; este transmite ao sargento e a operação se repete a cada patente: major, coronel, general, imperador. O único jeito que este último encontra é apelar para Jesus Cristo, que, em vez de encaminhar a queixa ao Pai Eterno, "pego na pena e mandô tudo pros inferno". Eis a pequena amostra da poesia do 'sertão':

'O soldado...
O oferece...

O sargento que era um homem pertinente
Pegô na pena, escreveu pro seu tenente

O tenente que era um homem muito bão
Pegô na pena, escreveu pro capitão

O capitão que era homem dos melhor
Pegô na pena, escreveu pro major

O major que era homem como é
Pegô na pena, escreveu pro coroné

O coroné que era homem sem igual
Pegô na pena, escreveu pro general

O general que era homem superior
Pegô na pena, escreveu pro imperador

O imperador...
Pegô na pena, escreveu pro Jesus Cristo

Jesus Cristo que é filho do Padre Eterno
Pegô na pena e mandô tudo pros inferno.'

No entanto, não havia alegria verdadeira. Já fazia tempos que as areias diamantíferas estavam se esgotando; a região andava infestada de malária, leishmaniose e anquilostomíase. Havia alguns anos, a febre amarela silvestre fizera sua aparição. Agora, apenas dois ou três caminhões pegavam a estrada cada mês, contra quatro por semana no passado.

A estrada que íamos pegar estava abandonada desde que as queimadas destruíram as pontes. Nenhum caminhão passara nos últimos três anos. Não sabiam nos dizer nada sobre seu estado; mas se chegássemos até o São Lourenço, estaríamos salvos. Havia um grande garimpo à beira do rio; ali encontraríamos todo o necessário, abastecimento, homens e canoas para ir até as aldeias bororo do rio Vermelho, que é um afluente do São Lourenço.

Como passamos, não sei; a viagem permanece em minha lembrança qual um pesadelo confuso: acampamentos intermináveis para vencer alguns metros de obstáculos, carregamentos e descarregamentos, paradas onde estávamos tão esgotados pelo deslocamento dos troncos diante do caminhão, toda vez que este conseguira avançar um pouquinho, que dormíamos direto no chão, para sermos em plena noite acordados por um ronco vindo das profundezas da terra: eram os cupins que subiam ao assalto de nossas roupas, e que já cobriam com uma camada pululante o lado de fora das capas emborrachadas que nos serviam de impermeáveis e de tapetes. Finalmente, certa manhã nosso caminhão deixou-se descer para o São Lourenço assinalado pela névoa densa do vale. Com a sensação de ter realizado uma proeza, nós nos anunciávamos com longas buzinadas. Entretanto, nenhuma criança foi ao nosso encontro. Fomos sair na margem, entre quatro ou cinco cabanas silenciosas. Ninguém; tudo estava desabitado, e uma rápida inspeção convenceu-nos de que haviam abandonado o vilarejo.

Com os nervos à flor da pele, depois dos esforços dos dias anteriores, nós nos sentíamos desesperados. Convinha desistir? Antes de pegar o caminho de volta, faríamos uma derradeira tentativa. Cada um partiria numa direção e exploraria os arredores. À noitinha, todos nós voltamos desalentados, a não ser o motorista, que descobrira uma família de pescadores cujo homem ele trazia. Este, barbudo e com a pele de uma brancura malsã, como se tivesse passado tempo demais dentro do rio, explicou que a febre amarela atacara seis meses antes; os sobreviventes tinham se dispersado. Porém, rio acima ainda encontraríamos algumas pessoas e uma canoa suplementar. Gostaria de vir conosco? Sem dúvida; fazia meses que sua família e ele viviam exclusivamente dos peixes do rio. Com os índios, conseguiria mandioca, pés de fumo, e nós lhe pagaríamos uma pequena quantia. Nessas bases, ele garantia a concordância do outro canoeiro que pegaríamos no caminho.

Terei oportunidade de descrever outras viagens de canoa, que ficaram mais presentes no meu pensamento do que esta. Portanto, passo depressa sobre esses oito dias dedicados a subir uma corrente engrossada pelas chuvas diárias. Certa vez, estávamos almoçando numa prainha quando ouvimos um chacoalhar: era uma sucuri de sete metros de comprimento que nossa conversa despertara. Precisamos de várias balas para matá-la, pois esses bichos são indiferentes aos ferimentos no corpo: tem que se atingir a cabeça. Esfolando-a — o que levou meio dia —, encontramos nas entranhas uma dúzia de filhotes prestes a nascer e já vivos, que o sol matou. E depois, um dia, logo após ter atirado com sucesso numa 'irara', que é uma espécie de lince, avistamos duas formas nuas que se agitavam na margem: nossos primeiros Bororo. Atracamos, tentamos nos comunicar; eles só conhecem uma palavra em português: 'fumo', que pronunciam 'sumo' (os antigos missionários não diziam que os índios eram "sem fé, sem lei, sem rei" porque não reconheciam em sua fonética o f, nem o l, nem o r?). Sendo eles próprios plantadores, seu produto não tem a concentração do tabaco fermentado e enrolado em corda com o qual os abastecemos generosamente. Por gestos, explicamos-lhes que vamos até sua aldeia; dão-nos a entender que chegaremos na mesma noite; irão na nossa frente para nos anunciar; e desaparecem na floresta.

Horas mais tarde, acostamos a uma margem barrenta no alto da qual avistamos as cabanas. Meia dúzia de homens nus, avermelhados de urucum desde os artelhos até a ponta dos cabelos, recebem-nos às gargalhadas, ajudam-nos a desembarcar, transportam as bagagens. E eis-nos numa grande cabana que aloja várias famílias; o chefe da aldeia liberou um canto para nós; ele próprio residirá durante nossa estada do outro lado do rio.

22. Bons selvagens

Em que ordem descrever essas impressões profundas e confusas que assaltam o recém-chegado a uma aldeia indígena cuja civilização permaneceu relativamente intacta? Entre os Caingangue, bem como entre os Cadiueu, cujos vilarejos parecidos com os dos caboclos vizinhos chamam a atenção sobretudo por um excesso de miséria, a reação inicial é de lassidão e desânimo. Diante de uma sociedade ainda viva e fiel à sua tradição, o choque é tão forte que desconcerta: nessa meada de mil cores, que fio se deve seguir primeiro e tentar desembaraçar? Ao evocar os Bororo, que foram minha primeira experiência desse tipo, reencontro os sentimentos que me invadiram no momento em que encetei a mais recente delas, ao chegar, no topo de uma alta colina, a uma aldeia kuki da fronteira birmanesa, após horas passadas de quatro patas, a trepar pelas encostas, transformadas em lama escorregadia pelas chuvas da monção que caíam sem parar: esgotamento físico, fome, sede e distúrbio mental, sem dúvida; mas essa vertigem de origem orgânica é toda iluminada por percepções de formas e de cores: habitações que pelo tamanho se tornam majestosas apesar da fragilidade, empregando materiais e técnicas conhecidas nossas como expressões menores, pois essas residências, mais do que construídas, são amarradas, trançadas, tecidas, bordadas e patinadas pelo uso; em vez de esmagar o morador sob a massa indiferente de pedras, reagem com flexibilidade à sua presença e a seus movimentos; ao contrário do que ocorre entre nós, estão sempre subjugadas ao homem. Em torno de seus moradores, ergue-se a aldeia como uma leve e elástica armadura; mais próxima dos chapéus de nossas mulheres que de nossas cidades: ornamento monumental que preserva um pouco da vida dos ondulados e das folhagens cuja natural espontaneidade a habilidade dos construtores soube conciliar com seu plano exigente.

A nudez dos habitantes parece protegida pelo veludo herbáceo das paredes e pela franja das folhas de palmeiras: eles se esgueiram para fora de suas casas como quem se despisse de gigantescos roupões de avestruz. Os corpos, joias desses estojos de plumas, possuem formas depuradas e de tonalidades realçadas pelo brilho das pinturas e das tintas, suportes — dir-se-ia — destinados a valorizar ornamentos mais esplêndidos: as pinceladas grandes e brilhantes dos dentes e presas de animais selvagens, associados às penas e às flores. Como se uma civilização inteira conspirasse numa idêntica ternura apaixonada pelas formas, as substâncias e as cores da vida; e que, a fim de reter em volta do corpo humano sua essência mais rica, apelasse — entre todas as suas produções — para as que são duráveis ou fugazes em extremo mas que, por um curioso encontro, são seus depositários privilegiados.

Enquanto cuidava de nossa instalação no canto de uma vasta cabana, eu me deixava impregnar por essas imagens, mais do que as apreendia. Certos pormenores iam se definindo. Se as habitações mantinham sempre a disposição e as dimensões tradicionais, sua arquitetura já havia sofrido a influência não brasileira: a planta era retangular e não mais oval, e, embora os materiais do telhado e das paredes fossem idênticos — ramagens sustentando uma cobertura de palmas —, as duas partes eram diferentes e o próprio telhado era de duas águas em vez de arredondado e descendo quase até o chão. Entretanto, a aldeia de Quejara aonde acabávamos de chegar continuava a ser, junto com as outras duas que compõem o grupo do rio Vermelho — Pobori e Jarudori —, uma das últimas onde a ação dos salesianos não fora sobremodo decisiva. Pois esses missionários que, com o Serviço de Proteção, conseguiram acabar com os conflitos entre índios e colonos, fizeram simultaneamente excelentes pesquisas etnográficas (nossas melhores fontes sobre os Bororo, depois dos estudos mais antigos de Karl von den Steinen) e empreenderam o extermínio metódico da cultura indígena. Dois fatos mostravam muito bem que Quejara era um dos últimos bastiões da independência: primeiro, a casa do chamado chefe de todas as aldeias do rio Vermelho, personagem altivo e enigmático, que ignorava o português ou alardeava essa ignorância; mas, por motivos de prestígio tanto quanto linguísticos, evitava comunicar-se comigo a não ser por intermédio dos membros de seu conselho na companhia de quem tomava todas as decisões.

Em segundo lugar, em Quejara morava um índio que iria ser meu intérprete e meu principal informante. Esse homem, com cerca de 35 anos de idade, falava português bastante bem. Pelo que dizia, soubera ler e escrever a língua (embora já não fosse capaz de fazê-lo), pois havia sido educado na missão. Orgulhosos de seus êxitos, os padres o tinham enviado a Roma, onde ele fora recebido pelo santo padre. No regresso, parece que quiseram casá-lo à maneira cristã e sem levar em conta as regras tradicionais. Essa tentativa desencadeou-lhe uma crise espiritual da qual saiu reconquistado pelo velho ideal bororo: foi se instalar em Quejara, onde havia dez ou quinze anos que levava uma vida exemplar de selvagem. Totalmente nu, pintado de vermelho, com o nariz e o lábio superior perfurados pelo tembetá e pelo botoque, emplumado, o índio do papa revelou-se maravilhoso professor de sociologia bororo.

Por enquanto, estávamos cercados por algumas dezenas de indígenas que conversavam entre si às gargalhadas e aos empurrões. Os Bororo são os índios mais altos e os mais corpulentos do Brasil. Sua cabeça redonda, sua face comprida com feições regulares e vigorosas, seus ombros de atleta lembram alguns tipos patagônicos aos quais talvez se deva vinculá-los do ponto de vista racial. Esse tipo harmonioso encontra-se raramente entre as mulheres, em geral menores, mirradas e com traços irregulares. Desde o primeiro contato, a jovialidade masculina fazia um contraste singular com a atitude rebarbativa do outro sexo. Apesar das epidemias que devastavam a região, a população impressionava por seu aspecto de saúde. No entanto, havia um leproso na aldeia.

Os homens viviam inteiramente nus, com exceção do pequeno cone de palha cobrindo a ponta do pênis e mantido no lugar pelo prepúcio, esticado através da abertura e formando um arredondado por fora. A maior parte deles se avermelhara da cabeça aos pés graças a sementes de urucum moídas com gordura. Até os cabelos, caindo nos ombros ou cortados em forma de coroa à altura das orelhas, eram cobertos por essa pasta, criando assim o aspecto de um capacete. Essa base de maquiagem era realçada por outras pinturas: uma ferradura feita com resina preta brilhante, cobrindo a testa e terminando nas duas faces à altura da boca; barrinhas de lanugem branca colada nos ombros e nos braços; ou uma aplicação de pó micáceo nos ombros e no busto, com madrepérola moída. As mulheres usavam uma tanga de algodão impregnada de urucum em volta de um cinto rígido de casca de árvore, segurando uma faixa de cortiça branca batida, mais flexível, que passava entre as coxas. Seus peitos eram cruzados por uma dupla correia a tiracolo de algodão finamente trançado. Esse traje completava-se com tirinhas de algodão, apertadas em volta dos tornozelos, dos bíceps e dos pulsos.

Pouco a pouco, toda essa gente foi embora; dividíamos a cabana, que media aproximadamente doze metros por cinco, com a família silenciosa e hostil de um feiticeiro, e uma velha viúva sustentada pela caridade de alguns parentes que moravam nas cabanas vizinhas, a qual, porém, muitas vezes esquecida, cantava horas a fio o luto de seus cinco maridos sucessivos e o tempo feliz em que jamais lhe faltavam a mandioca, o milho, a caça e o peixe.

Lá fora, os cantos já iam se modulando numa língua baixa, sonora e gutural, com articulações bem marcadas. Só os homens cantam; e seu uníssono, as melodias simples e repetidas cem vezes, a contraposição entre os solos e os conjuntos, o estilo másculo e trágico lembram os coros guerreiros de algum *Männerbund* germânico. Por que esses cantos? Por causa da 'irara', explicaram-me. Tínhamos levado nossa caça, e, antes de poder consumi-la, era preciso cumprir um ritual complicado de pacificação de seu espírito e de consagração da caça. Exausto demais para ser bom etnógrafo, dormi assim que caiu o dia, um sono agitado pelo cansaço e pelos cantos que duraram até de madrugada. Aliás, seria sempre a mesma coisa até o fim da nossa visita: as noites eram dedicadas à vida religiosa, os indígenas dormiam desde o nascer do sol até a metade do dia.

Salvo alguns instrumentos de sopro que fizeram sua aparição em momentos prescritos do ritual, o único acompanhamento das vozes resumia-se aos maracás feitos com uma cabaça cheia de cascalho, sacudidos pelos corifeus. Era uma maravilha escutá-los: ora soltando ou interrompendo as vozes com uma pancada seca; ora enchendo os silêncios com o crepitar de seu instrumento, modulado em crescendos e decrescendos prolongados; ora, enfim, dirigindo os dançarinos por alternâncias de silêncios e ruídos cuja duração, intensidade e qualidade eram tão variadas que um maestro de nossos grandes concertos não saberia melhor indicar seu desejo. Não surpreende que outrora os indígenas e os próprios missionários tenham acreditado, em outras tribos, ouvir os demônios falarem por intermédio dos chocalhos! Aliás, sabe-se que se antigas ilusões a respeito dessas pretensas "linguagens tamboriladas" foram desfeitas, parece provável que, pelo menos entre certos povos, elas se baseiem numa verdadeira codificação da língua, reduzida a alguns contornos significativos simbolicamente expressos.

Com o dia, levanto-me para uma visita à aldeia; tropeço na porta em aves deploráveis: são as araras domésticas que os índios encorajam a viver na aldeia para as depenar vivas e conseguir assim a matéria-prima de seus arranjos de cabeça. Peladas e incapazes de voar, as aves lembram galinhas prontas para o espeto e munidas de um bico mais gigantesco na medida em que o volume de seu corpo reduziu-se à metade. Nos telhados, outras araras que já recuperaram seus paramentos mantêm-se gravemente empoleiradas, emblemas heráldicos esmaltados de vermelho e azul.

Encontro-me no meio de uma clareira margeada, de um lado, pelo rio, e de todos os outros, por nesgas de floresta que encobrem as roças, e que deixam à vista entre as árvores um fundo de morros com encostas escarpadas de barro vermelho. O perímetro é ocupado pelas cabanas — 26 exatamente — semelhantes à minha e dispostas em círculo, numa só fileira. No centro, uma cabana com uns vinte metros de comprimento por oito de largura, por conseguinte, muito maior do que as outras. É o *baitemannageo*, casa dos homens onde dormem os solteiros e onde a população masculina passa o dia quando não está ocupada com a pesca e a caça, ou ainda com alguma cerimônia pública no terreiro de dança: lugar oval delimitado por estacas no fianco oeste da casa dos homens. O acesso a esta é rigorosamente proibido às mulheres, que possuem as casas periféricas, e várias vezes por dia seus maridos vão e voltam entre o clube e o domicílio conjugal, seguindo a trilha que liga um ao outro pelo capinzal da clareira. Vista do alto de uma árvore ou de um telhado, a aldeia bororo é parecida com uma roda de carroça cujo círculo seria desenhado pelas casas familiares, os raios, pelas picadas, e em cujo centro a casa dos homens representaria o mancal.

Essa planta extraordinária era outrora a de todas as aldeias, com a diferença de que sua população excedia de longe a média atual (cerca de 150 pessoas em Quejara); as casas familiares eram então dispostas em vários cír-

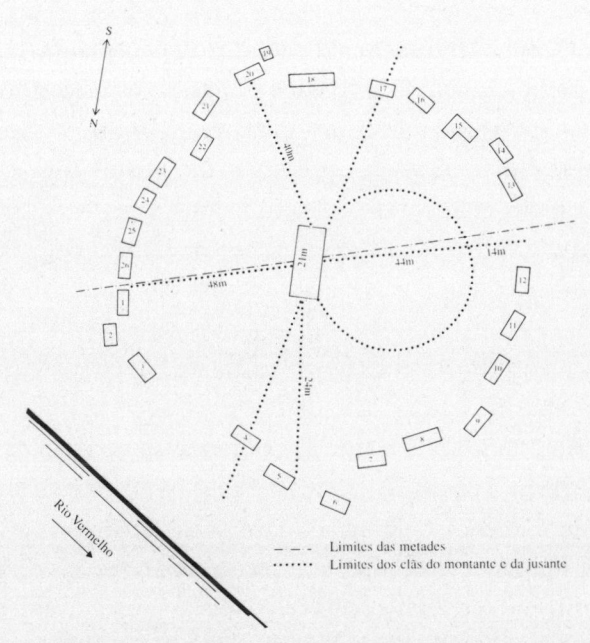

22. *Planta da aldeia de Quejara (com limites das metades e limites dos clãs do montante e da jusante).*

culos concêntricos, em vez de sê-lo num só. Os Bororo, aliás, não são os únicos a possuir aldeias circulares; com variações de detalhe, elas parecem típicas de todas as tribos do grupo linguístico jê que ocupam o planalto central brasileiro, entre os rios Araguaia e São Francisco, e dos quais os Bororo são provavelmente os representantes mais meridionais. Mas sabemos que seus vizinhos mais próximos em direção do Norte, os Caiapó, que moram na margem direita do rio das Mortes e com os quais só se estabeleceu contato nos últimos dez anos, constroem suas aldeias de modo similar, como fazem também os Apinajé, os Xerente e os Canela.

A distribuição circular das cabanas em torno da casa dos homens é de tal importância, no que se refere à vida social e à prática do culto, que os missionários salesianos da região do rio das Garças logo aprenderam que o meio mais seguro de converter os Bororo consiste em fazê-los trocar sua aldeia por outra onde as casas são colocadas em fileiras paralelas. Desorientados em relação aos pontos cardeais, privados da planta que fornece um argumento a seu saber, os indígenas perdem rapidamente o sentido das tradições, como se seus sistemas social e religioso (veremos que são indissociáveis) fossem complicados demais para dispensar o esquema patenteado pela planta da aldeia e cujos contornos são perpetuamente reavivados por seus gestos cotidianos.

Digamos em favor dos salesianos que fizeram um tremendo esforço para compreender essa difícil estrutura e preservar-lhe a lembrança. Quem visita os Bororo, deve primeiro alimentar-se dos trabalhos deles. Mas, ao mesmo tempo, era uma tarefa urgente confrontar suas conclusões com outras, obtidas numa região onde eles ainda não haviam penetrado e onde o sistema conservava sua vitalidade. Guiado pelos documentos já publicados, dediquei-me, pois, a obter de meus informantes uma análise da estrutura de sua aldeia. Passávamos nossos dias a circular de casa em casa, recenseando os moradores, estabelecendo seu estado civil, traçando com varetas no chão da clareira as linhas ideais que delimitassem os setores a que se vinculam redes complicadas de privilégios, de tradições, de graus hierárquicos, de direitos e de obrigações. Para simplificar minha exposição, corrigirei — se me atrevo a dizer — as orientações, pois as direções do espaço, tais como os indígenas as imaginam, jamais correspondem exatamente às leituras na bússola.

A aldeia circular de Quejara é tangente à margem esquerda do rio Vermelho. Este corre numa direção aproximativa leste-oeste. Um diâmetro da aldeia, teoricamente paralelo ao rio, divide a população em dois grupos: ao norte, os Sera (pronunciar *tchera*; transcrevo todos os termos no singular), ao sul, os Tugaré. Parece — mas esse ponto não é absolutamente certo — que o primeiro termo significa "fraco" e o segundo, "forte". Seja como for, a divisão é essencial por duas razões: primeiro, um indivíduo pertence sempre à mesma metade que sua mãe; segundo, só pode se casar com um membro da outra metade. Se minha mãe é sera, eu também o sou e minha esposa será tugaré.

As mulheres habitam e herdam as casas onde nasceram. Assim, no momento do casamento, um indígena atravessa a clareira, cruza o diâmetro ideal que separa as metades e vai morar do outro lado. A casa dos homens tempera esse desenraizamento, já que sua posição central avança sobre o território das duas metades. Mas as regras de residência explicam que a porta que dá para o território sera chame-se porta tugaré, e a do território tugaré, porta sera. Na verdade, o uso delas é reservado aos homens, e todos os que moram num setor são originários do outro e vice-versa.

Assim sendo, nas cabanas de família, um homem nunca se sente em casa; a residência onde nasceu e à qual se ligam suas impressões de infância está localizada do outro lado: é a casa de sua mãe e de suas irmãs, agora habitada pelos maridos delas. Contudo, volta lá quando quer, certo de ser sempre bem recebido. E quando o clima do domicílio conjugal parece-lhe pesado demais (por exemplo, se seus cunhados estão de visita), pode ir dormir na casa dos homens, onde encontra suas recordações de adolescente, o companheirismo masculino e um ambiente religioso que de modo algum exclui a retomada dos namoros com as moças solteiras.

As metades não regulam apenas os casamentos, mas outros aspectos da vida social. Todas as vezes que um membro de uma metade percebe que tem um direito ou um dever, é em proveito ou com a ajuda da outra metade. Assim, os funerais de um Sera são organizados pelos Tugaré e reciprocamente. As duas metades da aldeia são, pois, parceiras, e qualquer ato social ou religioso implica a assistência do lado de lá, que desempenha o papel complementar àquele que é atribuído ao índio do lado de cá. Essa colaboração não exclui a rivalidade: há um orgulho de cada metade e ciúmes recíprocos. Portanto, imaginemos uma vida social a exemplo de dois times de futebol que, em vez de procurar contrariar suas respectivas estratégias, resolvessem utilizá-las uma e outra e calculassem o placar pelo grau de perfeição e de generosidade que cada um conseguisse alcançar.

Passemos agora a um novo aspecto: um segundo diâmetro, perpendicular ao anterior, corta de novo as metades seguindo um eixo norte-sul. Toda a população nascida a leste desse eixo é chamada do montante, e a nascida a oeste, da jusante. Em vez de duas metades, temos, portanto, quatro seções, pois os Sera e os Tugaré estão, do mesmo modo, em parte de um lado e em parte do outro. Infelizmente, ainda nenhum observador chegou a compreender o papel exato dessa segunda divisão da qual se discute até mesmo a realidade.

Além disso, a população é distribuída em clãs. São grupos de famílias que se consideram parentes pelas mulheres, a partir de um antepassado comum. Este é de natureza mitológica, ocasionalmente até esquecido. Digamos, então, que os membros do clã se reconhecem pelo uso do mesmo nome. É provável que, no passado, os clãs fossem em número de oito: quatro para os Sera e quatro para os Tugaré. Mas, no correr do tempo, alguns se extinguiram; outros se subdividiram. A situação empírica é, pois, confusa. Seja como for, a verdade é que os membros de um clã — com exceção dos homens casados — continuam a morar todos na mesma cabana ou nas cabanas adjacentes.

Cada clã tem, assim, sua posição no círculo das casas: ele é sera ou tugaré, do montante ou da jusante, ou repartido em dois subgrupos por esta última divisão que, tanto de um lado quanto do outro, passa pelas habitações de um clã determinado.

Como se as coisas já não fossem suficientemente complicadas, cada clã inclui subgrupos hereditários, em linha feminina também. Assim, há em cada clã famílias "vermelhas" e outras "pretas". Além do mais, parece que antiga-

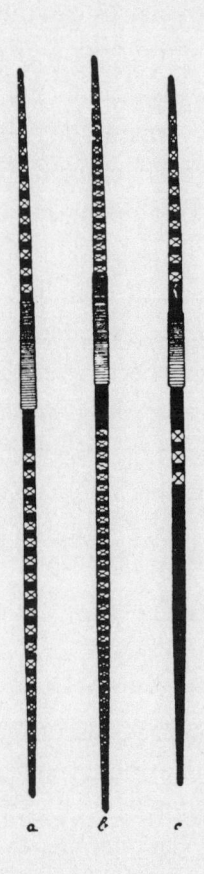

23. *Arcos ornamentados com anéis de casca de árvore arrumados de forma característica segundo o clã do proprietário.*

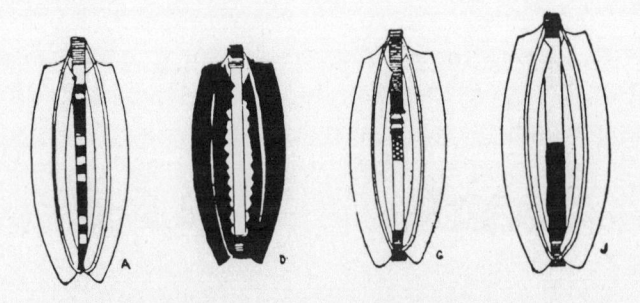

24. Penas de flechas blasonadas.

mente cada clã era dividido em três graus: os superiores, os médios e os inferiores; talvez seja um reflexo, ou uma transposição, das castas hierarquizadas dos Mbaiá-Cadiueu; voltarei a isso. Essa hipótese tornou-se provável pelo fato de que esses graus parecem ter sido endógamos: um superior só podia desposar uma superior (da outra metade); um médio, uma média; e um inferior, uma inferior. Estamos reduzidos às suposições, por causa da brutal queda demográfica das aldeias bororo. Agora que eles são de cem a duzentos habitantes em vez de mil ou mais, já não sobram famílias suficientes para preencher todas as categorias. Só a regra das metades é respeitada de maneira rigorosa (embora certos clãs senhoriais estejam isentos); no mais, os indígenas improvisam soluções capengas em função das possibilidades.

A distribuição da população em clãs constitui com certeza o mais importante desses "lances" com que a sociedade bororo parece se deliciar. No quadro do sistema geral dos casamentos entre metades, os clãs outrora foram unidos por afinidades especiais: um clã sera aliava-se de preferência com um, dois ou três clãs tugaré e vice-versa. Ademais, nem todos os clãs gozam do mesmo status. O chefe da aldeia é escolhido obrigatoriamente num clã determinado da metade sera, com transmissão hereditária do título em linha feminina, do tio materno para o filho de sua irmã. Há clãs "ricos" e clãs "pobres". Em que consistem essas diferenças de riquezas? Detenhamo-nos um instante nesse ponto.

Nossa concepção de riqueza é principalmente econômica; por mais modesto que seja o nível de vida dos Bororo, entre eles como entre nós não se trata de um nível idêntico para todos. Alguns são melhores caçadores ou pescadores, têm mais sorte ou são mais engenhosos do que outros. Observam-se

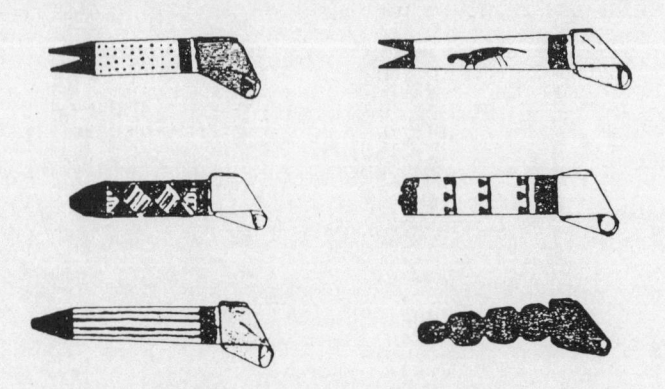

25. Estojos penianos blasonados.

em Quejara indícios de especialização profissional. Um indígena era especialista na confecção de polidores de pedra; trocava-os por produtos alimentícios e parece que vivia confortavelmente. Todavia, essas diferenças são individuais, portanto passageiras. A única exceção é constituída pelo chefe, que recebe contribuições de todos os clãs em forma de alimento e objetos manufaturados. Porém, como ao receber ele assume obrigações, está sempre na situação de um banqueiro: muitas riquezas passam por suas mãos, mas ele jamais as possui. Minhas coleções de objetos religiosos foram formadas em contrapartida de presentes redistribuídos de imediato pelo chefe entre os clãs, e que lhe serviram para equilibrar a sua balança comercial.

A riqueza estatutária dos clãs é de natureza diversa. Cada um possui um capital de mitos, tradições, danças, funções sociais e religiosas. Por sua vez, os mitos fundamentam privilégios técnicos que são um dos traços mais curiosos da cultura bororo. Quase todos os objetos são blasonados, de modo a permitir identificar o clã e o subclã do proprietário. Esses privilégios consistem na utilização de certas plumas, ou cores de plumas; na maneira de talhá-las ou de chanfrá-las; na arrumação de plumas de espécies e de cores diferentes; na execução de certos trabalhos decorativos, como entrançados de fibras ou mosaicos de penas; no emprego de temas especiais etc. Assim, os arcos cerimoniais são enfeitados com penas ou anéis de cortiça segundo cânones prescritos para cada clã; a haste das flechas traz na base, entre as penas encaixadas, uma ornamentação específica; os elementos de nácar dos tembetás articulados são recortados em figuras oval, pisciforme, retangular, diferentes segundo os clãs; a cor das franjas varia; as coroas de penas usadas nas danças são providas de uma insígnia (geralmente uma plaqueta de madeira coberta por um mosaico de fragmentos de penas coladas) relacionada com o clã do proprietário. Nos dias de festa, os próprios estojos penianos trazem na parte superior uma fita de palha dura, decorada ou cinzelada com as cores e as formas do clã, estandarte estranhamente portado!

Todos esses privilégios (que, aliás, são negociáveis) são objeto de uma vigilância zelosa e rixenta. Dizem que é inconcebível que um clã se aproprie das prerrogativas de outro: travar-se-ia uma luta fratricida. Ora, desse ponto de vista as diferenças entre clãs são enormes: alguns são luxuosos, outros, miseráveis; basta inventariar a mobília das cabanas para nos convencermos. Mais do que como ricos ou pobres, nós os diferenciaríamos como toscos ou requintados.

O equipamento material dos Bororo caracteriza-se por sua simplicidade aliada a uma rara perfeição de feitura. As ferramentas mantiveram-se arcaicas, apesar dos machados e das facas distribuídas outrora pelo Serviço de Proteção. Se recorrem aos instrumentos de metal para os grandes trabalhos, os indígenas continuam a fabricar maças para matar os peixes, e arcos e flechas de madeira dura esfarpada de modo delicado, com uma ferramenta que lembra ao mesmo tempo um enxó e um buril, e que usam a toda hora, como fazemos com um canivete: consiste ela em um incisivo curvo da 'capivara', roedor das margens fluviais, preso lateralmente por uma ligadura na ponta de um cabo. Além das esteiras e dos cestos de palha, das armas e das ferramentas — de osso ou de madeira — dos homens, do pau de cavar das mulheres que são responsáveis pelas tarefas agrícolas, o equipamento de uma cabana reduz-se a pouquíssimas coisas, como recipientes de cabaças, e outros de cerâmica preta: bacias hemisféricas e tigelas prolongadas no lado por um cabo, à maneira de uma concha. Esses objetos apresentam formas puríssimas realçadas pela austeridade da matéria. Coisa curiosa: parece que, antigamente, a cerâmica bororo foi decorada, e que uma proibição religiosa relativamente recente eliminou essa técnica. Talvez se deva explicar da mesma maneira o fato de os indígenas não executarem mais pinturas rupestres como ainda encontramos nos abrigos sob a rocha da 'chapada'; no entanto, ali identificamos inúmeros temas de sua cultura. Para ter mais certeza, pedi uma vez que me decorassem uma grande folha de papel. Um índio pôs-se a trabalhar, com a pasta de urucum e a resina; e conquanto os Bororo tivessem perdido a lembrança da época em que pintavam as paredes rochosas e que praticamente não frequentem mais as escarpas onde elas se encontram, o quadro que me foi entregue parecia uma pintura rupestre reduzida.

Contrastando com a austeridade dos objetos utilitários, os Bororo colocam todo o seu luxo e a sua imaginação na indumentária, ou pelo menos — já que esta é das mais sumárias — nos acessórios. As mulheres possuem verdadeiras caixas de joias, que transmitem de mãe para filha: são paramentos de dentes de macaco ou de presas de onça incrustados em madeira e presos por finas ligaduras. Se elas reivindicam dessa maneira os despojos da caça, prestam-se à depilação de suas próprias têmporas pelos homens que, com os cabelos de suas mulheres, confeccionam longas cordinhas trançadas que enrolam na cabeça como um turbante. Os homens também usam, nos dias de festa, pingentes em forma de meia-lua, feitos de um par de unhas do grande tatu — esse bicho escavador cuja altura ultrapassa um metro e que mal se transformou desde a era terciária —, embelezados com incrustações de madrepérola, franjas de lumas ou de algodão. Os bicos de tucanos presos em hastes emplumadas, as egretes, as penas compridas do rabo das araras surgindo de fusos de bambu furadinhos e cobertos por uma penugem branca colada, eriçam os seus coques — naturais ou postiços — como alfinetes de cabelo equilibrando por trás os diademas de penas que cingem a fronte. Às vezes, esses adornos são combinados num arranjo extravagante que exige várias horas para ser colocado na cabeça do dançarino. Comprei um desses para o Musée de l'Homme em troca de um fuzil, e após negociações que se prolongaram por oito dias. Ele era indispensável para o ritual, e os indígenas só podiam se desfazer depois de ter reconstituído, com a caça, o sortimento de plumas prescritas, a fim de confeccionar outro. Compõe-se de um diadema em forma de leque; de uma viseira de plumas cobrindo a parte superior do rosto; de uma alta coroa cilíndrica cingindo a cabeça com varinhas coroadas por plumas do gavião-de-penacho; e de uma rodela de palha servindo para se espetar um tufo de hastes coladas com plumas e penugem. O conjunto chega a quase dois metros de altura.

Mesmo quando não estão com o traje cerimonial, o gosto pelo enfeite é tão acentuado que os homens improvisam paramentos constantemente. Muitos usam coroas: faixas de pele de animais ornamentadas com plumas, aros de palha também emplumados, colares de unhas de onça montadas num círculo de madeira. Mas muito menos é suficiente para encantá-los: uma fita de palha seca, apanhada no chão, rapidamente arredondada e pintada, faz um adorno frágil com o qual o portador se exibirá até que prefira uma fantasia inspirada em outro achado; às vezes, com o mesmo objetivo, uma árvore terá suas flores arrancadas. Um pedaço de casca de árvore, algumas penas fornecem aos incansáveis modistas pretexto para uma sensacional criação de brincos-pingentes. Há que se entrar na casa dos homens para avaliar a atividade despendida por esses robustos rapagões em se embelezar: em todos os cantos, corta-se, modela-se, cinzela-se, cola-se; as conchas do rio são quebradas em cacos e polidas em mós de maneira vigorosa para se fazerem colares e tembetás; fantásticas construções de bambu e de plumas são montadas. Com uma aplicação de costureira, os homens de físico de carregadores transformam-se mutuamente em pintinhos, graças à lanugem colada direto na pele.

Se a casa dos homens é um ateliê, é também outra coisa. Ali dormem os adolescentes; nas horas de folga, os homens casados ali fazem a sesta, conversam e fumam seus grandes cigarros enrolados numa folha seca de milho. Ali também fazem algumas refeições, pois um minucioso sistema de tarefas impõe aos clãs, em rodízio, o serviço do *baitemannageo*. Aproximadamente a cada duas horas, um homem vai buscar em sua cabana familiar uma bacia cheia da papa de milho chamada 'mingau', preparada pelas mulheres. Sua chegada é saudada com grandes gritos de alegria, 'au, au', que rompem o silêncio do dia. Segundo um cerimonial imutável, o responsável por esse serviço convida seis ou oito homens e leva-os até diante da comida, onde se servem com uma tigela de cerâmica ou de conchinhas. Já disse que o acesso à casa é proibido às mulheres. Isso se refere às mulheres casadas, pois as adolescentes solteiras evitam de livre vontade aproximar-se, bem sabendo qual seria a sua sorte. Se por inadvertência ou provocação elas ficam andando muito perto dali, poderá ocorrer que as capturem para abusar delas. Aliás, lá deverão entrar voluntariamente, uma vez na vida, para apresentar seu pedido de casamento ao futuro marido.

23. Os vivos e os mortos

Ateliê, clube, dormitório e casa de tolerância, o *baitemannageo* é, por último, um templo. Os dançarinos religiosos aí se preparam, certas cerimônias aí se desenrolam longe da presença das mulheres; como a fabricação e a rotação dos zunidores. São instrumentos musicais de madeira, ricamente pintados, cuja forma evoca a de um peixe achatado, variando seu tamanho entre cerca de trinta centímetros e um metro e meio. Fazendo-os girar pela ponta de uma cordinha, produz-se um ronco surdo atribuído aos espíritos em visita à aldeia, dos quais as mulheres supostamente têm medo. Ai daquela que visse um zunidor: ainda hoje, haveria fortes possibilidades de que fosse morta a pauladas. Quando, pela primeira vez, assisti à sua confecção, tentaram me convencer de que se tratava de utensílios culinários. A relutância extrema que mostraram em me ceder um lote explicava-se mais pelo temor de que eu traísse o segredo do que pelo trabalho de recomeçar. Precisei, no meio da noite, ir à casa dos homens com um baú. Os zunidores embrulhados foram postos ali dentro e o baú, trancado; e fizeram-me prometer não abri-lo até Cuiabá.

Para o observador europeu, as atividades da casa dos homens, a nossos olhos dificilmente compatíveis, harmonizam-se de modo quase escandaloso. Poucos povos são tão profundamente religiosos quanto os Bororo, poucos têm um sistema metafísico tão elaborado. Mas as crenças espirituais e os há-

26. Um zunidor.

bitos cotidianos misturam-se estreitamente e não parece que os indígenas tenham a sensação de passar de um sistema a outro. Reencontrei essa religiosidade singela nos templos budistas da fronteira birmanesa, onde os bonzos vivem e dormem na sala consagrada ao culto, arrumando ao pé do altar seus tubos de pomada e sua farmácia pessoal e não desdenhando acariciar as suas pupilas entre uma aula e outra de alfabeto.

Essa sem-cerimônia diante do sobrenatural muito me espantava, uma vez que meu único contato com a religião data de uma infância já sem fé, quando eu morava, durante a Primeira Guerra Mundial, com o meu avô, que era rabino em Versalhes. A casa e a sinagoga, contíguas, eram ligadas por um longo corredor interno onde não nos arriscávamos sem angústia, e que formava por si só uma fronteira intransponível entre o mundo profano e aquele ao qual faltava justamente esse calor humano que teria sido uma condição prévia para a sua percepção como sagrado.

Fora das horas de culto, a sinagoga ficava vazia e sua ocupação temporária jamais era prolongada nem fervorosa o bastante para superar o estado de desolação que lhe parecia natural, e que os ofícios perturbavam inconvenientemente. O culto familiar padecia de idêntica aridez. Afora a oração muda de meu avô no início de cada refeição, nada mais assinalava às crianças que elas viviam submetidas ao reconhecimento de uma ordem superior, a não ser uma bandeirola de papel impresso, afixada na parede da sala de jantar e que dizia: "Mastiguem bem os alimentos, disso depende a digestão".

Não é que a religião tivesse mais prestígio entre os Bororo: muito pelo contrário, era uma obviedade. Na casa dos homens, os gestos do culto eram executados com a mesma desenvoltura que todos os outros, como se se tratasse de atos utilitários realizados por seu resultado, sem exigir essa atitude respeitosa que se impõe mesmo ao ateu quando ele entra num santuário. Naquela tarde, canta-se na casa dos homens à guisa de preparação para o ritual público da noite. Num recanto, meninos roncam ou conversam, dois ou três homens cantarolam sacudindo os chocalhos, mas, se um deles tem vontade de acender um cigarro ou se é sua vez de se servir de mingau de milho, passa o instrumento para um vizinho que continua a tocá-lo, ou então prossegue com uma das mãos e se coça com a outra. Quando um dançarino se exibe para que admirem sua última criação, todos param e comentam, o ofício parece esquecido até que, em outro canto, a encantação recomece no ponto onde foi interrompida.

E, no entanto, o significado da casa dos homens ainda é maior do que o aspecto de centro da vida social e religiosa que tentei descrever. A estrutura da aldeia não possibilita apenas o sofisticado jogo das instituições: resume e assegura as relações entre o homem e o universo, entre a sociedade e o mundo sobrenatural, entre os vivos e os mortos.

Antes de abordar esse novo aspecto da cultura bororo, devo abrir um parêntese a respeito das relações entre mortos e vivos. Sem o quê, seria difícil compreender a solução particular dada a um problema universal pelo pensamento bororo, e que é notavelmente semelhante à que encontramos no outro extremo do hemisfério ocidental, entre os povos das florestas e dos prados do Nordeste da América do Norte, como os Ojibwa, os Menomini e os Winnebago.

Provavelmente não existe nenhuma sociedade que não trate seus mortos com consideração. Nas fronteiras mesmas da espécie, o homem de Neanderthal também enterrava seus defuntos em túmulos sumariamente construídos. Sem dúvida, as práticas funerárias variam segundo os grupos. Dir-se-á que essa diversidade é desprezível, levando-se em conta o sentimento unânime que exprime? Mesmo quando nos esforçamos por simplificar em extremo as atitudes para com os mortos observadas nas sociedades humanas, somos obrigados a respeitar uma grande divisão entre cujos polos se opera a passagem por toda uma série de intermediários.

Certas sociedades deixam seus mortos descansar; mediante homenagens periódicas, estes se absterão de incomodar os vivos; se voltam para vê-los, será a intervalos, e em ocasiões previstas. E sua visita será benéfica, pois os mortos irão garantir, com sua proteção, o retorno regular das estações do ano, a fecundidade das hortas e das mulheres. Tudo acontece como se houvesse sido firmado um contrato entre os mortos e os vivos: em troca do culto sensato que lhes é votado, os mortos ficarão em seu lugar, e os encontros temporários entre os dois grupos serão sempre dominados pela preocupação com os interesses dos vivos. Um tema folclórico universal exprime bem essa fórmula: é o do *morto agradecido*. Um rico herói compra um cadáver de seus credores que são contra o enterro. Dá ao morto uma sepultura. Este aparece em sonho a seu benfeitor e promete-lhe o sucesso, contanto que as vantagens conquistadas sejam objeto de uma partilha equânime entre ambos. Com efeito, logo o herói conquista o amor de uma princesa, a qual consegue salvar de inúmeros perigos com a ajuda de seu protetor sobrenatural. Terá que desfrutá-la junto com o morto? Mas a princesa é encantada: metade mulher, metade dragão ou serpente. O morto reivindica seu direito, o herói inclina-se e o morto, satisfeito com essa lealdade, contenta-se com a porção maligna, a qual retira, entregando ao herói uma esposa humanizada.

A essa concepção opõe-se outra, também ilustrada por um tema folclórico a que chamarei de o *cavaleiro empreendedor*. *O* herói é pobre em vez de ser rico. Como único bem, possui um grão de trigo que consegue, com muita astúcia, trocar por um galo, depois por um porco, depois por um boi, depois por um cadáver, o qual, enfim, troca por uma princesa viva. Vê-se que aqui o morto é objeto, e não mais sujeito. Em vez de ser um parceiro com quem se negocia, é um instrumento com o qual se manobra para uma especulação em que a mentira e a trapaça têm seu lugar. Certas sociedades têm para com seus mortos uma atitude desse tipo. Recusam-lhes o descanso, mobilizam-nos: às vezes, literalmente, como é o caso do canibalismo e da necrofagia, quando são fundados na ambição de autoincorporar as virtudes e os poderes do defunto; simbolicamente também, nas sociedades empenhadas em rivalidades de prestígio e cujos membros devem, se posso dizer assim, convocar constantemente os mortos *em seu auxílio*, procurando justificar suas prerrogativas com evocações aos ancestrais e trapaças genealógicas. Mais que outras, essas sociedades sentem-se perturbadas pelos mortos de quem abusam. Pensam que eles lhes dão o troco por serem perseguidos: mais exigentes e briguentos com os vivos na medida em que estes procuram se aproveitar deles. Porém, trate-se de uma partilha equânime, como no primeiro caso, ou de especulação desenfreada, como no segundo, a ideia dominante é que, nas relações entre mortos e vivos, não se pode evitar que haja *uma comunicação de um para o outro*.

Entre essas posições extremas, há comportamentos de transição: os índios da costa oeste do Canadá e os melanésios fazem todos os seus ancestrais comparecer às cerimônias, obrigando-os a depor em favor de seus descendentes; em certos cultos de ancestrais, na China ou na África, os mortos conservam sua identidade pessoal, mas só durante algumas gerações; entre os Pueblos do Sudoeste dos Estados Unidos, deixam imediatamente de ser personalizados como defuntos, mas dividem entre si um certo número de funções especiais. Mesmo na Europa, onde os mortos se tornaram apáticos e anônimos, o folclore conserva vestígios da outra eventualidade, com a crença de que existem dois tipos de mortos: os que sucumbiram a causas naturais, e que formam uma legião de ancestrais protetores, enquanto os suicidas, assassinados ou enfeitiçados transformam-se em espíritos maléficos e ciumentos.

Se nos limitarmos a considerar a evolução da civilização ocidental, não há dúvida de que a atitude especuladora extinguiu-se progressivamente em benefício da concepção contratual das relações entre mortos e vivos, e esta deu lugar a uma indiferença anunciada talvez pela fórmula do Evangelho: deixai os mortos enterrar os seus mortos. Mas não há nenhuma razão para supor que essa evolução corresponda a um modelo universal. Antes, parece que todas as culturas têm obscuramente consciência das duas fórmulas, acentuando uma delas, ao mesmo tempo em que procuram, por comportamentos supersticiosos, garantir-se com o outro lado (como aliás nós mesmos continuamos a fazer, apesar das crenças ou da incredulidade confessadas). A originalidade dos Bororo e dos outros povos que citei como exemplo decorre de que formularam claramente as duas possibilidades, de que construíram um sistema de crenças e de ritos correspondentes a cada uma e, por fim, de mecanismos que permitem passar de uma à outra, com a esperança de conciliá-las ambas.

Eu me expressaria de modo imperfeito se dissesse que não há para os Bororo morte natural: um homem não é para eles um indivíduo, mas uma pessoa. Faz parte de um universo sociológico: a aldeia que existe desde a eternidade, lado a lado com o universo físico, ele próprio composto de outros seres animados, como corpos celestes e fenômenos meteorológicos. Isso, a despeito do caráter temporário das aldeias concretas, as quais (em virtude do esgotamento dos terrenos de plantio) raramente mantêm-se mais de trinta anos no mesmo local. Portanto, o que faz a aldeia não é seu território nem suas cabanas, mas uma certa estrutura que foi descrita acima e que toda aldeia reproduz. Assim, compreende-se por que, contrariando a disposição tradicional das aldeias, os missionários destroem tudo.

Quanto aos animais, pertencem em parte ao mundo dos homens, em especial os peixes e os pássaros, enquanto certos animais terrestres dependem do universo físico. Assim, os Bororo consideram que sua forma humana é transitória: entre a de um peixe (com cujo nome se denominam) e a da arara (com cuja aparência concluirão seu ciclo de transmigrações).

Se o pensamento dos Bororo (nisso, semelhantes aos etnógrafos) é dominado por uma oposição fundamental entre natureza e cultura, resulta que, ainda mais sociólogos do que Durkheim e Comte, para eles a vida humana inscreve-se na ordem da cultura. Dizer que a morte é natural ou antinatural perde o sentido. De fato e de direito, a morte é a um só tempo *natural e anticultural*. Isto é, toda vez que um indígena morre, não só seus próximos, mas toda a sociedade, são lesados. O dano que a natureza causou à sociedade faz com que tenha de pagar uma *dívida*, termo que traduz bastante bem a noção de *mori*, essencial para os Bororo. Quando morre um indígena, a aldeia organiza uma caçada coletiva, confiada à metade alterna à do defunto: expedição contra a natureza que tem por objetivo abater uma grande caça, de preferência uma onça, cuja pele, garras e presas constituirão o *mori* do defunto.

No momento de minha chegada a Quejara, acabava de ocorrer um falecimento; infelizmente, tratava-se de um indígena que morrera longe, em outra aldeia. Portanto, eu não assistiria à dupla inumação que consiste em colocar primeiro o cadáver numa vala coberta por ramagens no centro da aldeia, até que as carnes estejam putrefatas, e depois em lavar as ossadas no rio, pintá-las e enfeitá-las com mosaicos de plumas coladas, antes de imergi-las, dentro de uma cesta, no fundo de um lago ou de um rio. Todas as outras cerimônias a que assisti se desenrolaram conforme a tradição, inclusive as escarificações rituais dos parentes no lugar onde a sepultura provisória devia ser cavada. Por mais uma falta de sorte, a caçada coletiva ocorrera na véspera ou na tarde de minha chegada, não sei; o que é certo é que não mataram nada. Uma velha pele de onça foi utilizada para as danças fúnebres. Desconfio até que a nossa irara foi prontamente apropriada para substituir a caça que faltava. Jamais quiseram me contar, e é uma pena: se de fato foi assim, eu poderia reivindicar a qualidade de *uiaddo*, chefe de caça que representa a alma do defunto. De sua família, teria recebido a braçadeira de cabelos humanos e o *poari*, corneta mística formada por uma pequena cabaça emplumada que serve de pavilhão a uma lingueta de bambu, para fazê-la ressoar acima da presa, antes de amarrá-la aos despojos. Eu teria dividido, conforme está prescrito, a carne, o couro, os dentes e as garras entre os parentes do defunto, que em troca me dariam um arco e flechas de cerimônia, outra corneta comemorativa de minhas funções, e um colar de rodelas de conchas. Sem dúvida, eu também teria que me pintar de preto para evitar ser reconhecido pela alma maléfica, responsável pelo falecimento e obrigada, segundo a regra do *mori*, a encarnar-se na caça, oferecendo-se assim como compensação ao dano, mas cheia de ódio vingativo contra o seu executor. Pois, em certo sentido, essa natureza assassina é humana. Age por intermédio de uma categoria especial de almas que dependem diretamente dela e não da sociedade.

Mencionei mais acima que eu dividia a cabana com um feiticeiro. *Os bari* formam uma categoria especial de seres humanos que não pertencem inteiramente ao universo físico nem ao mundo social, mas cujo papel é estabelecer uma mediação entre os dois reinos. É possível, mas não é certo, que todos tenham nascido na metade tugaré; era o caso do meu, já que nossa cabana era sera e que ele morava, como deve ser, na de sua mulher. Alguém se torna *bari* por vocação, e quase sempre em seguida a uma revelação cujo motivo central é um pacto feito com certos membros de uma coletividade muito complexa formada por espíritos maléficos ou apenas assustadores, em parte celestiais (e, nesse caso, controlando os fenômenos astronômicos e meteorológicos), em parte animais, e em parte subterrâneos. Esses seres, cujo efetivo aumenta regularmente com as almas dos finados feiticeiros, são responsáveis pela marcha dos astros, do vento, da chuva, da doença e da morte. São descritos com aparências diversas e aterradoras: peludos com cabeças furadas que deixam escapar a fumaça do tabaco quando fumam; monstros aéreos que lançam chuva pelos olhos, pelas narinas, ou de cabelos e unhas excessivamente compridos; pernetas de barriga grande e corpos com a penugem de morcegos.

O *bari* é um personagem a-social. A ligação pessoal que o une a um ou vários espíritos lhe confere privilégios: ajuda sobrenatural quando parte para uma caçada solitária, poder de se transformar em bicho, e o conhecimento das doenças, assim como dons proféticos. O animal morto na caça, as primeiras colheitas dos roçados são impróprios para o consumo enquanto ele não recebeu a sua parte. Esta constitui o *mori* devido pelos vivos aos espíritos dos mortos; portanto, representa no sistema um papel simétrico e inverso ao da caçada funerária a que me referi.

Mas o *bari* também é dominado por seu ou seus espíritos guardiões. Eles o utilizam para se encarnar, e o *bari*, montaria do espírito, vê-se então às voltas com transes e convulsões. Em troca de proteção, o espírito exerce sobre o *bari* uma vigilância a todo instante, é ele o verdadeiro dono, não só dos bens, mas do próprio corpo do feiticeiro. Este presta contas ao espírito de suas flechas quebradas, de sua louça partida, de suas aparas de unhas e cabelos. Nada disso pode ser destruído ou jogado fora, o *bari* arrasta atrás de si os detritos de sua vida passada. O velho adágio jurídico "o morto agarra o vivo" encontra aqui um significado terrível e imprevisto. Entre o feiticeiro e o espírito, o vínculo é de natureza tão zelosa que, dos dois sócios do contrato, nunca se sabe, no final das contas, quem é o amo ou o criado.

Portanto, vê-se que para os Bororo o universo físico consiste numa hierarquia complexa de poderes individualizados. Se sua natureza pessoal é claramente afirmada, o mesmo não ocorre com os outros atributos, pois esses

27. *Pintura bororo representando objetos de culto.*

poderes são ao mesmo tempo coisas e seres, vivos e mortos. Na sociedade, os feiticeiros formam a articulação que liga os homens a esse universo ambíguo das almas maléficas, a um só tempo pessoas e objetos.

Ao lado do universo físico, o universo sociológico apresenta aspectos de todo diferentes. As almas dos homens comuns (refiro-me aos que não são feiticeiros), em vez de se identificar com as forças naturais, subsistem como uma sociedade; porém, inversamente, perdem sua identidade pessoal para se fundir nesse ser coletivo, o *aroé*, termo que, assim como o *anaon* dos antigos bretões, talvez deva ser traduzido por "a sociedade das almas". Na verdade, esta é dupla, uma vez que as almas se dividem, após os funerais, em duas aldeias, sendo uma a oriente e outra a ocidente, e sobre as quais velam, respectivamente, os dois grandes heróis divinizados do panteão bororo: a oeste, o mais velho, Bakororo, e a leste, o caçula, Ituboré. Cumpre observar que o eixo leste-oeste corresponde ao curso do rio Vermelho. Assim, é plausível que exista uma relação ainda obscura entre a dualidade das aldeias dos mortos e a divisão secundária da aldeia em metade da jusante e metade do montante.

Assim como o *bari* é o intermediário entre a sociedade humana e as almas malfazejas, individuais e cosmológicas (vimos que as almas dos *bari* mortos são tudo isso ao mesmo tempo), existe um outro mediador que preside às relações entre a sociedade dos vivos e a sociedade dos mortos, sendo esta alma benfazeja, coletiva e antropomórfica. É o "Mestre do Caminho das Almas" ou *aroettowaraare*. Ele se diferencia do *bari* por caracteres antitéticos. Aliás, temem-se e odeiam-se mutuamente. O Mestre do Caminho não tem

*28. Pintura bororo representando
um oficiante, trombetas, um maracá
e diversos enfeites.*

direito a oferendas, mas está sujeito a um rigoroso cumprimento das regras: certas proibições alimentares e grande sobriedade no vestir-se. Os enfeites, as cores vivas lhe são proibidos. Por outro lado, não há pacto entre ele e as almas: estas lhe estão sempre presentes e, de certa maneira, são imanentes a ele. Em vez de se apoderar dele nos transes, aparecem em seus sonhos; se por vezes ele as invoca, é só em benefício de outrem.

Se o *bari* prevê a doença e a morte, o Mestre do Caminho trata e cura. Aliás, dizem que o *bari*, expressão da necessidade física, encarrega-se de bom grado de confirmar os próprios prognósticos dando cabo dos doentes que estejam demorando muito para cumprir suas funestas previsões. Mas deve-se notar que os Bororo não têm exatamente a mesma concepção nossa a propósito das relações entre a morte e a vida. A respeito de uma mulher ardendo de febre num canto de sua cabana, dizem-me certo dia que ela estava morta, decerto querendo dar a entender que a consideravam perdida. Afinal, esse modo de ver lembra um bocado o de nossos militares que confundem no mesmo vocábulo "baixas" tanto os mortos quanto os feridos. Do ponto de vista da eficácia imediata, dá no mesmo, embora, do ponto de vista do ferido, seja uma efetiva vantagem não estar entre os defuntos.

Por fim, se o Mestre pode, como o *bari*, transformar-se em bicho, nunca é na forma de onça comedora de homens, portanto de exator — antes que o matem — do *mori* dos mortos junto aos vivos. Dedica-se aos animais nutritivos: arara colhedora de frutas, gavião-de-penacho pescador, ou anta, cuja carne regalará a tribo. O *bari* é possuído pelos espíritos, o *aroettowaraare* sacrifica-se para a salvação dos homens. Mesmo a revelação que o convoca à sua missão é dolorosa: o eleito identifica a si próprio como tal, primeiramente, pelo fedor que o persegue, e que lembra talvez aquele que empesta a aldeia nas semanas de inumação provisória do cadáver à flor da terra, no meio da praça de dança, mas que é então associado a um ser místico, o *aijé*. Este é um monstro das profundezas aquáticas, repugnante, fedorento e afetuoso, que aparece ao iniciado e cujas carícias ele suporta. A cena é imitada durante o funeral por jovens cobertos de lama que abraçam o personagem fantasiado encarnando a jovem alma. Os indígenas concebem o *aijé* de uma forma suficientemente precisa para representá-lo em pintura; e designam com o mesmo nome os zunidores, cujos roncos anunciam a emergência do animal e imitam seu grito.

Depois disso, não surpreende que as cerimônias fúnebres se estendam por várias semanas, já que suas funções são muito diferentes. Primeiro, situam-se nos dois planos que acabamos de distinguir. Considerada de um ponto de vista individual, cada morte é ocasião para uma arbitragem entre o universo físico e a sociedade. As forças hostis que constituem o primeiro causaram um dano à segunda e esse dano deve ser reparado: é o papel da caçada fúnebre. Após ter sido vingado e redimido pela coletividade dos caçadores, o morto deve ser incorporado à sociedade das almas. Esta é a função do *roiakuriluo*, grande canto fúnebre a que eu teria a oportunidade de assistir.

Na aldeia bororo, há um momento do dia que se reveste de especial importância: é a chamada da noite. Assim que cai a noite, acende-se uma grande fogueira no terreiro de dança onde os chefes dos clãs vêm se reunir. Com voz forte, um arauto chama cada grupo: *badedjeba*, "*os* chefes"; *o sera*, "os do íbis"; *ki*, "os da anta"; *bokodori*, "os do tatu grande"; *bakoro* (do nome do herói Bakororo); *boro*, "os do tembetá"; *ewaguddu*, "os da palmeira buriti"; *arore*,

"os da lagarta"; *paiwé*, "os do porco-espinho"; *apibore* (sentido duvidoso)...*
À medida que vão comparecendo, as ordens do dia seguinte são comunicadas aos interessados, sempre nesse tom alto que leva as palavras até as cabanas mais afastadas. Aliás, nessa hora estas acham-se vazias, ou quase. Com o final do dia, que afasta os mosquitos, todos os homens saíram de suas casas familiares para onde tinham ido por volta das seis horas. Cada um leva debaixo do braço a esteira que vai desenrolar sobre a terra batida da praça principal redonda situada no lado oeste da casa masculina. Deitam-se, enrolados numa coberta de algodão tingida de alaranjado pelo contato prolongado com os corpos pintados de urucum, e na qual o Serviço de Proteção dificilmente identificaria um de seus presentes. Em esteiras maiores, cinco ou seis se instalam e trocam poucas palavras. Alguns estão sozinhos; circulam entre todos aqueles corpos estendidos. À medida que prossegue a chamada, os chefes de família citados levantam-se, um depois do outro, recebem suas ordens e voltam a se deitar olhando para as estrelas. As mulheres também saíram das cabanas. Formam grupos na soleira da porta. As conversas vão ficando cada vez mais raras e, progressivamente, conduzidos de início por dois ou três oficiantes e amplificando-se à medida das chegadas, começamos a ouvir, no fundo da casa dos homens, depois na própria praça, os cantos, os recitativos e os coros que durarão a noite inteira.

O morto pertencia à metade sera; portanto, eram os Tugaré que oficiavam. No centro da praça, um amontoado de folhagens representava a sepultura ausente, ladeada à direita e à esquerda por molhos de flechas diante dos quais estavam dispostas tigelas de comida. Os sacerdotes e cantores eram uma dúzia, a maioria usando o largo cocar de plumas de cores deslumbrantes, que outros portavam caindo sobre as nádegas, por cima do leque retangular de palha que cobria os ombros e era preso por uma cordinha passada em volta do pescoço. Uns estavam inteiramente nus e pintados, fosse de vermelho uniforme ou anelado, fosse de preto, ou ainda cobertos por faixas de penugem branca; outros usavam uma comprida saia de palha. O personagem principal, que encarnava a jovem alma, aparecia com dois trajes diferentes, dependendo do momento: ora vestido com folhagem verde e a cabeça coroada pelo enor-

---

* Os especialistas da língua bororo contestariam ou especificariam utilmente algumas dessas traduções; atenho-me, aqui, às informações indígenas.

me arranjo que já descrevi, e usando à maneira de um manto de cauda principesco a pele de onça que um pajem segurava atrás dele; ora nu e pintado de preto, tendo como único enfeite um objeto de palha semelhante a grandes óculos sem lentes rodeando-lhe os olhos. Esse detalhe é especialmente interessante por causa do motivo análogo pelo qual se reconhece Tlaloc, divindade da chuva do antigo México. Os Pueblos do Arizona e do Novo México talvez detenham a chave do enigma; para eles, as almas dos mortos transformam-se em deuses da chuva; e, por outro lado, têm diversas crenças relativas a objetos mágicos que protegem os olhos e permitem a seu possuidor tornar-se invisível. Com frequência observei que os óculos exercem imenso fascínio nos índios sul-americanos, a tal ponto que, ao partir para a minha última expedição, levei todo um sortimento de armações sem lentes que fez grande sucesso com os Nambiquara, como se crenças tradicionais predispusessem os indígenas a acolher um acessório tão inusitado. Os óculos de palha nunca tinham sido assinalados entre os Bororo, porém, como a tinta preta serve para tornar invisível quem com ela se pintou, é provável que os óculos exerçam a mesma função, que é também a que lhes cabe nos mitos pueblo.* Por fim, os *butaricos*, espíritos responsáveis pela chuva entre os Bororo, são descritos com a aparência assustadora — caninos e mãos com ganchos — que caracteriza a deusa da água dos Maias.

Durante as primeiras noites, assistimos às danças de diversos clãs tugaré: *ewoddo*, dança dos da palmeira; *paiwé*, dança dos do porco-espinho. Nos dois casos, os dançarinos estavam cobertos de folhas da cabeça aos pés, e, como não enxergávamos seu rosto, este era imaginado mais acima, na altura da coroa de penas que dominava a indumentária, tanto assim que involuntariamente atribuíamos aos personagens uma estatura exagerada. Nas mãos, seguravam talos de palmas ou paus enfeitados com folhas. Havia dois tipos de danças. Primeiro, os dançarinos se apresentavam sozinhos, divididos em duas quadrilhas que ficavam frente a frente nas extremidades do terreiro, correndo um até o outro aos gritos de "ho! ho!" e rodopiando sobre si mesmos até que tivessem trocado suas posições iniciais. Mais tarde, mulheres intercalavam-se entre os dançarinos masculinos e era então uma interminável farândola que

---

* Após a publicação deste livro, os salesianos contestaram essa interpretação. Segundo seus informantes, os aros de palha evocariam os olhos de uma ave de rapina noturna.

se formava, avançando ou sapateando, conduzida por corifeus nus, que andavam para trás e sacudiam seus chocalhos, enquanto outros homens cantavam acocorados.

Três dias depois, as cerimônias foram interrompidas para permitir a preparação do segundo ato: a dança do *mariddo*. Grupos de homens andaram até a floresta para procurar braçadas de palmas verdes que foram primeiramente desfolhadas e depois partidas em segmentos de cerca de trinta centímetros. Com tiras toscas feitas de folhas secas, os indígenas prenderam esses segmentos, reunidos em dois ou três, como barrotes de uma escada móvel de vários metros de comprimento. Assim, fabricaram duas escadas desiguais, que depois foram enroladas e formaram duas rodelas plenas, colocadas em pé, e medindo, a maior, cerca de um metro e meio, e a outra, 1,30 m. Decoraram as laterais com folhas presas por uma malha de pequenas cordas feitas de cabelos trançados. Esses dois objetos foram então transportados de maneira solene para o meio da praça, um ao lado do outro. São os *mariddo*, respectivamente macho e fêmea, cuja confecção compete ao clã *ewaguddu*.

À noitinha, dois grupos formados cada um por cinco ou seis homens partiram, um para o Oeste, outro para o Leste. Segui os primeiros e assisti, a uns cinquenta metros da aldeia, a seus preparativos escondidos do público por uma cortina de árvores. Cobriam-se de folhagem, à maneira dos dançarinos, e prendiam as coroas. Mas, dessa vez, a preparação secreta explicava-se por seus papéis: como o outro grupo, eles representavam as almas dos mortos vindas de suas aldeias do Oriente e do Ocidente para recepcionar o novo defunto. Quando estava tudo pronto, dirigiram-se, assobiando, para a praça onde o grupo do Leste os havia precedido (na verdade, uns sobem simbolicamente o rio, ao passo que os outros descem, indo, assim, mais depressa).

Com um passo temeroso e vacilante, expressavam admiravelmente bem sua natureza de sombras; eu pensava em Homero, em Ulisses contendo a muito custo os fantasmas conjurados pelo sangue. Mas logo a cerimônia se animou: os homens empunhavam um ou outro *mariddo* (mais pesados ainda por serem feitos de folhagem verde), alçavam-nos nos braços e dançavam sob esse fardo até que, esgotados, deixassem um concorrente pegá-lo para si. A cena já não tinha o aspecto místico do princípio: era uma feira onde a juventude servia-se de seus músculos num ambiente de suor, empurrões e caçoadas. No entanto, essa brincadeira, cujas variantes profanas entre as populações aparentadas são conhecidas — tais como as corridas de achas dos Jê do planalto brasileiro —, assume aqui seu sentido religioso mais pleno: numa desordem alegre, os indígenas têm a sensação de brincar com os mortos e conquistar-lhes o direito de continuarem vivos.

Essa grande oposição entre os mortos e os vivos exprime-se antes de mais nada pela divisão dos aldeãos, durante as cerimônias, entre atores e espectadores. Mas os atores são, por excelência, os homens, protegidos pelo segredo de sua casa coletiva. Devemos, pois, conferir à planta da aldeia um significado ainda mais profundo do que aquele que lhe atribuímos no plano sociológico. Por ocasião dos falecimentos, cada metade representa alternadamente o papel dos vivos ou dos mortos, uma em relação à outra, mas esse jogo de gangorra reflete outro, cujos papéis são atribuídos de uma vez por todas: pois os homens unidos em confraria no *baitemannageo* são o símbolo da sociedade das almas, ao passo que as cabanas ao redor, propriedade das mulheres excluídas dos ritos mais sagrados e, se podemos dizer assim, espectadoras por destino, constituem a audiência dos vivos e o espaço que lhes é reservado.

Vimos que o mundo sobrenatural é ele próprio duplo, já que compreende a área do sacerdote e a do feiticeiro. Este último é o mestre dos poderes celestes e telúricos, desde o décimo céu (os Bororo creem numa pluralidade de céus superpostos) até as profundezas da terra; as forças que controla — e das quais depende — são, pois, dispostas seguindo um eixo vertical, enquanto o sacerdote, Mestre do Caminho das Almas, preside ao eixo horizontal que une o Oriente ao Ocidente, onde se localizam as duas aldeias dos mortos. Ora, as inúmeras indicações que jogam em favor da origem imutavelmente tugaré do *bari*, e sera do *aroettowaraare*, sugerem que a divisão em metades exprime também essa dualidade. É espantoso que todos os mitos bororo apresentem os heróis tugaré como criadores ou demiurgos, e os heróis sera, como pacificadores e ordenadores. Os primeiros são responsáveis pela existência das coisas — água, rios, peixes, vegetação e objetos manufaturados —, os segundos organizaram a criação, livraram a humanidade dos monstros e atribuíram a cada animal sua alimentação específica. Há inclusive um mito que conta que o poder supremo pertencia outrora aos Tugaré, que o abandonaram em favor dos Sera, como se o pensamento indígena, pela oposição das metades, quisesse também traduzir a passagem da natureza desenfreada à sociedade policiada.

Compreendemos então o paradoxo aparente que permite chamar de "fracos" os Sera detentores do poder político e religioso, e de "fortes" os Tugaré. Estes são mais próximos do universo físico, aqueles, do universo humano que, afinal de contas, não é o mais poderoso dos dois. A ordem social não pode ludibriar inteiramente a hierarquia cósmica. Mesmo para os Bororo, só se vence a natureza reconhecendo o seu império e levando em conta as suas fatalidades. De resto, num sistema sociológico como o deles não há escolha: um homem não poderia pertencer à mesma metade que seu pai e que seu filho (já que depende da metade de sua mãe): ele é parente de metade só com o seu avô e o seu neto. Se os Sera querem justificar seu poder por uma afinidade exclusiva com os heróis fundadores, aceitam, ao mesmo tempo, afastar-se deles pela distância suplementar de uma geração. Em relação aos grandes ancestrais, tornam-se "netos", ao passo que os Tugaré são "filhos".

Mistificados pela lógica de seu sistema, os indígenas também não o seriam de outra forma? Afinal, não posso afastar a sensação de que o deslumbrante cotilhão metafísico a que acabo de assistir resuma-se a uma farsa um tanto lúgubre. A confraria dos homens pretende representar os mortos para dar aos vivos a ilusão da visita das almas; as mulheres são excluídas dos ritos e enganadas a respeito de sua verdadeira natureza, provavelmente para sancionar a divisão que lhes confere prioridade em matéria de estado civil e de residência, reservando apenas aos homens os mistérios da religião. Mas sua credulidade real ou suposta também tem uma função psicológica: dar, em benefício dos dois sexos, um conteúdo afetivo e intelectual a esses fantoches cujos cordões, se assim não fosse, os homens manipulariam com menos aplicação. Não é só para tapear nossas crianças que as mantemos na crença do Papai Noel: seu fervor reconforta-nos, ajuda-nos a nos autoenganarmos e a acreditarmos, já que elas acreditam, que um mundo de generosidade sem contrapartida não é de todo incompatível com a realidade. E, no entanto, os homens morrem, nunca mais retornam; e toda ordem social aproxima-se da morte, no sentido de que retira alguma coisa em troca da qual não dá o equivalente.

Ao moralista, a sociedade bororo ministra uma lição: que ele escute seus informantes indígenas; estes hão de lhe descrever, como o fizeram para mim, esse balé em que duas metades de aldeia obrigam-se a viver e a respirar uma por meio da outra, trocando as mulheres, os bens e os serviços em meio a uma fervorosa preocupação de reciprocidade, casando seus filhos entre si, enter-

Esquema clássico da aldeia bororo   Situação real

Superiores

Médios

Inferiores

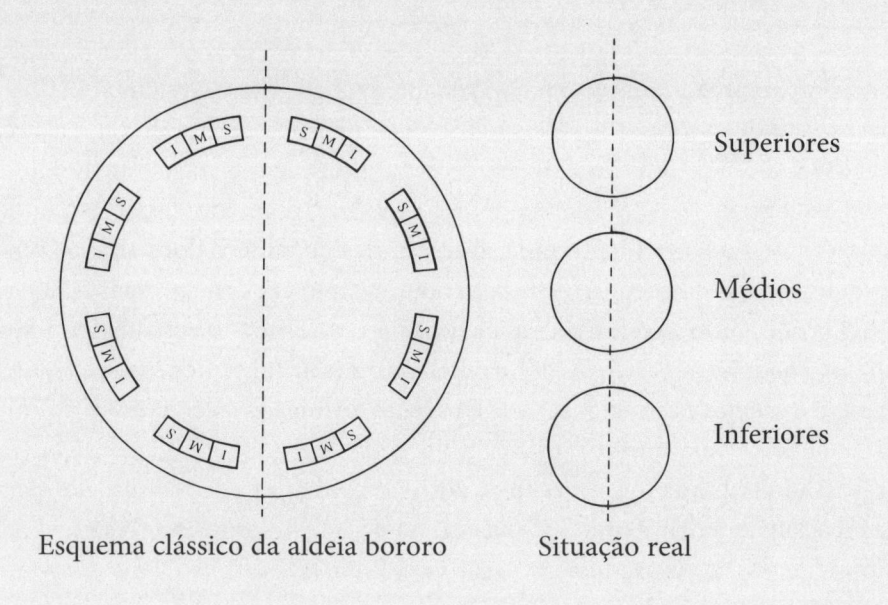

29. *Esquema ilustrando a estrutura social aparente e real da aldeia bororo.*

rando mutuamente seus mortos, garantindo-se uma à outra que a vida é eterna, o mundo, caridoso, e a sociedade, justa. Para comprovar essas verdades e manter essas convicções, seus sábios elaboraram uma cosmologia grandiosa; inscreveram-na na planta de suas aldeias e na repartição das habitações. As contradições em que esbarravam, enfrentaram-nas e reenfrentaram-nas, jamais aceitando uma oposição a não ser para negá-la em favor de outra, dividindo e separando os grupos, associando-os e defrontando-os, fazendo de toda a sua vida social e espiritual um brasão em que a simetria e a assimetria se equilibram, como nos elaborados desenhos com que uma bela Cadiueu, mais obscuramente torturada pela mesma preocupação, fere o próprio rosto. Mas o que resta de tudo isso, o que subsiste das metades, das contrametades, dos clãs, dos subclãs, em face dessa constatação que as observações recentes parecem nos impor? Numa sociedade complicada como que por prazer, cada clã é dividido em três grupos: superior, médio e inferior, e por sobre todas as regulamentações paira a que obriga um superior de uma metade a casar-se com uma superior da outra, um médio, com uma média, e um inferior, com uma inferior; quer dizer que, sob o disfarce das instituições fraternais, a aldeia bororo resume-se, em última análise, a três grupos, que sempre se casam entre si. Três sociedades que, sem saber, permanecerão para sempre distintas e isoladas, cada uma prisioneira de uma soberbia disfarçada mesmo a seus olhos por instituições enganadoras, de sorte que cada uma é vítima inconsciente de artifícios para os quais já não pode descobrir um objetivo. Por mais que os Bororo tenham desenvolvido seu sistema numa prosopopeia falaciosa, assim como outros eles não conseguiram desmentir essa verdade: a representação que uma sociedade cria para a relação entre os vivos e os mortos reduz-se a um esforço para esconder, embelezar ou justificar, no plano do pensamento religioso, as relações reais que prevalecem entre os vivos.

**PARTE VII
NAMBIQUARA**

24. O mundo perdido

Uma expedição etnográfica pelo Brasil central é preparada no cruzamento da rua Réaumur com o bulevar Sébastopol. Ali estão reunidos os atacadistas de artigos de costura e de moda; é lá que se pode esperar descobrir as mercadorias próprias a satisfazer o gosto difícil dos índios.

Um ano depois da visita aos Bororo, todas as condições necessárias para fazerem de mim um etnógrafo estavam reunidas: bênção de Lévy-Bruhl, Mauss e Rivet, dada retroativamente; exposição de minhas coleções numa galeria do faubourg Saint-Honoré; conferências e artigos. Graças a Henri Laugier, que presidia aos jovens destinos do Serviço de Pesquisa Científica, obtive verbas suficientes para uma empreitada mais ampla. Primeiro, eu precisava me equipar; três meses de intimidade com os indígenas haviam me ensinado suas exigências, espantosamente semelhantes de um extremo a outro do continente sul-americano.

Num bairro de Paris que me era tão desconhecido quanto o Amazonas, eu me dedicava, pois, a estranhos exercícios diante dos olhares de importadores tchecoslovacos. Ignorando tudo a respeito de seu comércio, faltavam-me termos técnicos para especificar minhas necessidades. Podia apenas aplicar os critérios indígenas. Empenhava-me em selecionar as menores contas de bordar, chamadas de *rocaille* [miçangas], cujos novelos pesados enchiam os escaninhos. Procurava mordê-las para testar-lhes a resistência; chupava-as a fim de verificar se eram coloridas na massa e se não havia perigo de desbotarem ao primeiro banho de rio; variava a importância de meus lotes dosando as cores segundo o cânone indígena: primeiro, o branco e o preto, em igual quantidade; depois, o vermelho; bem lá atrás, o amarelo; e, por desencargo de consciência, um pouco de azul e de verde, que provavelmente seriam menosprezados.

As razões de todas essas preferências são fáceis de entender. Ao fabricar à mão suas próprias contas, os índios conferem-lhes um valor tanto maior quanto menores forem, ou seja, quanto mais trabalho e habilidade exigirem; como matéria-prima, utilizam a casca preta dos cocos, o nácar leitoso das conchas de rio, e buscam um efeito na alternância de uma tonalidade com outra. Como todos os homens, apreciam mais que tudo o que conhecem; portanto, eu faria sucesso com o branco e o preto. Quase sempre, o amarelo e o vermelho formam para eles uma só categoria linguística, em razão das variações da tinta de urucum que, segundo a qualidade das sementes e seu estado de amadurecimento, oscila entre o vermelhão e o amarelo-alaranjado; no entanto, o vermelho prevalece, por seu cromatismo intenso que certas sementes e plumas tornaram familiar. Quanto ao azul e ao verde, essas cores frias acham-se sobretudo ilustradas na natureza por vegetais perecíveis; dupla razão que explica a indiferença indígena e a imprecisão de seu vocabulário correspondente a esses dois matizes: conforme os idiomas, o azul é assimilado ao preto ou ao verde.

As agulhas deviam ser suficientemente grossas para receber uma linha robusta, mas também não muito, por causa da miudeza das contas que serviriam para enfiar. Quanto à linha, eu queria que fosse de tonalidade viva, vermelha de preferência (os índios colorem a sua com urucum) e fortemente retorcida para conservar um aspecto artesanal. No geral, eu aprendera a desconfiar da pacotilha: o exemplo dos Bororo me imbuíra de um profundo respeito pelas técnicas indígenas. A vida selvagem submete os objetos a duras provas; para não ficar desacreditado entre os primitivos — por mais paradoxal que pareça — eu precisava do aço melhor temperado, da miçanga colorida na massa e da linha que o seleiro da corte da Inglaterra não desaprovaria.

Às vezes, eu me deparava com comerciantes que se entusiasmavam com esse exotismo adaptado ao seu conhecimento. Dos lados do canal Saint--Martin, um fabricante de anzóis vendeu-me por preço baixo todos os seus fins de estoques. Durante um ano carreguei pela selva vários quilos de anzóis que ninguém queria, pois eram pequenos demais para os peixes dignos do pescador amazônico. Finalmente, liquidei-os na fronteira boliviana. Todas essas mercadorias devem servir a uma dupla função: presentes e material de troca com os índios, e meio de conseguir víveres e serviços nas regiões recuadas onde raramente os comerciantes penetram. Quando esgotei meus recursos no fim da expedição, consegui ganhar umas semanas de permanência abrindo uma venda num vilarejo de seringueiros. As prostitutas locais me compravam um colar em troca de dois ovos, e não sem pechinchar.

Eu me propunha passar um ano inteiro na selva e hesitara longamente sobre tal objetivo. Sem poder desconfiar que o resultado iria contrariar meu propósito, mais preocupado em compreender a América do que em aprofundar a natureza humana, e baseando-me num caso particular, eu decidira operar uma espécie de corte na etnografia — e na geografia — brasileira, cruzando a parte ocidental do planalto, de Cuiabá ao rio Madeira. Até época recente, essa região continuava a ser a menos conhecida do Brasil. Os bandeirantes paulistas do século XVIII praticamente não haviam ultrapassado Cuiabá, desencorajados pela desolação da paisagem e pela selvageria dos índios. No início do século XX, os 1500 quilômetros que separam Cuiabá do Amazonas ainda eram uma terra proibida, a tal ponto que, para ir de Cuiabá a Manaus ou a Belém, no rio Amazonas, o mais simples era passar pelo Rio de Janeiro e continuar para o Norte pelo mar e pelo rio até o seu estuário. Só em 1907 o general (então coronel) Cândido Mariano da Silva Rondon iniciou a penetração; esta iria exigir-lhe oito anos, passados na exploração e na instalação de uma linha telegráfica de interesse estratégico, ligando pela primeira vez, por Cuiabá, a capital federal aos postos de fronteiras do Noroeste.

Os relatórios da Comissão Rondon (que ainda não estão publicados na íntegra), algumas conferências do general, as recordações de viagem de Theodore Roosevelt que o acompanhou durante uma de suas expedições, e, por último, um livro encantador do saudoso Roquete-Pinto (então diretor do Museu Nacional), intitulado *Rondônia* (1912), davam indicações sumárias sobre os povos primitivos descobertos naquela zona. Porém, desde então, a velha maldição parecia ter recaído no planalto. Nenhum etnógrafo profissional se embrenhara por ali. Seguindo a linha telegráfica, ou o que dela restava, era tentador procurar saber quem eram exatamente os Nambiquara e, mais longe rumo ao Norte, aquelas populações enigmáticas que ninguém vira desde que Rondon se limitara a assinalá-las.

Em 1939, o interesse, até então restrito às tribos do litoral e das grandes cidades fluviais, vias tradicionais de penetração no interior do Brasil, começava a se deslocar para os índios do planalto. Com os Bororo, eu me convencera do grau excepcional de requinte, no plano sociológico e religioso, de tribos consideradas outrora como dotadas de uma cultura muito rude. Estávamos conhecendo os primeiros resultados das pesquisas de um alemão hoje falecido, Kurt Unkel, que adotara o nome indígena de Nimuendaju e que, após anos passados nas aldeias jê do Brasil central, confirmava que os Bororo não representam um fenômeno à parte, mas antes a variação de um tema fundamental que é comum a eles e a outros povos. O cerrado do Brasil central estava, pois, ocupado, por quase 2 mil quilômetros de extensão, pelos sobreviventes de uma cultura notavelmente homogênea, caracterizada por um idioma diversificado em dialetos da mesma família, um nível de vida material relativamente baixo, contrastando com uma organização social e um pensamento religioso muito desenvolvidos. Não cabia reconhecer neles os primeiros habitantes do Brasil, que tivessem sido esquecidos no fundo de sua selva, ou expulsos, pouco tempo antes do descobrimento, para as terras mais pobres por populações beligerantes vindas não se sabe de onde, à conquista do litoral e dos vales fluviais?

No litoral, os viajantes do século XVI tinham encontrado por toda parte representantes da grande cultura tupi-guarani que também ocupavam a quase totalidade do Paraguai e o curso do Amazonas, traçando um anel partido de 3 mil quilômetros de diâmetro, apenas interrompido na fronteira paraguaio-boliviana. Esses Tupi, que apresentam obscuras afinidades com os Astecas, ou seja, com povos tardiamente instalados no vale da Cidade do México, eram eles próprios recém-chegados; nos vales do interior do Brasil, sua instalação prosseguira até o século XIX. Talvez tivessem se posto a caminho algumas centenas de anos antes do descobrimento, impelidos pela crença de que existia em algum lugar uma terra sem morte e sem mal. Esta ainda era a sua convicção ao final de suas migrações, quando pequenos grupos foram parar, em fins do século XIX, no litoral paulista, avançando sob o comando de seus feiticeiros, dançando e entoando loas à terra onde não se morre, e jejuando por longos períodos, a fim de merecê-la. Em todo caso, no século XVI eles disputavam rudemente a costa com os ocupantes anteriores, sobre os quais possuímos poucas indicações, mas que talvez sejam os nossos Jê.

No Noroeste do Brasil, os Tupi eram vizinhos de outros povos: os Caraíba, ou Caribe, que se pareciam muito com eles na cultura, embora diferindo no idioma, e que se empenhavam em conquistar as Antilhas. Havia também os Aruaque; esse grupo é bastante misterioso: mais antigo e mais sofisticado que os dois outros, formava o grosso da população antilhana e avançara até a Flórida; diferente dos Jê por uma elevadíssima cultura material, sobretudo a cerâmica e a madeira talhada, aproximava-se destes pela organização social que aparentava ser do mesmo tipo. Caraíba e Aruaque pareciam ter precedido os Tupi na penetração do continente: no século XVI, estavam concentrados nas Guianas, no estuário do Amazonas e nas Antilhas. Mas pequenas colônias ainda subsistem no interior, em certos afluentes da margem direita do Amazonas: Xingu e Guaporé. Os Aruaque têm inclusive descendentes na alta Bolívia. Foram eles, provavelmente, que levaram a arte cerâmica aos Mbaiá-Cadiueu, já que os Guaná, reduzidos, conforme se recorda, à servidão por estes últimos, falam um dialeto aruaque.

Ao atravessar a parte menos conhecida do planalto, eu esperava encontrar no cerrado os representantes mais ocidentais do grupo jê; e, chegando à bacia do Madeira, poder estudar os vestígios inéditos das três outras famílias linguísticas na franja de sua grande via de penetração, a Amazônia.

Minha esperança realizou-se só em parte, em virtude do simplismo com que encarávamos a história pré-colombiana da América. Hoje, após as descobertas recentes e, no que me concerne, graças aos anos dedicados ao estudo da etnografia norte-americana, compreendo melhor que o hemisfério ocidental deve ser considerado como um todo. A organização social, as crenças religiosas dos Jê repetem as das tribos das florestas e dos prados da América do Norte; aliás, já faz tempo que foram notadas — sem se deduzir as suas consequências — analogias entre as tribos do Chaco (como os Guaicuru) e as das planícies dos Estados Unidos e do Canadá. Pela cabotagem ao longo das costas do Pacífico, as civilizações do México e do Peru certamente se comunicaram em diversos momentos de sua história. Tudo isso foi um pouco desprezado, porque os estudos americanos foram muito tempo dominados por uma convicção: a de que a penetração do continente era bem recente, datando apenas de 5 mil ou 6 mil anos antes de nossa era, e inteiramente atribuída a populações asiáticas chegadas pelo estreito de Behring.

Portanto, só dispúnhamos de uns poucos milhares de anos para explicar como esses nômades haviam se instalado de um extremo ao outro do hemisfério ocidental adaptando-se a climas diferentes; como haviam descoberto, e depois domesticado e espalhado por enormes territórios, as espécies selvagens que se tornaram, em suas mãos, o tabaco, o feijão, a mandioca, a batata-doce, a batata, o amendoim, o algodão e, em especial, o milho; como, enfim, haviam nascido e se desenvolvido civilizações sucessivas, no México, na América Central e nos Andes, das quais os Astecas, os Maias e os Incas são os herdeiros distantes. Para se conseguir isso, havia que se reduzir cada etapa de desenvolvimento, a fim de que coubesse no intervalo de alguns séculos: a história pré-colombiana da América tornava-se uma sucessão de imagens caleidoscópicas que pelo capricho do teórico mostravam a cada instante novos espetáculos. Era como se os especialistas do outro lado do Atlântico procurassem impor à América indígena essa ausência de profundidade que caracteriza a história contemporânea do Novo Mundo.

Tais perspectivas foram revolucionadas por descobertas que recuam consideravelmente a data em que o homem penetrou no continente. Sabemos que ali ele conheceu e caçou uma fauna hoje extinta: preguiça terrestre, mamute, camelo, cavalo, bisão arcaico, antílope, com cujas ossadas encontraram-se suas armas e seus instrumentos de pedra. A presença de alguns desses bichos em lugares como o vale da Cidade do México implica condições climáticas muito diferentes das que prevalecem hoje em dia, e que demandaram vários milênios para se modificar. O emprego da radioatividade para determinar a data dos vestígios arqueológicos forneceu indicações no mesmo sentido. Portanto, deve-se admitir que o homem já estava presente na América fazia pelo menos 20 mil anos; em certos locais, plantava milho havia mais de 3 mil anos. Na América do Norte, um pouco por todo lado encontram-se vestígios de 10 mil a 12 mil anos de idade. Ao mesmo tempo, as datas das principais jazidas arqueológicas do continente, obtidas pela medição da radioatividade residual do carbono, são fixadas quinhentos a 1500 anos mais cedo do que se supunha anteriormente. Como essas flores japonesas de papel amassado que se abrem quando as colocamos na água, a história pré-colombiana da América adquire de repente o volume que lhe faltava.

Só que, em consequência disso, nós nos deparamos com uma dificuldade inversa à que encontraram os antigos: como preencher esses imensos períodos? Compreendemos que os movimentos de população que eu tentava retraçar há pouco situam-se na superfície, e que as grandes civilizações do México ou dos Andes foram precedidas por outra coisa. Já no Peru e em diversas regiões da América do Norte descobriram-se os vestígios dos primeiros ocupantes: tribos sem agricultura, seguidas por sociedades de aldeias e horticulturas, mas que ainda não conheciam o milho nem a cerâmica; depois surgem grupos que praticam a escultura na pedra e o trabalho dos metais preciosos, num estilo mais livre e mais inspirado do que tudo o que lhes sucedeu. Os Incas do Peru, os Astecas do México, em quem tendíamos a enxergar a eclosão e o resumo de toda a história americana, estão tão afastados dessas fontes vivas quanto nosso estilo império o está do Egito e de Roma, em que tanto se inspirou: artes totalitárias nos três casos, ávidas por uma enormidade obtida na rudeza e na indigência, expressão de um Estado preocupado em afirmar sua potência concentrando os recursos em outra coisa (guerra ou administração) que não em seu próprio refinamento. Até os monumentos dos Maias aparecem como a deslumbrante decadência de uma arte que atingiu seu apogeu um milênio antes deles.

De onde vinham os fundadores? Depois das certezas de antigamente, somos obrigados a confessar que nada sabemos. Os movimentos de população na região do estreito de Behring foram muito complexos: os esquimós deles participam em data recente; por cerca de mil anos, foram estes precedidos pelos paleoesquimós cuja cultura evoca a China arcaica e os citas; e no decorrer de um período extremamente longo, talvez do VIII milênio até as vésperas da era cristã, houve por lá populações diferentes. Por esculturas que datam do primeiro milênio antes de nossa era, sabemos que os antigos habitantes do México apresentavam tipos físicos muito distantes dos índios atuais: orientais gordos de rosto glabro pouco modelado, e personagens barbudos de feições aquilinas que lembram os perfis do Renascimento. Trabalhando com materiais de outra ordem, os geneticistas afirmam que pelo menos quarenta espécies vegetais, colhidas em estado selvagem ou domesticadas pela América pré-colombiana, têm a mesma composição cromossômica que as espécies correspondentes da Ásia, ou que uma composição derivada destas. Deve-se concluir que o milho, que figura nessa lista, veio do Sudeste asiático? Mas de

30-31. Antigos mexicanos. À esquerda: México do Sudeste (American Museum of Natural History); à direita: costa do Golfo (Exposition d'art mexicain, Paris, 1952).

que maneira isso seria possível, se os americanos já o cultivavam fazia 4 mil anos, numa época em que a arte da navegação era decerto rudimentar?

Sem seguir Heyerdahl nas suas audaciosas hipóteses de um povoamento da Polinésia por indígenas americanos, deve-se admitir depois da viagem do *Kon-Tiki* que contatos transpacíficos podem ter ocorrido, e com frequência. Mas na época em que civilizações superiores já floresciam na América, por volta de inícios do primeiro milênio antes de nossa era, as ilhas do Pacífico estavam vazias; pelo menos, aí nada se encontrou que datasse de tão longe. Para além da Polinésia, deveríamos, pois, olhar para a Melanésia, talvez já povoada, e para a costa asiática em sua totalidade. Hoje temos certeza de que as comunicações entre o Alasca e as Aleutas, de um lado, e a Sibéria, de outro, nunca se interromperam. Sem conhecer a metalurgia, no Alasca empregavam-se instrumentos de ferro em princípios da era cristã; a mesma cerâmica encontra-se desde a região dos Grandes Lagos norte-americanos até a Sibéria central, como também as mesmas lendas, os mesmos ritos e os mesmos mitos. Enquanto o Ocidente vivia fechado sobre si mesmo, parece que todas as populações setentrionais, desde a Escandinávia até o Labrador, passando pela Sibéria e pelo Canadá, mantinham os mais estreitos contatos. Se os celtas pegaram alguns de seus mitos nessa civilização subártica da qual quase nada conhecemos, compreender-se-ia como é possível que o ciclo do Graal apresente com os mitos dos índios das florestas da América do Norte um paren-

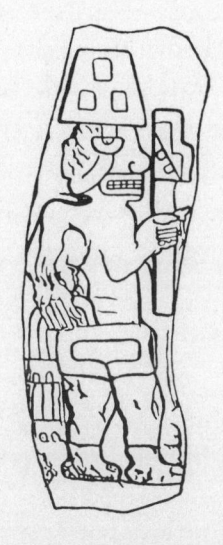

32-33. À esquerda: Chavín, Norte do Peru (segundo Tello); à direita: Monte Albán, Sul do México (baixos-relevos chamados de "os dançarinos").

tesco maior do que com qualquer outro sistema mitológico. E provavelmente tampouco é um acaso se os lapões continuam a montar barracas cônicas idênticas às destes últimos.

No Sul do continente asiático, as civilizações americanas despertam outros ecos. Os povos das fronteiras meridionais da China, que esta qualificava de bárbaros, e mais ainda as tribos primitivas da Indonésia, apresentam extraordinárias afinidades com os americanos. Foram registrados no interior de Bornéu mitos indiferenciáveis de certos outros que são os mais difundidos na América do Norte. Ora, desde muito tempo os especialistas chamaram a atenção para as semelhanças entre os documentos arqueológicos oriundos do Sudeste asiático e os que pertencem à proto-história da Escandinávia. Há, pois, três regiões — Indonésia, Nordeste americano e países escandinavos — que formam de certo modo os pontos trigonométricos da história pré-colombiana do Novo Mundo.

Não se poderia conceber que esse acontecimento maior na vida da humanidade, refiro-me ao aparecimento da civilização neolítica — com a generalização da cerâmica e da tecelagem, o início da agricultura e da criação, as primeiras tentativas no caminho da metalurgia —, circunscrita de início, no Velho Mundo, entre o Danúbio e o Índus, tenha desencadeado uma espécie de excitação entre os povos menos evoluídos da Ásia e da América? É difícil entender a origem das civilizações americanas sem admitir a hipótese de uma atividade intensa, em todas as costas do Pacífico — a asiática ou a americana —, e que se propagasse de um lugar a outro graças à navegação costeira; tudo isso, durante vários milênios. Outrora, negávamos dimensão histórica à América pré-colombiana porque a América pós-colombiana dela foi privada. Resta-nos talvez corrigir um segundo erro, que consiste em pensar que a América permaneceu por 20 mil anos isolada do mundo inteiro, a pretexto de que esteve isolada da Europa Ocidental. Tudo sugere, ao contrário, que ao grande silêncio atlântico respondia, em toda a orla do Pacífico, um zumbido de enxame.

Seja como for, durante o primeiro milênio antes de nossa era, um híbrido americano parece já ter gerado três enxertos solidamente inseridos nas variedades duvidosas que resultavam de uma evolução mais antiga: no gênero rústico, a cultura de Hopewell, que ocupou ou contaminou toda a parte dos Estados Unidos a leste das planícies, dá a "deixa" para a cultura de Chavín, no Norte do Peru (à qual Paracas faz eco no Sul); enquanto Chavín, por sua vez, se assemelha às primeiras manifestações da civilização chamada de olmeca e prefigura o desenvolvimento maia. Nos três casos, estamos em presença de uma arte cursiva, cuja flexibilidade e liberdade e cujo gosto intelectual pelo duplo sentido (em Hopewell como em Chavín, certos motivos se leem de modo diferente dependendo de como os olhamos, pelo direito ou pelo avesso) começam apenas a tender para a rigidez angulosa e para o imobilismo que estamos acostumados a atribuir à arte pré-colombiana. Às vezes, tento me convencer de que os desenhos cadiuéu perpetuam a seu modo essa longínqua tradição. Teria sido nessa época que as civilizações americanas principiaram a divergir, o México e o Peru assumindo a dianteira e caminhando a passos de gigante, enquanto o resto se mantinha numa posição intermediária ou até mesmo arrastava-se pelo caminho para cair numa semisselvageria? O que ocorreu na América tropical, jamais o saberemos exatamente, devido às condições climáticas desfavoráveis à preservação dos vestígios arqueológicos; mas é perturbador que a organização social dos Jê e até a planta das aldeias bororo

34. Chavín, Norte do Peru (segundo Tello).

35. Hopewell, Leste dos Estados Unidos (segundo Ch. C. Willoughby, The turner group of earthworks, Papers of the Peabody Museum, Harvard University, *vol. VIII, nº 3, 1922).*

se pareçam com o que o estudo de certos sítios arqueológicos pré-incaicos, como o de Tiahuanaco, na alta Bolívia, permite reconstituir dessas civilizações desaparecidas.

O que precede afastou-me bastante da descrição dos preparativos de uma expedição ao Mato Grosso ocidental; no entanto, era necessário, caso eu quisesse deixar o leitor respirar essa atmosfera apaixonada que impregna qualquer pesquisa americanista, seja no plano arqueológico ou etnográfico. A dimensão dos problemas é tamanha, as pistas de que dispomos tão frágeis e tênues, o passado — pedaços imensos — tão irrevogavelmente aniquilado, a base de nossas especulações tão precária, que o menor reconhecimento no terreno coloca o pesquisador num estado instável em que ele se sente dividido entre a resignação mais humilde e as loucas ambições: sabe que o essencial está perdido e que todos os seus esforços hão de se resumir em raspar a superfície; no entanto, não encontrará um indício, milagrosamente preservado, e de onde irromperá a luz? Nada é certo, tudo é possível, portanto. A noite em que tateamos é escura demais para nos atrevermos a afirmar alguma coisa a seu respeito; nem sequer que ela está destinada a durar.

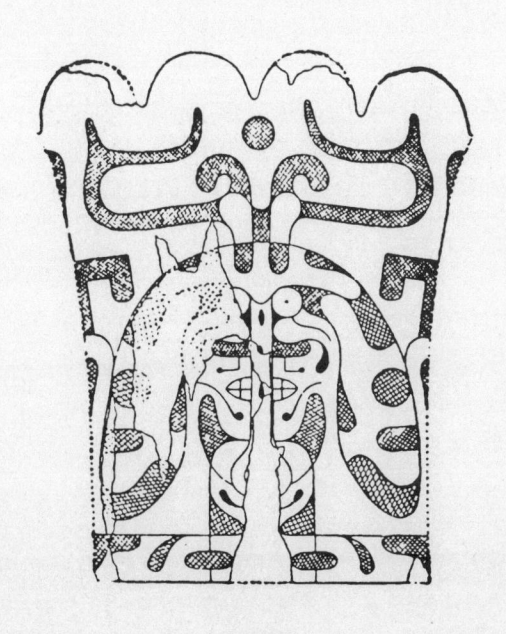

36. Hopewell, Leste dos Estados Unidos (segundo W. K. Moorehead,
The Hopewell mound... *Field Museum, Chicago,
Série antropológica, vol. VI, nº 5, 1922).*

25. No sertão

Nessa Cuiabá aonde estou de volta após dois anos, procuro saber qual é exatamente a situação da linha telegráfica, a quinhentos ou seiscentos quilômetros para o Norte.

Em Cuiabá, detesta-se a linha; há várias razões para isso. Desde a fundação da cidade no século XVIII, os raros contatos com o Norte faziam-se indo em direção do curso médio do Amazonas, por via fluvial. Para conseguirem seu estimulante predileto, o 'guaraná', os moradores de Cuiabá lançavam pelo Tapajós expedições de canoa que duravam mais de seis meses. O 'guaraná' é uma massa dura de cor marrom, preparada quase exclusivamente pelos índios Maué à base das sementes esmagadas de um cipó: o *Paullinia sorbilis*. Um salaminho compacto dessa massa é ralado na língua de osso do peixe 'pirarucu', guardada numa bolsa de couro de veado. Esses pormenores têm sua importância, pois o emprego de um ralador metálico ou de outro couro faria a preciosa substância perder suas virtudes. No mesmo espírito, os cuiabanos explicam que o fumo de rolo deve ser rasgado e esmigalhado à mão, e não cortado à faca, para que não azede. O pó de 'guaraná' é jogado na água açucarada, onde fica em suspensão sem se dissolver: bebe-se essa mistura de sabor levemente achocolatado. Quanto a mim, jamais senti o menor efeito, mas entre os moradores do Mato Grosso central e setentrional o 'guaraná' ocupa um lugar comparável ao do mate no Sul.

Entretanto, as virtudes do 'guaraná' justificavam todo o trabalho e os esforços. Antes de enfrentarem os rápidos, alguns homens eram deixados na margem, onde desmatavam um canto de floresta para plantar milho e mandioca. Assim, no caminho de volta a expedição encontrava produtos alimentícios frescos. Mas, desde o desenvolvimento da navegação a vapor, o 'guaraná' chegava a Cuiabá mais depressa, e em maior quantidade, a partir do Rio de Janeiro, para onde os navios de cabotagem o levavam por mar, desde Manaus e Belém. Tanto assim que as expedições pelo Tapajós pertenciam a um passado heroico, semiesquecido.

Contudo, quando Rondon anunciou que ia levar a civilização à região do Noroeste, essas recordações se reavivaram. Conhecia-se um pouco a periferia do planalto onde dois antigos povoados, Rosário e Diamantino, situados respectivamente a cem e a 170 quilômetros ao norte de Cuiabá, prosseguem sua vida modorrenta desde que seus filões e cascalhos se esgotaram. Mais adiante, seria preciso ir por terra, cortando uns após outros os formadores dos afluentes do Amazonas, em vez de descê-los de canoa: empreitada temerosa num percurso tão longo. Por volta de 1900, o planalto setentrional mantinha-se uma região mítica, onde inclusive se afirmava que havia uma cadeia de montanhas, a serra do Norte, que a maioria dos mapas continua a mencionar.

Essa ignorância, combinada com as narrativas da penetração, ainda recente, do Far West americano e da corrida ao ouro, infundiu loucas esperanças à população do Mato Grosso e inclusive à do litoral. No rastro dos homens de Rondon que colocavam seu fio telegráfico, uma massa de emigrantes iria invadir territórios de recursos insuspeitos, construir alguma Chicago brasileira. Perderam as ilusões: à imagem do Nordeste, onde estão as terras malditas do Brasil pintadas por Euclides da Cunha em *Os sertões*, a serra do Norte haveria de se revelar um cerrado semidesértico e uma das zonas mais ingratas do continente. Além disso, o nascimento da radiotelegrafia, que coincidia por volta de 1922 com a conclusão da linha, tirava todo o interesse desta última, promovida ao estatuto de vestígio arqueológico de uma época científica ultrapassada no momento exato em que acabava de ser terminada. Ela conheceu um instante de glória, em 1924, quando a insurreição de São Paulo contra o governo federal isolou-o do interior. Pelo telégrafo, o Rio de Janeiro continuou a se manter em comunicação com Cuiabá, via Belém e Manaus. Depois, foi o declínio: o punhado de entusiastas que haviam lutado por um emprego refluíram ou se deixaram esquecer. Quando lá cheguei, fazia vários anos que não recebiam qualquer abastecimento. Ninguém se atrevia a fechar a linha; mas já ninguém se interessava por ela. Os postes podiam ser derrubados, o fio, enferrujar; quanto aos últimos sobreviventes dos postos, sem coragem para partir e sem meios para fazê-lo, extinguiam-se lentamente, minados pela doença, pela fome e pela solidão.

Essa situação pesava na consciência dos cuiabanos, tanto mais porque as esperanças frustradas tinham, afinal, dado um resultado modesto mas tangível, que consistia na exploração do pessoal da linha. Antes de partir para lá, os empregados deviam escolher em Cuiabá um 'procurador', isto é, um representante que receberia os salários, podendo utilizá-los de acordo com as instruções dos beneficiários. As instruções limitavam-se, em geral, a encomendas de balas de espingarda, querosene, sal, agulhas de costura e tecido. Por todas essas mercadorias cobrava-se um preço alto, graças a arranjos entre os 'procuradores', os vendedores libaneses e os organizadores das caravanas. De sorte que os coitados, perdidos no mato, não podiam nem pensar no regresso, ao cabo de alguns anos, de tal maneira achavam-se endividados, muito acima de suas posses. Positivamente, era melhor esquecer a linha, e meu projeto de utilizá-la como base rendeu-me poucos encorajamentos. Eu me esforçava para encontrar suboficiais da reserva que tivessem sido companheiros de Rondon, podendo extrair-lhes somente uma sombria ladainha: "'Uma terra ruim, muito ruim, pior que qualquer outra...'". Sobretudo, que eu não me metesse por ali.

E, além do mais, havia a questão dos índios. Em 1931, o posto telegráfico de Parecis, localizado numa região relativamente frequentada, a trezentos quilômetros ao norte de Cuiabá e a oitenta quilômetros apenas de Diamantino, fora atacado e destruído por índios desconhecidos, saídos do vale do rio do Sangue, que se supunha inabitado. Esses selvagens haviam sido batizados de 'beiços de pau', por causa das rodelas que usavam engastadas no lábio inferior e nos lóbulos das orelhas. Desde então, suas saídas tinham se repetido a intervalos regulares, de modo que foi preciso deslocar a estrada cerca de oitenta quilômetros para o Sul. Quanto aos Nambiquara, nômades que frequentam por intermitência os postos desde 1909, suas relações com os brancos haviam sido marcadas por êxitos variados. Bastante boas no início, pioraram progressivamente até 1925, data em que sete trabalhadores foram convidados pelos indígenas a visitar suas aldeias, onde sumiram. A partir desse momento, os Nambiquara e o pessoal da linha passaram a se evitar. Em 1933, uma missão protestante foi se instalar perto do posto de Juruena; parece que as relações logo se azedaram, pois os indígenas ficaram descontentes com os presentes — insuficientes, comenta-se — com os quais os missionários retribuíram sua ajuda na construção da casa e na plantação da horta. Meses mais tarde, um índio febril apresentou-se à missão e recebeu, à vista de todos, dois comprimidos de aspirina, que engoliu; depois disso, foi tomar um banho de rio, teve uma congestão e morreu. Como os Nambiquara são exímios envenenadores, concluíram que o companheiro fora assassinado: houve um ataque de represálias, quando os seis membros da missão foram massacrados, inclusive uma criança de dois anos. Só uma mulher foi encontrada viva, por uma expedição de socorro vinda de Cuiabá. Seu relato, tal como me repetiram, coincide exatamente com o que me fizeram os autores do ataque, que por várias semanas desempenharam ao meu lado o papel de companheiros e informantes.

Desde esse incidente e alguns outros que se seguiram, o clima que reinava ao longo de toda a linha manteve-se tenso. Tão logo me foi possível, na diretoria dos Correios de Cuiabá, entrar em comunicação com as principais estações (o que sempre exigia vários dias), recebemos as notícias mais deprimentes: aqui, os índios haviam feito uma saída ameaçadora; ali, não os tinham visto nos últimos três meses, o que também era mau sinal; em outro lugar, onde eles antigamente trabalhavam, tinham voltado a ser 'bravos' etc. Única indicação animadora, ou que me foi apresentada como tal: fazia algumas semanas, três padres jesuítas tentavam instalar-se em Juruena, no limite da terra nambiquara, a seiscentos quilômetros ao norte de Cuiabá. Eu poderia ir até lá, informar-me com eles e fazer meus planos definitivos depois.

Assim, passei um mês em Cuiabá para organizar a expedição; já que me deixavam partir, eu decidira ir até o fim: seis meses de viagem na temporada seca por um planalto que me descreviam como desértico, sem pasto e sem caça; portanto, precisava me munir de toda a comida, não só para os homens, mas para os burros que nos serviriam de montaria antes que atingíssemos a bacia do Madeira, onde poderíamos prosseguir de canoa, pois um burro que não come milho não é forte o bastante para viajar. Para transportar os mantimentos, precisaríamos de bois, que são mais resistentes e contentam-se com o que acham: gramíneas duras e folhagem. Entretanto, eu devia ter em conta que uma parcela de meus bois morreria de fome e de cansaço, portanto tinha de conseguir um número suficiente. E como se precisa de boiadeiros para tocá-los, carregá-los e descarregá-los a cada paragem, minha tropa cresceria em idêntica proporção, e, com isso, a quantidade de burros e de mantimentos, o que exigiria bois suplementares... Era um círculo vicioso. Finalmente, depois de conversas com os especialistas, ex-empregados da linha e tropeiros, fixei o total de uns quinze homens, igual quantidade de burros e uns trinta bois. Quanto aos burros, eu não tinha escolha: num raio de cinquenta quilômetros em torno de Cuiabá, havia apenas quinze burros à venda e comprei-os todos, a preços variando entre 150 e mil francos por cabeça, no câmbio de 1938, segundo a beleza de cada um. Como chefe de expedição, reservei para mim o animal mais majestoso: um grande burro branco, comprado do açougueiro nostálgico e amante de elefante, a quem já me referi.

O verdadeiro problema começava com a escolha dos homens: a expedição incluía de início quatro pessoas que formavam o pessoal científico, e sabíamos muito bem que nosso êxito, nossa segurança e até nossas vidas dependeriam da fidelidade e da competência da equipe que eu ia contratar. Durante dias inteiros, tive de despachar a escória de Cuiabá: rapazes que não prestavam e aventureiros. Afinal, um velho "coronel" das redondezas indicou-me um de seus antigos boiadeiros, retirado num vilarejo perdido e que ele me descreveu como pobre, sensato e de valor. Fui visitá-lo, ele me conquistou por uma nobreza natural, frequente entre os camponeses do interior. Em vez de me suplicar como os outros que lhe conferisse esse privilégio fantástico de um ano de salário, impôs-me condições: ser o único a escolher os homens e os bois, e ser autorizado a levar alguns cavalos que esperava vender por bom preço no Norte. Eu já comprara uma tropa de dez bois de um tropeiro de Cuiabá, seduzido pelo tamanho deles e mais ainda por suas albardas e seus arreios de couro de anta, de um estilo já antigo. Além disso, o bispo de Cuiabá impusera-me um de seus protegidos como cozinheiro: ao final de poucas paragens, descobriu-se que era um 'veado branco', ou seja, um pederasta, padecendo de hemorroidas a ponto de não poder montar a cavalo. Ficou feliz em extremo de nos largar. Mas os fantásticos bois (que, sem meu conhecimento, acabavam de viajar quinhentos quilômetros) já não possuíam mais uma polegada de gordura no corpo. Um após outro, começaram a sofrer com a canga, cujo atrito comia-lhes a pele. Apesar da habilidade dos 'arrieiros', principiaram a perder o couro na altura da espinha: aí se abriam grandes placas sanguinolentas, repletas de vermes e deixando à mostra a coluna vertebral. Esses esqueletos purulentos foram os primeiros perdidos.

Ainda bem que meu chefe de equipe, Fulgêncio — pronunciava-se Frugêncio —, soube completar a tropa com animais nem um pouco vistosos mas que na maioria chegaram até o final. Quanto aos homens, escolheu em sua aldeia ou nos arredores adolescentes que ele vira nascer e que respeitavam a sua ciência. Vinham majoritariamente de velhas famílias portuguesas instaladas no Mato Grosso havia um ou dois séculos e que perpetuavam austeras tradições.

Por mais pobres que fossem, cada um possuía uma toalha bordada e enfeitada de renda — presente da mãe, da irmã ou da noiva — e até o fim da viagem não admitiriam enxugar o rosto com outra coisa. Mas quando lhes propus pela primeira vez uma ração de açúcar para pôr no café, responderam orgulhosos que não eram 'viciados', pervertidos. Enfrentei certas dificuldades com eles, porque tinham a respeito de todos os problemas ideias tão firmes quanto as minhas. Assim, evitei por um triz uma insurreição a propósito da lista de mantimentos para a viagem, pois os homens estavam convencidos de que iam morrer de fome se eu não dedicasse a integralidade da carga útil ao arroz e ao feijão. A rigor, poderiam tolerar a carne-seca, apesar de sua convicção de que jamais faltaria caça. Mas o açúcar, as frutas secas, as conservas os escandalizavam. Teriam dado sua vida por nós, mas nos tratavam de "você" com grosseria e não aceitariam lavar um lenço que não lhes pertencesse, pois lavagem de roupa era trabalho bom mesmo para as mulheres. As bases de nosso contrato eram as seguintes: enquanto durasse a expedição, cada um receberia como empréstimo uma montaria e uma espingarda; e, além da comida, seria pago com o equivalente a cinco francos por dia, no câmbio de 1938. Para cada um deles, os 1500 ou 2 mil francos economizados no final da expedição (pois não queriam receber nada durante) representavam um capital que possibilitava a um, se casar, a outro, iniciar uma criação... Estava combinado que Fulgêncio contrataria também alguns jovens índios Pareci semicivilizados, no momento em que atravessássemos o antigo território dessa tribo que hoje fornece a maior parte do pessoal de manutenção da linha telegráfica, na fronteira da nação Nambiquara.

Assim ia se organizando a expedição, devagar, por grupos de dois ou três homens e alguns animais, espalhados pelos vilarejos dos arredores de Cuiabá. O encontro deveria ser num dia de junho de 1938, às portas da cidade, de onde bois e cavaleiros se poriam a caminho sob a direção de Fulgêncio, com uma parte das bagagens. Um boi de carga carrega de sessenta a 120 quilos, dependendo de sua força, divididos à direita e à esquerda em dois fardos de igual peso por meio de uma cangalha de madeira acolchoada de palha, sendo o conjunto coberto por um couro curtido. A distância diária percorrida é de cerca de 25 quilômetros, mas após uma semana de caminhada os animais precisam de alguns dias de descanso. Portanto, decidíramos deixar os animais partir antes, o menos carregados possível; eu mesmo pegaria a estrada com um grande caminhão enquanto a pista permitisse, ou seja, até Utiariti, a quinhentos quilômetros ao norte de Cuiabá: posto da linha telegráfica já em território nambiquara, à beira do rio Papagaio, onde uma balsa frágil demais impossibilitaria a passagem do caminhão. Em seguida, começaria a aventura.

Oito dias depois da partida da 'tropa' — nome dado a uma caravana de bois — nosso caminhão pôs-se em marcha com sua carga. Não havíamos andado cinquenta quilômetros quando encontramos nossos homens e nossos animais, tranquilamente acampados no cerrado, quando eu já os imaginava em Utiariti, ou quase. Tive aí meu primeiro acesso de raiva, que não seria o único. Mas eu precisaria de outras decepções para entender que a noção de tempo já não cabia no universo onde eu penetrava. Não era eu que dirigia a expedição, não era Fulgêncio: eram os bois. Esses animais pesados transformavam-se em princesinhas cujas indisposições, alterações de humor e gestos de fastio precisávamos vigiar. Um boi não avisa se está cansado ou se sua carga é pesada demais: continua a avançar e depois, de repente, desaba, morto ou extenuado a ponto de necessitar de seis meses de repouso para se recuperar; neste caso, a única solução é abandoná-lo. Portanto, os boiadeiros ficam às ordens de suas reses. Cada uma tem seu nome, correspondendo à sua cor, ao seu porte ou ao seu temperamento. Assim, meus animais chamavam-se Piano, Massa-Barro, Salino, Chicolate (meus homens, que nunca tinham comido chocolate, chamavam assim uma mistura de leite quente açucarado e gema de ovo), Tarumã, Galão, Lavrado, Ramalhete, Rochedo, Lambari, Assanhaço, Carbonate, Galalá (?), Mourinho, Mansinho, Correto, Duque, Motor (porque, explicava seu condutor, "ele anda muito bem"), Paulista, Navegante, Moreno, Figurino, Brioso, Barroso, Pai de Mel, Araçá, Bonito, Brinquedo, Pretinho.

Basta que os vaqueiros julguem necessário, e toda a tropa para. Descarregam as bestas, uma a uma, montam o acampamento. Se a região é segura, deixam os bois dispersarem-se pelo campo; caso contrário, convém 'pastoreá-

-los'. Toda manhã alguns homens percorrem a região, por vários quilômetros ao redor, até que se proceda à localização de cada animal. A isso se chama 'campear'. Os vaqueiros atribuem a suas reses intenções perversas: muitas vezes elas fogem por malícia, escondem-se, ficam sumidas dias e dias. Não me vi imobilizado uma semana porque um de nossos burros, afirmavam-me, partira para o 'campo', primeiro andando de lado, depois de costas, de tal maneira que seus 'rastos' fossem indecifráveis para os que os procuravam?

Quando os animais são reunidos, devem-se inspecionar suas chagas, cobri-las de unguentos; mudar as cangalhas para que a carga não pressione as partes feridas. Então, inicia-se um novo drama: bastam quatro ou cinco dias de repouso para que os bois se desabituem do serviço; mal sentem a cangalha e alguns escoiceiam e empacam, mandando às favas a carga laboriosamente equilibrada; tem que se começar tudo de novo. Ainda nos damos por felizes quando um boi, tendo se libertado, não sai trotando pelo campo. Pois, nesse caso, teremos que acampar de novo, descarregar, 'pastorear', 'campear' etc., antes que toda a tropa seja reunida em vistas de um carregamento às vezes repetido cinco ou seis vezes até que — por quê? — se consiga uma docilidade unânime.

Menos paciente ainda que os bois, levei semanas para me conformar com essa marcha caprichosa. Deixando a tropa atrás de nós, chegamos a Rosário Oeste, povoado de mil habitantes, na maioria negros, anões e com papeira, morando em 'casebres' de taipa de um vermelho fulgurante, sob os telhados de palmeiras claras, à beira de avenidas retas onde cresce o capinzal.

Lembro-me da horta de meu anfitrião: parecia um aposento da casa, de tal forma estava meticulosamente arrumada. A terra fora batida e varrida e as plantas estavam colocadas com o mesmo cuidado que os móveis numa sala: duas laranjeiras, um limoeiro, um pé de pimenta, dez pés de mandioca, dois ou três de 'quiabos', outros tantos pés de pau-de-seda, duas roseiras, uma moita de bananeiras e outra de cana-de-açúcar. Havia, por último, um periquito numa gaiola e três galinhas amarradas pela pata a uma árvore.

Em Rosário Oeste, a culinária de luxo é "meia porção": serviram-nos a metade de uma galinha assada, e a outra metade ao molho picante; a metade de um peixe frito, e a outra, cozida. Para terminar, a 'cachaça', que se aceita com a fórmula ritual: 'Cemitério, cadeia, cachaça não é feito para uma só pessoa'. Rosário já está em plena selva; a população é formada por antigos seringueiros, garimpeiros de ouro e diamantes, que podiam me dar indicações úteis sobre meu itinerário. Na esperança de pescar aqui e acolá algumas informações, escutei, pois, meus visitantes evocarem suas aventuras, nas quais a lenda e a experiência mesclavam-se inextricavelmente.

De que houvesse no Norte 'gatos valentes', oriundos do cruzamento de gatos domésticos e onças, não consegui me convencer. Mas dessa outra história que um interlocutor me conta, talvez haja algo a reter, ainda que, no final das contas, seja apenas o estilo, o espírito do 'sertão':

Em Barra dos Bugres, povoado do Mato Grosso ocidental no alto Paraguai, vivia um 'curandeiro', que curava mordidas de cobra; principiava picando o antebraço do doente com dentes de sucuri. Em seguida, riscava no chão uma cruz com pólvora de espingarda, que acendia para que o doente esticasse o braço na fumaça. Por último, pegava algodão carbonizado de um 'artifício' (isqueiro de pedra cujo pavio é feito de um chumaço de algodão amassado num recipiente de chifre), embebia-o de cachaça que o doente tomava. Mais nada.

Um dia, o chefe de uma 'turma de poaieiros' (grupo de colhedores de ipecacuanha, planta medicinal), assistindo a essa cura, pede ao curandeiro que espere até o próximo domingo pela chegada de seus homens que, certamente, quererão todos ser vacinados (a cinco mil-réis cada um, ou seja, cinco francos de 1938). O curandeiro aceita. No sábado de manhã, ouve-se um cachorro uivar fora do 'barracão'. O chefe da turma despacha um 'camarada' para reconhecimento: é uma 'cascavel', cobra de chocalho, enfurecida. Manda o curandeiro capturar o réptil; o outro se recusa a fazê-lo. O chefe se zanga, declara que sem captura não haverá vacinação. O curandeiro obedece, estende a mão na direção da cobra, é picado e morre.

Quem me conta essa história explica que fora vacinado pelo curandeiro e que em seguida deixou-se morder por uma cobra para controlar a eficácia do tratamento, com absoluto sucesso. É verdade, ele acrescenta que a cobra escolhida não era venenosa.

Transcrevo o relato porque ilustra muito bem essa mistura de malícia e ingenuidade — a propósito de incidentes trágicos tratados como pequenos acontecimentos da vida cotidiana — que caracteriza o pensamento popular do interior do Brasil. Não devemos nos enganar quanto à conclusão, absurda só na aparência. O narrador raciocina como o chefe da seita neomuçulmana dos Ahmadi, que eu iria ouvir mais tarde durante um jantar para o qual ele me convidara, em Lahore. Os Ahmadi afastam-se da ortodoxia, sobretudo mediante a afirmação de que todos os que se proclamaram messias no decorrer da história (entre os quais incluem Sócrates e Buda) o foram efetivamente: caso contrário, Deus ter-lhes-ia castigado a imprudência. Da mesma forma, talvez pensasse meu interlocutor de Rosário, se a magia do curandeiro não fosse real, os poderes sobrenaturais provocados por ele fariam questão de desmenti-lo tornando venenosa uma cobra que em geral não era. Já que a cura era considerada mágica, num plano igualmente mágico ele, afinal de contas, a controlara, de modo experimental.

Haviam me garantido que a estrada até Utiariti não nos reservaria surpresas: em todo caso, nada comparável às aventuras enfrentadas dois anos antes na estrada do São Lourenço. No entanto, chegando ao alto da serra do Tombador, ao lugarejo chamado Caixa Furada, uma engrenagem do eixo de transmissão quebrou. Estávamos a cerca de trinta quilômetros de Diamantino; nossos motoristas foram até lá a pé para telegrafar a Cuiabá, de onde se pediria ao Rio que enviassem a peça por avião; um caminhão iria entregá-la a nós assim que a recebessem. Se tudo corresse bem, a operação levaria oito dias; os bois teriam tempo de nos ultrapassar.

Eis-nos, pois, acampando no alto do Tombador; esse esporão rochoso termina a 'chapada' acima da bacia do Paraguai que ele domina de trezentos metros; do outro lado, os riachos já alimentam os afluentes do Amazonas. Que fazer nesse cerrado espinhoso, após achar as poucas árvores entre as quais pendurar nossas redes e nossos mosquiteiros, a não ser dormir, sonhar e caçar? Fazia um mês que se iniciara a estiagem; estávamos em junho; salvo algumas fracas precipitações de agosto, as 'chuvas do caju' (que naquele ano não chegaram), não cairia nenhuma gota até setembro. O cerrado já estava com sua aparência de inverno: plantas murchas e secas, e às vezes consumidas pelas queimadas, deixando aparecer a areia em largas placas sob as gramíneas carbonizadas. É a época em que a rara caça que vaga pelo planalto concentra-se nos impenetráveis matos redondos, os 'capões', cuja cúpula marca a localização das nascentes e onde ela encontra pequenos pastos ainda verdes.

Na estação das chuvas, de outubro a março, quando as precipitações são quase diárias, a temperatura sobe: 42° a 44° durante o dia, mais fresco à noite, havendo até uma queda súbita e curta de madrugada. Inversamente, as fortes oscilações de temperatura caracterizam a estação seca. Nessa época, não é raro passar-se de uma máxima diurna de 40° a uma mínima noturna de 8° a 10°.

Bebendo mate em volta de nossa fogueira, escutamos os dois irmãos vinculados ao nosso serviço e os motoristas evocarem as aventuras do sertão. Explicam como é possível que o grande tamanduá seja inofensivo no 'campo', onde, de pé, não consegue manter seu equilíbrio. Na floresta, apoia-se numa árvore com o rabo, e sufoca com as patas dianteiras qualquer um que se aproximar. O tamanduá também não teme os ataques noturnos, "pois dorme encolhendo a cabeça ao longo do corpo, e a própria onça não consegue saber onde está sua cabeça". Na época das chuvas, deve-se sempre prestar atenção nos porcos-do-mato que circulam em bandos de cinquenta e mais, e cujo rangido dos maxilares ouve-se a vários quilômetros (daí o nome que também é dado a esses bichos: 'queixada', de 'queixo'). Diante desse som, ao caçador só resta fugir, pois se um animal é morto ou ferido, todos os outros atacam. Ele tem que subir numa árvore ou num 'cupim'.

Um homem conta que, viajando certa noite com o irmão, ouve chamados. Hesita em prestar socorro, com medo dos índios. Portanto, os dois esperam o dia, enquanto os gritos continuam. De manhãzinha, encontram um caçador encarapitado desde a véspera numa árvore, a espingarda no chão, cercado pelos porcos.

Esse destino é menos trágico que o de outro caçador, que ouviu ao longe a 'queixada' e refugiou-se em cima de um 'cupim'. Os porcos o cercaram. Ele atirou até esgotar suas munições, depois defendeu-se com o 'facão'. No dia seguinte, saíram à sua procura, e logo o encontraram por causa dos urubus que sobrevoavam. Só restavam, no chão, seu crânio e os porcos destripados.

Passam às histórias engraçadas: a do 'seringueiro', que encontrou uma onça esfomeada; ficam girando, um atrás do outro, em volta de um maciço de floresta até que, por uma manobra em falso do homem, veem-se bruscamente cara a cara. Nenhum dos dois se atreve a fazer um movimento, o homem não se arrisca sequer a gritar: "E só depois de mais ou menos meia hora é que, sentindo uma cãibra, ele faz um gesto involuntário, esbarra na coronha da espingarda e percebe que está armado".

Infelizmente, o lugar estava infestado dos insetos habituais: 'marimbondos', mosquitos, 'piuns' e 'borrachudos', voando em nuvens; havia também os 'méis-de-pau', ou seja, as abelhas. As espécies sul-americanas não são venenosas, mas perseguem de outra maneira; ávidas por suor, brigam pelos locais mais favoráveis, comissuras dos lábios, olhos e narinas onde, como que inebriadas pelas secreções de sua vítima, preferem ser destruídas ali mesmo a voar, e seus corpos esmagados direto sobre a pele atraem permanentemente novos consumidores. Daí seu apelido de 'lambe-olhos'. É o verdadeiro suplício da selva tropical, pior do que a infecção causada pelos mosquitos, a que o organismo consegue se habituar em poucas semanas.

Mas quem diz abelha diz mel, cuja colheita é possível fazer sem perigo, furando os abrigos das espécies terrestres ou descobrindo numa árvore oca favos de alvéolos esféricos, grandes como ovos. Todas as espécies produzem mel de sabores diferentes — recenseei treze —, mas sempre tão forte que, a exemplo dos Nambiquara, logo aprendemos a diluí-lo em água. Esses aromas penetrantes são analisados em vários tempos, como os vinhos da Borgonha, e seu aspecto estranho desconcerta. Encontrei algo equivalente num condimento da Ásia do Sudeste, extraído das glândulas da barata e que valia o seu peso em ouro. Uma pitadinha é suficiente para perfumar um prato. Muito próximo é também o odor exalado por um coleóptero francês de cor escura, chamado *procruste chagriné*.

Finalmente, chega o caminhão de socorro com a peça nova e um mecânico para colocá-la. Partimos, atravessamos Diamantino em semirruínas no seu vale aberto em direção do rio Paraguai, subimos novamente para o planalto — dessa vez, sem incidentes —, beiramos o rio Arinos, que manda suas águas para o Tapajós e depois para o Amazonas, enviesamos para oeste, rumo aos vales acidentados do Sacre e do Papagaio, que são também formadores do Tapajós, onde eles se precipitam em cachoeiras de sessenta metros. Em Parecis, paramos para inspecionar as armas abandonadas pelos 'beiços de pau' que são mais uma vez assinalados nas redondezas. Um pouco mais adiante, passamos uma noite em claro num terreno pantanoso, aflitos com as fogueiras indígenas cujas fumaças verticais, a poucos quilômetros, avistamos no céu límpido da estiagem. Mais um dia para ver as cachoeiras e recolher algumas informações, numa aldeia de índios Pareci. E eis o rio Papagaio, com uma centena de metros de largura, rolando à flor da terra águas tão claras que o leito pedregoso é visível apesar de sua profundidade. Do outro lado, uma dúzia de cabanas de palha e casebres de taipa: o posto telegráfico de Utiariti. Descarregamos o caminhão, passamos as provisões e as bagagens para a balsa. Despedimo-nos dos motoristas. Já na outra margem avistamos dois corpos nus: Nambiquara.

26. Na linha

Quem vive na linha Rondon facilmente se imaginaria na Lua. Pensem num território do tamanho da França e quase inexplorado; percorrido apenas por pequenos bandos de índios nômades, que estão entre os mais primitivos que se possam encontrar no mundo; e cruzado de um lado a outro por uma linha telegráfica. A pista sumariamente desmatada que a acompanha — a 'picada' — fornece o único ponto de referência em setecentos quilômetros, pois, se excetuarmos alguns reconhecimentos feitos pela Comissão Rondon ao norte e ao sul, o desconhecido principia nas duas beiras da 'picada', supondo que seu traçado seja ele próprio indistinguível da selva. É verdade que há o fio; mas este, que perdeu a utilidade logo depois de instalado, está frouxo entre os postes que não são substituídos quando desabam de podres, vítimas dos cupins ou dos índios que confundem o zumbido característico de uma linha telegráfica com o de uma colmeia de abelhas selvagens trabalhando. Em certos lugares, o fio se arrasta no chão; ou foi pendurado com displicência nos arbustos próximos. Por mais espantoso que pareça, a linha aumenta, mais do que desmente, a desolação do local.

As paisagens inteiramente virgens são de uma monotonia que priva sua selvageria de valor significativo. Elas se recusam ao homem, extinguem-se diante de seu olhar, em vez de lhe lançarem um desafio. Enquanto isso, na selva infinitamente recomeçada, a trincheira da 'picada', as silhuetas tortuosas dos postes, os arcos invertidos do fio que os une parecem objetos insólitos pairando na solidão, como vemos nos quadros de Yves Tanguy. Confirmando a passagem do homem e a inutilidade de seu esforço, eles marcam, com mais clareza do que se lá não estivessem, o extremo limite que o homem tentou ultrapassar. O aspecto de veleidade do empreendimento, o fracasso que o sancionou conferem um valor irrefutável aos desertos das redondezas.

A população da linha soma uma centena de pessoas: de um lado, os índios Pareci, outrora recrutados ali mesmo pela comissão telegráfica e instruídos pelo exército para a manutenção do fio e o manejo dos aparelhos (sem que por isso tenham deixado de caçar com arco e flecha); de outro lado, os brasileiros, atraídos no passado para essas regiões novas com a esperança de encontrarem, fosse um Eldorado, fosse um novo Far West. Esperança baldada: à medida que se adentra o planalto, as "informações" do diamante são cada vez mais raras.

Chamam-se "informações" pequenas pedras de cor ou de estrutura singular que anunciam a presença do diamante, como as pegadas de um animal: "Quando as encontramos, é que o diamante passou por ali". São os 'emburrados', as 'pretinhas', 'amarelinhas', 'fígados de galinha', 'sangues-de-boi', 'feijões-reluzentes', 'dentes-de-cão', 'ferragens', e os 'carbonados', 'lacres', 'friscas de ouro', 'faceiras', 'chiconas' etc.

Na ausência de diamantes, nessas terras arenosas, assoladas pelas chuvas durante a metade do ano e privadas de qualquer precipitação na outra, crescem apenas arbustos espinhentos e torturados, e falta caça. Hoje abandonados por uma dessas vagas de povoamento tão frequentes na história do Brasil central, que lançam para o interior, num grande gesto de entusiasmo, um punhado de caçadores de aventuras, de irrequietos e de miseráveis e lá os esquecem logo em seguida, sem qualquer contato com os centros civilizados, esses infelizes adaptam-se graças a outras tantas loucuras, próprias ao seu isolamento, aos pequenos postos formados cada um por poucos casebres de sapé, e separados por oitenta ou cem quilômetros de distância que só a pé eles podem percorrer.

Todas as manhãs, o telégrafo conhece uma vida efêmera: trocam-se notícias, tal posto entreviu as fogueiras de um grupo de índios hostis que se preparam para exterminá-lo; em outro, dois Pareci sumiram há vários dias, vítimas também dos Nambiquara, cuja fama na linha está solidamente implantada e que os mandaram, sem a menor dúvida, para 'a invernada do céu'. Evocam-se com humor macabro os missionários assassinados em 1933, ou aquele telegrafista encontrado com a metade do corpo enterrado, o peito crivado de flechas e com o seu transmissor na cabeça. Pois os índios exercem sobre o pessoal da linha uma espécie de fascínio mórbido: representam um perigo diário, exagerado pela imaginação local, e, ao mesmo tempo, as visitas de seus pequenos bandos nômades constituem a única distração, mais ainda, a única oportunidade para uma relação humana. Quando elas acontecem, uma ou duas vezes por ano, as brincadeiras correm soltas entre massacradores potenciais e candidatos a massacrados, no inacreditável jargão da linha, composto no total de quarenta palavras meio nambiquara, meio portuguesas.

Afora esses divertimentos que provocam de um lado e outro um ligeiro calafrio, cada chefe de posto desenvolve um estilo que lhe é próprio. Há o exaltado, cuja mulher e cujos filhos morrem de fome porque ele não consegue resistir, toda vez que se despe para tomar um banho de rio, a disparar cinco tiros de Winchester destinados a intimidar as emboscadas dos índios que ele pressente nas duas margens, prontinhos para estrangulá-lo, e que esgota assim munições insubstituíveis: a isso se chama 'quebrar bala'; o almofadinha que, tendo saído do Rio quando era estudante de farmácia, continua em pensamento a zombar dos outros na rua do Ouvidor, mas como não tem mais nada a dizer, sua conversa reduz-se a mímicas, a estalos com a língua e com os dedos, a olhares cheios de subentendidos: no cinema mudo, ainda se pareceria com um carioca. Conviria acrescentar o ajuizado: este conseguiu manter a família em equilíbrio biológico com um bando de cervídeos que frequentam um manancial vizinho; toda semana, vai matar um animal, nunca mais de um; a caça subsiste, o posto também, mas há oito anos (data a partir da qual o reabastecimento anual dos postos por tropas de bois foi progressivamente interrompido) só comem veado.

Os padres jesuítas que tinham chegado poucas semanas antes de nós e que acabavam de se instalar perto do posto de Juruena, a uns cinquenta quilômetros de Utiariti, acrescentavam ao quadro um pitoresco de outro tipo. Eram três: um holandês que rezava para Deus, um brasileiro que se dispunha a civilizar os índios, e um húngaro, antigo fidalgo e grande caçador, cujo papel era abastecer de caça a missão. Pouco depois da chegada, receberam a visita do provincial, um velho francês com um sotaque carregado nos erres, que parecia saído do reino de Luís XIV; pela seriedade com que falava dos "selvagens" — jamais chamava os índios de outra maneira —, poder-se-ia imaginá-lo desembarcando em um Canadá qualquer, ao lado de Cartier ou de Champlain.

Mal chegara, o húngaro — levado ao apostolado, ao que parece, pelo arrependimento consecutivo às perdições de uma juventude tempestuosa — teve uma crise do gênero dessa que os nossos coloniais chamam de *coup de bambou*.* Pelas paredes da missão, ouvíamo-lo insultar seu superior que, mais que nunca fiel ao próprio personagem, exorcizava-o com uma porção de sinais da cruz e "Vade retro, Satanás!". O húngaro, finalmente liberto do demônio, foi posto por quinze dias a pão e água; pelo menos simbolicamente, pois em Juruena não havia pão.

Os Cadiueu e os Bororo constituem, por motivos diversos, aquilo que, sem jogo de palavras, gostaríamos de chamar de sociedades eruditas; os Nambiquara levam o observador ao que ele facilmente consideraria — mas de modo errado — como uma infância da humanidade. Havíamos nos instalado na fronteira do lugarejo, debaixo de um galpão de palha em parte desmontado que servira para abrigar material na época da construção da linha. Assim, encontrávamo-nos a alguns metros do acampamento indígena, que reunia umas vinte pessoas divididas em seis famílias. O pequeno bando chegara ali dias antes de nós, durante uma de suas excursões do período nômade.

O ano nambiquara divide-se em dois períodos distintos. Na temporada chuvosa, de outubro a março, cada grupo mora sobre uma pequena eminência dominando o curso de um riacho; os indígenas ali constroem cabanas toscas com galhos ou palmas. Fazem queimadas na mata ciliar que ocupa o fundo úmido dos vales, e plantam e cultivam roçados onde figuram sobretudo a mandioca (doce e amarga), diversas espécies de milho, fumo, às vezes feijão, algodão, amendoim e cabaças. As mulheres ralam a mandioca em tábuas incrustadas de espinhos de certas palmeiras, e, caso se trate das variedades venenosas, espremem o suco apertando a polpa fresca num pedaço de casca de árvore torcido. A lavoura fornece recursos alimentícios suficientes para uma parte da vida sedentária. Os Nambiquara conservam até a massa da mandioca, enter-

* Um ataque de loucura. (N. T.)

rando-a na terra, de onde a retiram, semiapodrecida, depois de algumas semanas ou alguns meses.

No início da estação seca, a aldeia é abandonada e cada grupo se desfaz em vários bandos nômades. Durante sete meses, esses bandos vão vagar pelo cerrado, em busca de caça: bichinhos sobretudo, tais como larvas, aranhas, gafanhotos, roedores, cobras, lagartos; e de frutas, grãos, raízes ou mel selvagem, em suma, tudo o que pode impedi-los de morrer de fome. Seus acampamentos instalados por um ou vários dias, às vezes algumas semanas, consistem em abrigos sumários correspondentes ao número de famílias, feitos de palmas ou galhos espetados em semicírculo na areia e presos em cima. À medida que o dia avança, as palmas são retiradas de um lado e plantadas do outro, para que a tela protetora esteja sempre colocada do lado do sol ou, se for o caso, do vento ou da chuva. É a época em que a busca de alimentos absorve todos os cuidados. As mulheres armam-se do pau de cavar que lhes serve para extrair as raízes e matar os pequenos bichos; os homens caçam com grandes arcos de madeira de palmeira e flechas das quais existem vários tipos: as destinadas aos pássaros, de ponta rombuda para que não penetrem nos galhos, as flechas de pesca, mais compridas, sem penas e terminadas por três ou cinco pontas divergentes, e as flechas envenenadas cuja ponta untada de curare é protegida por um estojo de bambu e que são reservadas para a caça média, ao passo que as da caça graúda — onça ou anta — têm uma ponta lanceolada feita com uma grande lasca de bambu a fim de provocar a hemorragia, pois a dose de veneno transportada por uma flecha seria insuficiente.

Após o esplendor dos palácios bororo, a indigência em que vivem os Nambiquara parece inacreditável. Nem um sexo nem outro usam qualquer roupa, e seu tipo físico, tanto quanto a pobreza de sua cultura, diferencia-os das tribos das vizinhanças. Os Nambiquara são de baixa estatura: cerca de 1,60 m para os homens, um metro e meio para as mulheres, e embora estas, como tantas outras índias sul-americanas, não tenham cintura muito marcada, seus membros são mais graciosos, suas extremidades mais miúdas e seus pulsos e tornozelos mais finos que de costume. Sua pele também é mais escura; muitos indivíduos sofrem de doenças epidérmicas cobrindo-lhes os corpos de auréolas arroxeadas, mas, entre os indivíduos saudáveis, a areia onde gostam de rolar polvilha a pele e confere-lhe um aveludado bege que, em especial nas moças, é extremamente sedutor. A cabeça é comprida, as feições quase sempre finas e bem delineadas, o olhar vivo, o sistema piloso mais desenvolvido do que na maioria das populações de origem mongólica, os cabelos, raramente de um preto retinto, e um pouco ondulados. Esse tipo físico impressionara os primeiros visitantes a ponto de sugerir-lhes a hipótese de um cruzamento com pretos fugidos das fazendas para se refugiarem nos 'quilombos'. Mas se os Nambiquara tivessem recebido sangue negro numa época recente, seria incompreensível que, conforme verificamos, pertencessem todos ao grupo sanguíneo O, o que implica, se não uma origem puramente indígena, pelo menos um isolamento demográfico prolongado durante séculos. Hoje, o tipo físico dos Nambiquara parece-nos menos problemático; lembra o de uma antiga raça cujas ossadas se conhecem, tendo sido encontradas no Brasil nas grutas de Lagoa Santa, que são um sítio arqueológico no estado de Minas Gerais. Quanto a mim, eu descobria perplexo os rostos quase caucasianos que vemos em certas estátuas e baixos--relevos da região de Vera Cruz e que agora se atribuem às mais antigas civilizações do México.

Essa aproximação tornava-se ainda mais perturbadora pela indigência da cultura material, que se prestava menos a vincular os Nambiquara às mais altas culturas da América Central ou setentrional do que a tratá-los como sobreviventes da idade da pedra. A vestimenta das mulheres resumia-se a um fio fininho de contas de conchas, amarrado em volta da cintura, e uns outros à guisa de colares ou de bandoleiras; nas orelhas, pingentes de nácar ou de penas, pulseiras talhadas na carapaça do tatu grande e, às vezes, faixinhas estreitas de algodão (tecido pelos homens) ou de palha, apertadas em volta dos bíceps e dos tornozelos. O traje masculino era ainda mais sumário, excetuando-se uma borla de palha presa às vezes na cintura, acima das partes sexuais.

Além do arco e das flechas, o armamento compreende uma espécie de lança achatada cujo uso parece igualmente mágico e guerreiro: só a vi ser utilizada para manobras destinadas a pôr em fuga o furacão ou a matar, atirando--a na direção certa, os *atasu*, que são os espíritos maléficos da selva. Os indígenas chamam pelo mesmo nome as estrelas e os bois, dos quais têm muito medo (embora matem e comam de bom grado os muares, que, no entanto, conheceram ao mesmo tempo). O meu relógio de pulso também era um *atasu*.

Todos os bens dos Nambiquara cabem facilmente na cesta carregada pelas mulheres durante a vida nômade. Essas cestas são de taquara rachada, trançada de forma bem aberta com seis tirinhas (dois pares perpendiculares entre si e um par oblíquo), formando uma rede de malhas largas estreladas; um pouco alargadas na boca superior, terminam embaixo na forma de dedo de luva. Sua dimensão pode chegar a um metro e meio, ou seja, às vezes são tão altas quanto a carregadora. Metem-se no fundo alguns bolos de mandioca cobertos de folhas; e por cima, a mobília e os utensílios: vasilhames de cabaças, facas feitas com uma lasca cortante de bambu, com pedras talhadas de modo grosseiro ou pedaços de ferro — obtidos na troca — e presas, com o auxílio de cera e de barbantes, entre duas ripas de madeira que formavam o cabo; puas compostas de um furador de pedra ou de ferro, montado na ponta de uma haste que é girada entre as palmas da mão. Os indígenas possuem machados e machadinhas de metal, recebidos da Comissão Rondon, e seus machados de pedra praticamente só servem como bigornas para a modelagem de objetos de conchas ou de osso; continuam a usar mós e polidores de pedra. A cerâmica é desconhecida dos grupos orientais (com os quais iniciei minha pesquisa); é tosca nos outros lugares. Os Nambiquara não têm piroga e atravessam os rios a nado, valendo-se de vez em quando de gravetos como boias.

Esses utensílios rústicos mal merecem o nome de objetos manufaturados. A cesta nambiquara contém sobretudo matérias-primas com que se fabricam os objetos na medida das necessidades: madeiras variadas, em especial as que servem para fazer fogo por fricção, blocos de cera ou de resina, novelos de fibras vegetais, ossos, dentes e unhas de animais, pedaços de peles de bichos, penas, espinhos de ouriço-cacheiro, cascas de cocos e conchas fluviais, pedras, algodão e sementes. Tudo isso apresenta um aspecto tão informe que o colecionador sente-se desanimado com o mostruário que parece resultar menos da indústria humana que da atividade, observada com lupa, de uma raça gigante de formigas. Na verdade, é de fato numa coluna de formigas que os Nambiquara fazem pensar, andando em fila pelo matagal alto, cada mulher atrapalhada com a sua cesta de vime claro, como as formigas ficam às vezes com seus ovos.

Entre os índios da América tropical a quem se deve a invenção da rede, a pobreza é simbolizada pelo desconhecimento desse utensílio e de qualquer outro que sirva ao descanso ou ao sono. Os Nambiquara dormem no chão e nus. Como as noites da estação seca são frias, eles se aquecem abraçando-se mutuamente, ou se aproximando das fogueiras que se apagam, de sorte que os indígenas acordam de madrugada sujos das cinzas ainda mornas do fogo.

Por essa razão os Pareci os designam com um apelido: *uaikoakoré*, "os que dormem no chão".

Como disse, o bando que era nosso vizinho em Utiariti, depois em Juruena, compunha-se de seis famílias: a do chefe, que incluía suas três mulheres e sua filha adolescente, e outras cinco, cada uma formada por um casal e um ou dois filhos. Todos eram parentes entre si, pois os Nambiquara se casam de preferência com uma sobrinha, filha da irmã, ou uma prima da espécie chamada pelos etnólogos de 'cruzada': filha da irmã do pai ou do irmão da mãe. Os primos que se encaixem nessa definição são chamados, desde o nascimento, por uma palavra que significa "esposo" ou "esposa", ao passo que os outros primos (respectivamente filhos de dois irmãos ou de duas irmãs e que os etnólogos designam, por isso, como 'paralelos') tratam-se uns aos outros de "irmão" e "irmã", e não podem casar entre si. Todos os índios pareciam viver em termos muito cordiais; no entanto, mesmo um grupo tão pequeno — 23 pessoas, contando as crianças — enfrentava dificuldades: um jovem viúvo acabava de se casar de novo com uma moça um tanto fútil que se negava a cuidar dos filhos do primeiro matrimônio, duas garotinhas, uma com uns seis anos, outra, com dois ou três. Apesar da bondade da mais velha, que servia de mãe à irmãzinha, a criança andava muito largada. Passavam-na de família em família, não sem irritação. Os adultos bem que gostariam que eu a adotasse, mas as crianças encorajavam outra solução que lhes parecia fantasticamente cômica: traziam-me a garotinha, que mal começava a andar, e por gestos nada equívocos convidavam-me a torná-la como mulher.

Outra família compunha-se de pais já idosos cuja filha grávida fora encontrá-los depois que o marido (naquele momento, ausente) a abandonara. Por último, um jovem casal, cuja mulher amamentava, estava sujeito às interdições de praxe em tais circunstâncias. Imundos porque os banhos de rio lhes são proibidos, magros por não poderem comer a maioria dos alimentos, reduzidos à ociosidade, os pais de uma criança que ainda não se desmamou não podem participar da vida coletiva. De vez em quando, o homem ia caçar ou colher produtos selvagens, sozinho; a mulher recebia sua comida do marido ou dos pais.

Por mais fáceis que fossem os Nambiquara — indiferentes à presença do etnógrafo, a seu bloco de notas e à sua câmera fotográfica —, o trabalho complicava-se por motivos linguísticos. Primeiro, o emprego dos nomes próprios é proibido entre eles; para identificar as pessoas, havia que se adotar o costume das pessoas da linha, isto é, acertar com os indígenas codinomes pelos quais os chamaríamos. Fossem nomes portugueses, como Júlio, José Maria, Luísa, fossem apelidos, como Lebre e Açúcar. Cheguei mesmo a conhecer um que Rondon, ou um de seus companheiros, batizara de Cavaignac por causa da barbicha, rara nos índios, que geralmente são imberbes.

Certo dia em que eu brincava com um grupo de crianças, uma das garotinhas apanhou de uma companheira; foi se refugiar perto de mim, e, com grande mistério, começou a murmurar algo em meu ouvido, que não entendi e que fui obrigado a fazê-la repetir diversas vezes, de tal modo que a adversária descobriu a manobra e, visivelmente furiosa, chegou, por sua vez, para contar o que parecia ser um segredo solene: depois de certas hesitações e perguntas, a interpretação do incidente não deixou dúvidas. A primeira garotinha fora, por vingança, me dizer o nome de sua inimiga, e, quando esta percebeu, comunicou o nome da outra à guisa de represália. A partir desse momento, foi facílimo, embora pouco escrupuloso, excitar as crianças umas contra as outras, e conseguir todos os seus nomes. Depois disso, criada assim uma pequena cumplicidade, elas me contaram, sem maiores dificuldades, os nomes dos adultos. Quando estes entenderam nossos conciliábulos, as crianças foram repreendidas, e a fonte de minhas informações secou.

Em segundo lugar, o nambiquara reúne vários dialetos que são todos desconhecidos. Diferenciam-se pela desinência dos substantivos e por certas formas verbais. Na linha, utilizam uma espécie de pidgin, que só podia ser útil inicialmente. Ajudado pela boa vontade e pela vivacidade de espírito dos indígenas, eu ia aprendendo, pois, um nambiquara rudimentar. Ainda bem que a língua inclui palavras mágicas — *kititu* no dialeto oriental, *dige*, *dage* ou *tchore* nos outros lugares — que basta acrescentar aos substantivos para transformá-los, em verbos completados, se for o caso, por uma partícula negativa. Com esse método, consegue-se dizer tudo, ainda que esse nambiquara "básico" não permita expressar os pensamentos mais sutis. Os indígenas sabem muito bem disso, pois invertem o processo quando experimentam falar português; assim, *orelha* e *olho* significam respectivamente "ouvir" — ou "compreender" — e "ver", e eles traduzem as noções contrárias dizendo 'orelha acabô' ou 'olho acabô'.

A consonância do nambiquara é um pouco surda, como se a língua fosse aspirada ou cochichada. As mulheres gostam de sublinhar esse aspecto e deformam certas palavras (assim, *kititu* torna-se, em sua boca, *kediutsu*); ao articular fazendo um biquinho com os lábios, simulam uma espécie de balbucio que lembra a pronúncia infantil. Seu modo de falar demonstra um maneirismo e um preciosismo dos quais têm perfeita consciência: quando não as compreendo, e peço-lhes que repitam, exageram maliciosamente o estilo que lhes é característico. Desanimado, eu desisto; elas caem na risada e os gracejos proliferam: venceram.

Eu iria rapidamente perceber que, além do sufixo verbal, o nambiquara utiliza uma dezena de outros que dividem os seres e as coisas em igual número de categorias: cavalos, pelos e plumas; objetos pontudos e orifícios; corpos deitados, sejam rígidos, sejam elásticos; frutas, grãos, objetos arredondados; coisas que pendem ou tremem; corpos inchados ou cheios de líquido; cascas de árvore, couros e outros revestimentos etc.

Essa observação sugeriu-me uma comparação com uma família linguística da América Central e do Noroeste da América do Sul, o chibcha, que foi a língua de uma grande civilização da atual Colômbia, intermediária entre as do México e do Peru, e da qual o nambiquara talvez fosse um rebento meridional.* Mais uma razão para desconfiar das aparências. Apesar de sua indigência, indígenas que lembram os mais antigos mexicanos pelo tipo físico e o reino chibcha pela estrutura de sua língua têm poucas probabilidades de serem verdadeiros primitivos. Um passado do qual ainda nada sabemos e a aspereza de seu meio geográfico atual explicarão talvez um dia esse destino de filhos pródigos aos quais a história recusou o vitelo gordo.

---

* Mas, para falar a verdade, esse tipo de divisão dos seres e das coisas existe em inúmeras outras línguas americanas, e a aproximação com o chibcha não me parece mais tão convincente quanto no passado.

27. Em família

Os Nambiquara acordam com o dia, reatiçam a fogueira, esquentam-se como podem, depois do frio da noite, em seguida alimentam-se levemente com os restos da véspera. Um pouco mais tarde, os homens partem em grupo ou em separado, para uma caçada. As mulheres ficam no acampamento, onde cuidam das tarefas culinárias. O primeiro banho é tomado quando o sol começa a subir. É frequente as mulheres e as crianças banharem-se juntas, de brincadeira, e às vezes acenderem uma fogueira defronte da qual se agacham para se aquecer ao sair da água, exagerando comicamente um tiritar natural. Haverá outros banhos durante o dia. As atividades cotidianas variam pouco. A preparação da comida é o que exige mais tempo e cuidados: tem que se ralar e espremer a mandioca, deixar a polpa secar e cozinhá-la; ou descascar e aferventar os frutos do 'cumaru' que adicionam um perfume de amêndoa amarga à maioria dos pratos. Quando há necessidade, as mulheres e as crianças saem em expedição para a lavoura ou a coleta. Se as provisões são suficientes, as mulheres tecem, de cócoras no chão ou de joelhos: nádegas apoiadas nos calcanhares. Ou talham, lustram e enfiam contas de casca de coquinhos ou de conchas, pingentes para as orelhas ou outros enfeites. E se o trabalho as aborrece, catam piolho uma na outra, passeiam ou dormem.

Nas horas mais quentes, o acampamento emudece; os habitantes, quietos ou dormindo, desfrutam da sombra precária dos abrigos. No resto do tempo, as tarefas são cumpridas em meio a conversas. Quase sempre alegres e risonhos, os índios soltam piadas, e às vezes também frases obscenas ou escatológicas saudadas por sonoras gargalhadas. Muitas vezes o labor é interrompido por visitas ou indagações; dois cães ou aves familiares copulam, e todos param e contemplam a operação com uma atenção fascinada; depois o trabalho recomeça, após uma troca de comentários sobre esse importante acontecimento.

As crianças ficam mandriando durante grande parte do dia, dedicando-se as meninas, em certos momentos, aos mesmos afazeres que as mais velhas, e os meninos, desocupados ou pescando à beira de cursos de água. Os homens que permaneceram no acampamento consagram-se a trabalhos de cestaria, fabricam flechas e instrumentos de música, e por vezes prestam pequenos serviços domésticos. Em geral, reina a concórdia nos lares. Por volta de três ou quatro horas, os outros homens retornam da caça, o acampamento ganha vida, as conversas se animam, formam-se grupos, diferentes das aglomerações familiares. Alimentam-se de beijus de mandioca e de tudo o que foi encontrado durante o dia. Quando cai a noite, algumas mulheres, indicadas diariamente, vão apanhar ou derrubar na mata vizinha a provisão de lenha para a noite. Entrevemo-las quando voltam, no crepúsculo, tropeçando sob o fardo puxado pela faixa de transporte que usam na testa. Para se livrarem da carga, agacham-se e inclinam-se um pouco para trás, deixando a cesta de bambu encostar no chão, e tiram a faixa da testa.

Num canto do acampamento, são amontoados os galhos e ali cada um se abastece na medida de suas necessidades. Os grupos familiares reconstituem-se em torno de suas respectivas fogueiras que começam a brilhar. A noite se passa em conversas ou em cantos e danças. Às vezes, essas distrações prolongam-se até de madrugada, mas em geral, após algumas sessões de carícias e de lutas amistosas, os casais se unem mais estreitamente, as mães apertam contra si o filho adormecido, tudo fica em silêncio, e a noite fria só é animada ainda pelo crepitar de uma acha, pelo passo leve de alguém que vai pegar lenha, pelos latidos dos cachorros ou pelo choro de uma criança.

Os Nambiquara têm poucos filhos; como eu haveria de notar mais tarde, os casais sem filhos não são raros, um ou dois filhos parece um número normal, e é excepcional encontrar mais de três numa família. As relações sexuais entre os pais são proibidas enquanto o recém-nascido não se desmamou, isto é, frequentemente até os três anos. A mãe segura o filho enganchado no alto da coxa, preso por uma larga tipoia de casca de árvore ou de algodão; além de seu cesto, ser-lhe-ia impossível carregar mais uma criança. As exigências da vida nômade, a pobreza do meio impõem aos indígenas uma grande prudência; quando é preciso, as mulheres não hesitam em recorrer a meios mecânicos ou a plantas medicinais para provocar o aborto.

No entanto, os indígenas sentem e manifestam pelos filhos profundo afeto, sendo correspondidos. Mas às vezes esses sentimentos são encobertos pelo nervosismo e pela instabilidade que também demonstram. Um garotinho sofre de indigestão; está com dor de cabeça, vomita, passa a metade do tempo a gemer, e a outra, a dormir. Ninguém lhe dá a menor atenção e deixam-no sozinho um dia inteiro. Quando chega a noite, sua mãe se aproxima, cata-lhe piolhos devagarinho, enquanto ele dorme, faz um sinal para que os outros não cheguem perto e coloca-o nos braços como numa espécie de berço.

Ou então é uma jovem mãe que brinca com seu bebê dando-lhe tapinhas nas costas; o bebê começa a rir, e ela se envolve tanto com a brincadeira que bate cada vez mais forte, até fazê-lo chorar. Então, para e consola-o.

Vi a pequena órfã, a quem me referi, literalmente pisoteada durante uma dança; em meio à excitação geral, ela caíra sem que ninguém tivesse notado.

Quando são contrariadas, as crianças batem na mãe, que não se opõe. As crianças não são castigadas, e nunca vi nenhuma delas apanhando, nem sequer o esboço de um gesto, a não ser de brincadeira. De vez em quando, uma criança chora porque se machucou, brigou ou está com fome, ou porque não quer que lhe catem piolhos. Mas este último caso é raro: catar piolhos parece encantar o paciente, na mesma medida em que diverte o catador; isso também é visto como uma demonstração de interesse ou de afeto. Quando quer que lhe catem piolhos, a criança — ou o marido — repousa a cabeça sobre os joelhos da mulher, apresentando sucessivamente os dois lados da cabeça. A operadora procede dividindo a cabeleira em repartidos ou olhando as mechas contra a claridade. O piolho catado é comido no mesmo instante. A criança que chora é consolada por um membro da família ou por uma criança mais velha.

Assim, o espetáculo da mãe com o filho é cheio de alegria e de frescor. A mãe entrega um objeto à criança através da palha do abrigo e retira-o no instante em que ela vai apanhá-lo: "Pegue pela frente! Pegue por trás!". Ou agarra a criança e, às gargalhadas, finge que vai jogá-la no chão: "Amdam nom tebu", "Vou te jogar!". "Nihui", responde o pirralho com voz esganiçada: "Não quero!".

Reciprocamente, as crianças cercam a mãe de uma ternura exigente e ansiosa; ficam atentas para que ela receba sua parte de produtos da caça. A criança vive, primeiro, perto da mãe. Em viagem, é carregada por ela até que possa andar; mais tarde, vai caminhando a seu lado. Fica com ela no acampamento ou na aldeia enquanto o pai vai caçar. Ao fim de alguns anos, contudo, há uma diferença entre os sexos. Um pai manifesta mais interesse pelo filho do que pela filha, já que deve lhe ensinar as técnicas masculinas; e o mesmo acontece nas relações entre mãe e filha. Mas as relações do pai com sua prole revelam o mesmo carinho e a mesma dedicação que já assinalei. O pai passeia com o filho levando-o no ombro; fabrica armas na medida do seu bracinho.

É igualmente o pai que conta aos filhos os mitos tradicionais, transpondo-os para um estilo mais compreensível pelos pequenos: "Todo mundo tinha morrido! Não havia mais ninguém! Nenhum homem! Mais nada!". Assim começa a versão infantil da lenda sul-americana do dilúvio, do qual data a destruição da primeira humanidade.

Em caso de matrimônio polígamo, existem relações especiais entre as crianças do primeiro casamento e suas jovens madrastas. Estas vivem com elas numa camaradagem que se estende a todas as meninas do grupo. Por mais restrito que este seja, ainda assim pode-se distinguir uma sociedade de meninas e moças que tomam banhos de rio coletivos, vão em grupo para trás das moitas a fim de satisfazer suas necessidades naturais, fumam juntas, gracejam e entregam-se a brincadeiras de gosto duvidoso, tal como cuspir na cara uma da outra, em rodízio, com grandes jatos de saliva. Essas relações são estreitas, apreciadas, mas sem cortesia, como as que podem ter os rapazes em nossa sociedade. Raramente implicam favores ou atenções; mas têm uma consequência bastante curiosa: é que as meninas ficam independentes mais depressa do que os meninos. Seguem as moças, participam de suas atividades, enquanto os meninos, entregues a si mesmos, tentam de maneira tímida formar grupos do mesmo gênero, mas sem grande êxito, e mais facilmente permanecem, ao menos na primeira infância, ao lado da mãe.

Os pequenos Nambiquara desconhecem os jogos. De vez em quando, confeccionam objetos de palha enrolada ou trançada, mas não conhecem outra distração afora as brigas, ou as peças que pregam um no outro, e levam uma vida calcada na dos adultos. As meninas aprendem a tecer, perambulam, riem e dormem; os meninotes começam mais tarde a atirar com pequenos arcos e a se iniciar nos afazeres masculinos (aos oito ou dez anos). Mas uns e outros conscientizam-se muito depressa do problema fundamental e por vezes trágico da vida nambiquara, o da comida, e do papel ativo que se espera deles. Com muito entusiasmo, colaboram nas expedições aos roçados e na coleta. Em época de fome, não raro vemo-los catar a própria comida em torno do acampamento, exercitando-se em desenterrar raízes ou andando pelo capim na ponta dos pés, com um grande ramo desfolhado na mão, para matar gafanhotos. As meninas conhecem a parte que cabe às mulheres na vida econômica da tribo, e não veem a hora de se tornar dignas dela.

Assim, encontro uma menina que passeia carinhosamente com um cachorrinho dentro da faixa que a mãe usa para carregar sua irmãzinha, e observo: "Fazendo festas no seu cachorrinho?". Ela me responde com gravidade: "Quando eu for adulto, vou matar os porcos-do-mato, os macacos; todos eu vou matar, quando ele latir!".

Aliás, comete um erro de gramática que o pai assinala, rindo: deveria ter dito *tilondage*, "quando eu for adulta", em vez do masculino *ihondage* que empregou. O erro é interessante, porque ilustra um desejo feminino de elevar as atividades econômicas específicas deste sexo ao nível das que são privilégio dos homens. Como o sentido exato do termo empregado pela menina é "matar dando uma pancada de tacape ou de porrete" (aqui, o pau de cavar), parece que tenta inconscientemente identificar a lavoura e a coleta femininas (limitada à captura de pequenos bichos) com a caçada masculina que utiliza o arco e as flechas.

Há que se dar uma atenção especial às relações entre as crianças que estão na categoria de primos que podem se chamar mutuamente de "esposo" e "esposa". Às vezes, elas se comportam como verdadeiros cônjuges, saindo à noite do lar familiar e transportando tições para um canto do acampamento, onde acendem seu fogo. Depois do quê, instalam-se e entregam-se, na medida de seus próprios meios, às mesmas efusões que os mais velhos; os adultos lançam um olhar divertido para essas cenas.

Não posso deixar as crianças sem dizer uma palavra sobre os animais domésticos, que vivem em relações muito íntimas com elas e são por sua vez tratados como crianças; participam das refeições, recebem as mesmas demonstrações de carinho ou de interesse — cata de piolhos, brincadeiras, conversa, afagos — que os humanos. Os Nambiquara têm inúmeros animais domésticos: primeiro, os cachorros, e galos e galinhas, que descendem dos que foram introduzidos em sua região pela Comissão Rondon; macacos, papagaios, aves de diversas espécies etc., e, ocasionalmente, porcos e gatos selvagens ou quatis. Só o cachorro parece ter conquistado um papel utilitário entre as mulheres, para a caça com porrete; os homens nunca o utilizam para a caça com arco. Os outros bichos são criados para servir de companhia. Os índios não os comem, e não consomem os ovos das galinhas que, aliás, os botam no mato. Mas não hesitarão em devorar um pássaro jovem, caso morra depois de uma tentativa de aclimatação.

Em viagem, e excetuando-se os animais capazes de andar, toda a bicharada é embarcada com as outras bagagens. Os macacos, agarrados nos cabelos das mulheres, enfeitam-nas com um gracioso capacete vivo, prolongado pelo rabo enrolado no pescoço da carregadora. Os papagaios e as galinhas empoleiram-se no alto dos cestos, outros bichos são levados no colo. Nenhum recebe alimentação abundante; porém, mesmo nos dias de penúria, têm o seu quinhão. Em troca, são para o grupo um motivo de distração e de divertimento.

Consideremos agora os adultos. A atitude nambiquara com relação às questões do amor pode se resumir em sua fórmula *tamindige mondage*, traduzida literalmente, se não elegantemente: "fazer amor é bom". Já observei o clima erótico que impregna a vida no dia a dia. Os temas amorosos despertam no mais alto grau o interesse e a curiosidade indígenas; são ávidos por conversas sobre esses assuntos, e as observações trocadas no acampamento estão repletas de alusões e subentendidos. Em geral, as relações sexuais ocorrem à noite, às vezes perto das fogueiras do acampamento; com mais frequência, os parceiros afastam-se uma centena de metros para a selva ao redor. Essa saída é notada de imediato, e deixa a plateia exultante; fazem comentários, soltam gracejos, e até as crianças pequenas compartilham de uma excitação cuja causa conhecem muito bem. Às vezes, um grupinho de homens, de moças e de crianças lançam-se à cata do casal e espiam pelos galhos os pormenores da ação, cochichando entre si e abafando as risadas. Os protagonistas não apreciam nem um pouco essa manobra, que, no entanto, é preferível tolerar, assim como é melhor suportar as brincadeiras e as caçoadas que saudarão sua volta ao acampamento. Ocorre de um segundo casal seguir o exemplo do primeiro e buscar o isolamento da selva.

Entretanto, tais ocasiões são raras, e as proibições que as limitam só explicam essa situação em parte. O verdadeiro responsável mais parece ser o temperamento indígena. Durante os folguedos amorosos a que os casais se entregam de tão bom grado e tão publicamente, e que volta e meia são audaciosos, jamais notei um início de ereção. O prazer buscado parece mais lúdico e sentimental que de ordem física. Talvez por isso é que os Nambiquara abandonaram o estojo peniano cujo uso é quase universal entre os povos do Brasil central. De fato, é provável que a função desse acessório seja, se não prevenir a ereção, pelo menos evidenciar as disposições pacíficas do portador. Povos que vivem completamente nus não ignoram o que chamamos de pudor: deslocam seu limite. Entre os índios do Brasil, assim como em certas regiões da Melanésia, este parece se situar não entre um grau e outro de exposição do corpo, mas, de preferência, entre a tranquilidade e a agitação.

Todavia, essas nuances podiam acarretar mal-entendidos entre os índios e nós, pelos quais nem uns nem outros éramos responsáveis. Assim, era difícil manter-se indiferente ao espetáculo oferecido por uma ou duas moças bonitas, rolando na areia, nuas em pelo e contorcendo-se a meus pés, rindo. Quando eu ia tomar banho no rio, muitas vezes ficava encabulado com o ataque que me faziam cerca de meia dúzia de mulheres — moças ou velhas — unicamente preocupadas em arrancar-me o sabonete, que adoravam. Essas liberdades estendiam-se a todas as circunstâncias da vida cotidiana; não raro eu devia me contentar com uma rede avermelhada por causa de uma índia que ali fora fazer a sesta depois de se pintar de urucum; e quando eu trabalhava sentado no chão no meio de uma roda de informantes, sentia de vez em quando a mão de alguém puxando-me a fralda da camisa: era uma mulher que achava mais simples assoar-se nela do que ir pegar o raminho dobrado em dois, qual uma pinça, que normalmente serve para isso.

Para compreender bem a atitude dos dois sexos, um em relação ao outro, é indispensável ter presente no espírito o aspecto fundamental do *casal* entre os Nambiquara; é a unidade econômica e psicológica por excelência. Entre esses bandos nômades, que se formam e se desfazem permanentemente, o casal aparece como a realidade estável (pelo menos em teoria); é também só ele que possibilita assegurar o sustento de seus membros. Os Nambiquara vivem numa dupla economia: de caçadores e lavradores, de um lado, de colhedores e catadores, de outro. A primeira incumbe ao homem, a segunda, à mulher. Enquanto o grupo masculino parte para um dia inteiro de caça armado de arcos e flechas, ou trabalha nos roçados durante a estação das chuvas, as mulheres, munidas do pau de cavar, perambulam com as crianças pelo cerrado, e apanham, arrancam, matam a pauladas, capturam, pegam tudo o que, em seu caminho, possa servir de alimentação: grãos, frutas, bagos, raízes, tubérculos, bichinhos de toda espécie. No final do dia, o casal se reconstitui em torno do fogo. Quando a mandioca está madura, e enquanto não se esgotar, o homem traz um carregamento de raízes que a mulher rala e espreme para fazer beijus, e, se a caça foi proveitosa, cozinham-se rapidamente as peças de carne, que são enterradas debaixo da cinza escaldante da fogueira familiar. Mas durante sete meses do ano a mandioca é rara; quanto às caçadas, é questão de sorte, naquelas areias estéreis onde uma caça magra praticamente não sai da sombra e das pastagens dos mananciais, afastadas uma das outras por espaços consideráveis de matagal semidesértico. Assim, é graças à coleta feminina que a família subsistirá.

Diversas vezes partilhei dessas diabólicas brincadeiras de comidinha, que durante meio ano são para os Nambiquara a única esperança de não morrerem de fome. Quando o homem, calado e cansado, volta para o acampamento e joga de lado um arco e flechas que não foram usados, tira-se da cesta da mulher um sortimento comovente: algumas frutas alaranjadas da palmeira 'buriti', duas grandes aranhas-caranguejeiras venenosas, minúsculos ovos de lagarto e alguns desses bichos; um morcego, coquinhos da palmeira 'bocaiuva' ou 'baguaçu', um punhado de gafanhotos. As frutas de polpa são esmagadas com as mãos numa cuia cheia de água, os cocos, quebrados a pedradas, os bichos e as larvas, enterrados todos juntos nas cinzas; e devoram alegremente essa refeição, que não bastaria para aplacar a fome de um branco mas que aqui alimenta uma família.

Os Nambiquara só têm uma palavra para dizer "bonito" e "jovem", e outra para dizer "feio" e "velho". Seus julgamentos estéticos são, pois, essencialmente baseados em valores humanos, e sobretudo sexuais. Mas o interesse que se manifesta entre os sexos é de natureza mais complexa. Os homens julgam as mulheres de modo global, um pouco diferentes deles próprios; tratam-nas, conforme os casos, com cobiça, admiração ou ternura; a confusão dos termos assinalada mais acima constitui ela própria uma homenagem. Contudo, e embora a divisão sexual do trabalho atribua às mulheres um papel capital (já que a subsistência familiar repousa em larga escala na colheita e na cata femininas), este corresponde a um tipo inferior de atividade; a vida ideal é concebida a partir do modelo da produção agrícola ou da caça: ter muita mandioca, e grandes peças de carne, é um sonho afagado constantemente, embora raras vezes realizado, ao passo que a provisão de víveres colhidos aventurosamente é considerada — e é de fato — a miséria cotidiana. No folclore nambiquara, a expressão "comer gafanhotos", que são apanhados pelas crianças e pelas mulheres, equivale ao francês "manger de la vache enragée".* Paralelamente, a mulher é vista como um bem delicado e precioso, mas de segunda classe. Entre homens, é de bom-tom falar das mulheres com uma benevolência condoída, dirigir-se a elas com uma indulgência um pouco zombeteira. Certas afirmações surgem com frequência na boca dos homens: "As crianças não sabem, eu sei, as mulheres não sabem", e evoca-se o grupo das *doçu*, das mulheres, suas brincadeiras, suas conversas, num tom de ternura ou de caçoada. Mas esta é apenas uma atitude social. Quando o homem estiver sozinho com sua mulher, perto da fogueira do acampamento, escutará suas queixas, levará em conta seus pedidos, exigirá sua colaboração para cem tarefas; a gabolice masculina desaparece diante da colaboração de dois parceiros conscientes do valor essencial que representam um para o outro.

Essa ambiguidade da atitude masculina com respeito às mulheres tem sua exata correspondência no comportamento, também ambivalente, do grupo feminino. As mulheres se enxergam como coletividade, o que manifestam de várias formas; vimos que não falam da mesma maneira que os homens. Isso é sobremodo verdade entre as mulheres jovens, que ainda não têm filhos, e as concubinas. As mães e as velhas salientam muito menos essas diferenças, embora também as demonstrem ocasionalmente. Além disso, as mulheres jovens gostam da sociedade das crianças e dos adolescentes, com quem brincam e gracejam; e são as mulheres que cuidam dos bichos dessa forma humana característica de certos índios sul-americanos. Tudo isso contribui para criar em torno das mulheres, dentro do grupo, um clima especial, a um só tempo pueril, alegre, afetado e provocante, ao qual os homens se associam quando voltam da caça ou das roças.

Mas uma atitude de todo diversa manifesta-se entre as mulheres quando

---

* Comer o pão que o diabo amassou. (N. T.)

têm de enfrentar uma das formas de atividade que lhes são especialmente atribuídas. Cumprem suas tarefas artesanais com habilidade e paciência, no acampamento silencioso, sentadas em círculo e dando-se as costas; durante as viagens, carregam corajosamente a cesta pesada, que contém as provisões e as riquezas de toda a família, e o molho de flechas, enquanto o esposo anda na frente com o arco e uma ou duas flechas, a lança de madeira ou o pau de cavar, de olho na fuga de um animal ou no encontro de uma árvore frutífera. Vemos então essas mulheres, com a testa cingida pela faixa de transporte, as costas cobertas pela cesta estreita em forma de sino virado, andarem durante quilômetros com seu passo característico: as coxas apertadas, os joelhos juntos, os tornozelos afastados, os pés para dentro, apoiando-se na beira externa do pé e balançando os quadris; corajosas, enérgicas e alegres.

Esse contraste entre as atitudes psicológicas e as funções econômicas é transposto para o plano filosófico e religioso. Para os Nambiquara, as relações entre homens e mulheres refletem os dois polos em torno dos quais organiza-se a sua existência: de um lado, a vida sedentária, agrícola, baseada na dupla atividade masculina da construção das cabanas e da lavoura, de outro, o período nômade, durante o qual a subsistência é assegurada principalmente pela colheita e pela cata femininas; uma representa a segurança e a euforia alimentar, a outra, a aventura e a fome. A essas duas formas de existência, a estival e a invernal, os Nambiquara reagem de formas muito diversas. Falam da primeira com a melancolia que está ligada à aceitação consciente e resignada da condição humana, à enfadonha repetição de atos idênticos, ao passo que descrevem a outra com excitação e no tom exaltado da descoberta.

No entanto, suas concepções metafísicas invertem essas relações. Após a morte, as almas dos homens encarnam-se nas onças; mas as das mulheres e das crianças são levadas para a atmosfera, onde se dissipam para sempre. Essa distinção explica que as mulheres sejam banidas das cerimônias mais sagradas, que consistem, no início do período agrícola, na confecção de flautas de bambu "nutridas" de oferendas e tocadas pelos homens, suficientemente longe dos abrigos para que as mulheres não possam ouvi-las.

Ainda que a época não fosse adequada, eu desejava muito ouvir as flautas e comprar alguns exemplares. Cedendo à minha insistência, um grupo de homens partiu em excursão: os bambus grossos só crescem na selva distante. Três ou quatro dias depois, fui acordado em plena noite; os viajantes esperaram que as mulheres estivessem dormindo. Arrastaram-me uma centena de metros e, escondidos pelas moitas, começaram a fabricar as flautas, depois a tocá-las. Quatro intérpretes sopravam em uníssono; porém, como os instrumentos não soam exatamente iguais, tinha-se a impressão de uma confusa harmonia. A melodia era diferente dos cantos nambiquara aos quais eu estava acostumado e que, por sua força e seus intervalos, lembram nossas rondas camponesas; diferente também dos apelos estridentes que se tocam nas ocarinas nasais de três furos, feitas de dois pedaços de cabaça unidos com cera. Ao passo que as melodias tocadas nas flautas, limitadas a poucas notas, caracterizavam-se por um cromatismo e variações de ritmo que me pareciam ter um parentesco surpreendente com certas passagens da *Sagração*, sobretudo as modulações dos instrumentos de sopro na parte intitulada "Ação ritual dos ancestrais". Seria inadmissível que uma mulher se aventurasse entre nós. A indiscreta ou a imprudente morreria a pauladas. Como entre os Bororo, uma verdadeira maldição metafísica paira sobre o elemento feminino; mas, ao contrário das bororo, as mulheres nambiquara não gozam de um estatuto jurídico privilegiado (se bem que, também entre os Nambiquara, parece que a filiação se transmite em linha materna). Numa sociedade tão pouco organizada, essas tendências mantêm-se subentendidas, e a síntese opera-se mais a partir de comportamentos difusos e matizados.

Com tanta ternura como se acariciassem suas esposas, os homens evocam o tipo de vida definido pelo abrigo temporário e o cesto permanente, quando os meios de subsistência mais inadequados são extraídos com avidez, apanhados, capturados a cada dia, quando vivem expostos ao vento, ao frio e à chuva, e que deixa tão poucos vestígios quanto as almas, dispersadas pelo vento e pelas tempestades, das mulheres, sobre cuja atividade ele repousa essencialmente. E concebem de forma totalmente diversa a vida sedentária (cujo aspecto específico e antigo é, porém, confirmado pelas espécies originais que cultivam), à qual o imutável encadeamento das operações agrícolas confere a mesma perpetuidade que às almas masculinas reencarnadas, a casa de verão duradoura, e o terreno de plantio que recomeçará a viver e a produzir "quando a morte de seu lavrador precedente tiver sido esquecida...".

Deve-se interpretar do mesmo modo a extraordinária instabilidade que demonstram os Nambiquara, passando rapidamente da cordialidade à hostilidade? Os raros observadores que os abordaram ficaram desconcertados. O grupo de Utiariti era aquele que, cinco anos antes, assassinara os missionários. Meus informantes masculinos descreviam esse ataque com condescendência e disputavam entre si a glória de terem dado as melhores pauladas. Na verdade, eu não podia querer-lhes mal por isso. Conheci muitos missionários e apreciei o valor humano e científico de vários. Mas as missões protestantes norte-americanas que procuravam penetrar no Mato Grosso central por volta de 1930 pertenciam a uma espécie particular: seus membros vinham de famílias camponesas do Nebraska ou dos dois Dakotas, onde os adolescentes eram criados numa crença literal do Inferno e dos caldeirões de óleo fervendo. Alguns tornavam-se missionários como quem faz um seguro. Assim sossegados quanto à própria salvação, pensavam não ter mais nada a fazer para merecê-la; no exercício de sua profissão, demonstravam uma dureza e uma desumanidade revoltantes.

Como foi possível ocorrer o incidente responsável pelo massacre? Dei-me conta eu mesmo por ocasião de uma inabilidade que por pouco não me custou caro. Os Nambiquara têm conhecimentos toxicológicos. Fabricam curare para suas flechas a partir de uma infusão da película vermelha que reveste a raiz de certos *strychnos*, os quais deixam evaporar ao fogo até que a mistura adquira uma consistência pastosa; e empregam outros venenos vegetais que cada um transporta consigo na forma de pós guardados em tubos de penas ou de bambu, enrolados em fios de algodão ou de casca de árvore.

Esses venenos servem para as vinganças comerciais ou amorosas; voltarei a isso.

Além desses venenos de caráter científico, que os indígenas preparam abertamente sem nenhuma dessas precauções e complicações mágicas que, mais ao norte, acompanham a fabricação do curare, os Nambiquara têm outros cuja natureza é misteriosa. Em tubos idênticos aos que contêm os venenos verdadeiros, colhem partículas de resina expelidas por uma árvore do gênero *Bombax*, de tronco avolumado em sua parte média; acreditam que, projetando uma partícula num adversário, provocarão uma condição física parecida com a da árvore: a vítima inchará e morrerá. Trate-se de venenos verdadeiros ou de substâncias mágicas, os Nambiquara os designam todos com o mesmo termo: *nandé*. Portanto, essa palavra vai além do significado restrito que damos ao de veneno. Tem como conotação ações ameaçadoras de qualquer espécie, assim como os produtos ou objetos capazes de servir a tais ações.

Essas explicações eram necessárias para compreender o que se segue. Eu levara em minhas bagagens alguns desses grandes balões multicoloridos de papel de seda que se enchem de ar quente ao ser amarrada em sua base uma pequena bucha, e que são lançados às centenas, no Brasil, durante a Festa de São João; veio-me certa noite a ideia desastrada de oferecer aos indígenas um espetáculo desses. Um primeiro balão que pegou fogo no chão provocou uma profunda explosão de alegria, como se o público tivesse a mínima noção do que deveria ter ocorrido. Inversamente, o segundo teve grande êxito: subiu depressa, chegou tão alto que sua chama se confundiu com as estrelas, vagou por muito tempo acima de nós e desapareceu. Mas a alegria do início deu lugar a outros sentimentos; os homens olhavam com atenção e hostilidade, e as mulheres, com a cabeça metida entre os braços e encolhidas umas nas outras, estavam apavoradas. A palavra *nandé* voltava insistentemente. Na manhã seguinte, uma delegação de homens veio ao meu encontro, exigindo inspecionar a provisão de balões a fim de ver "se não havia *nandé*". Esse exame foi feito de maneira minuciosa; por outro lado, graças ao espírito notavelmente positivo (apesar do que acaba de ser dito) dos Nambiquara, uma demonstração do poder ascensional do ar quente, com o auxílio de pedacinhos de papel largados em cima de um fogo, foi, se não compreendida, pelo menos aceita. Como de costume quando se trata de justificar um incidente, puseram toda a culpa nas mulheres "que não entendem nada", "sentiram medo" e receavam mil calamidades.

Eu não me iludia: as coisas poderiam ter terminado muito mal. No entanto, esse incidente e outros que contarei adiante em nada diminuíram a amizade que só uma intimidade prolongada com os Nambiquara podia infundir. Assim, fiquei transtornado ao ler recentemente, numa publicação de um colega estrangeiro, o relato de seu encontro com o mesmo grupo indígena cuja existência eu partilhara em Utiariti dez anos antes que ele o visitasse. Quando lá esteve em 1949, havia duas missões instaladas: os jesuítas a que me referi e missionários norte-americanos protestantes. O grupo indígena contava apenas dezoito membros, a respeito dos quais nosso autor exprime-se da seguinte maneira:

> De todos os índios que vi no Mato Grosso, esse bando reunia os mais miseráveis. Dos oito homens, um era sifilítico, outro tinha um flanco infeccionado, um terceiro, uma ferida no pé, outro ainda estava coberto de alto a baixo por uma doença de pele escamosa, e havia também um surdo-mudo. Entretanto, as mulheres e as crianças pareciam em boa saúde. Como não utilizam a rede e dormem

direto no chão, estão sempre cobertos de terra. Quando as noites são frias, dispersam o fogo e dormem sobre as cinzas quentes... [Eles] usam roupas só quando os missionários lhes dão e exigem que as ponham. Sua aversão pelo banho possibilita não apenas a formação de uma crosta de poeira e cinza sobre sua pele e seu cabelo; também estão cobertos de nacos podres de carne e de peixe que somam seu cheiro ao do suor azedo, tornando sua proximidade repelente. Parecem infectados por parasitas intestinais, pois têm o estômago dilatado e não param de soltar gases. Diversas vezes, trabalhando com os indígenas amontoados num cômodo apertado, eu era obrigado a parar a fim de tomar ar [...]

Os Nambiquara [...] são rabugentos e mal-educados, chegando à grosseria. Quando eu visitava Júlio no seu acampamento, volta e meia ocorria-me encontrá-lo deitado perto do fogo; mas ao me ver aproximar-me, virava as costas declarando que não desejava falar comigo. Os missionários me contaram que um Nambiquara pedirá várias vezes que lhe deem um objeto, mas, em caso de recusa, tentará pegá-lo. Para impedir os índios de entrar, às vezes eles abaixavam o biombo de folhagem utilizado como porta, mas, se um Nambiquara queria entrar, arrombava esse tapume para abrir uma passagem [...]

Não é necessário ficar muito tempo com os Nambiquara para tomar consciência de seus sentimentos profundos de ódio, de desconfiança e de desespero que suscitam no observador um estado de depressão do qual a simpatia não está completamente excluída.*

Quanto a mim, que os conhecera numa época em que as doenças introduzidas pelo homem branco já os havia dizimado mas em que — desde as tentativas sempre humanas de Rondon — ninguém havia empreendido submetê-los, gostaria de esquecer essa descrição deplorável e guardar na memória apenas este quadro tirado de meus blocos de anotações nos quais rascunhei certa noite, à luz de minha lanterna de bolso:

No cerrado escuro, brilham as fogueiras do acampamento. Em torno do fogo, única proteção contra o frio que baixa, atrás do frágil biombo de palmas e de galhos apressadamente fincado no chão do lado de onde se teme o vento ou a

---

* K. Oberg, *Indian Tribes of Northern Mato Grosso, Brazil*, Washington, DC, Smithsonian Institution, Institute of Social Anthropology, publ. nº 15, 1953, pp. 84-5.

chuva; junto dos cestos cheios de pobres objetos que constituem toda uma riqueza terrestre; deitados direto sobre a terra que se estende ao redor, frequentada por outros bandos também hostis e amedrontados, os esposos, enlaçados estreitamente, veem-se como sendo um para o outro o apoio, o reconforto, o único recurso contra as dificuldades cotidianas e a melancolia sonhadora que, de vez em quando, invade a alma nambiquara. O visitante que, pela primeira vez, acampa no mato com os índios, sente-se tomado de angústia e de pena diante do espetáculo dessa humanidade tão completamente desvalida; esmagada, ao que parece, contra o solo de uma terra hostil por algum implacável cataclismo; nua, tiritante junto das fogueiras vacilantes. Ele circula tateando em meio ao matagal, evitando esbarrar na mão de alguém, num braço, num torso, cujos reflexos ardentes se entreveem à luz das fogueiras. Mas essa miséria é animada por cochichos e risos. Os casais abraçam-se como nostálgicos de uma unidade perdida; as carícias não são interrompidas à passagem do estrangeiro. Pressentimos em todos uma imensa gentileza, uma profunda despreocupação, uma ingênua e encantadora satisfação animal, e, reunindo esses sentimentos diversos, algo como a expressão mais comovente e mais verídica da ternura humana.

28. Lição de escrita

Pelo menos indiretamente, eu desejava ter uma ideia do total aproximativo da população nambiquara. Em 1915, Rondon calculara-a em 20 mil, o que provavelmente era um exagero; mas nessa época os grupos chegavam a várias centenas de membros e todas as indicações recolhidas na linha sugeriam um rápido declínio: havia trinta anos, a fração conhecida do grupo sabanê compreendia mais de mil indivíduos; quando o grupo visitou a estação telegráfica de Campos Novos em 1928, foram recenseados 127 homens, além das mulheres e das crianças. Contudo, em novembro de 1929 surgiu uma epidemia de gripe quando o grupo estava acampado na localidade chamada Espirro. A doença evoluiu para uma forma de edema pulmonar, e trezentos índios morreram em 48 horas. Todo o grupo debandou, deixando para trás os doentes e os moribundos. Dos mil Sabanê outrora conhecidos, só subsistiam dezenove homens em 1938, com suas mulheres e seus filhos. Para explicar esses números, à epidemia talvez se deva acrescentar que os Sabanê entraram em guerra, há alguns anos, contra certos vizinhos orientais. Mas um grande grupo instalado perto de Três Buritis foi liquidado pela gripe em 1927, com exceção de seis ou sete pessoas, das quais só três ainda estavam vivas em 1938. O grupo Tarundê, no passado um dos mais importantes, contava doze homens (mais as mulheres e as crianças) em 1936; desses doze homens, quatro sobreviviam em 1939.

Qual era a situação no momento? Não mais do que 2 mil indígenas, provavelmente, espalhados pelo território. Eu não podia conceber um recenseamento sistemático por causa da hostilidade permanente de certos grupos e da mobilidade de todos os bandos durante o período nômade. Mas tentei convencer meus amigos de Utiariti a me levarem até sua aldeia depois de terem organizado uma espécie de encontro com outros bandos, parentes ou aliados; assim, eu poderia avaliar as dimensões atuais de um agrupamento e compará-las em valor relativo com os observados anteriormente. O chefe do bando hesitava: não estava seguro quanto a seus convidados, e se meus companheiros e eu mesmo viéssemos a desaparecer naquela região onde nenhum branco penetrara desde o assassinato dos sete operários da linha telegráfica em 1925, a paz precária que ali reinava corria o risco de ficar comprometida por muito tempo.

Finalmente, ele aceitou, com a condição de que reduzíssemos nossa equipagem: levaríamos apenas quatro bois para carregar os presentes. Mesmo assim, teríamos que desistir de pegar as trilhas habituais, nos fundos de vale atravancados pela vegetação onde os animais não passariam. Iríamos pelo planalto, seguindo um itinerário improvisado para essa ocasião.

A viagem, que era muito arriscada, aparece-me hoje como um episódio grotesco. Mal acabávamos de sair de Juruena, meu companheiro brasileiro observou a ausência das mulheres e das crianças: só os homens nos acompanhavam, armados de arco e flechas. Na literatura de viagem, tais circunstâncias prenunciam um ataque iminente. Assim, íamos avançando em meio a sensações confusas, verificando vez por outra a posição de nossos revólveres Smith and Wesson (nossos homens pronunciavam "Cemite Vechetone") e de nossas carabinas. Temores infundados: pelo meio do dia, encontramos o resto do bando que o chefe previdente mandara partir na véspera, sabendo que nossos burros andariam mais depressa do que as mulheres carregadas com suas cestas e atrasadas por causa da criançada.

Contudo, pouco depois os índios se perderam: o novo itinerário era menos simples do que tinham imaginado. À tardinha, foi preciso parar no meio do mato; haviam-nos prometido caça, os indígenas contavam com nossas carabinas e não tinham levado nada, e nós só possuíamos provisões de emergência, que era impossível dividir entre todos. Um bando de veados que pastavam às margens de uma fonte fugiu aos nos aproximarmos. Na manhã seguinte, reinava um descontentamento geral, visando ostensivamente o chefe responsabilizado por um negócio que ele e eu tínhamos acertado. Em vez de fazer uma expedição de caça ou de coleta, cada um resolveu se sentar à sombra dos abrigos, e deixaram o chefe encontrar sozinho a solução do problema. Ele sumiu, acompanhado por uma de suas mulheres; à noitinha, vimos os dois voltando, com suas cestas pesadas cheias de gafanhotos que eles haviam passado o dia inteiro colhendo. Embora o patê de gafanhotos não seja um prato muito apreciado, todos comeram com apetite e recobraram seu belo humor. Retomamos o caminho no dia seguinte.

Afinal chegamos ao lugar do encontro. Era um terraço arenoso dominando um curso de água ladeado de árvores entre as quais se aninhavam os roçados indígenas. Grupos chegavam por intermitência. À noitinha, havia 75 pessoas representando dezessete famílias e reunidas em treze abrigos ligeiramente mais sólidos que os dos acampamentos. Explicaram-me que, na época das chuvas, todo aquele pessoal se repartiria entre cinco cabanas redondas construídas para durar alguns meses. Vários indígenas pareciam nunca ter visto um branco, e sua receptividade rebarbativa, assim como o nervosismo patente do chefe, sugeria que este lhes tinha forçado um pouco a mão. Não nos sentíamos tranquilos, os índios tampouco; a noite anunciava-se fria; como não havia árvores onde pendurar nossas redes, fomos forçados a dormir no chão à maneira nambiquara. Ninguém dormiu: passamos a noite a nos vigiarmos educadamente.

Teria sido uma insensatez prolongar a aventura. Insisti com o chefe para que procedesse às trocas sem demora. É então que ocorre um incidente extraordinário que me obriga a voltar um pouco atrás. É de imaginar que os Nambiquara não sabem escrever; mas tampouco desenham, com exceção de alguns pontilhados ou zigue-zagues nas suas cuias. Porém, da mesma maneira como agi com os Cadiueu, distribuí folhas de papel e lápis com os quais, de início, nada fizeram; depois, certo dia vi-os muito atarefados em traçar no papel linhas horizontais onduladas. Que queriam fazer, afinal? Tive de me render à evidência: escreviam, ou, mais exatamente, procuravam dar a seu lápis o mesmo uso que eu, o único que então podiam conceber, pois eu ainda não tentara distraí-los com meus desenhos. Para a maioria, o esforço parava por aí; mas o chefe do bando enxergava mais longe. Era provável que só ele tivesse compreendido a função da escrita. Assim, exige de mim um bloco e nos equipamos da mesma forma quando trabalhamos juntos. Não me comunica verbalmente as informações que lhe peço, mas traça no seu papel linhas sinuosas e me mostra, como se ali eu devesse ler a sua resposta. Ele próprio se deixa tapear um pouco com a sua encenação; toda vez que sua mão termina uma linha, examina-a ansioso como se dela devesse surgir algum significado, e a mesma desilusão se estampa em seu rosto. Mas não a admite; e está tacitamente combinado entre nós que a sua garatuja tem um sentido que finjo decifrar; o comentário verbal segue-se quase de imediato e dispensa-me de exigir os esclarecimentos necessários.

Ora, mal ele reunira todo o seu pessoal, tirou de um cesto um papel coberto de linhas tortuosas que fingiu ler e nas quais procurava, com uma indecisão afetada, a lista dos objetos que eu devia dar em troca dos presentes oferecidos: a este, contra um arco e flechas, uma faca de arrasto! ao outro, contas! para os seus colares... Essa encenação prolongou-se por duas horas. Que esperava ele? Enganar a si mesmo, talvez; mais, porém, surpreender seus companheiros, convencê-los de que tinha participado na escolha das mercadorias, que obtivera a aliança com o branco e que partilhava de seus segredos. Tínhamos pressa em partir, sendo o momento mais temível, evidentemente, aquele em que todas as maravilhas que eu levara estivessem reunidas em outras mãos. Assim, não procurei aprofundar o incidente e pusemo-nos a caminho, sempre guiados pelos índios.

Essa estada abortada, a mistificação de que, a contragosto, eu acabava de ser instrumento, haviam criado um clima agastante; além do mais, meu burro estava com afta e a boca lhe doía. Ele ia andando com impaciência ou parava abruptamente; brigamos. Sem perceber, vi-me de repente sozinho no mato, tendo perdido meu caminho.

Que fazer? Como se conta nos livros, alertar o grosso da tropa com um tiro de fuzil. Desço de minha montaria, atiro. Nada. No segundo disparo, parece-me que me replicam. Dou um terceiro, que tem o dom de assustar o burro; ele vai embora trotando e para a certa distância.

Metodicamente, desvencilho-me de minhas armas e de meu material fotográfico, e coloco tudo isso ao pé de uma árvore cuja localização memorizo. Então, corro à conquista do burro que entrevejo, em plácidas atitudes. Deixa que eu me aproxime e foge no momento em que penso em agarrar as rédeas, recomeça essa manobra várias vezes e me arrasta. Desesperado, dou um pulo e penduro-me com as duas mãos no seu rabo. Surpreso com esse procedimento pouco habitual, desiste de escapar de mim. Monto de novo na sela e vou pegar meu material. Tínhamos rodado tanto que não pude encontrá-lo.

Abatido por essa perda, resolvo então juntar-me ao meu grupo. Nem o burro nem eu sabíamos onde ele fora parar. Ora eu me decidia por uma direção que o burro pegava, relutante; ora eu lhe deixava a rédea solta e ele se punha a dar voltas. O sol ia baixando no horizonte, eu não tinha mais arma e esperava a qualquer momento receber uma nuvem de flechas. Talvez não fosse o primeiro a penetrar naquela zona hostil, mas meus predecessores não regressaram de lá, e, mesmo que me deixasse abandonado, meu burro representava uma presa muito apetitosa para gente que não tem muito o que comer. Enquanto ruminava esses sombrios pensamentos, eu espreitava o momento em que o sol se poria, planejando incendiar o mato, pois fósforos ao menos eu tinha. Pouco antes de me decidir, ouvi vozes: dois Nambiquara haviam pegado o caminho de volta assim que deram por minha falta, e seguiam meu rastro desde o início da tarde; encontrar meu material foi, para eles, brincadeira de criança. À noite, conduziram-me ao acampamento onde o grupo aguardava.

Ainda atormentado por esse incidente ridículo, dormi mal e driblei a insônia rememorando-me a cena das trocas. A escrita fizera, pois, sua aparição entre os Nambiquara; mas não, como se poderia imaginar, ao termo de um trabalhoso aprendizado. Seu símbolo fora imitado, ao passo que sua realidade continuava a ser desconhecida. E isso, com vistas a uma finalidade mais sociológica do que intelectual. Não se tratava de conhecer, reter ou compreender, mas de aumentar o prestígio e a autoridade de um indivíduo — ou de uma função — às custas de outrem. Um indígena ainda na idade da pedra adivinhara, à falta de compreendê-lo, que o grande meio de compreender podia, pelo menos, servir para outros fins. Afinal, por milênios, e mesmo hoje em grande parte do mundo, a escrita existe como instituição em sociedades cujos membros, na imensa maioria, não possuem o seu manejo. As aldeias onde estive nas colinas de Chittagong, no Paquistão oriental, são povoadas por analfabetos; cada uma tem, no entanto, o seu escriba, que cumpre sua função junto aos indivíduos e à coletividade. Todos conhecem a escrita e a utilizam quando necessário, mas de fora, e por um mediador estranho com o qual se comunicam por métodos orais. Ora, o escriba raramente é um funcionário ou um empregado do grupo: sua ciência se acompanha de poder, a tal ponto que o mesmo indivíduo muitas vezes reúne as funções de escriba e de usurário; não só porque precisa ler e escrever para exercer sua indústria, mas porque se torna, por dupla razão, aquele que exerce um domínio sobre os outros.

Coisa estranha é a escrita. Tudo indicaria que sua aparição não poderia deixar de determinar mudanças profundas nas condições de vida da humanidade; e que essas transformações deveriam ser, acima de tudo, de natureza intelectual. A posse da escrita multiplica fantasticamente a capacidade dos homens para preservar os conhecimentos. Com facilidade a conceberíamos como uma memória artificial, cujo desenvolvimento deveria acompanhar-se de maior consciência do passado, portanto de maior capacidade para organizar o presente e o futuro. Depois de eliminarmos todos os critérios propostos para distinguir a barbárie da civilização, gostaríamos de reter pelo menos este: povos com ou sem escrita, uns capazes de acumular as aquisições antigas e progredindo cada vez mais rápido rumo ao objetivo que se fixaram, ao passo que os outros, impotentes para reter o passado além dessa franja que a memória individual é suficiente para fixar, permaneceriam prisioneiros de uma história flutuante à qual faltariam sempre uma origem e a consciência duradoura de um projeto.

Contudo, nada do que sabemos sobre a escrita e seu papel na evolução justifica tal ideia. Uma das fases mais criativas da história da humanidade situa-se no início do Neolítico, responsável pela agricultura, pela domesticação dos animais e por outras artes. Para chegar a isso, foi preciso que, durante milênios, pequenas coletividades humanas observassem, experimentassem e transmitissem o fruto de suas reflexões. Essa imensa empreitada desenrolou-se com um rigor e uma continuidade atestadas por seu sucesso, enquanto a escrita ainda era desconhecida. Se esta apareceu entre o IV e o III milênio antes de nossa era, devemos enxergá-la como um resultado já longínquo (e talvez indireto) da revolução neolítica, mas de modo algum como a sua condição. A que grande inovação estaria ligada? No plano da técnica, praticamente só se pode citar a arquitetura. Mas a dos egípcios ou dos sumerianos não era superior às obras de certos americanos que ignoravam a escrita no momento da descoberta. Inversamente, desde a invenção da escrita até o nascimento da ciência moderna, o mundo ocidental viveu algo como 5 mil anos durante os quais seus conhecimentos flutuaram, mais do que aumentaram. Com frequência observou-se que entre o gênero de vida de um cidadão grego ou romano e o de um burguês europeu do século XVIII não havia grande diferença. No Neolítico, a humanidade deu passos de gigante sem o auxílio da escrita; com ela, as civilizações históricas do Ocidente estagnaram por muito tempo. Talvez fosse inconcebível a expansão científica dos séculos XIX e XX sem a escrita. Mas essa condição necessária decerto não é suficiente para explicá-la.

Se quisermos estabelecer a correlação entre o aparecimento da escrita e certos traços característicos da civilização, convém procurar em outra direção. O único fenômeno que a acompanhou fielmente foi a formação das cidades e dos impérios, isto é, a integração num sistema político de um número considerável de indivíduos e sua hierarquização em castas e em classes. Em todo caso, esta é a evolução típica à qual assistimos, desde o Egito até a China, no momento em que a escrita faz sua estreia: ela parece favorecer a exploração dos homens, antes de iluminá-los. Essa exploração, que possibilitava reunir milhares de trabalhadores para submetê-los a tarefas extenuantes, explica melhor o nascimento da escrita do que a relação direta conjecturada ainda há pouco. Se minha hipótese estiver correta, há que se admitir que a função primária da comunicação escrita foi facilitar a servidão. O emprego da escrita com fins desinteressados, visando extrair-lhe satisfações intelectuais e estéticas, é um resultado secundário, se é que não se resume, no mais das vezes, a um meio para reforçar, justificar ou dissimular o outro.

Entretanto, existem exceções à regra: a África nativa possuiu impérios congregando várias centenas de milhares de súditos; na América pré-colombiana, o dos Incas reunia milhões. Mas, nos dois continentes, essas tentativas mostraram-se igualmente precárias. Sabe-se que o império dos Incas estabeleceu-se em torno do século XII; com certeza, os soldados de Pizarro não teriam facilmente triunfado se não o houvessem encontrado, três séculos depois, em plena decomposição. Por pior que conheçamos a história antiga da África, imaginamos situação análoga: grandes formações políticas nascem e desaparecem no intervalo de algumas dezenas de anos. Portanto, é possível que esses exemplos confirmem a hipótese, ao invés de contradizê-la. Se a escrita não bastou para consolidar os conhecimentos, era talvez indispensável para fortalecer as dominações. Olhemos mais perto de nós: a ação sistemática dos Estados europeus em favor da instrução obrigatória, que se desenvolve no correr do século XIX, vai de par com a extensão do serviço militar e a proletarização. A luta contra o analfabetismo confunde-se, assim, com o fortalecimento do controle dos cidadãos pelo Poder. Pois é preciso que todos saibam ler para que este possa afirmar: ninguém deve alegar que desconhece a lei.

Do plano nacional, a empreitada passou para o plano internacional, graças a essa cumplicidade que se formou entre jovens Estados — confrontados com problemas que foram os nossos há um ou dois séculos — e uma sociedade internacional de ricos, inquieta com a ameaça que representam para a sua estabilidade as reações de povos mal preparados pela palavra escrita para pensarem em fórmulas modificáveis à vontade e para enfrentarem os esforços de edificação. Quando têm acesso ao saber acumulado nas bibliotecas, esses povos tornam-se vulneráveis às mentiras que os documentos impressos propagam em proporção ainda maior. Sem dúvida, a sorte está lançada. Mas, na minha aldeia nambiquara, os indisciplinados eram, ainda assim, os mais sensatos. Os que se desvincularam de seu chefe depois que ele experimentou jogar a cartada da civilização (em seguida à minha visita, foi abandonado pela maioria dos seus) compreendiam confusamente que a escrita e a perfídia penetravam de mãos dadas entre eles. Refugiados numa selva mais distante, concederam a si próprios uma pausa. O gênio do chefe, percebendo na mesma hora a ajuda que a escrita podia dar a seu poder, e alcançando assim o fundamento da instituição sem possuir o seu uso, infundia admiração. Ao mesmo tempo, o episódio chamava-me a atenção para um novo aspecto da vida nambiquara: refiro-me às relações políticas entre as pessoas e os grupos. Breve eu iria poder observá-las de forma mais direta.

Enquanto ainda estávamos em Utiariti, surgira uma epidemia de oftalmia purulenta entre os indígenas. Essa infecção de origem gonocócica atingia a todos eles, causando dores abomináveis e uma cegueira que corria o perigo de ser definitiva. Por vários dias o bando ficou completamente paralisado. Os indígenas tratavam-se com uma água onde haviam macerado uma certa casca de árvore, instilada no olho por meio de uma folha enrolada em cartucho. A doença alastrou-se por nosso grupo: primeiro, minha mulher, que participara de todas as expedições anteriores, cabendo-lhe na partilha o estudo da cultura material; foi atacada de forma tão grave que teve de ir embora definitivamente; depois, a maioria dos tropeiros e meu companheiro brasileiro. Em pouco tempo, já não houve mais como ir adiante; deixei a maior parte do pessoal de repouso, com o nosso médico para ministrar os tratamentos necessários, e dirigi-me, com dois homens e alguns animais, à estação de Campos Novos,

TUPI-CAVAÍBA

47. Subindo o rio Pimenta Bueno.

48. *A aldeia mondé entre as plantações.*

49. *Na praça da aldeia mondé.*

50. Homem mondé usando tembetás de resina endurecida.

51. A abóbada da cabana mondé vista de dentro.

52. Flecheiro mondé; observe-se a posição da mão direita (chamada de "mediterrânea"), que difere da que é comum aos Bororo e aos Nambiquara (a mais frequente na América, ver fig. 28).

53. *Duas jovens mães mondé.*

54. Uma Mondé e seu filho (cujas sobrancelhas estão untadas de cera para a depilação).

55. *Lucinda.*

56. Acampamento dividido com os Tupi-Cavaíba à beira do rio Machado.

57. *Um Tupi-Cavaíba (Potien) escorchando um macaco (observar o cinto, presente recente, e o estojo peniano).*

58. Retrato de Taperahi, o chefe tupi-cavaíba.

59. Kunhatsin, mulher principal de Taperahi, carregando o filho.

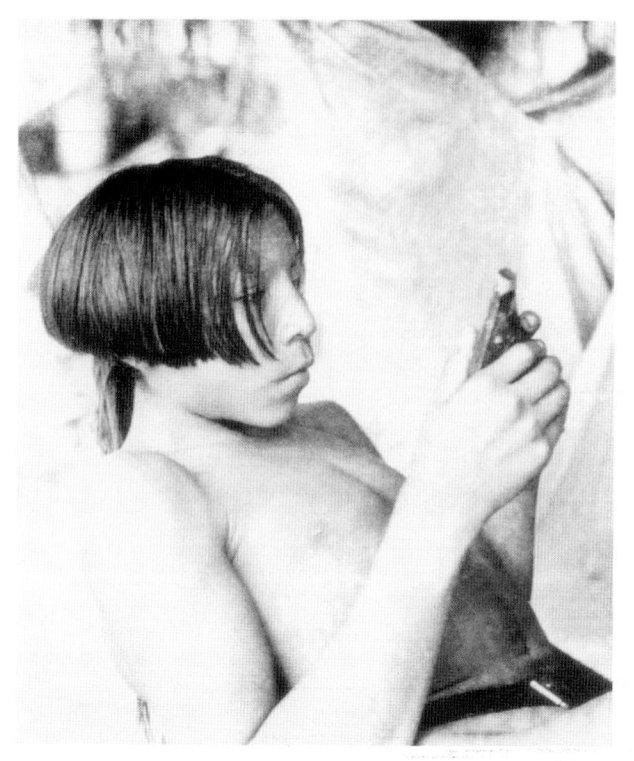

60. Pwereza, filho de Taperahi.

61. Penhana, a jovem esposa dos dois irmãos.

62. *Maruabaí, coesposa (com sua filha Kunhatsin) do chefe Taperahi.*

63. *Transporte das embarcações num trecho de corredeira do rio Jiparaná.*

em cujos arredores haviam sido assinalados vários bandos indígenas. Ali passei quinze dias numa semiociosidade dedicada a colher ainda meio verdes as frutas de um pomar que voltara a ser silvestre: goiabas cujo sabor acre e textura empedrada estão sempre aquém de seu perfume; e cajus tão fortemente coloridos quanto papagaios, cuja polpa áspera contém em suas células esponjosas um suco adstringente e de gosto acentuado; para comer, bastava ir de manhãzinha à mata distante algumas centenas de metros do acampamento, onde as pombas-trocazes, fiéis ao encontro marcado, deixavam-se abater com facilidade. Foi em Campos Novos que encontrei dois bandos vindos do Norte e que foram atraídos pela esperança dos meus presentes.

Esses bandos estavam tão mal-humorados um com o outro quanto o estavam, ambos, comigo. Desde o início, meus presentes foram mais exigidos do que solicitados. Nos primeiros dias, só um bando encontrava-se no local, ao mesmo tempo que um indígena de Utiariti, que chegara antes de mim. Demonstrava ele demasiado interesse por uma moça que pertencia ao grupo de seus anfitriões? Creio que sim. As relações deterioraram-se quase de imediato entre os estranhos e o seu visitante, e este pegou o hábito de ir ao meu acampamento em busca de um ambiente mais cordial: também partilhava as minhas refeições. O fato foi notado, e, num dia em que ele estava na caça, recebi a visita de quatro indígenas que formavam uma espécie de delegação. Num tom ameaçador, propuseram-me misturar veneno na comida de meu conviva; aliás, traziam-me o necessário: quatro tubinhos amarrados com fio de algodão e cheios de um pó cinza. Fiquei muito contrariado: ao recusar abertamente, eu me expunha à hostilidade do bando, cujas intenções maléficas me incitavam à prudência. Preferi, pois, exagerar minha ignorância da língua e fingi uma total incompreensão. Depois de várias tentativas em que me repetiram incansavelmente que meu protegido era *kakoré*, muito mau, e que era preciso livrar-se dele o quanto antes, a delegação se retirou, manifestando seu descontentamento. Preveni o interessado, que logo desapareceu; eu só iria vê-lo vários meses depois, ao regressar à região.

Felizmente, o segundo bando chegou no dia seguinte, e os indígenas descobriram outro objeto onde concentrar sua hostilidade. O encontro deu-se em meu acampamento, que era ao mesmo tempo um terreno neutro e o objetivo de todos esses deslocamentos. Portanto, assisti a tudo de camarote. Os homens vieram sozinhos; muito depressa, iniciou-se uma longa conversa entre os respectivos chefes, consistindo mais numa sucessão de monólogos alternados, num tom lamuriante e fanhoso que eu jamais escutara antes. "Estamos muito irritados! Vocês são nossos inimigos!", gemiam uns; ao que os outros respondiam aproximadamente: "Não estamos irritados! Somos seus irmãos! Somos amigos! Amigos! Podemos nos entender!" etc. Quando terminou essa troca de provocações e de protestos, organizaram um acampamento coletivo ao lado do meu. Após alguns cantos e danças durante as quais cada grupo depreciava a própria exibição, comparando-a com a do adversário — "Os Tamaindé cantam bem! Nós cantamos mal!" —, a pendenga recomeçou e o tom não demorou a altear. A noite ainda não estava muito avançada e as discussões misturadas aos cantos faziam uma barulheira extraordinária, cujo significado me escapava. Esboçavam-se gestos de ameaça, às vezes produziam-se até mesmo rixas, enquanto outros indígenas interpunham-se como mediadores. Todas as ameaças resumem-se a gestos que envolvem as partes sexuais. Um Nambiquara demonstra sua antipatia agarrando o pênis com as duas mãos e apontando-o para o adversário. Esse gesto é o prelúdio de uma agressão contra a pessoa visada, como a de arrancar-lhe o tufo de palha de 'buriti' preso na frente do cinto, em cima das partes sexuais. Estas "são escondidas pela palha" e "luta-se para arrancar a palha". A ação é puramente simbólica, pois o tapa-sexo masculino é feito de uma matéria tão frágil, e reduz-se a tão pouca coisa, que não garante proteção nem sequer dissimulação dos órgãos. Procuram também apanhar o arco e as flechas do adversário e jogá-los longe. Em todos esses comportamentos, a atitude dos indígenas é extremamente tensa, como num estado de cólera violenta e contida. De vez em quando essas brigas degeneram em conflitos generalizados; dessa vez, contudo, acalmaram-se de madrugada. Sempre no mesmo estado de irritação aparente, e com gestos bruscos, os adversários principiaram então a se examinar mutuamente, apalpando os pingentes de orelhas, as pulseiras de algodão, os pequenos enfeites de plumas, e resmungando palavras breves: "Dá... dá... vê... isso... é bonito!", enquanto o dono reclamava: "É feio... velho... estragado!...".

Essa *inspeção de reconciliação* marca o término do conflito. Na verdade, introduz outro tipo de relações entre os grupos: as trocas comerciais. Por mais sumária que seja a cultura material dos Nambiquara, os produtos da indústria de cada bando são altamente apreciados fora. Os orientais precisam de vasilhames e de sementes; os setentrionais consideram que seus vizinhos mais ao sul fazem colares especialmente preciosos. Assim, o encontro dos dois grupos, quando pode ocorrer de forma pacífica, resulta numa série de presentes recíprocos; o conflito dá lugar à transação.

Para falar a verdade, custamos a perceber que as trocas estão em andamento; na manhã que se seguiu à pendenga, cada um tratava de suas atividades costumeiras, e os objetos ou produtos passavam de um para outro, sem que quem desse chamasse a atenção para o gesto com que entregava o presente, e sem que quem recebesse prestasse atenção em seu novo bem. Assim eram trocados algodão descaroçado e novelos de linha; blocos de cera ou de resina; pasta de urucum; conchas, pingentes para orelhas, braceletes e colares; fumo e sementes; penas e ripas de bambu destinadas a fazer as pontas das flechas; novelos de fibras de palmas, espinhos de ouriços-cacheiros; vasos inteiros ou cacos de cerâmica; cabaças. Essa misteriosa circulação de mercadorias prolongou-se por meio dia, depois do que os grupos se separaram e cada um partiu na sua direção.

Assim, os Nambiquara confiam na generosidade do parceiro. A ideia de que possam calcular, discutir ou pechinchar, exigir ou cobrar lhes é totalmente alheia. Eu oferecera a um índio uma faca de arrasto como pagamento por ter levado uma mensagem a um grupo vizinho. No regresso do viajante, esqueci-me de lhe dar de imediato a recompensa combinada, pensando que ele mesmo iria buscá-la. Que nada! No dia seguinte, não consegui encontrá-lo; fora embora, irritadíssimo, disseram-me seus companheiros, e não mais o revi. Tive de entregar o presente a outro indígena. Nessas condições, não admira que, terminadas as trocas, um dos grupos se retire descontente com o seu quinhão e acumule durante semanas ou meses (fazendo o inventário de suas aquisições e lembrando-se de seus próprios presentes) um rancor que se tornará cada vez mais agressivo. Várias vezes, é essa a origem das guerras; existem, naturalmente, outras causas, tais como um assassinato, ou um rapto de mulher a consumar ou a vingar; mas não parece que um bando se sinta coletivamente obrigado a represálias por um prejuízo causado a um de seus membros. Todavia, em virtude da animosidade que reina entre os grupos, esses pretextos são levados em consideração com facilidade, sobretudo caso se sintam fortes. O plano é apresentado por um guerreiro que expõe suas queixas no mesmo tom e no mesmo estilo em que serão feitos os discursos do encontro: "Olá! Venham cá! Andem! Estou irritado! Muito irritado! Flechas! Grandes flechas!".

Vestidos com paramentos especiais — tufos de palha de 'buriti' pintados de vermelho, capacetes de pele de onça —, os homens se reúnem sob o comando do chefe e dançam. Um rito divinatório deve ser cumprido; o chefe, ou o pajé, nos grupos em que existe, esconde uma flecha num canto do mato. A flecha é procurada no dia seguinte. Quando está maculada de sangue, a guerra é decidida, caso contrário, desiste-se. Muitas expedições iniciadas assim terminam após alguns quilômetros de marcha. A excitação e o entusiasmo arrefecem e a tropa volta para casa. Mas algumas são levadas até a execução e podem ser sangrentas. Os Nambiquara atacam ao alvorecer e armam sua emboscada dispersando-se pelo mato. O sinal de ataque passa de um para outro, graças ao apito que os indígenas usam pendurado no pescoço. Esse instrumento, formado por dois tubos de bambu amarrados com fio de algodão, reproduz aproximadamente o cri-cri do grilo, e por essa razão talvez tenha o mesmo nome do inseto. As flechas de guerra são idênticas às que se utilizam normalmente para a caça dos grandes bichos; mas recorta-se em zigue-zague sua ponta lanceolada. As flechas envenenadas com curare, que são de uso corrente para a caça, nunca são empregadas. O ferido a arrancaria antes que o veneno tivesse tempo de se alastrar.

29. Homens, mulheres, chefes

Para lá de Campos Novos, o posto de Vilhena — no ponto culminante do planalto — compunha-se em 1938 de algumas cabanas no meio de um terreno desmatado de poucas centenas de metros de comprimento e largura, marcando o lugar onde (no espírito dos construtores da linha) devia erguer-se a Chicago do Mato Grosso. Parece que agora ali existe um campo de aviação militar; no meu tempo, a população resumia-se a duas famílias privadas de qualquer abastecimento há oito anos e que, como contei, chegaram a se manter em equilíbrio ecológico com uma manada de veadinhos dos quais viviam, parcimoniosamente.

Lá encontrei dois novos bandos, sendo que um compreendia dezoito pessoas que falavam um dialeto próximo dos que eu começava a conhecer, enquanto o outro, contando com 34 membros, empregava uma língua desconhecida; mais tarde, não me foi possível identificá-la. Cada um era guiado por um chefe, de atribuições puramente profanas, ao que parece, no primeiro caso; mas o chefe do bando mais importante logo iria se revelar uma espécie de feiticeiro. Seu grupo era designado com o nome de Sabanê; os outros chamavam-se Tarundê.

Afora o idioma, nada os diferenciava: os indígenas tinham a mesma aparência e a mesma cultura. Já era assim em Campos Novos; mas, em vez de manifestarem uma hostilidade recíproca, os dois bandos de Vilhena viviam em bons termos. Embora suas fogueiras se mantivessem separadas, viajavam juntos, acampavam lado a lado e pareciam ter unido seus destinos. Surpreendente associação, quando se considera que os indígenas não falavam a mesma língua e que os chefes não podiam se comunicar, a não ser por intermédio de uma ou duas pessoas de cada grupo que faziam o papel de intérpretes.

A união deles devia ser recente. Expliquei que, entre 1907 e 1930, as epidemias provocadas pela chegada dos brancos dizimaram os índios. Em consequência, vários bandos devem ter se visto reduzidos a tão poucos que lhes era impossível prosseguir uma vida independente. Em Campos Novos, eu observara os antagonismos internos da sociedade nambiquara, presenciara as forças de desorganização agindo. Em Vilhena, ao contrário, assisti a uma tentativa de reconstrução. Pois não havia dúvida de que os indígenas com quem eu acampava tinham elaborado um plano. Todos os homens adultos de um bando chamavam de "irmãs" as mulheres do outro, e estas designavam como "irmãos" os homens que ocupavam a posição simétrica. Quanto aos homens dos dois bandos, denominavam-se uns aos outros com o termo que, em suas línguas respectivas, significa "primo do tipo cruzado" e corresponde à relação de aliança que traduziríamos por "cunhado". Dadas as regras do casamento nambiquara, o resultado dessa nomenclatura é colocar todas as crianças de um bando na situação de "esposos potenciais" das crianças do outro bando, e vice-versa. Tanto assim que, pelo jogo dos intercasamentos, os dois bandos teriam se fundido já na geração seguinte.

Ainda havia obstáculos no caminho desse grande propósito. Um terceiro bando, inimigo dos Tarundê, circulava pelas redondezas; certos dias, eles avistavam suas fogueiras, e aprontavam-se para qualquer eventualidade. Como eu entendia um pouco o dialeto tarundê, mas não o sabanê, sentia-me mais próximo do primeiro grupo; o outro, com o qual não podia me comunicar, também me manifestava menos confiança. Portanto, não me cabe apresentar seu ponto de vista. Em todo caso, os Tarundê não tinham muita certeza de que seus amigos houvessem aderido à fórmula de união sem segundas intenções. Temiam o terceiro grupo, e, mais ainda, que os Sabanê resolvessem bruscamente mudar de campo.

Até que ponto seus temores tinham fundamento, um curioso incidente logo o mostraria. Certo dia em que os homens haviam saído para a caça, o chefe sabanê não voltou na hora de praxe. Ninguém o vira durante o dia todo. Caiu a noite, e por volta de nove ou dez horas reinava a consternação no acampamento, em especial no lar do desaparecido, cujas duas mulheres e filho mantinham-se abraçados, chorando de antemão a morte do esposo e pai. Nesse momento, resolvi, acompanhado por alguns indígenas, fazer uma ronda por perto. Precisamos andar menos de duzentos metros para descobrir nosso homem, de cócoras no chão e tiritando no escuro; estava inteiramente nu, ou seja, privado de seus colares, braceletes, pingentes e de seu cinto; à luz de minha lanterna, podíamos adivinhar sua expressão trágica e sua tez pálida. Deixou-se sem dificuldades ser carregado até o acampamento, onde se sentou mudo e numa atitude de prostração profundamente impressionante.

Sua história foi-lhe arrancada por um auditório ansioso. Explicou que fora levado pelo trovão, que os Nambiquara chamam de *amon* (um temporal — prenunciando a estação das chuvas — caíra no mesmo dia); este o sequestrara para os ares até um ponto em que ele designou, distante 25 quilômetros do acampamento (rio Ananás), despojara-o de todos os seus enfeites, depois o trouxe pelo mesmo caminho e o deixou no lugar onde o havíamos descoberto. Todos adormeceram comentando o acontecimento, e na manhã seguinte o chefe sabanê recuperara não só seu bom humor costumeiro, mas também todos os seus adornos, o que não surpreendeu ninguém, e para o que ele não deu nenhuma explicação. Nos dias que se seguiram, uma versão muito diferente do episódio começou a ser espalhada pelos Tarundê. Diziam que, sob o disfarce de relações com o outro mundo, o chefe iniciara negociações com o bando de índios que acampavam na vizinhança. Essas insinuações, aliás, jamais foram aprofundadas, e a versão oficial do caso continuou a ser ostensivamente admitida. Entretanto, em conversas particulares o chefe tarundê deixava transparecer suas preocupações. Como os dois grupos nos abandonaram pouco depois, nunca soube o fim da história.

Esse incidente, junto com as observações anteriores, incitava-me a refletir sobre a natureza dos bandos nambiquara e sobre a influência política que seus chefes podiam exercer em seu seio. Não existe estrutura social mais frágil e efêmera do que o bando nambiquara. Se o chefe parece exigente demais, se reivindica para si mesmo mulheres demais ou se é incapaz de dar uma solução satisfatória ao problema do abastecimento em época de penúria, surgirá o descontentamento. Indivíduos ou famílias inteiras se separarão do grupo e irão se juntar a outro bando que goze de melhor reputação. Pode ser que esse bando tenha uma alimentação mais abundante, graças à descoberta de novos terrenos de caça ou de colheita, ou que tenha se enriquecido de enfeites e de instrumentos pelas trocas comerciais com grupos vizinhos, ou até que tenha se tornado mais poderoso depois de uma expedição vitoriosa. Chegará um dia em que o chefe se verá à frente de um grupo reduzido demais para enfrentar as dificuldades cotidianas e para proteger suas mulheres da cobiça dos forasteiros. Neste caso, o único remédio será largar o comando e aderir, com seus derradeiros companheiros, a uma facção mais feliz. Portanto, vê-se que a estrutura social nambiquara vive num estado fluido. O bando se forma e se desorganiza, cresce e desaparece. No intervalo de alguns meses, sua composição, seus efetivos e sua distribuição tornam-se, por vezes, irreconhecíveis. Intrigas políticas dentro do mesmo bando e conflitos entre bandos vizinhos impõem seu ritmo a essas variações, e a grandeza, a decadência dos indivíduos e dos grupos se sucedem de modo muitas vezes surpreendente.

Em que bases opera-se, então, a divisão dos bandos? De um ponto de vista econômico, a pobreza de recursos naturais e a grande área necessária para alimentar um indivíduo durante o período nômade tornam quase obrigatória a dispersão em pequenos grupos. O problema não é saber por que essa dispersão ocorre, mas como. No grupo inicial, há homens que são reconhecidos como chefes: são eles que formam os núcleos em torno dos quais os bandos se agregam. A importância do bando, seu aspecto mais ou menos permanente durante um período dado dependem do talento de cada um desses chefes para manter seu nível e melhorar sua posição. O poder político não se afigura como o resultado das necessidades da coletividade; é o próprio grupo que recebe os caracteres — forma, volume, origem até — do chefe potencial que lhe preexiste.

Conheci bem dois desses chefes, o de Utiariti, cujo bando se chamava Wakletoçu, e o chefe tarundê. O primeiro tinha uma inteligência extraordinária, e era cônscio de suas responsabilidades, ativo e engenhoso. Antecipava as consequências de uma situação nova, traçava um itinerário especialmente adaptado às minhas necessidades; descrevia-o, quando preciso, riscando na areia um mapa geográfico. Quando chegamos à sua aldeia, encontramos moirões onde se poderiam amarrar os animais, e que ele mandara fincar por um grupo enviado antecipadamente, sem que eu tivesse pedido.

É um precioso informante, que compreende os problemas, percebe as dificuldades e interessa-se pelo trabalho; mas suas funções o absorvem, desaparece dias inteiros na caça, sondando o terreno ou verificando o estado de árvores de grãos ou com frutas maduras. Por outro lado, é frequente que suas mulheres chamem-no para folguedos amorosos, aos quais ele se deixa arrastar de bom grado.

De modo geral, sua atitude traduz uma lógica, uma continuidade em seus propósitos, muito excepcional entre os Nambiquara, frequentemente instáveis e fantasistas. A despeito de condições de vida precárias, e com meios irrisórios, é um organizador de valor, único responsável pelos destinos de seu grupo, que dirige com competência, embora num espírito levemente especulador.

O chefe tarundê, que como seu colega contava uns trinta anos, era tão inteligente quanto ele, mas de outra maneira. O chefe wakletoçu parecera-me um personagem sagaz e cheio de recursos, sempre meditando sobre algum arranjo político. O tarundê não era um homem de ação: antes, um contemplativo dotado de espírito sedutor e poético e de profunda sensibilidade. Tinha consciência da decadência de seu povo, e essa convicção impregnava de melancolia suas frases: "Antigamente, eu fazia a mesma coisa; agora, acabou-se...", dizia ao evocar dias mais felizes, quando seu grupo, longe de estar reduzido a um punhado de indivíduos incapazes de manter os costumes, compreendia várias centenas de participantes fiéis a todas as tradições da cultura nambiquara. Sua curiosidade pelos nossos costumes, e pelos que pude observar em outras tribos, em nada é inferior à minha. Com ele, o trabalho etnográfico nunca é unilateral: concebe-o como uma troca de informações, e as que lhe trago são sempre bem-vindas. Inclusive, diversas vezes pede-me — e guarda cuidadosamente — desenhos representando ornamentos de penas, cocares, armas, tais como os vi nos povoados vizinhos ou afastados. Nutria ele a esperança de aperfeiçoar, graças a essas informações, o equipamento material e intelectual de seu grupo? É possível, embora seu temperamento sonhador pouco o incitasse às realizações. Contudo, certo dia que eu o interrogava sobre as flautas de Pã, para verificar a área de difusão desse instrumento, respondeu que nunca as tinha visto mas que gostaria de ter um desenho. Guiado por meu esboço, conseguiu fabricar um instrumento grosseiro, mas utilizável.

As qualidades excepcionais manifestadas por esses dois chefes se explicam pelas condições de suas nomeações.

Entre os Nambiquara, o poder político não é hereditário. Quando um chefe envelhece, adoece e sente-se incapaz de assumir por mais tempo suas pesadas funções, ele mesmo escolhe seu sucessor: "Este será o chefe...". Entretanto, esse poder autocrático é mais aparente do que real. Veremos mais adiante quão fraca é a autoridade do chefe e, nesse caso como em todos os outros, a decisão definitiva parece ser precedida por uma pesquisa de opinião pública: o herdeiro designado é também o predileto da maioria. Mas não são apenas os votos e os vetos do grupo que limitam a escolha do novo chefe; a escolha deve também responder aos planos do interessado. Não raro a oferta de poder esbarra numa veemente recusa: "Não quero ser o chefe". Neste caso, há que proceder a nova escolha. Com efeito, o poder não parece ser objeto de uma ardorosa competição, e os chefes que conheci mais facilmente se queixavam de suas pesadas incumbências e de suas múltiplas responsabilidades do que as enxergavam como um motivo de orgulho. Quais são, afinal, os privilégios do chefe e quais são as suas obrigações?

Quando, por volta de 1560, Montaigne encontrou em Rouen três índios brasileiros trazidos por um navegante, perguntou a um deles quais eram os privilégios do chefe (disse "o rei") em seu país; e o indígena, ele próprio um chefe, respondeu que era ser o primeiro a caminhar para a guerra. Montaigne relatou a história num famoso capítulo dos *Ensaios*, maravilhando-se dessa orgulhosa definição. Mas, para mim, foi motivo de espanto maior e de admiração receber, quatro séculos mais tarde, exatamente a mesma resposta. Os países civilizados não dão provas de igual constância em sua filosofia política! Por mais impressionante que seja, a fórmula é menos significativa ainda do que o nome que serve para designar o chefe na língua nambiquara. *Uilikandé* parece querer dizer "aquele que une" ou "aquele que liga junto". Tal etimologia sugere que o espírito indígena é consciente desse fenômeno que já salientei, ou seja, que o chefe aparece como a causa do desejo do grupo de se constituir enquanto grupo, e não como o efeito da necessidade, sentida por um grupo já constituído, de uma autoridade central.

O prestígio pessoal e a aptidão para inspirar confiança são o fundamento do poder na sociedade nambiquara. Ambos são indispensáveis a quem se tornar o guia dessa aventurosa experiência: a vida nômade da estação seca. Durante seis ou sete meses, o chefe será inteiramente responsável pela condição de seu bando. É ele que organiza a partida para a vida errante, escolhe os itinerários, fixa as etapas e a duração das paradas. Decide as expedições de caça, pesca, colheita e cata, e determina a política do bando em relação aos grupos vizinhos. Quando o chefe do bando é ao mesmo tempo um chefe de aldeia (conferindo à palavra *aldeia* o significado restrito de instalação semipermanente para a temporada das chuvas), suas obrigações vão mais longe. É ele que determina o momento e o lugar da vida sedentária; dirige a lavoura e escolhe os cultivos; mais genericamente, orienta as atividades em função das necessidades e das possibilidades sazonais.

Já de início convém notar que o chefe não encontra respaldo para essas múltiplas funções, nem num poder específico, nem numa autoridade publicamente reconhecida. É o consentimento que está na origem do poder, e é também o consentimento que mantém a sua legitimidade. Um comportamento repreensível (do ponto de vista indígena, entenda-se) ou manifestações de má vontade por parte de um ou dois descontentes podem comprometer o programa do chefe e o bem-estar de sua pequena comunidade. Entretanto, em semelhante eventualidade o chefe não dispõe de nenhum poder de coerção. Só pode se desvencilhar dos elementos indesejáveis na medida em que for capaz de fazer com que todos partilhem de sua opinião. Portanto, precisa dar provas de uma habilidade que mais se assemelha à do político que procura conservar uma maioria indecisa do que à de um monarca todo-poderoso. Não basta sequer que mantenha a coerência de seu grupo. Embora o bando viva praticamente isolado no período nômade, não se esquece da existência dos grupos vizinhos. O chefe não deve apenas fazer direito; deve tentar — e seu grupo conta com ele para isso — fazer melhor do que os outros.

Como o chefe cumpre essas obrigações? O primeiro e o principal instrumento do poder consiste na sua generosidade. A generosidade é um atributo essencial do poder para a maioria dos povos primitivos, e muito especialmente na América; desempenha um papel, mesmo nessas culturas elementares onde todos os bens se reduzem a objetos toscos. Embora o chefe não pareça gozar de uma situação privilegiada do ponto de vista material, deve ter o controle dos excedentes de comida, ferramentas, armas e adornos que, por ínfimos que sejam, mesmo assim adquirem um valor considerável devido à pobreza geral. Quando um indivíduo, ou uma família, ou o bando inteiro sentem um desejo ou uma necessidade, é para o chefe que apelam a fim de satisfazê-los. Assim, a generosidade é a qualidade essencial que se espera de um novo chefe. É a corda, constantemente pulsada, cujo som harmonioso ou desafinado confere ao consentimento a sua dimensão. Não há como duvidar que, nesse ponto, as capacidades do chefe sejam exploradas até o fim. Os chefes de bando eram meus melhores informantes e, consciente de sua posição difícil, eu gostava de recompensá-los com liberalidade, mas raras vezes vi um de meus presentes ficar em suas mãos por um período superior a uns poucos dias. Toda vez que eu me despedia de um bando, após algumas semanas de vida em comum, os indígenas haviam tido tempo de se tornarem os felizes proprietários de machados, facas, contas etc. Mas, como regra geral, o chefe encontrava-se no mesmo estado de pobreza que no momento de minha chegada. Tudo o que recebera (que estava, de maneira considerável, acima da média atribuída a cada um) já lhe fora extorquido. Com frequência essa avidez coletiva deixa o chefe acuado numa espécie de desespero. A recusa em dar ocupa então mais ou menos o mesmo lugar, nessa democracia primitiva, que o voto de confiança num parlamento moderno. Quando um chefe chega a dizer: "Basta de dar! Basta de ser generoso! Que outro seja generoso no meu lugar!", tem de estar realmente seguro de seu poder, pois seu reinado está passando pela mais grave crise.

A engenhosidade é a forma intelectual da generosidade. Um bom chefe demonstra habilidade e iniciativa. É ele que prepara o veneno das flechas. É ele também que fabrica a bola de borracha selvagem usada nos jogos a que se dedicam ocasionalmente. O chefe deve ser um bom cantor e um bom dançarino, um sujeito alegre sempre disposto a distrair o bando e a quebrar a monotonia da vida cotidiana. Essas funções levariam com facilidade ao xamanismo, e certos chefes são igualmente curandeiros e feiticeiros. Contudo, as preocupações místicas mantêm-se sempre em segundo plano entre os Nambiquara, e, quando se manifestam, as aptidões mágicas são reduzidas ao papel de atributos secundários do comando. Com mais frequência, o poder temporal e o poder espiritual são divididos entre dois indivíduos. A esse respeito, os Nambiquara diferem de seus vizinhos do Noroeste, os Tupi-Cavaíba, para os quais o chefe é também um xamã dado aos sonhos premonitórios, às visões, aos transes e aos desdobramentos.

Mas a habilidade e a engenhosidade do chefe nambiquara, mesmo que orientadas numa direção mais positiva, ainda assim são espantosas. Ele deve ter um conhecimento cabal dos territórios frequentados por seu grupo e pelos grupos vizinhos, ser um habitué dos terrenos de caça e das matas de árvores frutíferas silvestres, saber para cada uma delas o período mais favorável, ter uma ideia aproximada dos itinerários dos bandos vizinhos, amigos ou hostis. Constantemente, sai em sondagem de terreno ou em exploração, e mais parece voltar em torno de seu bando do que conduzi-lo.

Afora um ou dois homens sem autoridade real mas que estão dispostos a colaborar em troca de recompensa, a passividade do bando contrasta singularmente com o dinamismo de seu guia. Dir-se-ia que o bando, tendo concedido certas vantagens ao chefe, espera que ele cuide de todos os seus interesses e de sua segurança.

Essa atitude está bem ilustrada no episódio já relatado da viagem durante a qual, tendo-nos perdido com provisões insuficientes, os indígenas se deitaram em vez de saírem para a caça, deixando ao chefe e às suas mulheres o cuidado de remediar a situação.

Várias vezes fiz alusão às mulheres do chefe. A poligamia, que é praticamente privilégio seu, constitui a compensação moral e sentimental de suas pesadas obrigações, ao mesmo tempo em que lhe confere um meio de cumpri-las. Salvo raras exceções, só o chefe e o feiticeiro (e, ainda assim, quando essas funções são divididas entre dois indivíduos) podem ter várias mulheres. Mas trata-se aí de um tipo de poligamia bastante especial. Em vez de um casamento plural no sentido próprio da palavra, tem-se, de preferência, um casamento monógamo ao qual se somam relações de natureza distinta. A primeira mulher faz o papel habitual da única esposa nos casamentos comuns. Conforma-se com os costumes da divisão do trabalho entre os sexos, toma conta das crianças, faz a cozinha e colhe os produtos selvagens. As uniões posteriores são reconhecidas como casamentos, mas são de outra ordem. As mulheres secundárias pertencem a uma geração mais jovem. A primeira mulher chama-as de "filhas" ou de "sobrinhas". Além disso, não obedecem às regras da divisão sexual do trabalho, mas participam indiferentemente das atividades masculinas ou femininas. No campo, desprezam as tarefas domésticas e ficam desocupadas, ora brincando com as crianças que de fato são de sua geração, ora acariciando o marido enquanto a primeira mulher dá duro dentro de casa e na cozinha. Mas quando o chefe parte em expedição de caça ou de exploração, ou para alguma outra atividade masculina, suas mulheres secundárias o acompanham e prestam-lhe assistência física e moral. Essas moças de jeito masculino, escolhidas entre as mais bonitas e as mais saudáveis do grupo, são para o chefe mais amantes do que esposas. Vivem juntos na base de um companheirismo amoroso que apresenta um impressionante contraste com o clima conjugal da primeira união.

Se homens e mulheres não se banham ao mesmo tempo, vemos ocasionalmente o marido e suas jovens esposas tomarem um banho juntos, pretexto para grandes batalhas na água, para divertimentos e inúmeras pilhérias. À noite, brinca com elas, seja amorosamente — rolando na areia, dois, três ou quatro abraçados —, seja de forma pueril: por exemplo, o chefe wakletoçu e suas duas mulheres mais moças, deitados de costas, de modo a desenhar no chão uma estrela de três pontas, levantam os pés para cima e batem uns nos outros, planta dos pés contra planta dos pés, num ritmo regular.

A união poligâmica apresenta-se, assim, como a superposição de uma forma pluralista de camaradagem amorosa ao casamento monogâmico, e ao mesmo tempo como um atributo de comando dotado de um valor funcional, tanto do ponto de vista psicológico como do ponto de vista econômico. As mulheres vivem geralmente em excelentes termos e, embora a sina da primeira mulher às vezes pareça ingrata — trabalhando, enquanto ouve a seu lado as gargalhadas do marido e de suas pequenas apaixonadas e assiste inclusive a brincadeiras mais carinhosas —, ela não demonstra amargura. Na verdade, essa distribuição de papéis não é imutável nem rigorosa, e de vez em quando, embora mais raramente, o marido e sua primeira mulher também brincarão; ela não é de jeito nenhum excluída da vida alegre. Além disso, sua participação menor nas relações de camaradagem amorosa é compensada por uma respeitabilidade maior, e por certa autoridade sobre suas jovens companheiras.

Esse sistema acarreta graves consequências para a vida do grupo. Ao excluir periodicamente as moças do ciclo regular dos casamentos, o chefe provoca um desequilíbrio entre o número de rapazes e de moças em idade matrimonial. Os homens jovens são as principais vítimas dessa situação, e veem-se condenados, seja a ficarem solteiros por vários anos, seja a desposarem viúvas ou velhas repudiadas pelos maridos.

Os Nambiquara também resolvem o problema de outra forma: pelas relações homossexuais, que chamam poeticamente de *tamindige kihandige*, isto é, "o amor-mentira". Essas relações são correntes entre gente jovem e merecem publicidade muito maior do que as relações normais. Os parceiros não se retiram para o mato, como os adultos de sexos opostos. Instalam-se perto de uma fogueira diante do olhar divertido dos vizinhos. O incidente dá lugar a brincadeiras geralmente discretas; são relações consideradas como infantis, e quase ninguém lhes dá atenção. Permanece incerta a questão de saber se esses exercícios são levados até a satisfação completa ou limitam-se a efusões sentimentais acompanhadas por brincadeiras eróticas tais como as que caracterizam, em sua maioria, as relações entre cônjuges.

As relações homossexuais são permitidas apenas entre adolescentes que se incluem na categoria de primos cruzados, ou seja, na qual um está em geral destinado a se casar com a irmã do outro, para quem, por conseguinte, o irmão serve provisoriamente de substituto. Quando nos informamos com um indígena sobre as ligações desse tipo, a resposta é sempre a mesma: "São primos (ou cunhados) que fazem amor". Na idade adulta, os cunhados continuam a manifestar grande liberdade. Não é raro ver dois ou três homens, casados e pais de família, passeando à noite carinhosamente abraçados.

Sejam quais forem essas soluções sucedâneas, o privilégio poligâmico que as torna necessárias representa uma concessão importante que o grupo faz a seu chefe. Para ele, que significa esse privilégio? O acesso a moças jovens e bonitas traz-lhe, primeiramente, uma satisfação, não tanto física (pelas razões já expostas) quanto sentimental. Sobretudo, o casamento poligâmico e seus atributos específicos constituem o meio posto pelo grupo à disposição do chefe para ajudá-lo a cumprir seus deveres. Se ficasse sozinho, dificilmente poderia fazer mais que os outros. Suas mulheres secundárias, livres por seu estatuto especial das servidões de seu sexo, prestam-lhe assistência e reconforto. Ao mesmo tempo, são a recompensa do poder e seu instrumento. Pode-se dizer, do ponto de vista indígena, que o preço pago vale a pena? Para responder a essa pergunta, devemos encarar o problema de um ângulo mais geral e indagarmos o que o bando nambiquara, considerado como uma estrutura social elementar, ensina sobre a origem e a função do poder.

Passaremos rapidamente sobre uma primeira observação. Os fatos nambiquara somam-se a outros para recusar a velha teoria sociológica, temporariamente ressuscitada pela psicanálise, segundo a qual o chefe primitivo encontraria seu protótipo num pai simbólico, já que as formas elementares do Estado desenvolveram-se progressivamente, nesta hipótese, a partir da família. Na base das formas mais toscas do poder, discernimos um aspecto que introduz um elemento novo em relação aos fenômenos biológicos: esse aspecto é o *consentimento*. O consentimento é a um só tempo a origem e o limite do poder. Relações unilaterais na aparência, tais como se expressam na gerontocracia, na autocracia ou em qualquer outra forma de governo, podem se constituir em grupos de estrutura já complexa. São inconcebíveis em formas simples de organização social, tais como a que tentamos descrever aqui. Neste caso, ao contrário, as relações políticas reduzem-se a uma espécie de arbitragem entre, de um lado, os talentos e a autoridade do chefe, e de outro, o volume, a coerência e a boa vontade do grupo; todos esses fatores exercem uns sobre os outros uma influência recíproca.

Gostaríamos de poder mostrar o suporte considerável que a etnologia contemporânea confere, a esse respeito, às teses dos filósofos do século XVIII. Sem dúvida o esquema de Rousseau difere das relações quase contratuais que existem entre o chefe e seus companheiros. Rousseau tinha em vista um fenômeno totalmente diverso, a saber, a renúncia, pelos indivíduos, à sua autonomia própria em benefício da vontade geral. Nem por isso é menos verdade que Rousseau e seus contemporâneos deram provas de uma intuição sociológica profunda quando entenderam que atitudes e elementos culturais tais como o "contrato" e o "consentimento" não são formações secundárias, conforme pretendiam seus adversários, e Hume em especial: são matérias-primas da vida social, e é impossível imaginar uma forma de organização política em que não estejam presentes.

Uma segunda observação resulta das considerações precedentes: o *consentimento* é o fundamento psicológico do poder, mas na vida cotidiana ele se exprime por um jogo de préstimos e contrapréstimos que se dá entre o chefe e seus companheiros, e que faz da noção de *reciprocidade* outro atributo fundamental do poder. O chefe tem o poder, mas deve ser generoso. Tem deveres, mas pode conseguir várias mulheres. Entre ele e o grupo estabelece-se um equilíbrio eternamente renovado de préstimos e privilégios, de serviços e de obrigações.

Porém, no caso do matrimônio passa-se algo mais. Ao conceder o privilégio poligâmico a seu chefe, o grupo troca os *elementos individuais de segurança*, garantidos pela regra monogâmica, por uma *segurança coletiva*, esperada da autoridade. Todo homem recebe sua mulher de um outro homem, mas o chefe recebe várias mulheres do grupo. Em compensação, oferece uma garantia contra a necessidade e o perigo, não aos indivíduos cujas irmãs e filhas ele desposa, nem mesmo aos que ficarão privados de mulheres em consequência do direito poligâmico, mas ao grupo considerado como um todo, pois é o grupo considerado como um todo que sustou momentaneamente o direito comum, em seu favor. Essas reflexões podem apresentar interesse para um estudo teórico da poligamia; mas, acima de tudo, lembram que a concepção do Estado como um sistema de garantias, renovada pelas discussões sobre um regime nacional de previdências (tal como o plano Beveridge e outros), não é um fenômeno puramente moderno. É um retorno à natureza fundamental da organização social e política.

Este é o ponto de vista do grupo sobre o poder. Agora, qual é a atitude do próprio chefe diante de sua função? Que motivos o impelem a aceitar uma carga que nem sempre é agradável? O chefe de bando nambiquara vê impor-se um papel difícil; tem que se empenhar a fundo para manter sua posição. Mais ainda, se não a melhorar constantemente, corre o risco de perder o que levou meses ou anos para conquistar. Assim se explica que muitos homens se esquivem do poder. Mas por que outros o aceitam e até o procuram? É sempre difícil julgar motivações psicológicas, e a tarefa torna-se quase impossível em presença de uma cultura muito diferente da nossa. No entanto, pode-se dizer que o privilégio poligâmico, seja qual for sua atração do ponto de vista sexual, sentimental ou social, seria insuficiente para inspirar uma vocação. O casamento poligâmico é uma condição técnica do poder; só pode ter, do ângulo das satisfações íntimas, um significado acessório. Deve haver algo mais; quando resolvemos rememorar os traços morais e psicológicos dos diversos chefes nambiquara, e quando tentamos também captar essas nuances fugazes de sua personalidade (que escapam à análise científica mas que incorporam o valor do sentimento intuitivo da comunicação humana e da experiência da amizade), sentimo-nos levados de maneira imperiosa à seguinte conclusão: há chefes porque há, em todo grupo humano, homens que, à diferença de seus companheiros, gostam do prestígio em si, sentem-se atraídos pelas responsabilidades, e para quem a carga dos negócios públicos traz consigo sua recompensa. Essas diferenças individuais com certeza são desenvolvidas e praticadas pelas diversas culturas, e em proporções desiguais. Porém, a existência delas numa sociedade tão pouco animada pelo espírito de competição como a sociedade nambiquara, sugere que sua origem não é inteiramente social. Mais fazem parte desses materiais psicológicos brutos com os quais toda sociedade se edifica. Os homens não são todos semelhantes, e mesmo nas tribos primitivas, que os sociólogos pintaram como esmagadas por uma tradição todo-poderosa, essas diferenças individuais são percebidas com tanta finura e exploradas com tanta aplicação quanto na nossa civilização dita "individualista".

Sob uma outra forma, era bem esse o "milagre" evocado por Leibniz a propósito dos selvagens americanos cujos costumes, retraçados pelos antigos viajantes, tinham lhe ensinado a "jamais tomar por demonstrações as hipóteses da filosofia política". Quanto a mim, eu tinha ido até o fim do mundo à procura do que Rousseau chama "os progressos quase insensíveis dos começos". Por trás do véu das leis demasiado elaboradas dos Cadiueu e dos Bororo, eu havia prosseguido minha busca de um estado que — diz ainda Rousseau — "não existe mais, talvez jamais existiu, provavelmente nunca existirá e do qual, porém, é necessário ter noções exatas para bem se julgar nosso estado presente". Mais feliz que ele, eu acreditava tê-lo descoberto numa sociedade agonizante, mas a respeito da qual era inútil eu me perguntar se representava ou não um vestígio: tradicional ou degenerada, ela me colocava, ainda assim, em presença de uma das formas de organização social e política mais pobres que fosse possível conceber. Eu não precisava me dirigir à história particular que a mantivera nessa condição elementar ou que, mais provavelmente, a isso a reduzira. Bastava considerar a experiência sociológica que se passava diante de meus olhos.

Mas era ela que se esquivava. Eu procurara uma sociedade reduzida à sua expressão mais simples. A dos Nambiquara o era, a tal ponto que nela só encontrei homens.

PARTE VIII
TUPI-CAVAÍBA

30. De piroga

Eu saíra de Cuiabá em junho; eis-nos em setembro. Há três meses, perambulo pelo planalto, acampado com os índios enquanto os animais descansam, ou relacionando uma etapa com a outra, interrogando-me sobre o sentido de minha empreitada, enquanto o andar capengante do burro agrava os machucados já tão familiares que, de certa forma, incorporaram-se a meu ser físico, e me fariam falta se eu não os reencontrasse toda manhã. A aventura diluiu-se no tédio. Eis que há semanas o mesmo cerrado austero estende-se diante de meus olhos, tão árido que as plantas vivas pouco se diferenciam das folhas secas que subsistem aqui e ali num acampamento abandonado. Os vestígios enegrecidos das queimadas parecem a conclusão natural dessa marcha unânime rumo à carbonização.

Fomos de Utiariti a Juruena, depois a Juína, Campos Novos e Vilhena; agora avançamos para os últimos postos do planalto: Barão de Melgaço, que já se encontra em seu sopé, e Três Buritis. A cada etapa, ou praticamente, perdemos um ou dois bois, de sede, de cansaço ou 'ervado', isto é, envenenado por pastagens peçonhentas. Ao atravessarem um rio em cima de uma passarela podre, vários caíram na água com as bagagens, e salvamos a duras penas o tesouro da expedição. Mas tais incidentes são raros; todo dia repetimos os mesmos gestos: instalação do acampamento, suspensão das redes e dos mosquiteiros, colocação das bagagens e das cangalhas ao abrigo dos cupins, vigilância dos animais e preparativos em ordem inversa no dia seguinte. Ou, quando surge um bando indígena, outra rotina se estabelece: recenseamento, nomes das partes do corpo, termos de parentesco, genealogias, inventários. Sinto-me transformado em burocrata da evasão.

Não chove há cinco meses e a caça fugiu. Ainda nos damos por felizes quando conseguimos atirar num papagaio esquelético ou capturar um grande lagarto 'tupinambis' para fervê-lo dentro do nosso arroz, ou assar em sua carapaça uma tartaruga terrestre ou um tatu de carne gordurenta e preta. No mais das vezes, temos de nos contentar com o 'charque', aquela mesma carne-seca preparada há meses por um açougueiro de Cuiabá e cujas mantas grossas repletas de vermes desenrolamos ao sol toda manhã, para desinfetá-las, ainda que seja para encontrá-las no mesmo estado no dia seguinte. No entanto, uma vez alguém matou um porco-do-mato; essa carne sangrenta pareceu-nos mais inebriante do que o vinho; cada um devorou um bom meio quilo, e entendi então essa suposta voracidade dos selvagens, citada por tantos viajantes como prova de sua rusticidade. Bastava ter compartilhado de sua dieta para conhecer tais fomes caninas, cuja saciedade proporciona mais do que a repleção: a felicidade.

Pouco a pouco a paisagem ia se modificando. As velhas terras cristalinas ou sedimentares que formam o planalto central davam lugar a solos argilosos. Após o cerrado, começamos a cruzar zonas de floresta seca de castanheiros (não o nosso, mas o do Brasil: *Bertholletia excelsa*) e de copaibeiras, que são grandes árvores que produzem um bálsamo. De límpidos, os riachos tornavam-se barrentos, com águas amarelas e pútridas. Por todo lado observam-se desmoronamentos: encostas corroídas pela erosão, ao sopé das quais formam-se brejos de 'sapezais' e 'buritizais'. Em suas margens, os burros vão chapinhando pelos campos de abacaxis selvagens: pequenas frutas de cor amarela puxando para o alaranjado, com polpa cheia de grandes caroços pretos espalhados, e cujo sabor está a meio caminho entre o da espécie cultivada e o da mais deliciosa framboesa. Do chão sobe esse cheiro esquecido há meses, de tisana quente achocolatada, que é simplesmente o cheiro da vegetação tropical e da decomposição orgânica. Um cheiro que súbito faz compreender como este solo pode ser aquele que produz o cacau, assim como na alta Provença, às vezes, os odores de um campo de alfazema semimurcha explicam que a mesma terra também possa produzir a trufa. Uma última elevação conduz à beira de um prado que desce a pique até o posto telegráfico de Barão de Melgaço: e é, a perder de vista, o vale do Machado que se estende pela floresta amazônica; esta só será interrompida a 1500 quilômetros, na fronteira venezuelana.

Em Barão de Melgaço, havia pastagens de capim verde cercadas de floresta úmida onde ressoavam os vigorosos sopros de trombeta do 'jacu', o pássaro-cão. Bastava passar ali duas horas para voltar ao acampamento com os braços carregados de caça. Fomos tomados por um frenesi alimentício; durante três dias, só fizemos cozinhar e comer. De agora em diante, nada mais nos faltaria. As reservas preciosamente poupadas de açúcar e de álcool acabaram, ao mesmo tempo em que provávamos alimentos amazônicos, sobretudo os 'tocaris', cuja polpa ralada engrossa os molhos com um creme branco e untuoso. Eis os detalhes desses exercícios gastronômicos tais como os encontro em minhas notas:

— colibris (que em português se chama 'beija-flor') assados no espetinho e flambados no uísque;

— rabo de jacaré grelhado;

— papagaio assado e flambado no uísque;

— ensopado de 'jacu' em compota de frutas da palmeira açaí;

— guisado de 'mutum' (espécie de peru selvagem) e de brotos de palmito, com molho de 'tocari' e pimenta;

— 'jacu' assado ao caramelo.

Após essas farras e as abluções igualmente necessárias — pois diversas vezes havíamos passado vários dias sem poder retirar os macacões, que formavam nossa vestimenta junto com as botas e o capacete —, comecei a preparar os planos para a segunda parte da viagem. Daqui para a frente, serão preferíveis os rios às 'picadas' da floresta, invadidas pela vegetação. Além disso, só me sobram dezessete bois dos 31 trazidos à partida, e o estado deles é tal que seriam incapazes de prosseguir, mesmo num terreno fácil. Nós nos dividiremos em três grupos. Meu chefe de grupo e alguns homens prosseguirão por terra para os primeiros centros de seringueiros, onde esperamos vender os cavalos e uma parte dos burros. Outros homens ficarão com os bois em Barão de Melgaço, para dar-lhes tempo de se recuperar nos pastos de 'capim-gordura'. Tibúrcio, o velho cozinheiro, os chefiará melhor porque é querido por todos; dizem dele — pois é fortemente mestiço de africano — 'preto na feição, branco na ação', o que mostra, diga-se de passagem, que o camponês brasileiro não está isento de preconceitos raciais. Na Amazônia, uma moça branca cortejada por um preto exclama com prazer: "Então eu sou uma carniça tão branca para que um 'urubu' venha se empoleirar nas minhas tripas?". Evoca, assim, o espetáculo familiar de um jacaré morto à deriva no rio, enquanto um abutre de penas pretas navega dias a fio em cima do cadáver do qual se alimenta.

Quando os bois se restabelecerem, a tropa voltará para Utiariti, sem dificuldades, pensamos nós, já que os animais estarão livres de sua carga e as chuvas, agora iminentes, terão transformado o sertão em pastagem. Por fim, o pessoal científico da expedição e os últimos homens se encarregarão das bagagens, que comboiarão de piroga até as regiões habitadas onde nos dispersaremos. Eu mesmo espero passar para a Bolívia pelo Madeira, atravessar o país de avião, voltar ao Brasil por Corumbá e, de lá, retornar a Cuiabá, depois a Utiariti, por volta do mês de dezembro, onde reencontrarei minha 'comitiva' — minha equipe e meus animais — para encerrar a expedição.

O chefe do posto de Melgaço empresta-nos duas 'galeotas' — canoas leves de tábuas — e remadores: adeus, burros! Só nos resta deixarmo-nos levar pelo rio Machado. Vivendo despreocupados, por causa dos meses de seca, esquecemos, na primeira noite, de pôr nossas redes ao abrigo, contentando-nos em suspendê-las entre as árvores da margem. O temporal despencou no meio da noite com o estrondo de um cavalo a galope; antes mesmo de acordarmos, as redes se transformam em banheiras; desdobramos, tateando, um toldo para nos abrigar, sem que seja possível estendê-lo debaixo desse dilúvio. Nem pensar em dormir; acocorados dentro da água e sustentando a lona com nossas cabeças, precisamos vigiar constantemente os bolsos que se enchem, e esvaziá-los antes que a água penetre. Para matar o tempo, os homens contam histórias; guardei a narrada por Emydio.

História de Emydio

Um viúvo tinha um só filho, já adolescente. Um dia, chama-o, explica-lhe que já é mais que tempo de casar. "Que é preciso fazer para casar?", pergunta o filho. "É muito simples", diz-lhe o pai, "basta ir visitar os vizinhos e tratar de agradar à filha!" "Mas não sei como se agrada a uma moça!" "Ora bolas, toque violão, seja alegre, ria e cante!" O filho assim faz, chega no momento em que o pai da senhorita acaba de morrer; sua atitude é julgada indecente, expulsam-no a pedradas. Volta para junto do pai e se queixa; o pai lhe explica o comportamento a seguir em caso semelhante. O filho vai de novo à casa dos vizinhos; justamente, estão matando um porco. Mas, fiel à sua última lição, soluça: "Que tristeza! Ele era tão bom; gostávamos tanto dele! Nunca se encontrará um melhor!". Furiosos, os vizinhos o expulsam; conta ao pai essa nova desventura, e recebe indicações sobre o comportamento adequado. Em sua terceira visita, os vizinhos estão tratando de catar as lagartas do jardim. Sempre atrasado de uma lição, o jovem exclama: "Que maravilhosa abundância! Desejo que esses bichos se multipliquem em suas terras! Tomara que jamais lhes faltem!". Expulsam-no.

Depois desse terceiro fracasso, o pai manda que o filho construa uma cabana. Ele vai à floresta derrubar a madeira necessária. O lobisomem passa por ali à noite, considera o local de seu agrado para construir sua casa, e põe-se ao trabalho. Na manhã seguinte, o rapaz volta ao lugar da construção e encontra a obra bem adiantada: "Deus me ajuda!", pensa com satisfação. Assim constroem os dois em colaboração, o rapaz durante o dia e o lobisomem durante a noite. A cabana fica pronta.

Para inaugurá-la, o rapaz resolve se dar de presente um veado para comer, e o lobisomem, um morto. Um traz o veado de dia, o outro, o cadáver, aproveitando-se da noite. E quando no dia seguinte chega o pai para participar do festim, vê na mesa um morto à guisa de assado: "Decididamente, meu filho, você nunca vai prestar para nada...".

No dia seguinte, continuava a chover, e chegamos ao posto de Pimenta Bueno despejando a água dos barcos. Esse posto está situado na confluência do rio que lhe dá o nome e do rio Machado. Reunia umas vinte pessoas: alguns brancos do interior, e índios de origens diversas que trabalhavam na manutenção da linha — Cabixiana do vale do Guaporé, e Tupi-Cavaíba do rio Machado. Iriam me fornecer informações importantes. Umas se referiam aos Tupi-Cavaíba ainda selvagens que, a julgar por antigos relatórios, se acreditava terem desaparecido totalmente; voltarei a isso. As outras eram relativas a uma tribo desconhecida que vivia, diziam, a vários dias de piroga pelo rio Pimenta Bueno. Concebi de imediato o plano de identificá-los, mas como? Apresentou-

-se uma circunstância favorável; de passagem pelo posto encontrava-se um preto chamado Bahia, vendedor ambulante um pouco aventureiro que realizava todo ano uma extraordinária viagem: descia até o Madeira para conseguir mercadorias nos entrepostos ribeirinhos, subia de piroga o Machado e, durante dois dias, o Pimenta Bueno. Ali, um caminho que conhecia permitia arrastar por três dias as pirogas e as mercadorias pela floresta, até um pequeno afluente do Guaporé onde ele podia escoar seu estoque a preços exorbitantes, uma vez que a região não era abastecida. Bahia mostrou-se disposto a subir o Pimenta Bueno mais acima do seu trajeto habitual, com a condição de eu lhe pagar em mercadorias, e não em dinheiro. Boa especulação para ele, de vez que os preços amazônicos por atacado são mais altos do que eu pagara por minhas compras em São Paulo. Vendi-lhe, pois, várias peças de flanela vermelha que eu não suportava mais desde que em Vilhena, tendo-as oferecido aos Nambiquara, vi-os no dia seguinte cobertos de flanela vermelha dos pés à cabeça, inclusive os cachorros, os macacos e os javalis domésticos; é verdade que, uma hora depois, tendo se esgotado o prazer da farsa, os trapos de flanela estavam jogados no mato, onde ninguém mais lhes dava atenção.

Duas pirogas emprestadas pelo posto, quatro remadores e dois de nossos homens constituíam a nossa equipagem. Estávamos prestes a partir para essa aventura improvisada.

Não há perspectiva mais exaltante para o etnógrafo que a de ser o primeiro branco a penetrar numa comunidade indígena. Em 1938, essa recompensa suprema só podia ser obtida em algumas regiões do mundo suficientemente raras para serem contadas nos dedos da mão. Desde então, essas possibilidades restringiram-se ainda mais. Portanto, eu reviveria a experiência dos antigos viajantes, e, por meio dela, o momento crucial do pensamento moderno em que, graças aos grandes descobrimentos, uma humanidade que se julgava completa e concluída recebeu de repente, como uma contrarrevelação, a notícia de que não estava sozinha, de que formava uma peça de um conjunto mais vasto, e de que, para se conhecer, devia primeiramente contemplar nesse espelho sua imagem irreconhecível da qual uma parcela esquecida pelos séculos iria lançar, só para mim, seu primeiro e último reflexo.

Esse entusiasmo ainda está em voga no século xx? Por menos conhecidos que fossem os índios do Pimenta Bueno, eu não podia esperar o choque sentido pelos grandes autores Léry, Staden, Thevet, que, há quatrocentos anos, puseram os pés no território brasileiro. O que viram na época, nossos olhos nunca mais avistarão. As civilizações que eles foram os primeiros a observar tinham se desenvolvido segundo linhas diferentes das nossas, mas nem por isso deixaram de alcançar toda a plenitude e toda a perfeição compatíveis com a sua natureza, ao passo que as sociedades que podemos estudar hoje — em condições que seria ilusório comparar às que prevaleciam há quatro séculos — são apenas corpos debilitados e formas mutiladas. Apesar das enormes distâncias e de intermediários de todo tipo (de uma extravagância muitas vezes desnorteante, quando se consegue reconstituir-lhes a cadeia), elas foram fulminadas por esse monstruoso e incompreensível cataclismo que significou, para uma fração da humanidade tão vasta e tão inocente, o desenvolvimento da civilização ocidental; esta cometeria um erro ao esquecer que isso lhe confere um segundo semblante, não menos verídico e indelével que o outro.

Embora sem os homens, as condições da viagem tinham, porém, se mantido as mesmas. Após a desesperante cavalgada pelo planalto, eu me entregava ao encanto dessa navegação por um rio agradável cujo curso os mapas ignoram, mas cujos menores detalhes traziam-me à memória a lembrança dos relatos que me são caros.

Antes de mais nada, era preciso recuperar a prática da vida fluvial adquirida, três anos antes, no São Lourenço; conhecimento dos diferentes tipos e méritos respectivos das pirogas — escavadas num tronco de árvore ou feitas de tábuas unidas — que se chamam, segundo a forma e o tamanho, 'montaria', 'canoa', 'ubá' ou 'igarité'; o hábito de passar horas de cócoras dentro da água que se insinua pelas fendas da madeira e que esvaziamos continuamente com uma pequena cuia; uma extrema lentidão e muita prudência para cada movimento provocado pela anquilose e que pode virar a embarcação: 'água não tem cabelos', se caímos pela borda, não temos onde nos agarrar; por fim, a paciência, a cada acidente do leito do rio, de descarregar as provisões e o material tão meticulosamente arrumados, transportá-los pela margem pedregosa junto com as pirogas, recomeçar a operação algumas centenas de metros mais adiante.

Esses acidentes são de diversos tipos: 'secos', leito sem água; 'cachoeiras', rápidos; 'saltos', quedas-d'água. Cada um é logo batizado pelos remadores com um nome evocador: pormenor da paisagem, tal como 'castanhal', 'palmas'; um incidente de caça, 'veado', 'queixada', 'araras'; ou tradução de uma relação mais pessoal do viajante: 'criminosa', 'encrenca', substantivo intraduzível que exprime o fato de estar 'atrapalhado', 'hora apertada' (com o sentido etimológico de 'angustiante'), 'vamos ver...'.

Assim, a partida nada tem de original. Deixamos os remadores escalonar os ritmos recomendados. Primeiro, uma série de pancadinhas, pluf, pluf, pluf..., depois, a entrada no rio, em que duas batidas secas na beira da piroga se intercalam entre as remadas, tra-pluf, tra, tra-pluf, tra..., por último, o ritmo de viagem em que o remo só mergulha uma vez em duas, reduzido, na próxima vez, a uma simples carícia à tona, mas sempre acompanhado por uma batida e separado do movimento seguinte por outra, tra-pluf, tra, ch, tra, tra-pluf, tra, ch, tra... Assim, os remos expõem alternadamente a face azul e a face laranja de sua palheta, tão leves sobre a água quanto o reflexo, ao qual pareceriam reduzidos, dos grandes voos de araras que cruzam o rio e fazem cintilar todas juntas, a cada curva, seu ventre dourado ou seu dorso azul. O ar perdeu sua transparência da estiagem. De madrugada, tudo se confunde numa densa espuma cor-de-rosa, neblina matinal que sobe vagarosa do rio. Já faz calor, mas aos poucos esse calor indireto se define. O que era apenas uma temperatura difusa torna-se sol queimando em tal parte do rosto ou das mãos. Começamos a saber por que transpiramos. O cor-de-rosa ganha matizes. Surgem ilhotas azuis. Parece que a neblina se enriquece ainda mais, quando tudo o que faz é dissolver-se.

Subimos arduamente a montante, e os remadores precisam descansar. Passamos a manhã tirando da água, na ponta de uma linha grosseira cuja isca são grãos silvestres, a quantidade de peixes necessária para a 'peixada', que é a *bouillabaisse* amazônica: 'pacus' amarelos de gordura que comemos em postas presas pela espinha, como a ponta de uma costeleta; 'piracanjubas' prateadas e de carne vermelha; dourados vermelhos; 'cascudos' tão couraçados quanto uma lagosta, mas pretos; 'piaparas' pintadas; 'mandi', 'piava', 'curimbatá', 'jatuarana', 'matrinxão'...; mas cuidado com as arraias venenosas e os peixes-elétricos — 'poraquês' — que são pescados sem isca e cuja descarga mata um burro; e, mais ainda, afirmam os homens, com esses peixes minúsculos que, subindo pelo jato, penetrariam na bexiga do imprudente que se aliviasse à beira da água... Ou então espiamos, pelo gigantesco mofo verde formado pela floresta na margem, a animação súbita de um bando de macacos de mil nomes, 'guariba' gritador, 'coatá' de membros aracnídeos, 'capuchinho' ou 'macaco-prego', 'zogue-zogue' cujos chamados, uma hora antes do alvorecer, desperta a floresta: com seus grandes olhos amendoados, seu porte humano, seu mantô sedoso e bufante, parece um príncipe mongol; e todos os bandos de macaquinhos: 'saguim', 'macaco-da-noite', de olhos de gelatina escura, 'macaco-de-cheiro', 'gogó-de-sol' etc. Basta uma bala em seus grupos saltitantes para abater, com certeza quase absoluta, um exemplar dessa caça; assada, transforma-se em múmia de criança com mãos crispadas, e, num guisado, tem gosto de ganso.

Lá pelas três horas da tarde, a trovoada ronca, o céu escurece e a chuva tapa com uma larga barra vertical a metade do céu. Cairá? A barra se estria e se esgarça e, do outro lado, aparece um clarão, dourado primeiro, depois de um azul desbotado. Só o meio do horizonte ainda está tomado pela chuva. Mas as nuvens se juntam, a névoa reduz-se pela direita e pela esquerda, por fim desaparece. Resta apenas um céu heterogêneo, formado de massas azul--noite superpostas num fundo azul e branco. É hora, antes do próximo temporal, de acostar a uma margem onde a floresta parece um pouco menos densa. Abrimos depressa uma clareira com a ajuda do 'facão' ou 'terçado'; inspecionamos as árvores desbastadas para ver se existe entre elas o 'pau-de-novato', assim chamado porque o ingênuo que aí pendurasse a sua rede veria alastrar--se sobre si um exército de formigas vermelhas; o 'pau-d'alho', com cheiro de alho; ou ainda a canela-merda', cujo nome diz tudo. Talvez também, com sorte, a 'soveira', cujo tronco incisado derrama em poucos minutos mais leite do que uma vaca, cremoso e espumoso mas que, bebido cru, forra insidiosamente a boca com uma película borrachenta; o 'araçá', de fruto arroxeado, grande como uma cereja, com gosto de terebintina acompanhado por uma acidez tão leve que a água onde é esmagado parece gasosa; o 'ingá', de sementes cheias de uma fina penugem açucarada; o 'bacuri', que é como uma pera roubada dos pomares do Paraíso; por fim, o 'açaí', cuja decocção imediatamente ingerida constitui um xarope grosso com gosto de framboesa mas que, depois de uma noite, talha e vira um queijo com gosto de fruta e azedinho.

Enquanto uns se dedicam a esses afazeres culinários, outros instalam as redes sob tabiques de galhos cobertos por um leve teto de folhas de palmeira. É a hora das histórias em volta da fogueira, todas repletas de aparições e de assombrações: o 'lobisomem', a mula sem cabeça ou a velha com cabeça de caveira. Há sempre no grupo um ex-'garimpeiro' que tem saudades daquela vida miserável, iluminada cada dia pela esperança da fortuna: "Eu estava escrevendo [isto é, catando no cascalho] e vi escorrer numa bateia um grãozinho de arroz, mas era como uma luz de verdade. 'Que cousa bunita!',* não acredito que possa existir 'cousa mais bunita'... Ao olhá-lo, era como se a eletricidade desse um choque no corpo da gente!". Inicia-se uma conversa: "Entre Rosário e Laranjal, há, numa colina, uma pedra que cintila. Avistamo-la a quilômetros, mas sobretudo de noite". "Quem sabe é um cristal?" "Não, o cristal não brilha de noite, só o diamante." "E ninguém vai buscá-lo?" "Ah, diamantes como aquele, a hora de sua descoberta e o nome de quem será seu dono estão decididos há muito tempo!" Os que não desejam dormir vão se postar, às vezes até o alvorecer, à beira do rio, onde avistaram os traços do javali, da 'capivara' ou da anta; tentam — em vão — a caça de 'batuque', que consiste em bater no chão com um pau grande, a intervalos regulares: pum... pum... pum. Os bichos acham que são frutos que caem e chegam, ao que parece, numa ordem imutável: javali primeiro, onça depois.

Muitas vezes também se limitam a atiçar o fogo para a noite. Só resta a cada homem, após ter comentado os incidentes do dia e passado o mate à roda, enfiar-se na rede, isolado pelo mosquiteiro esticado graças a um jogo complicado de varetas e cordinhas, metade casulo, metade papagaio de papel, cuja barra ele tem o cuidado, depois de instalar-se ali dentro, de levantar para que nenhuma parte roce no chão, formando com ela uma espécie de bolso que o pesado revólver, embora ficando ao alcance da mão, manterá fechado com o seu peso. Logo a chuva começa a cair.

---

* Respeitando a pronúncia caipira de "coisa bonita".

31. Robinson

Durante quatro dias, subimos o rio; as corredeiras eram tão numerosas que foi preciso descarregar, transportar e recarregar até cinco vezes no mesmo dia. A água corria entre formações rochosas que a dividia em vários braços; no meio, os arrecifes haviam agarrado as árvores à deriva com todos os seus galhos, terra e tufos de vegetação. Nessas ilhotas improvisadas, a vegetação recobrava vida tão depressa que já nem sequer era afetada pelo estado caótico em que a deixara a última cheia. As árvores cresciam para todos os lados, as flores desabrochavam por entre as cascatas; já não se sabia se o rio servia para irrigar aquele jardim prodigioso ou se ia acabar atulhado com a multiplicação das plantas e dos cipós que pareciam ter acesso a todas as dimensões do espaço, e não mais apenas a vertical, mediante a abolição das distinções habituais entre a terra e a água. Já não havia rio, já não havia margem, mas um dédalo de matas refrescadas pela corrente, enquanto o solo crescia direto na espuma. Essa amizade entre os elementos estendia-se às criaturas. As tribos indígenas necessitam de áreas enormes para subsistir; aqui, porém, uma superabundância de vida animal certificava que havia séculos o homem fora impotente para perturbar a ordem natural. As árvores praticamente balançavam mais por causa dos macacos do que das folhas, parecia que frutas vivas dançavam em seus galhos. Nos rochedos à tona da água, bastava esticar a mão para roçar na plumagem cor de azeviche dos grandes 'mutuns' de bico de âmbar ou de coral, e nos 'jacamins' estriados de azul como a pedra do Labrador. Essas aves não fugiam de nós; pedrarias vivas vagando entre os cipós molhados e as torrentes folhudas, contribuíam para reconstituir diante de meus olhos assombrados aqueles quadros do ateliê dos Bruegel nos quais o Paraíso, ilustrado por uma afetuosa intimidade entre as plantas, os bichos e os homens, transporta à era em que o universo dos seres ainda não realizara a sua cisão.

Na tarde do quinto dia, uma piroga estreita atracada à margem assinalou nossa chegada. Uma mata rala oferecia-se para o acampamento. A aldeia indígena ficava a um quilômetro mais para dentro: roça de uma centena de metros na sua maior extensão, ocupando uma clareira ovoide onde se erguiam três cabanas coletivas em forma hemisférica, por cima das quais a estaca central se prolongava como se fosse um mastro. As duas cabanas principais ficavam frente a frente na parte larga do ovo, ladeando um terreiro de dança de terra batida. A terceira ficava na ponta, unida à praça por uma trilha que cruzava a roça.

A população compreendia 25 pessoas, mais um meninote de uns doze anos que falava outra língua e que, pelo que entendi, era um prisioneiro de guerra, tratado aliás como as crianças da tribo. A indumentária dos homens e das mulheres era tão reduzida quanto a dos Nambiquara, com a diferença de que todos os homens usavam o estojo peniano cônico, parecido com o dos Bororo, e que o porte da borla de palha em cima das partes sexuais, também conhecida dos Nambiquara, era mais corrente entre eles. Homens e mulheres traziam nos lábios botoques de resina endurecida que tinham o aspecto do âmbar, e colares de rodelas ou placas de nácar brilhante, ou ainda de conchas inteiras polidas. Os pulsos, os bíceps, as barrigas da perna e os tornozelos eram apertados por faixinhas de algodão. Por último, as mulheres tinham o septo nasal furado para colocar um fuso feito de rodelas alternadamente brancas e pretas enfiadas e apertadas numa fibra rígida.

A aparência física era muito diferente da dos Nambiquara: corpos atarracados, pernas curtas e pele muito clara. Esta contribuía, junto com os traços levemente mongólicos, para dar a alguns indígenas um aspecto caucasiano. Os índios depilavam-se de forma muito meticulosa: os cílios, à mão; as sobrancelhas, com cera que deixavam endurecer ali por vários dias, antes de arrancá-la. Na frente, os cabelos eram cortados (ou, para ser mais exato, queimados) numa franja arredondada, descobrindo a testa. As têmporas eram desbastadas por um processo que não encontrei em nenhum outro lugar, e que consistia em enfiar os cabelos no anel de uma cordinha torcida sobre si mesma. Uma extremidade é presa entre os dentes do operador, que com uma das mãos segura o anel aberto, e com a outra puxa a ponta livre, de modo que os dois fios da cordinha se enrolam mais estreitamente e arrancam os cabelos ao serem apertados.

Esses índios, que se autodenominavam Mondé, jamais tinham sido mencionados na literatura etnográfica. Falam uma língua alegre cujas palavras terminam com sílabas acentuadas — *zip*, *zep*, *pep*, *zet*, *tap*, *kat* —, que marcam suas conversas como batidas de címbalos. Esse idioma lembra os dialetos do baixo Xingu, hoje desaparecidos, e outros que foram coligidos recentemente nos afluentes da margem direita do Guaporé, de cujas cabeceiras os Mondé estão muito próximos. Ninguém, que eu saiba, reviu os Mondé desde a minha visita, a não ser uma missionária que encontrou alguns pouco antes de 1950 no alto Guaporé, onde três famílias haviam se refugiado. Passei com eles uma agradável semana, pois raramente anfitriões se mostraram mais simples, mais pacientes e mais cordiais. Levavam-me para admirar suas roças onde cresciam o milho, a mandioca, a batata-doce, o amendoim, o fumo, o cabaceiro e diversas espécies de favas e de feijões. Quando desmatam terrenos, respeitam as cepas das palmeiras nas quais proliferam grandes larvas brancas com as quais se deliciam: curioso quintal onde a agricultura e a criação se misturam.

As cabanas redondas deixam passar uma luz difusa, salpicada pelo sol que atravessa os interstícios. Eram cuidadosamente construídas com varas fincadas em círculo e curvadas na bifurcação de vigas dispostas obliquamente e formando arcobotantes no interior, entre os quais uma dezena de redes de algodão estavam penduradas. Todas as varas se juntavam a cerca de quatro metros de altura, amarradas a uma estaca central que atravessava o teto. Círculos horizontais de ramagens completavam o arcabouço das vigas que sustentava uma cúpula de palmas cujos folíolos haviam sido dobrados para o mesmo lado, e que se sobrepunham à maneira de telhas. O diâmetro da cabana maior era de doze metros; quatro famílias aí viviam, dispondo cada uma de um setor compreendido entre dois arcobotantes. Estes eram em número de seis, mas os dois setores que correspondiam às portas opostas ficavam desocupados, para permitir a circulação. Lá eu passava meus dias sentado num desses banquinhos de madeira que os índios usam, feitos de meio tronco de palmeira escavado, com a face chata para baixo. Comíamos grãos de milho assados numa chapa de cerâmica e bebíamos 'chicha' de milho — que é uma bebida intermediária entre a cerveja e a sopa — em cuias enegrecidas por dentro com um revestimento preto como carvão e decoradas por fora com linhas, zigue-zagues, círculos e polígonos entalhados ou pirogravados.

Mesmo sem conhecer a língua e desprovido de intérprete, eu podia tentar penetrar em certos aspectos do pensamento e da sociedade indígenas: composição do grupo, relações e nomenclatura de parentesco, nomes das partes do corpo, vocabulário das cores segundo uma escala da qual eu nunca me separava. Os vocábulos do parentesco, os que designam as partes do corpo, as cores e as formas (tais como as gravadas nas cabaças), têm com frequência propriedades comuns que os situam a meio caminho entre o vocabulário e a gramática: cada grupo forma um sistema, e a maneira como as diferentes línguas escolhem separar ou misturar as relações por eles expressas autoriza um certo número de hipóteses, quando nada para mostrar os caracteres distintivos, sob esse enfoque, desta ou daquela sociedade.

No entanto, essa aventura iniciada no entusiasmo deixava-me uma impressão de vazio.

Eu quisera ir até o ponto extremo da selvageria; não devia estar plenamente satisfeito, entre aqueles graciosos indígenas que ninguém vira antes de mim, que talvez ninguém veria depois? Ao término de um exultante percurso, eu tinha os meus selvagens. Infelizmente, eram-no demasiado! Como a existência deles só me fora revelada no último instante, não pude reservar-lhes o tempo indispensável para conhecê-los. Os recursos limitados de que dispunha, a depauperação física em que nos encontrávamos, meus companheiros e eu mesmo — e que as febres consecutivas às chuvas iam agravar ainda mais —, só me permitiam uma breve incursão, em vez de um mês de estudos. Ali estavam eles, prontinhos para me ensinar seus costumes e suas crenças, e eu não conhecia sua língua. Tão próximos de mim quanto uma imagem no espelho, eu podia tocar-lhes, mas não compreendê-los. Recebia ao mesmo tempo minha recompensa e meu castigo. Pois não era culpa minha e de minha profissão acreditar que os homens nem sempre são homens? Que uns merecem mais interesse e atenção porque a cor de sua pele e seus costumes nos espantam? Basta que eu consiga avistá-los, e eles se despojarão de sua estranheza: eu poderia muito bem ter ficado na minha própria aldeia. Ou, como aqui, que a conservem: e, nesse caso, essa estranheza não me adianta nada, já que nem sequer sou capaz de entender o que a faz ser assim. Entre esses dois extremos, quantos casos equívocos nos fornecem as desculpas das quais vivemos? Quem afinal está sendo de fato tapeado com o distúrbio causado em nossos leitores por nossas observações — elaboradas justo o suficiente para se tornarem inteligíveis, e no entanto interrompidas no meio do caminho, já que surpreendem seres semelhantes àqueles para quem esses costumes são óbvios? O leitor que acredita em nós, ou nós mesmos, que não temos o menor direito de estarmos satisfeitos antes de conseguirmos dissolver esse resíduo que fornece um pretexto para nossa vaidade?

Que fale, pois, este solo, à falta dos homens que se recusam. Para além dos prestígios que me seduziram ao longo deste rio, que ele me responda enfim e me desvende a fórmula de sua virgindade. Onde ela reside, por trás dessas confusas aparências que são tudo e não são nada? Isolo certas cenas, recorto-as; será esta árvore, esta flor? Poderiam estar em outro canto. Será também uma mentira, esse tudo que me transporta e do qual cada parte, tomada isoladamente, se esquiva? Se devo admiti-lo como real, quero pelo menos atingi-lo por completo no seu último elemento. Recuso a imensa paisagem, cerco-a, restrinjo-a até esta praia de argila e este fiapo de capim: nada prova que meu olho, ampliando seu espetáculo, não reconheça o bosque de Meudon em torno dessa insignificante parcela diariamente pisada pelos mais verídicos selvagens, onde faltam, porém, as pegadas de Sexta-Feira.

A descida fez-se com extraordinária rapidez. Ainda sob o impacto dos nossos anfitriões, os remadores desprezavam o transporte dos barcos por terra. A cada corredeira, apontavam o nariz da piroga para a massa turbilhonante. Por alguns segundos, nós nos imaginávamos parados e violentamente sacudidos, enquanto a paisagem fugia. Bruscamente, tudo serenava: estávamos nas águas calmas, passada a corredeira, e era só então que nos assaltava a vertigem.

Em dois dias, chegamos a Pimenta Bueno, onde formulei novo projeto, que não pode ser julgado sem alguns esclarecimentos. Lá por fins de sua expedição, em 1915, Rondon descobriu diversos grupos indígenas de língua tupi e conseguiu entrar em contato com três deles, pois os outros se mostravam irredutivelmente arredios. O mais importante desses grupos estava instalado no curso superior do rio Machado, a dois dias de marcha a partir da margem esquerda, e num afluente secundário, o igarapé do Leitão. Era o bando, ou o clã, Takwatip, "do bambu". Não é certo que o termo *clã* convenha, pois os bandos dos Tupi-Cavaíba formavam em geral uma só aldeia, possuíam um território de caça com fronteiras zelosamente vigiadas, e praticavam a exogamia mais com a preocupação de contrair alianças com os bandos vizinhos do que em aplicação a uma regra estrita. Os Takwatip eram comandados pelo chefe Abaitará. Do mesmo lado do rio achavam-se, ao norte, um bando desconhecido, a não ser pelo nome de seu chefe, Pitsará, ao sul, no rio Tamuripu, os Ipoteuate (nome de um cipó), cujo chefe se chamava Kamandjará; depois, entre este último rio e o igarapé do Cacoal, os Jabutifede ("gente da Tartaruga"), chefe Maíra. Na margem esquerda do Machado, no vale do rio Muqui, residiam os Paranauate ("gente do rio"), que continuam a existir mas respondem com flechadas às tentativas de contato, e, um pouco mais ao sul, no igarapé de Itapici, um outro bando desconhecido. Pelo menos são estas as informações que me foi possível colher em 1938 com os seringueiros instalados na região desde a época das explorações de Rondon, que, em seus relatórios sobre os Tupi-Cavaíba, só deu informações fragmentadas.

Conversando com os Tupi-Cavaíba civilizados do posto de Pimenta Bueno, consegui ampliar essa lista de nomes de clãs fazendo-os chegar a uns vinte. Por outro lado, as pesquisas de Curt Nimuendaju, tão erudito quanto etnógrafo, esclarecem um pouco o passado da tribo. O termo *Cavaíba* evoca o nome de uma antiga tribo tupi, os Cabahiba, citada com frequência nos documentos dos séculos XVIII e XIX e localizada então no curso superior e médio do rio Tapajós. Parece que foi expulsa dali, progressivamente, por outra tribo tupi, os Mundurucu, e que, ao se deslocar para o Oeste, disseminou-se em vários grupos, dos quais os únicos conhecidos são os Parintintim do curso inferior do Machado e os Tupi-Cavaíba, mais ao sul. Portanto, há grandes possibilidades de serem esses índios os últimos descendentes das grandes populações tupi do curso médio e inferior do Amazonas, elas mesmas parentes das do litoral que, no tempo de seu esplendor, os viajantes dos séculos XVI e XVII conheceram, e cujos relatos estão na origem da conscientização etnográfica dos tempos modernos, pois foi sob a sua influência involuntária que a filosofia política e moral do Renascimento engajou-se na via que deveria conduzi-la à Revolução Francesa. Penetrar, talvez o primeiro, numa aldeia tupi ainda intacta era juntar-se, quatrocentos anos depois, a Léry, Staden, Soares de Sousa, Thevet, Montaigne inclusive, que meditou nos *Ensaios*, no capítulo dos "Canibais", sobre uma conversa com os índios Tupi encontrados em Rouen.* Que tentação!

No momento em que Rondon tomou contato com os Tupi-Cavaíba, os Takwatip, sob o impulso de um chefe ambicioso e enérgico, estavam alastrando sua hegemonia por vários outros bandos. Após meses passados nas solidões quase desérticas do planalto, os companheiros de Rondon ficaram maravilhados com os "quilômetros" (mas a linguagem do 'sertão' emprega de bom grado as hipérboles) de plantações feitas pelos índios de Abaitará na floresta úmida ou nos 'igapós', margens inundáveis, e graças às quais estes puderam abastecer sem problemas os exploradores que até então tinham vivido sob a ameaça da fome.

Dois anos depois de encontrá-los, Rondon convenceu os Takwatip a transferir sua aldeia para a margem direita do Machado, para o local ainda hoje indicado como Aldeia dos Índios, diante da foz do rio São Pedro (11,5°S e 62,3°O) no mapa internacional do mundo em escala de 1/1 000 000. Isso era mais cômodo para a vigilância, o abastecimento, e para contar com a colaboração dos índios como canoeiros. Pois, naqueles rios cortados por corredeiras, quedas e estreitos, eles se mostravam peritos navegadores em suas leves naus de casca de árvore.

Ainda me foi possível obter uma descrição dessa nova aldeia, hoje desaparecida. Como anotara Rondon no momento de sua visita à aldeia da floresta, as cabanas eram retangulares, sem parede, consistindo num teto de pindoba de duas águas sustentado por troncos fincados na terra. Umas vinte cabanas (de cerca de quatro metros por seis) estavam dispostas num círculo de vinte metros de diâmetro, em torno de duas habitações espaçosas (dezoito metros por catorze) ocupadas, uma por Abaitará, suas mulheres e seus filhos pequenos, outra por seu filho caçula, casado. Os dois mais velhos, solteiros, viviam, como o resto da população, nas cabanas periféricas e, como os outros solteiros, buscavam sua comida na habitação do chefe. Havia diversos galinheiros no espaço desocupado entre as habitações centrais e as do contorno.

Estamos longe das amplas ocas tupi descritas pelos autores do século xvi, mas a distância é ainda maior entre os quinhentos ou seiscentos moradores

---

* Cf. mais acima, p. 330.

da aldeia de Abaitará e a situação atual. Em 1925, Abaitará foi assassinado. A morte desse imperador do alto Machado iria abrir um período de violências numa aldeia já reduzida, pela epidemia de gripe de 1918-20, a 25 homens, 22 mulheres e doze crianças. No mesmo ano de 1925, quatro pessoas (entre elas, o assassino de Abaitará) foram mortas em vinganças, no mais das vezes por motivos amorosos. Pouco depois, os sobreviventes resolviam abandonar a aldeia e se dirigir, a dois dias de piroga a montante, para o posto de Pimenta Bueno; em 1938, o efetivo compunha-se de apenas cinco homens, uma mulher e uma menina, falando um português rudimentar e aparentemente misturados com a população neobrasileira do local. Podia-se acreditar que a história dos Tupi-Cavaíba estivesse terminada, pelo menos no que se refere à margem direita do Machado, e exceção feita de um grupo irredutível de Paranauate na margem esquerda, no vale do rio Muqui.

Entretanto, ao chegar a Pimenta Bueno no mês de outubro de 1938, fiquei sabendo que, três anos antes, um grupo desconhecido de Tupi-Cavaíba aparecera no rio; foram revistos dois anos depois, e o último filho sobrevivente de Abaitará (que tinha o mesmo nome do pai e que daqui para a frente assim será chamado neste relato), instalado em Pimenta Bueno, fora à aldeia deles, isolada em plena floresta, a dois dias de caminhada da margem direita do Machado e sem nenhuma trilha que levasse até lá. Obtivera então do chefe desse pequeno grupo a promessa de vir com sua gente visitá-lo no ano seguinte, ou seja, aproximadamente na época em que chegávamos a Pimenta Bueno. Essa promessa era da maior importância aos olhos dos indígenas do posto, pois, padecendo de uma escassez de mulheres (uma mulher adulta para cinco homens), ficaram especialmente atentos ao relato do jovem Abaitará, que mencionava um excedente de mulheres na aldeia desconhecida. Viúvo fazia vários anos, ele mesmo esperava que o estabelecimento de relações cordiais com seus congêneres selvagens lhe permitisse conseguir uma esposa. Foi nessas condições que, não sem dificuldades (pois ele receava as consequências da aventura), decidi-o a antecipar o encontro e a me servir de guia.

O local a partir de onde devemos penetrar na floresta para alcançar os Tupi-Cavaíba fica a três dias de piroga a jusante do posto de Pimenta Bueno, na foz do igarapé do Porquinho. É um riacho estreito que se joga no Machado. Perto da confluência, descobrimos uma pequena clareira natural protegida das inundações, pois nesse local a margem estava alguns metros sobrelevada.

Aí desembarcamos nosso material: alguns caixotes de presentes para os indígenas e provisões de carne-seca, feijão e arroz. Armamos um acampamento um pouco mais estável que de costume, já que este deverá durar até nosso regresso. O dia se passa nessas tarefas e na organização da viagem. A situação é bastante complicada. Conforme contei, separei-me de parte de meu grupo. Por uma falta de sorte adicional, Jehan Velard, médico da expedição, atacado por uma crise de malária, teve de ir na nossa frente para um pequeno centro de seringueiros, onde está de repouso, a três dias de canoa a jusante (é preciso duplicar ou triplicar o tempo quando se sobem esses rios difíceis). Portanto, nosso efetivo estará reduzido a Luís de Castro Faria, meu colega brasileiro, Abaitará, eu e cinco homens, dos quais dois vigiarão o acampamento, e três nos seguirão pela floresta. Assim limitados, e cada um carregando rede, mosquiteiro e cobertor, além de suas armas e munições, nem cogitamos de levar outros mantimentos além de um pouco de café, carne-seca e 'farinha-d'água'. Esta é feita de mandioca macerada no rio (daí seu nome), depois fermentada, e apresenta-se na forma de grãos duros como cascalho mas que, adequadamente postos de molho, têm um saboroso gosto de manteiga. No mais, contamos com os 'tocaris' — castanheiras-do-pará —, abundantes nessas paragens e dos quais um só 'ouriço' (essa casca esférica e dura que pode matar um homem quando se solta dos galhos altos, a vinte ou trinta metros do chão), preso entre os pés e habilidosamente quebrado com uma pancada de 'terçado', fornece para várias pessoas uma refeição de trinta a quarenta grandes castanhas triangulares, de polpa leitosa e azulada.

A partida se dá antes do alvorecer. Atravessamos primeiro os 'lajeiros', espaços quase desnudados onde a rocha do planalto que se enterra progressivamente sob o solo aluvial ainda aflora em placas; depois, campos de herbáceas altas de pontas lanceloadas, os 'sapezais'; ao fim de duas horas, penetramos na floresta.

32. Na floresta

Desde a infância, o mar inspira-me sentimentos mistos. O litoral e essa franja periodicamente cedida pelo refluxo que o prolonga, disputando com o homem o seu império, atraem-me pelo desafio que lançam a nossas empreitadas, pelo universo inesperado que encerram, pela promessa que fazem de observações e de descobertas lisonjeiras para a imaginação. Como Benvenuto Cellini, por quem sinto mais atração do que pelos mestres do Quattrocento, gosto de vagar na praia deserta abandonada pela maré e acompanhar pelos contornos de uma costa abrupta o itinerário que ela impõe, catando seixos furados, conchas cujo desgaste reformou a geometria, ou raízes de junco que representam quimeras, e fazer para mim mesmo um museu com todos esses detritos: por um breve instante, ele nada fica a dever àqueles onde se reuniram obras-primas; estas, aliás, originam-se de um trabalho que — por ter sua sede no espírito e não fora dele — talvez não seja fundamentalmente diverso daquele em que a natureza se compraz.

Mas, não sendo marinheiro, nem pescador, sinto-me lesado por essa água que furta a metade de meu universo, e até mais, já que sua grande presença repercute aquém do litoral, muitas vezes modificando a paisagem no sentido da austeridade. A diversidade habitual da terra, parece-me que só o mar a destrói, oferecendo ao olhar vastos espaços e coloridos suplementares, mas às custas de uma monotonia que oprime, e de uma platitude na qual nenhum vale escondido tem estocadas as surpresas que nutrem minha imaginação.

Além disso, os encantos que reconheço ao mar hoje nos são negados. Como um animal que envelhece, cuja carapaça vai se espessando, formando em torno de seu corpo uma crosta impermeável que já não permite à epiderme respirar, e acelera assim o avanço de sua senectude, a maioria dos países europeus deixam seus litorais obstruir-se por palacetes, hotéis e cassinos. Em vez de esboçar, como antigamente, uma imagem antecipada das solidões oceânicas, o litoral se transforma numa espécie de frente de batalha onde os homens mobilizam periodicamente todas as suas forças para investir contra uma liberdade cujo atrativo eles desmentem pelas condições em que aceitam usurpá-la para si. As praias, onde o mar nos oferecia os frutos de uma agitação milenar, espantosa galeria onde a natureza sempre se colocava na vanguarda, sob o pisoteio das massas agora servem somente para a disposição e exposição dos refugos.

Prefiro, pois, a montanha ao mar; e durante anos a predileção assumiu a forma de um amor ciumento. Eu odiava os que partilhavam de meu gosto, já que ameaçavam essa solidão a que eu atribuía tanto valor; e desprezava os outros, para quem a montanha significava acima de tudo cansaços excessivos e um horizonte fechado, incapazes, portanto, de sentir as emoções que ela provocava em mim. Teria sido preciso que a sociedade inteira admitisse a superioridade das montanhas, e me reconhecesse como o seu possuidor exclusivo. Acrescento que essa paixão não se aplicava à alta montanha; esta me decepcionara pelo caráter ambíguo das alegrias, no entanto indiscutíveis, que proporciona: intensamente físico, e até mesmo orgânico, quando se considera o esforço a realizar, mas formal e quase abstrato na medida em que a atenção, atraída por tarefas demasiado complexas, deixa-se, em plena natureza, concentrar em preocupações relativas à mecânica e à geometria. Eu gostava da chamada montanha "de vacas"; e, sobretudo, da zona compreendida entre 1400 e 2200 metros: ainda bastante média para empobrecer a paisagem, assim como faz mais acima, essa altitude parece provocar a natureza para uma vida mais rústica e mais ardente, ao mesmo tempo em que desencoraja as plantações. Nesses altos balcões, ela preserva o espetáculo de uma terra menos domesticada que a dos vales, e tal como gostamos — falsamente, talvez — de imaginar que o homem pôde conhecê-la em seus primórdios.

Se o mar oferece a meu olhar uma paisagem diluída, a montanha aparece-me como um mundo concentrado. Ela o é, no sentido próprio, uma vez que a terra pregueada e dobrada congrega superfície maior para extensão idêntica. As promessas desse universo mais denso também demoram mais para se esgotar; o clima instável que aí reina e as diferenças decorrentes da altitude, da exposição e da natureza do solo favorecem os contrastes nítidos entre as vertentes e os planos, bem como entre as estações. Eu não me sentia, como tanta gente, deprimido por uma temporada num vale estreito onde os declives, em razão de sua proximidade, assumem um aspecto de muralha e só deixam à mostra uma nesga de céu que o sol percorre em poucas horas; muito pelo contrário. Parecia-me que essa paisagem de pé era viva. Em vez de se submeter passivamente à minha contemplação, como um quadro cujos pormenores é possível apreender à distância e sem qualquer esforço pessoal, ela me convidava a uma espécie de diálogo onde deveríamos, nós dois, fornecer o melhor de nós mesmos. O esforço físico que eu despendia a percorrê-la era algo que eu cedia, e pelo qual o seu ser fazia-se-me presente. Rebelde e provocante a um só tempo, furtando-me sempre uma metade de si mesma, mas para renovar a outra pela perspectiva complementar que acompanha a ascensão ou a descida, a paisagem de montanha unia-se a mim numa espécie de dança que eu tinha a sensação de guiar mais livremente na medida em que melhor conseguira penetrar nas grandes verdades que a inspiravam.

E, no entanto, hoje sou de fato obrigado a reconhecer: sem que me sinta mudado, esse amor pela montanha desprende-se de mim como uma onda que recua na areia. Meus pensamentos permaneceram os mesmos, é a montanha que me abandona. Alegrias todas parecidas me sensibilizam menos por eu tê-las procurado tempo demais e com intensidade demais. Nesses itinerários tantas vezes percorridos, até a surpresa tornou-se familiar; já não escalo os fetos e os rochedos, mas os fantasmas de minhas recordações. Estas perdem duplamente seu atrativo; primeiro, em virtude de um uso que as esvaziou de sua novidade; e, sobretudo, porque um prazer cada vez um pouco mais gasto é obtido à custa de um esforço que cresce com os anos. Envelheço, nada me alerta para isso a não ser esse desgaste dos ângulos, outrora agudos, de meus projetos e minhas empreitadas. Ainda sou capaz de repeti-los; mas não depende mais de mim que sua realização me traga a satisfação que tão frequentemente e tão fielmente haviam me proporcionado.

Agora, é a floresta que me atrai. Nela encontro os mesmos encantos da montanha, mas de forma mais serena e mais acolhedora. Ter percorrido tanto os cerrados desertos do Brasil central restituiu seu encanto a essa natureza agreste que os antigos apreciaram: o capim novo, as flores e o viço úmido dos balcedos. Desde então, não me era mais possível conservar pelas Cévennes pedregosas o mesmo amor intransigente; eu compreendia que o entusiasmo de minha geração pela Provença era uma artimanha da qual nos tornáramos as vítimas após termos sido seus autores. Para descobrir — alegria suprema que nossa civilização nos retirava —, sacrificávamos à novidade o objeto que deve justificá-la. Essa natureza fora deixada de lado enquanto era permitido nutrir-se com outra. Privados da mais graciosa, tínhamos de reduzir nossas ambições ao nível da que se mantinha disponível, glorificar a aridez e a dureza, já que, doravante, só essas formas nos eram oferecidas.

Mas, nessa marcha forçada, havíamos esquecido a floresta. Tão densa quanto nossas cidades, era povoada por outros seres formando uma sociedade que, seguramente, nos mantivera à margem mais do que os desertos por onde avançávamos alucinados: que fosse pelos altos cumes ou pelas landes ensolaradas. Uma coletividade de árvores e de plantas afasta o homem, apressa-se em apagar os traços de sua passagem. Quase sempre difícil de ser penetrada, a floresta exige de quem nela se embrenha as concessões que, de modo mais brutal, a montanha demanda do andarilho. Menos extenso que o das grandes cadeias de montanhas, seu horizonte logo vedado encerra um universo reduzido, que isola tão por completo quanto os horizontes desérticos. Um mundo de plantas, de flores, de cogumelos e de insetos ali prossegue livremente uma vida própria na qual depende de nossa paciência e de nossa humildade sermos admitidos. Algumas dezenas de metros de floresta bastam para abolir o mundo exterior, um universo cede lugar a outro, menos condescendente com a vista, mas onde a audição e o olfato, esses sentidos mais próximos da alma, não têm do que se queixar. Bens que julgávamos desaparecidos renascem: o silêncio, o frescor e a paz. A intimidade com o mundo vegetal concede isso que o mar agora nos recusa, e isso pelo que a montanha cobra um preço alto demais.

Para me convencer, talvez fosse necessário, porém, que a floresta me impusesse primeiro sua forma mais virulenta, graças ao que seus traços universais se tornariam aparentes. Pois entre a floresta onde eu me embrenhava para ir ao encontro dos Tupi-Cavaíba e a de nossas latitudes, a distância é tamanha que custamos a encontrar as palavras para expressá-la.

Vista de fora, a floresta amazônica lembra um monte de bolhas imóveis, um amontoado vertical de inchações verdes; parece que um distúrbio patológico atacou uniformemente a paisagem fluvial. Mas quando se fura a película e se passa para o interior, tudo muda: vista de dentro, essa massa confusa transforma-se num universo monumental. A floresta deixa de ser uma desordem terrestre; poderíamos torná-la por um novo mundo planetário, tão rico quanto o nosso e que o teria substituído.

Assim que o olho se acostuma a reconhecer esses primeiros planos e que o espírito é capaz de superar a impressão inicial de esmagamento, surge um sistema complexo. Distinguem-se andares superpostos que, apesar das quebras de nível e dos entrelaçamentos intermitentes, reproduzem a mesma construção: primeiro, o topo das plantas e das herbáceas que atingem a altura de um homem; em cima, os troncos pálidos das árvores e dos cipós desfrutando, por pouco tempo, de um espaço livre de qualquer vegetação; um pouco mais alto, esses troncos desaparecem, escondidos pela folhagem dos arbustos ou pela floração escarlate das bananeiras selvagens, as 'pacovas'; os troncos tornam a emergir um instante dessa espuma para se perderem de novo na copa das palmeiras; daí saem num ponto mais elevado ainda, onde se destacam seus primeiros galhos horizontais, desprovidos de folhas mas sobrecarregados de plantas epífitas — orquídeas e bromeliáceas —, como os navios com sua enxárcia; e é quase fora do alcance da vista que esse universo se fecha com vastas cúpulas, ora verdes e ora desfolhadas, mas, neste caso, cobertas por flores brancas, amarelas, alaranjadas, púrpuras e malvas; o espectador europeu maravilha-se ao reconhecer o verdejante de suas primaveras, mas numa escala tão desproporcional que a majestosa eclosão dos fulgores outonais impõe-se-lhe como único termo de comparação.

A esses andares aéreos correspondem outros, sob os passos do viajante. Pois seria ilusório acreditar que andamos em cima do chão, enterrado sob um emaranhado instável de raízes, de brotos, de tufos e de musgos; toda vez que o pé não tem onde se firmar, arriscamo-nos a um tombo em profundezas por vezes desconcertantes. E a presença de Lucinda complica mais ainda a caminhada.

Lucinda é uma macaquinha de cauda preênsil, pele cor de malva e pelo de esquilo, do gênero *Lagothrix*, comumente chamado 'barrigudo' por causa do grande ventre que o caracteriza. Obtive-a, com poucas semanas de vida, de uma índia Nambiquara que lhe dava de comer na boca e a carregava dia e noite agarrada no seu cabelo, que substituía para o bichinho a pelagem e a espinha dorsal maternas (as mães macacas carregam o filhote nas costas). As mamadeiras de leite condensado substituíram a comida na boca, e as de uísque, que fulminavam de sono o pobre bicho, liberaram-me progressivamente durante a noite. Mas, de dia, só foi possível conseguir de Lucinda um compromisso: ela aceitou desistir dos meus cabelos em troca de minha bota esquerda, na qual, de manhã à noite, ficava agarrada com os quatro membros, bem em cima do pé. A cavalo, essa posição era possível, e perfeitamente aceitável de piroga. Para viajar a pé, era outra história, pois cada espinheiro, cada galho, cada poça arrancavam de Lucinda gritos estridentes. Todos os esforços para incitá-la a aceitar meu braço, meu ombro, meu cabelo até, foram inúteis. Precisava da bota esquerda, única proteção e única segurança nessa floresta onde nascera e vivera mas que alguns meses junto do homem foram suficientes para transformar em algo tão estranho como se ela tivesse crescido em meio aos requintes da civilização. Era assim que, mancando da perna esquerda e com os ouvidos feridos pelas lancinantes repreensões a cada passo em falso, eu tentava não perder de vista as costas de Abaitará, na penumbra verde em que nosso guia avançava com um passo rápido e curto, contornando árvores grandes que, por instantes, davam a impressão de que ele havia desaparecido, desmatando a golpes de facão, dobrando à esquerda ou à direita num percurso para nós incompreensível mas que nos embrenhava cada vez mais longe.

A fim de esquecer o cansaço, eu deixava minha mente trabalhar a esmo. No ritmo da caminhada, pequenos poemas formavam-se em minha cabeça, onde eu os revolvia horas a fio, como um naco sem sabor de tanto ser mastigado mas que hesitamos em cuspir ou em engolir devido à ínfima companhia que sua presença nos faz. O ambiente de aquário que reinava na floresta gerava a seguinte quadra:

> Dans la forêt céphalopode
> gros coquillage chevelu
> de vase, sur des rochers roses qu'érode
> le ventre des poissons-lune d'Honolulu

Ou, talvez por contraste, eu evocava a lembrança ingrata dos subúrbios:

> On a nettoyé l'herbe paillasson
> les pavés luisent savonnés
> sur l'avenue les arbres sont
> de grands balais abandonnés

Houve, por fim, este que nunca me pareceu concluído, embora fosse de circunstância; ainda hoje, atormenta-me assim que empreendo uma longa caminhada:

> Amazone, chère amazone
> vous qui n'avez pas de sein droit
> vous nous en racontez des bonnes
> mais vos chemins sont trop étroits*

Lá pelo final da manhã, ao contornar um silvado, vimo-nos subitamente diante de dois indígenas que viajavam na direção contrária. O mais velho, com uns quarenta anos de idade, vestindo um pijama rasgado, tinha os cabelos compridos até os ombros; o outro, de cabelo cortado curto, estava completamente nu, a não ser pelo cartuchinho de palha que lhe cobria o pênis; levava nas costas, dentro de um cesto de palmas verdes bem amarrado em volta do corpo do animal, um grande gavião-de-penacho entrouxado como uma galinha, que apresentava um aspecto lamentável apesar de sua plumagem estriada cinza e branca e de sua cabeça com um poderoso bico amarelo, coroada por um penacho eriçado. Cada índio levava arco e flechas na mão.

Da conversa que se entabulou entre eles e Abaitará soubemos que eram, respectivamente, o chefe da aldeia aonde procurávamos chegar e seu lugar-tenente; iam na frente dos outros moradores, que vagavam em algum lugar

---

* Primeira quadra. "Na floresta cefalópode/ grande concha cabeluda/ de limo, sobre rochedos cor-de-rosa eroditos pelo/ ventre dos peixes-luas de Honolulu". Segunda quadra: "Limparam o capacho de mato/ os paralelepípedos reluzem ensaboados/ na avenida as árvores são/ grandes vassouras abandonadas". Terceira quadra. "Amazona, querida amazona/ vós que não tendes o seio direito/ vós que nos contais poucas e boas/ mas vossos caminhos são estreitos demais". (N. T.)

da floresta; todos se dirigiam para o Machado, a fim de fazer ao posto de Pimenta Bueno a visita prometida havia um ano; enfim, o gavião era um presente destinado a seus anfitriões. Nada disso nos convinha, pois não queríamos apenas encontrar os índios, mas visitar a aldeia.

Portanto, com a promessa de inúmeros presentes que os aguardavam no acampamento do Porquinho, tivemos de convencer nossos interlocutores a dar meia-volta, acompanhar-nos e receber-nos na aldeia (ao que demonstraram extrema relutância); em seguida, retomaríamos todos juntos o caminho do rio. Uma vez fechado o acordo, o gavião embrulhado foi jogado sem o menor cuidado na beira de um riacho, onde parecia inevitável que devesse rapidamente morrer de fome ou ser uma presa para as formigas. Não se tocou mais nesse assunto durante os quinze dias que se seguiram, a não ser para lavrar rapidamente seu atestado de óbito: "Ele morreu, o gavião". Os dois Cavaíba desapareceram na floresta para anunciar nossa chegada às suas famílias, e reiniciamos a caminhada.

O incidente do gavião dava o que pensar. Vários autores antigos relatam que os Tupi criavam gaviões e os alimentavam com macacos, para depená-los periodicamente; Rondon assinalara esse costume entre os Tupi-Cavaíba, e outros observadores, entre certas tribos do Xingu e do Araguaia. Portanto, não era de espantar que um grupo de Tupi-Cavaíba tivesse-o preservado, nem que o gavião, considerado o bem mais precioso deles, fosse levado como presente, se nossos indígenas estivessem de fato decididos (como eu começava a desconfiar, e verifiquei em seguida) a deixar definitivamente sua aldeia para aderir à civilização. Mas isso apenas tornava mais incompreensível a decisão de largar o gavião entregue a um lastimável destino. Entretanto, toda a história da colonização, na América do Sul e em outras partes, deve levar em conta essas radicais renúncias aos valores tradicionais, essas desagregações de um gênero de vida em que a perda de certos elementos acarreta a depreciação imediata de todos os outros, fenômeno do qual eu talvez acabasse de observar um típico exemplo.

Uma refeição sumária, feita de alguns nacos grelhados e não dessalgados de 'charque', foi melhorada com as colheitas da floresta: castanhas-do-pará; frutas de polpa branca, ácida e como que esponjosa, do cacau-selvagem; bagos da árvore 'pama'; frutas e sementes do 'caju-do-mato'. Choveu a noite inteira sobre os toldos de folhas de palmeira que protegiam as redes. Na aurora, a floresta, silenciosa durante o dia inteiro, ressoa por alguns minutos com o grito dos macacos e dos papagaios. Retomamos esse ritmo em que cada um procura não perder de vista as costas de quem o precede, convencido de que bastaria afastar-se alguns metros para que desaparecesse todo e qualquer ponto de referência e que nenhum chamado fosse ouvido. Pois um dos traços mais marcantes da floresta é que ela parece imersa num elemento mais denso que o ar: a luz só penetra esverdeada e atenuada, e a voz perde o alcance. O extraordinário silêncio que reina, resultado talvez dessa condição, contagiaria o viajante se a intensa atenção que ele deve dedicar ao caminho já não o incitasse a se calar. Sua situação moral conspira junto com o estado físico para criar uma sensação de opressão dificilmente tolerável.

De vez em quando, nosso guia debruçava-se à beira de sua trilha invisível para levantar com um gesto célere uma folha e assinalar-nos, debaixo, uma lasca lanceolada de bambu fincada obliquamente no chão, a fim de que um pé inimigo ali se cravasse. Essas engenhocas são chamadas de *min* pelos Tupi-Cavaíba, que, assim, protegem as redondezas de sua aldeia; os antigos Tupi utilizavam-nas maiores.

Durante a tarde, atingimos um 'castanhal', em torno do qual os indígenas (que exploram metodicamente a floresta) haviam aberto uma pequena clareira para colher com mais facilidade as frutas caídas. Ali estava acampada a população da aldeia, homens nus usando o estojo peniano já observado no companheiro do chefe, mulheres igualmente nuas, com exceção de uma cinta de algodão tecido, outrora tingido de vermelho com urucum e agora ruço pelo uso, que lhes apertava os rins.

Contavam-se ao todo seis mulheres, sete homens, sendo um adolescente, e três menininhas que pareciam ter um, dois ou três anos; talvez um dos grupos mais restritos que se pudesse imaginar tivesse conseguido subsistir, pelo menos durante treze anos (quer dizer, desde o desaparecimento da aldeia de Abaitará), privado de todo contato com o mundo exterior. Nesse total, havia, aliás, dois paralíticos dos membros inferiores: uma moça que se sustentava em dois bordões, e um homem, também moço, que se arrastava pelo chão como um mutilado. Seus joelhos eram salientes, em cima das pernas descarnadas, inchados na face interna e como que cheios de serosidades; os artelhos do pé esquerdo eram inertes, ao passo que os do pé direito tinham conservado a mobilidade. No entanto, os dois aleijados conseguiam se locomover na floresta, e até fazer, com aparente facilidade, longos percursos. Seria a poliomielite, ou algum outro vírus? Era doloroso evocar diante desses coitados, entregues a si mesmos na natureza mais hostil que o homem possa enfrentar, as páginas de Thevet, que visitou os Tupi da costa no século XVI, e nas quais ele se admira que esse povo, "composto dos mesmos elementos que nós [...] jamais [...] seja atacado pela lepra, paralisia, letargia, doenças cancerosas, nem úlceras, ou outros vícios do corpo que se veem superficialmente e por fora". Não desconfiava que ele e seus companheiros eram os emissários avançados desses males.

33. A aldeia dos grilos

Lá pelo fim da tarde, chegamos à aldeia. Estava instalada numa clareira artificial dominando o estreito vale de uma torrente que mais tarde eu iria identificar como o igarapé do Leitão, afluente da margem direita do Machado, onde se joga a alguns quilômetros a jusante da confluência com o Muqui.

A aldeia consistia em quatro casas mais ou menos quadradas e construídas na mesma linha, paralela ao curso do rio. Duas casas — as maiores — serviam de habitação, como se podia perceber pelas redes de cordinhas de algodão trançadas, penduradas entre as estacas; as duas outras (sendo uma intercalada entre as duas primeiras) não eram ocupadas havia muito tempo, e tinham um aspecto de galpões ou abrigos. Um exame superficial poderia nos levar a pensar que essas casas eram do mesmo tipo que as habitações brasileiras da região. Na realidade, sua concepção era diferente, pois o plano dos caibros que sustentavam o alto telhado de palmas de duas águas estava traçado na parte de dentro do telhado e era menor do que este, de modo que a construção tomava a forma de um cogumelo quadrado. Todavia, essa estrutura não era aparente, por causa da presença de falsos muros, erguidos perpendiculares ao teto, mas sem alcançá-lo. Tais cercas — pois eram isso — consistiam em troncos de palmeiras fendidos e espetados um ao lado do outro (e ligados entre si), com a face convexa para fora. No caso da habitação principal — a situada entre os dois gal-

*37. Detalhe das pinturas numa
parede de cabana.*

pões —, os troncos eram chanfrados para se obterem seteiras pentagonais, e a parede externa estava coberta de pinturas sumariamente executadas em vermelho e preto, com urucum e uma resina. Essas pinturas representavam na ordem, segundo o comentário indígena, um personagem, mulheres, um gavião-de-penacho, crianças, um objeto em forma de seteira, um sapo, um cachorro, um grande quadrúpede não identificado, duas faixas de traços em zigue-zague, dois peixes, dois quadrúpedes, uma onça, e por fim um motivo simétrico composto de quadrados, meias-luas e arcos.

As casas em nada se assemelhavam às habitações indígenas das tribos vizinhas. É provável, no entanto, que reproduzam uma forma tradicional. Quando Rondon descobriu os Tupi-Cavaíba, suas casas já eram quadradas ou retangulares, com um telhado de duas águas. Além disso, a estrutura em cogumelo não corresponde a nenhuma técnica neobrasileira. Essas casas de telhado alto são, aliás, atestadas por diversos documentos arqueológicos relativos a várias civilizações pré-colombianas.

Outra originalidade dos Tupi-Cavaíba: como seus primos Parintintim, não plantam nem consomem tabaco. Vendo-nos desembrulhar nossa provisão de

38. Outro detalhe das mesmas pinturas.

fumo de corda, o chefe da aldeia exclamou com sarcasmo: "Ianeapit!", "São excrementos!...". Os relatórios da Comissão Rondon indicam que, na época dos primeiros contatos, os indígenas mostravam-se tão irritados com a presença dos fumantes que lhes arrancavam charutos e cigarros. Entretanto, diferentemente dos Parintintim, os Tupi-Cavaíba possuem um termo para o tabaco: *tabak*, ou seja, o mesmo que o nosso, derivado dos antigos linguajares indígenas das Antilhas e, provavelmente, de origem caraíba. Um elo eventual pode ser detectado nos dialetos do Guaporé, que possuem o mesmo termo, seja porque o tomaram do espanhol (em português diz-se 'fumo'), seja porque as culturas do Guaporé representam a ponta mais avançada em direção sudoeste de uma velha civilização antilho-guianesa (como tantos indícios o sugerem), que também teria deixado vestígios de sua passagem no baixo vale do Xingu. Convém acrescentar que os Nambiquara são inveterados fumantes de cigarros, ao passo que os outros vizinhos dos Tupi-Cavaíba, os Quepiquiriuate e os Mondé, cheiram rapé com canudos insufladores. Assim, a presença, no coração do Brasil, de um grupo de tribos sem tabaco representa um enigma, em especial quando se considera que os antigos Tupi faziam grande uso desse produto.

À falta de petume, iríamos ser recepcionados na aldeia pelo que os viajantes do século XVI chamavam de cauim — *kahui*, dizem os Tupi-Cavaíba —, ou seja, uma 'chicha' desse milho do qual os indígenas plantavam diversas variedades nas queimadas abertas nos limites da aldeia. Os antigos autores descreveram panelas tão altas quanto homens onde se preparava o líquido, e o papel atribuído às virgens da tribo que ali cuspiam uma saliva abundante para provocar a fermentação. As panelas dos Tupi-Cavaíba eram pequenas demais ou a aldeia carecia de virgens? Trouxeram três garotas e fizeram-nas expectorar no cozimento dos grãos socados. Como a deliciosa bebida, ao mesmo tempo nutritiva e refrescante, foi consumida na mesma noite, a fermentação praticamente não se iniciou.

A visita às roças permitiu notar — ao redor da grande gaiola de madeira anteriormente ocupada pelo gavião e ainda salpicada de ossos — amendoins, feijões, diversas pimentas, pequenos inhames, batatas-doces, mandioca e milho. Os indígenas completavam esses recursos com a coleta de produtos silvestres. Assim, exploravam uma gramínea da floresta da qual amarravam várias hastes pela ponta superior, de modo que os grãos caídos se acumulassem em montinhos. Esses grãos são aquecidos numa chapa de cerâmica até que estourem, como as pipocas, cujo gosto lembram.

Enquanto o cauim cumpria seu ciclo complicado de misturas e fervuras, mexido pelas mulheres com conchas feitas de meias cabaças, eu aproveitava as últimas horas do dia para examinar os índios.

Além da cinta de algodão, as mulheres usavam faixinhas fortemente apertadas em volta dos pulsos e dos tornozelos, colares de dentes de anta ou de plaquinhas de osso de veado. Seus rostos eram tatuados com o suco preto azulado do 'jenipapo': nas faces, uma linha grossa oblíqua, indo do lóbulo da orelha até a comissura dos lábios, marcada por quatro tracinhos verticais e, no queixo, quatro linhas horizontais superpostas, cada uma enfeitada embaixo com uma franja de estrias. Os cabelos, geralmente curtos, eram quase sempre alisados com um pente de desembaraçar ou um instrumento mais fino, feito de pauzinhos de madeira amarrados com fio de algodão.

Os homens usavam como única vestimenta o estojo peniano cônico a que me referi mais acima. Justamente, um indígena estava confeccionando um desses. Os dois lados de uma folha verde de 'pacova' foram arrancados da nervura central e perderam a borda externa coriácea, depois foram dobrados ao meio no sentido do comprimento. Imbricando as duas peças (de cerca de sete centímetros por trinta) uma na outra, de modo que as dobras se juntem em ângulo reto, obtém-se uma espécie de esquadro feito de duas camadas de folha nos lados e de quatro no topo, onde as duas tiras se entrecruzam; essa parte, então, é virada sobre si mesma pela sua diagonal, e os dois braços, cortados e jogados fora, de tal forma que o artífice só fica com um pequeno triângulo isóscele formado de oito camadas nas mãos; este é arredondado em torno do polegar, de frente para trás, os topos dos dois ângulos inferiores são seccionados, e as bordas laterais são costuradas com uma agulha de madeira e linha vegetal. O objeto está pronto; basta pô-lo no lugar, puxando o prepúcio pela abertura para que não haja perigo de o estojo cair e para que a tensão da pele mantenha o membro levantado. Todos os homens usam esse acessório e, se um deles perdeu o seu, trata de prender a ponta esticada do prepúcio no cordão que lhe cinge os quadris.

As habitações estavam quase vazias. Notávamos as redes de barbante de algodão, algumas panelas de barro e uma bacia para secar no fogo a polpa de milho ou de mandioca, vasilhames de cabaças, almofarizes e pilões de madeira, raladores de mandioca de madeira incrustada de espinhos, peneiras de vime, buris de dentes de roedor, fusos, alguns arcos com cerca de 1,70 m de comprimento. As flechas eram de vários tipos, fossem de ponta de bambu — lanceolada para a caça, ou cortada em zigue-zague para a guerra —, fossem de pontas múltiplas, para a pesca. Por último, notavam-se alguns instrumentos musicais: flautas de Pã de treze tubos e gaitas de quatro orifícios.

À noite, o chefe nos trouxe, com grande pompa, o cauim e um ensopado de feijões gigantes e pimentas, que ardia na boca; prato reconfortante depois de seis meses passados no meio dos Nambiquara, que desconhecem o sal e as pimentas, e cujo delicado paladar exige até que os quitutes sejam borrifados de água para esfriá-los antes de ser consumidos. Uma pequena cuia continha o sal indígena, água marrom tão amarga que o chefe, que se contentava em olhar-nos comer, fez questão de provar em nossa presença para nos tranquilizar, de tal forma poderíamos pensar em algum veneno. Esse condimento é preparado com a cinza da madeira do 'toari branco'. Apesar da modéstia da comida, a dignidade com que foi oferecida lembrava-me que os antigos chefes tupi deviam manter mesa franca, segundo a expressão de um viajante.

Detalhe ainda mais impressionante: depois de uma noite passada num dos galpões, verifiquei que meu cinto de couro fora roído pelos grilos. Eu nunca havia sofrido os estragos desses insetos que não se fizeram notar em todas as tribos cuja existência eu compartilhara: Caingangue, Cadiueu, Bororo, Pareci, Nambiquara, Mondé. E era entre os Tupi que eu estava destinado a viver uma desventura que, quatrocentos anos antes de mim, Yves d'Evreux e Jean de Léry já haviam conhecido: "E também a fim de que, de uma enfiada, eu descreva esses bichinhos [...] não sendo maiores que os nossos grilos, mesmo saindo assim de noite em grupos para perto do fogo, se encontrarem alguma coisa, não deixarão de roê-la. Mas principalmente, além de se jogarem de tal forma sobre as golas e sapatos de marroquim, comendo toda a superfície, aqueles que os usavam encontravam-nos de manhã, ao se levantarem, todos brancos e esfolados...". Como os grilos (à diferença dos cupins e de outros insetos destruidores) se contentam em roer a película superficial do couro, foi de fato "todo branco e esfolado" que encontrei meu cinto, testemunha de uma associação estranha e exclusiva, várias vezes seculares, entre uma espécie de insetos e um agrupamento humano.

Tão logo o sol nasceu, um de nossos homens saiu para a floresta a fim de abater algumas pombas que voejavam pelas proximidades. Pouco tempo depois, ouviu-se um tiro no qual ninguém prestou atenção, mas logo acorreu um índio, lívido e num estado de excitação intensa: tentou explicar-nos alguma coisa; Abaitará não estava por perto para servir de intérprete. Entretanto, para os lados da floresta ouvíamos fortes gritos que iam se aproximando, e logo um homem atravessou, correndo, as plantações, segurando com a mão esquerda o antebraço direito, de onde pendia uma ponta estraçalhada: apoiara-se sobre a sua espingarda, e esta disparara. Luís e eu deliberamos sobre o que devíamos fazer. Três dedos estavam quase seccionados, e a palma da mão parecia esmigalhada, tudo indicava que se impunha a amputação. Contudo, não tínhamos coragem de fazê-la, e de deixar assim aleijado esse companheiro que havíamos recrutado, junto com seu irmão, numa pequena aldeia dos arredores de Cuiabá, pelo qual nos sentíamos especialmente responsáveis por causa de sua juventude, e ao qual nos afeiçoamos por sua lealdade e sua delicadeza caboclas. Para ele, cujo ofício era cuidar das bestas de carga, o que exigia grande habilidade manual para a arrumação dos fardos no lombo dos burros e dos bois, a amputação seria uma catástrofe. Não sem receio, decidimos recolocar aproximadamente os dedos no lugar, fazer um curativo com os meios de que dispúnhamos e pegar o caminho de volta; assim que chegássemos ao acampamento, Luís levaria o ferido a Urupá, onde estava o nosso médico, e se os indígenas aceitassem esse plano, eu permaneceria com eles, acampado à beira do rio, aguardando que a galeota voltasse para me pegar quinze dias depois (demorávamos três dias para descer o rio, e cerca de uma semana para subi-lo). Apavorados com um acidente que os levava a temer que se modificassem nossas disposições amistosas, os índios aceitaram tudo o que lhes propusemos; e, partindo na frente, enquanto eles reiniciavam seus preparativos, retornamos à floresta.

A viagem se fez num clima de pesadelo e poucas recordações subsistiram. O ferido delirou por todo o trajeto, caminhando num passo tão rápido que não conseguíamos segui-lo; tomara a dianteira, indo à frente até mesmo do guia, sem demonstrar a menor hesitação num itinerário que parecia ter se fechado atrás de nós. Conseguimos que dormisse de noite à base de soníferos. Felizmente, ele não tinha o hábito de tomar nenhum remédio, e estes produziram efeito total. Quando chegamos ao acampamento, na tarde do dia seguinte, verificamos que sua mão estava cheia de vermes, causa de dores insuportáveis. Mas quando, três dias depois, o confiamos ao médico, a ferida estava a salvo de uma gangrena, pois os vermes tinham pouco a pouco comido as carnes putrefatas. A amputação tornava-se inútil, e uma longa série de intervenções cirúrgicas menores, que duraram quase um mês e para as quais Vellard se valeu de sua habilidade de vivisseccionista e entomologista, restituiu a mão, aceitável, a Emydio. Chegando ao Madeira em dezembro, despachei-o ainda convalescente para Cuiabá, de avião, a fim de poupar-lhe as forças. Ao retornar àquelas paragens no mês de janeiro para encontrar a maior parte do meu grupo, visitei seus pais e encontrei-os com uma porção de queixas a meu respeito; não, decerto, pelos sofrimentos do filho, que eram considerados um incidente banal da vida do 'sertão', mas por ter cometido a barbárie de expô-lo "às nuvens", situação diabólica à qual eles não concebiam que se pudesse submeter um cristão.

34. A farsa do japim

Eis como se compunha minha nova família. Primeiro, Taperahi, o chefe da aldeia, e suas quatro mulheres: Maruabaí, a mais velha, e Kunhatsin, filha desta, de um matrimônio anterior, Takwame, e Ianopamoko, a jovem paralítica. Essa família polígama criava cinco filhos: Kamini e Pwereza, rapazes que aparentavam, respectivamente, dezessete e quinze anos, e três garotinhas pequenas, Paerai, Topekea e Kupekahi.

O lugar-tenente do chefe, Potien, tinha uns vinte anos e era filho de um casamento anterior de Maruabaí. Havia também uma velha, Wirakaru, e seus dois filhos adolescentes, Takwari e Karamuá — o primeiro, solteiro, o segundo, casado com a sobrinha que mal atingira a idade núbil, Penhana; por fim, o primo deles, um rapaz paralítico: Walera.

Ao contrário dos Nambiquara, os Tupi-Cavaíba não fazem mistério de seus nomes que, aliás, têm um significado, como o haviam notado entre os Tupi os viajantes do século XVI: "Como fazemos com os cachorros e outros bichos", observa Léry, "eles dão indiferentemente tais nomes de coisas que lhes são conhecidas, como Sarigoy, que é um animal de quatro patas, Arignan, uma galinha, Arabuten, a árvore do Brasil, Pindó, uma grande planta, e outros semelhantes".

Foi o mesmo que aconteceu todas as vezes em que os indígenas me forneceram uma explicação para seus nomes. Taperahi seria um passarinho de plumagem branca e preta; Kunhatsin significaria "mulher branca", ou de "pele clara"; Takwame e Takwari seriam termos derivados de *takwara*, uma espécie de bambu; Potien denominaria um camarão de água doce; Wirakaru, um pequeno parasita do homem (em português, 'bicho-do-pé'); Karamuá, uma planta; Walera, também uma espécie de bambu.

Staden, outro viajante do século XVI, diz que as mulheres "tomam habitualmente nomes de pássaros, de peixes e de frutas"; e acrescenta que toda vez que o marido mata um prisioneiro, ele e sua esposa adotam um novo nome. Meus companheiros seguiam esse costume; assim, Karamuá também se chama Janaku, porque, explicam-me, "já matou um homem".

Os indígenas também adquirem nomes ao passarem da infância à adolescência, e depois à idade adulta. Portanto, cada um tem dois, três ou quatro nomes, que me são comunicados sem o menor problema. Esses nomes apresentam considerável interesse, porque cada linhagem usa, de preferência, certos lotes formados a partir das mesmas raízes e que se referem ao clã. A aldeia cujos moradores eu estudava era, em sua maioria, do clã *mialate* ("do javali"); mas formara-se por intercasamento com outros clãs: *paranawat* ("do rio"), *takwatip* ("do bambu") e alguns outros. Ora, todos os membros do último clã citado designavam-se com termos derivados do epônimo: Takwame, Takwari, Walera (que é um bambu grande), Topehi (fruto da mesma família) e Karamuá (uma planta também, mas não identificada).

O traço mais marcante da organização social de nossos índios era o quase monopólio exercido pelo chefe sobre as mulheres do grupo. Das seis mulheres que haviam ultrapassado a puberdade, quatro eram suas esposas. Se consideramos que as duas restantes eram, uma — Penhana —, sua irmã, portanto, proibida, a outra — Wirakaru —, uma velha que não interessa a mais ninguém, observa-se que Taperahi tem tantas mulheres quanto materialmente lhe é possível ter. Em seu lar, o papel principal cabe a Kunhatsin, que, com exceção de Ianopamoko, a aleijada, é também a mais moça e — o julgamento indígena confirma o do etnógrafo — de grande beleza. Do ponto de vista hierárquico, Maruabaí é uma esposa secundária e sua filha tem-lhe precedência.

A mulher principal parece assistir a seu marido de modo mais direto do que as outras. Estas cuidam das atividades domésticas: a cozinha, as crianças, que são criadas de forma coletiva, passando indiferentemente de um seio a outro, sem que me tenha sido possível determinar com certeza quais eram suas respectivas mães. Em compensação, a mulher principal acompanha o marido em suas saídas, ajuda-o a receber os forasteiros, guarda os presentes recebidos, governa a casa. A situação é inversa à que eu tinha observado entre os Nambiquara, onde é a mulher principal que assume o papel de guardiã do lar, enquanto as jovens concubinas estão intimamente associadas à atividade masculina.

O privilégio do chefe sobre as mulheres do grupo parece basear-se, antes de mais nada, na ideia de que o chefe tem uma natureza fora do comum. Seu temperamento violento é reconhecido; ele é sujeito a transes, durante os quais por vezes precisa ser dominado para não cometer ações homicidas (mais adiante darei um exemplo); possui o dom profético e outros talentos; por último, seu apetite sexual ultrapassa o corrente e exige, para se satisfazer, grande número de esposas. Durante as duas semanas em que partilhei do acampamento indígena, muitas vezes espantei-me com o comportamento anormal — em relação ao de seus companheiros — do chefe Taperahi. Parece padecer de mania ambulatória; pelo menos três vezes por dia, desloca sua rede e o toldo de palmas que o protege da chuva, seguido sempre por suas mulheres, seu lugar-tenente Potien e suas filhinhas. Todas as manhãs, some na floresta, com mulheres e filhos; é, dizem os indígenas, para copular. Vemo-los voltar, meia hora ou uma hora depois, e preparar uma nova mudança.

Em segundo lugar, o privilégio polígamo do chefe é compensado, em certa medida, pelo empréstimo de mulheres a seus companheiros e aos estranhos. Potien não é apenas um ajudante de ordens; participa da vida da família do chefe, de quem recebe sua subsistência, serve ocasionalmente de ama-seca para os bebês e desfruta de outros favores. Quanto aos estrangeiros, todos os autores do século XVI alongaram-se sobre a liberalidade que os chefes tupinambá demonstravam com eles. Esse dever de hospitalidade iria exercer-se desde minha chegada à aldeia, em benefício de Abaitará, que conseguiu emprestada Ianopamoko, a qual, aliás, estava grávida e, até minha partida, dividiu sua rede e dele recebeu comida.

Segundo as confidências de Abaitará, essa generosidade não era desinteressada. Taperahi propunha a Abaitará ceder-lhe Ianopamoko de forma definitiva, em troca de sua filhinha Topehi, com cerca de oito anos na época; "Karijiraen taleko ehi nipoka", "O chefe quer se casar com a minha filha". Abaitará não era um entusiasta, pois Ianopamoko, aleijada, não podia se tornar uma companheira. "Nem sequer capaz", dizia ele, "de ir buscar água no rio." Além disso, a troca parecia demasiado desigual, entre uma adulta fisicamente diminuída e uma garotinha saudável e extremamente promissora. Abaitará tinha outras pretensões: em troca de Topehi, desejava receber a pequena Kupekahi, de dois anos de idade, salientando que ela era filha de Takwame, membro, como ele, do clã takwatip, e sobre a qual podia exercer seu privilégio de tio uterino. A própria Takwame devia ser cedida, segundo esses planos, a um outro índio do posto de Pimenta Bueno. O equilíbrio matrimonial seria, pois, restabelecido em parte, já que Takwari, por sua vez, era "noivo" da pequena Kupekahi, e, uma vez concluídas todas essas transações, Taperahi teria perdido duas das quatro mulheres, mas, com Topehi, ganharia de novo uma terceira.

Ignoro qual foi o resultado dessas discussões; mas durante os quinze dias de vida em comum, elas provocaram tensões entre os protagonistas, e por vezes a situação ficou preocupante. Abaitará afeiçoara-se perdidamente à noiva de dois anos, que, embora ele mesmo tivesse trinta ou 35 anos, parecia a esposa do seu coração. Dava-lhe presentinhos e, quando ela saltitava pela margem do rio, não se cansava de admirar e de me fazer admirar suas pequenas formas robustas: que linda moça seria dali a dez ou doze anos! Apesar de seus anos de viuvez, essa longa espera não o assustava; é verdade que contava com Ianopamoko para assumir a interinidade. Nas ternas emoções que a garotinha lhe inspirava, mesclavam-se inocentemente devaneios eróticos voltados para o futuro, um sentimento paternal em extremo de sua responsabilidade para com a criaturinha, e a camaradagem afetuosa de um irmão mais velho que tivesse uma irmãzinha temporã.

Outro corretivo para a desigualdade na repartição das mulheres é fornecido pelo levirato — o irmão do morto herda a viúva. Foi assim que Abaitará se casara com a mulher de seu finado irmão mais velho, e contra a própria vontade, mas tivera de curvar-se às ordens do pai e à insistência da viúva que "o ficava rodeando sem parar". Junto com o levirato, os Tupi-Cavaíba praticam a poliandria fraternal, da qual um exemplo era fornecido pela pequena Penhana, magricela e mal entrando na puberdade, que se dividia entre o marido Karamuá e os cunhados Takwari e Walera; este último, apenas irmão classificatório dos dois outros: "Ele empresta [sua mulher] ao irmão", pois "irmão não tem ciúmes do irmão". Habitualmente, os cunhados e cunhadas, sem se evitarem, observam uma atitude reservada. Quando a mulher foi emprestada, nota-se que, nesse dia, reina certa familiaridade nas suas relações com o cunhado. Conversam, riem juntos, e o cunhado lhe dá de comer. Certo dia em que Takwari tomara Penhana emprestada, ele estava almoçando a meu lado. Ao começar a comer, pediu ao irmão Karamuá para "ir buscar Penhana a fim de que ela coma"; Penhana estava sem fome, já tendo almoçado com o marido; no entanto, foi, aceitou um bocado e logo partiu. Da mesma forma, Abaitará saía da minha casa e levava sua comida para perto de Ianopamoko, a fim de dividi-la com ela.

Portanto, é uma combinação de poliginia e de poliandria que soluciona, para os Tupi-Cavaíba, o problema criado pelas prerrogativas do chefe em matéria conjugal. Algumas semanas apenas depois de ter me despedido dos Nambiquara, era impressionante verificar a que ponto grupos geograficamente muito próximos podem dar soluções diferentes a problemas idênticos. Pois, conforme vimos, também entre os Nambiquara o chefe tem um privilégio polígamo, do qual resulta o mesmo desequilíbrio entre o número de rapazes e o de esposas disponíveis. Mas, em vez de recorrerem, como os Tupi-Cavaíba, à poliandria, os Nambiquara permitem aos adolescentes a prática da homossexualidade. Os Tupi-Cavaíba referem-se a tais costumes com injúrias. Portanto, os condenam. Mas, conforme observava maliciosamente Léry a propósito dos ancestrais deles: "Porque algumas vezes, ao se aborrecerem um com o outro, chamam-se de *tyvire* [os Tupi-Cavaíba dizem quase igual: *teukuruwa*], quer dizer, 'bugre', pode-se daí conjecturar (pois não afirmo nada) que esse pecado nefando se comete entre eles".

Para os Tupi-Cavaíba, a jurisdição do chefe era submetida a uma organização complexa, e a ela nossa aldeia se mantinha simbolicamente ligada, um pouco como essas pequenas cortes decadentes onde um fiel se presta a desempenhar o papel de camarista para salvar o prestígio da dignidade real. Assim parecia Potien ao lado de Taperahi; pela assiduidade em servir a seu senhor, pelo respeito que lhe demonstrava e pela deferência que, em contrapartida, lhe manifestavam os outros membros do grupo, às vezes poderíamos afirmar que Taperahi ainda comandava, como outrora Abaitará, alguns milhares de súditos ou de enfeudados. Nessa época, a corte incluía pelo menos quatro patentes: o chefe, os guarda-costas, os oficiais menores e os companheiros. O chefe tinha direito de vida e de morte. Como no século XVI, o processo normal de execução era o afogamento, do qual se encarregavam os oficiais menores. Mas o chefe também toma conta de sua gente; e conduz as negociações com os forasteiros, não sem presença de espírito, como eu iria verificar.

Eu possuía uma grande panela de alumínio que nos servia para cozinhar o arroz. Certa manhã, Taperahi, acompanhado por Abaitará como intérprete, veio me pedir essa panela que, em troca, ele se comprometia a deixar à nossa disposição cheia de cauim, por todo o tempo que passássemos juntos. Tentei explicar que o utensílio de cozinha era-nos indispensável, mas, enquanto Abaitará traduzia, eu observava com surpresa o rosto de Taperahi, que não perdia o largo sorriso, como se minhas palavras correspondessem a todos os seus desejos. E, de fato, quando Abaitará terminou de expor as razões que eu alegava para minha recusa, Taperahi, sempre hilário, pegou a panela e juntou-a, sem cerimônia, ao seu material. Só me restava curvar-me. Aliás, fiel à sua promessa, Taperahi forneceu-me durante uma semana inteira um cauim de luxo, feito de uma mistura de milho e 'tocari'; dele fiz um consumo extraordinário, limitado apenas pela preocupação em poupar as glândulas salivares das três crianças pequenas. O incidente lembrava um trecho de Yves d'Evreux: "Se alguém entre eles tem o desejo de possuir alguma coisa que pertence a seu semelhante, diz-lhe francamente a sua vontade: e é preciso que a coisa seja muito querida de quem a possui, para não lhe ser dada incontinenti, com a condição, todavia, de que se o pretendente tiver alguma outra coisa que o doador aprecie, lhe dê todas e quantas vezes ele lhe pedir".

Os Tupi-Cavaíba têm do papel de seu chefe uma concepção bastante diferente da dos Nambiquara. Quando insistimos para que se expliquem sobre esse ponto, dizem: "O chefe está sempre alegre". O extraordinário dinamismo que Taperahi manifestava em todas as ocasiões fornece o melhor comentário a essa fórmula; todavia, isso não se explica apenas por aptidões individuais, já que, ao contrário do que ocorre com os Nambiquara, a chefia tupi-cavaíba é hereditária em linha masculina: Pwereza seria o sucessor de seu pai. Ora, Pwereza parecia mais moço do que o irmão Kamini, e colhi outros indícios de uma possível primazia do caçula sobre o primogênito. No passado, uma das tarefas que incumbia ao chefe era a de dar festas das quais se dizia que ele era o "mestre" ou "dono". Homens e mulheres cobriam-se o corpo com pinturas (em especial graças ao suco violeta de uma folha não identificada que servia também para pintar a cerâmica), e havia sessões de dança com canto e música; o acompanhamento era feito por quatro ou cinco grandes clarinetas, fabricadas com segmentos de bambu de 1,20 m de comprimento, em cuja ponta um canudinho de bambu com uma lingueta simples, cortada lateralmente, era mantido no interior graças a um tampão de fibras. O "dono da festa" mandava que os homens se exercitassem em carregar nos ombros um flautista, jogo de competição que lembra o levantamento do *mariddo* dos Bororo e as corridas com tronco de árvore dos Jê.

Os convites eram feitos antecipadamente para que os participantes tivessem tempo de caçar e moquear pequenos animais como ratos, macacos, esquilos, que eles traziam enfiados em torno do pescoço. O jogo da roda dividia a aldeia em dois campos: os mais moços e os mais velhos. Os times juntavam-se na extremidade oeste de um terreno circular, enquanto dois lanceiros, cada um pertencendo a um campo, tomavam posição, respectivamente, ao norte e ao sul. Jogavam um para o outro, fazendo-a rolar, uma espécie de rodela feita de uma fatia de tronco. Na hora em que esse alvo passava diante dos atiradores, cada um deles tentava atingi-lo com uma flechada. Para cada tiro certeiro, o ganhador pegava uma flecha do adversário. Esse jogo possui analogias notáveis na América do Norte.

Por último, praticavam tiro ao alvo num boneco, e não sem risco, pois aquele cuja flecha se cravasse na estaca que servia de suporte estava fadado a uma sina fatal de origem mágica, assim como também os que tivessem a audácia de esculpir um boneco de madeira de forma humana, em vez de uma boneca de palha ou de um boneco representando um macaco.

Assim passavam-se os dias, a reunir os fragmentos de uma cultura que fascinara a Europa e que, na margem esquerda do alto Machado, talvez fosse desaparecer no instante de minha partida: no mesmo momento em que eu botava o pé na galeota que voltara de Urupá, a 7 de novembro de 1938, os indígenas pegavam a direção de Pimenta Bueno para se juntar aos companheiros e à família de Abaitará.

Entretanto, lá pelo final dessa liquidação melancólica do ativo de uma cultura moribunda, estava-me reservada uma surpresa. Era no início da noite, quando todos aproveitam as últimas horas da fogueira a fim de se preparar para dormir. O chefe Taperahi já estava deitado em sua rede; começou a cantar com uma voz distante e indecisa que mal parecia lhe pertencer. Imediatamente, dois homens (Walera e Kamini) foram se acocorar a seus pés, enquanto um arrepio de excitação percorria o grupinho. Walera lançou alguns apelos; o canto do chefe ganhou nitidez, sua voz firmou-se. E, de repente, compreendi a que assistia: Taperahi estava representando uma peça de teatro, ou, para ser mais exato, uma opereta, com mistura de canto e texto falado. Ele sozinho encarnava uma dúzia de personagens. Mas cada um se diferenciava por um tom de voz especial — penetrante, em falsete, gutural, de baixo contínuo —, e por um tema musical que constituía um verdadeiro leitmotiv. As melodias pareciam incrivelmente próximas do canto gregoriano. Depois da *Sagração* evocada pelas flautas nambiquara, eu pensava ouvir uma versão exótica das *Núpcias*.

Com a ajuda de Abaitará — tão interessado pela representação que era difícil arrancar-lhe comentários — pude ter uma vaga ideia do tema. Tratava-se de uma farsa cujo herói era o pássaro 'japim' (um orolídeo de plumagem preta e amarela cujo canto modulado dá a ilusão da voz humana), tendo como parceiros os bichos tartaruga, onça, gavião, tamanduá, anta, lagarto etc., os objetos bastão, pilão, arco, e, por último, espíritos, como o fantasma Maíra. Cada um se expressava num estilo tão de acordo com sua natureza que muito depressa consegui, sozinho, identificá-los. O enredo girava em torno das aventuras do 'japim', que, ameaçado primeiro pelos outros bichos, mistificava-os de diversas maneiras e terminava por vencê-los. A representação, que se repetiu (ou continuou?) por duas noites consecutivas, durou cada vez cerca de quatro horas. Por instantes, Taperahi parecia tomado pela inspiração, falava e cantava abundantemente: de todos os lados pipocavam as gargalhadas. Em outros, parecia esgotado, sua voz enfraquecia, ele ensaiava temas diferentes sem se fixar em nenhum. Então, um dos recitantes ou os dois juntos vinham em seu auxílio, fosse renovando seus apelos, que davam uma folga ao ator principal, fosse, enfim, assumindo temporariamente um dos papéis, de tal forma que, por um momento, assistíamos a um verdadeiro diálogo. Assim revigorado, Taperahi partia para uma nova apresentação.

À medida que a noite avançava, percebia-se que essa criação poética acompanhava-se de uma perda de consciência e que o ator deixava de ter o controle de seus personagens. Suas diferentes vozes tornavam-se-lhe estranhas, cada uma adquiria uma natureza tão acentuada que era difícil acreditar que pertencessem ao mesmo indivíduo. No final da segunda sessão, Taperahi, sempre cantando, levantou-se abruptamente da rede e pôs-se a circular de forma incoerente, pedindo cauim; fora "agarrado pelo espírito"; de repente, pegou uma faca e precipitou-se sobre Kunhatsin, sua mulher principal, que a muito custo conseguiu escapar, fugindo para a floresta, enquanto os outros homens o seguravam e o obrigavam a voltar para a rede, onde ele logo dormiu. No dia seguinte, estava tudo normal.

35. Amazônia

Chegando a Urupá, onde se inicia a navegação a motor, encontrei meus companheiros instalados numa espaçosa cabana de palha construída sobre palafitas e dividida por tabiques em vários cômodos. Não tínhamos nada para fazer, senão vender as sobras de nosso material à população local ou trocá-las por galinhas, ovos e leite — pois havia algumas vacas —, viver preguiçosamente e recobrar nossas forças, aguardando que o rio caudaloso devido às chuvas permitisse ao primeiro barco da temporada subir até lá, o que demoraria talvez três semanas. Todo dia, diluindo no leite nossas reservas de chocolate, passávamos a hora do café da manhã a contemplar Vellard extraindo alguns estilhaços da mão de Emydio e reformando-a pouco a pouco. Esse espetáculo tinha algo de repugnante e de fascinante; combinava, no meu pensamento, com o da floresta, cheia de formas e de ameaças. Pus-me a desenhar, tomando minha mão esquerda como modelo, paisagens feitas de mãos que emergiam de corpos tortuosos e emaranhados como cipós. Depois de uma dúzia de esboços que desapareceram, quase todos, durante a guerra — em que sótão alemão estão hoje esquecidos? —, senti-me aliviado e voltei à observação das coisas e das pessoas.

De Urupá até o rio Madeira os postos da linha telegráfica são ligados a vilarejos de seringueiros que dão uma razão de ser ao povoamento esporádico das margens. Parecem menos absurdos que os do planalto, e o gênero de vida que aí se leva começa a escapar do pesadelo. Pelo menos, diversifica-se e ganha matizes, em função dos recursos locais. Vemos pomares com melancias, neve tépida e rósea dos trópicos; gaiolas com tartarugas cativas que garantem à família o equivalente da galinha domingueira. Nos dias de festas, esta aparece até mesmo na forma de 'galinha ao molho pardo', e é completada por um 'bolo-podre', um 'chá de burro', ou seja, milho com leite, e 'baba de moça'. O suco venenoso da mandioca, fermentado semanas a fio com pimentas, fornece um molho forte e aveludado. É a abundância: 'Aqui só falta o que não tem'.

Todos esses pratos são "colossos" de delícias, pois a linguagem amazônica aprecia os superlativos. Como regra geral, um remédio ou uma sobremesa são gostosos ou ruins "como o diabo"; uma queda-d'água é "vertiginosa", um animal caçado, "um monstro", e uma situação, "abissínica". A conversa fornece uma saborosa amostra de deformações caboclas, tais como a inversão dos fonemas: 'percisa' por 'precisa', 'prefeitamente' por 'perfeitamente', 'Tribúcio' por 'Tibúrcio'. Ela também se acompanha de longos silêncios, interrompidos apenas por interjeições solenes: 'Sim, senhor!' ou 'Disparate!' que se referem a pensamentos confusos e obscuros de todos os tipos, como a floresta.

Raros vendedores ambulantes, 'regatões' ou 'mascates' — em geral sírios ou libaneses de canoa —, trazem, após semanas de viagens, remédios e velhas gazetas igualmente estragados pela umidade. Um exemplar largado numa cabana de seringueiro informou-me, com quatro meses de atraso, dos acordos de Munique e da mobilização. Também as fantasias dos habitantes da floresta são mais ricas que as dos habitantes do cerrado. Há os poetas, como a família em que o pai e a mãe, que se chamam respectivamente Sandoval e Maria, compõem os nomes dos filhos a partir desse lote de sílabas, ou seja, para as meninas, Valma, Valmaria e Valmarisa, para os meninos, Sandomar e Marival; e, na geração seguinte, Valdomar e Valkimar. Os pedantes chamam seus filhos de Newton e Aristóteles e são dados a provar esses remédios tão populares na Amazônia que se chamam Tintura Preciosa, Tônico Oriental, Específico Gordona, Pílulas de Bristol, Água Inglesa e Bálsamo Celeste. Quando não tomam, com consequências fatais, bicloreto de quinina em vez de sulfato de sódio, adquirem tamanha dependência que precisam de um tubo inteiro de aspirina engolido de uma só vez para acalmar uma dor de dente. Na verdade, um pequeno depósito observado no curso inferior do Machado parecia, simbolicamente, só despachar de piroga em direção do montante duas espécies de mercadorias: lápides tumulares e seringas para clister.

Ao lado dessa medicina "erudita", existe outra, popular, que consiste nos 'resguardos' e nas 'orações'. Enquanto a mulher está grávida, não é submetida a qualquer proibição alimentar. Depois do parto e nos oito primeiros dias, tem direito a carne de galinha e de perdiz. Até o quadragésimo dia, além das precedentes ela come veado e alguns peixes ('pacu', 'piava', 'sardinha'). A partir do 41º dia, pode retomar as relações sexuais e acrescentar à sua dieta o javali e os peixes chamados de "brancos". Durante um ano continuam proibidos a paca, a tartaruga terrestre, o veado-vermelho, o 'mutum', os peixes "de couro" 'jatuarana' e 'curimatá'. O que os informantes comentam da seguinte maneira: "'Isso é mandamento da lei de Deus, isso é do início do mundo, a mulher só é purificada depois de quarenta dias. Se não faz, o fim é triste'"; "'Depois do tempo da menstruação, a mulher fica imunda, o homem que anda com ela fica imundo também, é a lei de Deus para a mulher'". À guisa de explicação final: "'É uma coisa muito fina, a mulher'".

Eis agora, nos confins da magia negra, a 'Oração do sapo seco', que se encontra num livro vendido de porta em porta, o *Livro de são Cipriano*. Consegue-se um gordo 'cururu' ou 'sapo-leiteiro', enterra-se o bicho até o pescoço, numa sexta-feira, dando-lhe brasas, que ele engole, todas. Oito dias depois, pode-se ir à sua procura, ele sumiu. Mas no mesmo lugar nasce um "pé de árvore de três ramos", de três cores. O ramo branco é para o amor, o vermelho, para o desespero, o preto, para o luto. O nome da oração vem do fato de que o sapo se resseca, pois nem o urubu o come. Apanha-se o ramo que corresponde à intenção do oficiante, mantendo-o escondido de todos os olhares: 'é coisa muito oculta'. Pronuncia-se a oração no momento do enterro do sapo:

> 'Eu te enterro a um palmo de chão lá dentro
> Eu te prendo debaixo de meus pés até quando for possível
> Tens que me livrar de tudo quanto é perigo
> Só soltarei você quando terminar minha missão
> Abaixo de santo Amaro estará o meu protetor
> As ondas do mar serão meu livramento
> Na poeira do solo estará meu descanso
> Anjos da minha guarda sempre me acompanham

E o Satanás não terá força de me prender
Na hora chegada na pinga do meio-dia
Esta oração será ouvida
Santo Amaro, você e os supremos senhores dos animais cruéis
Será o meu protetor Mariterra (?)
Amém.'

Praticam-se também a 'Oração da fava' e a 'Oração do morcego'.

Na vizinhança dos rios navegáveis para pequenas embarcações a motor, quer dizer, ali onde a civilização, representada por Manaus, não é mais uma lembrança quase inteiramente apagada mas uma realidade com a qual é possível retomar contato duas ou três vezes talvez durante uma existência, encontramos os frenéticos e os inventores. Tal como esse chefe de posto que, para ele, mulher e dois filhos, cultiva sozinho, em plena floresta, plantações gigantescas, fabrica fonógrafos e barris de cachaça, e o qual o destino se obstina em contrariar. Toda noite, seu cavalo é atacado por morcegos da espécie chamada de vampiro. Ele lhe faz uma armadura com lonas de barraca, mas o cavalo rasga-as nos galhos; experimenta então passar-lhe pimenta, depois sulfato de cobre, mas os vampiros "limpam tudo com suas asas" e continuam a chupar o sangue do pobre animal. O único meio eficaz foi fantasiar o cavalo de porco--do-mato, graças a quatro peles cortadas e costuradas. Sua imaginação inesgotável ajuda-o a esquecer uma grande decepção: a visita a Manaus, onde todas as suas economias desaparecem entre os médicos que o exploram, o hotel que o deixa passando fome, e seus filhos que esvaziam as lojas, com a cumplicidade dos comerciantes.

Gostaríamos de poder evocar mais demoradamente esses lastimáveis personagens da vida amazônica, nutridos de excentricidades e de desespero. Heróis ou santos como Rondon e seus companheiros que salpicam o mapa de territórios inexplorados com os nomes do calendário positivista, e dos quais alguns se deixaram massacrar, em vez de responder aos ataques dos índios. Destemidos que correm ao fundo do mato para estranhos encontros com tribos que só eles conhecem, e cujas humildes colheitas saqueiam antes de receber uma flechada. Sonhadores, que constroem em algum vale abandonado um império efêmero. Maníacos, que exercem na solidão o tipo de atividade que outrora valeu a outros vice-reinados. Vítimas, enfim, dessa embriaguez alimentada por mais poderosos do que eles, e cujo estranho destino, no rio Machado, à beira das florestas ocupadas pelos Mondé e pelos Tupi-Cavaíba, os caçadores de aventuras ilustram.

Transcreverei aqui um relato prolixo, mas não destituído de grandeza, que recortei um dia de uma gazeta amazônica.

Trecho de *A Pena Evangélica* (1938)

Em 1920, o preço da borracha caiu, e o chefão (o coronel Raymundo Pereira Brasil) abandonou os seringais que, aqui, à beira do igarapé São Tomé, permaneciam virgens, ou quase. O tempo passava. Desde que eu havia saído das terras do coronel Brasil, minha alma de adolescente conservara, gravada em caracteres indeléveis, a lembrança dessas férteis florestas. Despertei da apatia em que nos mergulhara a queda repentina da borracha, e, eu que já estava bem treinado e acostumado com a *Bertholletia excelsa*, lembrei-me de súbito dos castanhais que via em São Tomé.

No Grande Hotel de Belém do Pará, encontrei um dia meu antigo patrão, o coronel Brasil. Ele ainda exibia os vestígios de sua antiga riqueza. Pedi-lhe licença para ir trabalhar nos "seus" castanhais. E ele, com benevolência, deu-me a autorização; falou, e disse: "Tudo isso está abandonado; é bem longe, só sobram por lá os que não conseguiram fugir. Não sei como vivem, e não me interessa. Pode ir".

Reuni uns poucos recursos; pedi a 'aviação' [assim se chama a mercadoria vendida a prazo] às casas J. Adonias, Adelino G. Bastos, e Gonçalves Pereira e Cia., comprei uma passagem para um paquete do *Amazon River*, e peguei a direção do Tapajós. Em Itaituba, encontramo-nos: Rufino Monte Palma, Melentino Telles de Mendonça e eu. Cada um de nós levava cinquenta homens. Nós nos associamos e vencemos. Logo chegamos à foz do igarapé São Tomé. Lá, encontramos toda uma população abandonada e taciturna: velhos embrutecidos, mulheres quase nuas, crianças anquilosadas e amedrontadas. Uma vez construídos os abrigos, e quando ficou tudo pronto, reuni meu pessoal e toda essa família, e lhes disse: "Aqui está a 'boia' de cada um — cartucho, sal e farinha. Na minha palhoça não tem relógio nem calendário; o trabalho começa quando pudermos distinguir os contornos de nossas mãos calejadas, a hora do descanso vem com a noite que Deus nos deu. Os que não estiverem de acordo não terão o que comer; deverão se contentar com papa de cocos e sal dos brotos do 'anajá' [do broto dessa palmeira extrai-se, fazendo-o ferver, um resíduo amargo e salgado]. Temos provisões para sessenta dias, e devemos aproveitá-los; não podemos perder uma só hora desse tempo precioso". Meus sócios seguiram meu exemplo e, sessenta dias depois, tínhamos 1420 barricas [cada barrica tem aproximadamente 130 litros] de castanhas. Carregamos as pirogas e descemos com o pessoal necessário até Itaituba. Fiquei com Rufino Monte Palma e o resto do grupo para pegarmos o barco a motor *Santelmo*, que nos fez esperar uns bons quinze dias. Chegando ao porto de Pimental, embarcamos com as castanhas e todo o resto na gaiola *Sertanejo*, e em Belém vendemos a castanha a 47 mil-réis e 500 o hectolitro (2,30 dólares); infelizmente houve quatro que morreram na viagem. Nunca mais voltamos. Mas hoje, com os preços que chegam a 220 mil--réis por hectolitro, a mais alta cotação já alcançada, segundo os documentos em meu poder, na safra de 1936-7, que vantagens não nos promete o trabalho da castanha — que é uma coisa certa e positiva —, não como o diamante subterrâneo e sua eterna incógnita? Eis como se vive, amigos cuiabanos, de castanha-do--pará no estado do Mato Grosso.

Esses ainda ganharam, em sessenta dias, um total equivalente a 3500 dólares para 150 ou 170 pessoas. Mas o que dizer dos seringueiros a cuja agonia minhas derradeiras semanas de permanência permitiram-me assistir?

36. Seringal

As duas espécies principais de árvores de látex, *hevea* e *castilloa*, são chamadas no linguajar local, respectivamente, de 'seringa' e 'caucho'; a primeira é também a mais importante; só cresce na vizinhança dos rios, cujas margens constituem um território impreciso, concedido por uma vaga autorização do governo, não a proprietários, mas a "patrões"; esses 'patrões de seringal' são os responsáveis por um depósito de mantimentos e de artigos diversos, seja trabalhando por conta própria, seja, na maior parte das vezes, como concessionários de um empresário ou de uma pequena companhia de transporte fluvial que possui o monopólio da navegação no curso e nos afluentes de um rio. Significativamente, o seringueiro é antes de mais nada um "cliente", e se denomina 'freguês', cliente do armazém da zona em que se instala, onde se compromete a comprar todas as suas mercadorias, a 'aviação' (nada a ver com a navegação aérea), e a vender toda a sua colheita mediante o adiantamento de seus instrumentos de trabalho e de mantimentos para a temporada, lançados imediatamente em seu débito, e em troca da concessão de um local, chamado 'colocação'. Conjunto de itinerários, as 'estradas', em forma de anel, terminam em suas extremidades no barraco construído à margem do rio, e percorrem as principais árvores produtoras já localizadas na floresta por outros empregados do patrão, o 'mateiro' e o 'ajudante'.

Toda manhã bem cedinho (pois convém, acredita-se, trabalhar no escuro), o 'seringueiro' percorre uma de suas estradas, armado de 'faca' curva e de 'coronga', lamparina que leva presa no chapéu, como um mineiro. Faz incisões nas 'seringas' segundo técnicas delicadas, chamadas "em bandeira" ou "em espinha de peixe", pois a árvore mal entalhada corre o risco de secar ou de esgotar-se.

Por volta das dez horas da manhã, 150 a 180 árvores foram trabalhadas; depois de almoçar, o 'seringueiro' volta para sua "estrada" e recolhe o látex que escorreu desde a manhã em tigelas de zinco presas ao tronco, e cujo conteúdo é despejado num saco confeccionado por ele com um tecido grosseiro emborrachado. De volta, lá pelas cinco da tarde, começa a terceira fase, ou seja, o "engrossamento" da bola de borracha que está sendo formada: o "leite" é incorporado devagar à massa enfiada num pau transversal e pendurada acima de um fogão. A fumaça a coagula em camadas finas que são igualadas ao se fazer girar lentamente a bola em torno de seu eixo. Considera-se que esta fica pronta quando atinge um peso-padrão que oscila entre trinta e setenta quilos, segundo as regiões. A confecção de uma bola pode levar várias semanas, quando as árvores estão cansadas. As bolas (das quais existem inúmeras variedades, segundo a qualidade do látex e a técnica de fabricação) são postas ao longo do rio, onde o patrão vem todo ano recolhê-las para comprimi-las em seu depósito, fazendo 'peles de borracha', e depois as amarra em forma de jangadas fadadas a se desagregarem, ao transpor as quedas-d'água, e a serem pacientemente reconstituídas logo em seguida, até a chegada a Manaus ou Belém.

Assim, pois, para simplificar uma situação com frequência complexa, o 'seringueiro' depende do patrão; e este, da companhia de navegação que controla as vias principais. Esse sistema é uma consequência da queda brutal dos preços que se produziu desde 1910, quando a borracha plantada na Ásia foi competir com a colha brasileira. Enquanto a exploração propriamente dita perdia seu interesse, a não ser para os mais pobres, o transporte fluvial mantinha-se tanto mais lucrativo quanto as mercadorias eram vendidas no 'seringal' por cerca de quatro vezes seu preço de mercado. Os mais poderosos largaram a borracha para ficar com o frete, que lhes conferia o controle do sistema, sem os riscos, já que o 'patrão' vive duplamente à mercê do transportador, seja porque este resolve aumentar as tarifas, seja porque se nega a abastecer seu cliente. Pois um patrão cujo armazém está vazio perde seus fregueses: eles fogem sem pagar as dívidas, ou morrem ali mesmo, de fome.

O patrão está nas mãos do transportador, o cliente está nas do patrão. Em 1938, a borracha valia menos de cinquenta vezes seu preço do final do grande boom; apesar de uma alta temporária dos preços durante a última guerra mundial, a situação hoje não é das mais brilhantes. Dependendo dos anos, a colheita de um homem varia, no Machado, entre duzentos e 1200 quilos. Na hipótese mais favorável, sua receita lhe permitia, em 1938, comprar cerca de metade da quantidade de produtos básicos: arroz, feijão, carne-seca, sal, balas de espingarda, querosene e tecidos de algodão, que são indispensáveis à sua sobrevivência. A diferença era compensada graças, de um lado, à caça, e, de outro, ao endividamento que, iniciado desde antes da instalação, cresce, no mais das vezes, até a sua morte.

Não é inútil transcrever aqui o orçamento mensal de uma família de quatro pessoas, tal como era feito em 1938. As variações do preço do quilo de arroz permitirão restabelecê-lo, caso se deseje, em valor-ouro:

	A UNIDADE EM MIL-RÉIS	TOTAL EM MIL-RÉIS
4 kg de banha de cozinha	10,500	42
5 kg de açúcar	4,500	22,500
3 kg de café	5	15
1 l de querosene	5	5
4 barras de sabão	3	12
3 kg de sal (para salgar a caça)	3	9
20 balas, calibre 44	1,200	24
4 libras de fumo	8,500	34
5 maços de papel de enrolar cigarro	1,200	6
10 caixas de fósforos	0,500	5
100 g de pimenta (para salgas)	3	3
2 cabeças de alho	1,500	3
4 latas de leite condensado (para bebês)	5	20
5 kg de arroz	3,500	17,500
30 l de farinha de mandioca	2,500	75
6 kg de 'charque'	8,000	48
Total		341

Cumpre acrescentar, num orçamento anual, o pano de mescla do qual um corte vale, em 1938, de trinta a 120 mil-réis, os sapatos, quarenta a sessenta mil-réis o par, o chapéu, cinquenta a sessenta mil-réis, e por último as agulhas, os botões e a linha, e os remédios cujo consumo é assustador. À guisa de indicação, o comprimido de quinina (precisar-se-ia de um por dia para cada membro da família) ou de aspirina custa um mil-réis. Lembremos que, na mesma época, no Machado, uma bela "temporada" (a colheita da borracha vai de abril a setembro, ficando a floresta intransitável durante as chuvas) rende 2400 mil-réis (a 'fina' é vendida em Manaus, em 1936, por cerca de quatro mil-réis o quilo, sendo que o produtor recebe a metade). Se o 'seringueiro' não tem filho pequeno, se come apenas o produto de sua caça e a farinha da mandioca que ele mesmo planta e fabrica, além do trabalho da temporada, seu orçamento alimentar mínimo absorve, sozinho, essa receita excepcional.

Trabalhe por conta própria ou não, o patrão vive com pavor da falência, e esta o espreita se seus clientes desaparecem antes de ter reembolsado os adiantamentos. Assim, seu contramestre armado vigia o rio. Um estranho encontro ocorrido no rio, poucos dias depois de deixar os Tupi-Cavaíba, ficará em minha lembrança como a própria imagem do 'seringal'; transcrevo segundo o meu caderno de viagem, do dia 3 de dezembro de 1938:

> Cerca de dez horas, tempo nublado, quente e úmido. Ao encontro de nossas pirogas, uma pequena 'montaria' dirigida por um homem magro, sua mulher — mulata gorda de cabelo crespo — e uma criança de uns dez anos. Estão exaustos e a mulher termina suas frases em lágrimas. Voltam de uma expedição de seis dias pelo Machadinho, onze cachoeiras, das quais uma, Jaburu, com 'varação por terra' em busca de um de seus fregueses que fugiu com a companheira; levando uma piroga e seus pertences, depois de ter se abastecido de 'aviação' e deixado um bilhete dizendo que 'a mercadoria é muito cara e não tem coragem para pagar a conta'. As pessoas, empregadas do 'compadre' Caetano, aflitas com a sua responsabilidade, saíram em busca do fugitivo a fim de agarrá-lo e entregá-lo ao patrão. Estão com o rifle.

> O rifle é o nome que se dá à carabina — em geral uma Winchester calibre 44 — que serve para a caça e eventualmente para outros fins.

Algumas semanas depois, anotei o texto do seguinte cartaz, na porta do armazém da Calama Limitada, situado na confluência do Machado e do Madeira:

> O EXTRAORDINÁRIO ARTIGO DE LUXO
> *incluindo banha, manteiga e leite*
> só serão vendidos a crédito
> com ordem especial do patrão.
> Caso contrário,
> só serão vendidos à vista!
> *Dinheiro, ou outro artigo equivalente.*

Podia-se ler este outro cartaz logo abaixo:

> CABELO LISO
> *Mesmo para as pessoas de cor!*
> Por mais crespos ou ondulados que sejam os cabelos,
> mesmo os das pessoas de cor,
> ficam lisos com o uso contínuo
> da novíssima preparação
> *Alisante*
> À venda em A Grande Garrafa,
> rua Uruguaiana, Manaus.

Na verdade, o hábito com a doença e a miséria é tamanho que a vida do 'seringal' nem sempre é sinistra. Sem dúvida, vai longe o tempo em que os preços altos da borracha possibilitaram construir nas confluências albergues de tábuas, barulhentas espeluncas onde os 'seringueiros' perdiam numa noite a fortuna de alguns anos e tornavam a partir no dia seguinte para tudo recomeçar, solicitando a 'aviação' de um 'patrão' caridoso. Vi uma dessas ruínas, ainda conhecida pelo nome de Vaticano, evocador de esplendores idos. No domingo, lá se ia vestido com um pijama de seda listrada, chapéu mole e sapatos de verniz, para escutar virtuoses executando como solistas árias misturadas com tiros de revólveres de diversos calibres. Ninguém pode mais comprar pijama de luxo no 'seringal'. Mas um charme ambíguo continua a ser importado para cá por essas jovens que levam uma vida incerta de concubinato com os 'seringueiros'. A isso se chama 'casar na igreja verde'. Essa 'mulherada' às vezes se cotiza para dar um baile, contribuindo cada uma com cinco mil-réis, ou com o café, ou com o açúcar, ou emprestando seu barraco um pouco mais espaçoso do que os outros, sua lamparina abastecida para a noite. Chegam com um vestido leve, maquiadas e penteadas, ao entrar beijam a mão dos donos da casa. Mas a maquiagem é mais para aparentarem saúde do que para darem a ilusão de que estão bonitas. Debaixo do ruge e do pó de arroz, disfarçaram a sífilis, a tuberculose e a malária. Vieram, com sapatos de salto, do 'barracão do seringueiro', onde estão instaladas com "o homem", maltrapilhas e despenteadas todo o resto do ano, mas nesta noite, nos trinques; porém, mesmo assim tiveram de atravessar, de vestido de baile, dois a três quilômetros pela lama das picadas da floresta. E para se embelezarem, lavaram-se, vestiram-se à noite nos igarapés sórdidos, debaixo da chuva, pois choveu o dia todo. É comovente o contraste entre essas frágeis aparências de civilização e a realidade monstruosa que espera na porta.

Os vestidos mal cortados salientam formas tipicamente indígenas: seios muito altos e quase debaixo das axilas, esmagados pelo modelo justo que deve prender uma barriga proeminente; pequenos braços e pernas magras, bem torneadas; articulações muito finas. O homem, com calças de algodão branco, sapatos grossos e paletó de pijama, vem convidar a parceira. (Conforme dissemos acima, essas mulheres não são casadas. São 'companheiras', ora 'amasiadas', ora 'desocupadas'.) Leva-a pela mão até o meio do 'palanque' de palha de 'babaçu', iluminado por uma ruidosa lamparina de querosene, o 'farol'. Vacilam alguns segundos, aguardando o tempo forte marcado pelo 'caracaxá', a caixa de pregos sacudida por um dançarino desocupado; e lá vão eles: 1, 2-3; 1, 2-3 etc. Os pés arrastam no assoalho montado sobre palafitas e que estala com esse atrito.

Dançam passos de outra época. Sobretudo a 'desfeiteira', composta de estribilhos entre os quais a música da sanfona (acompanhando às vezes o 'violão' e o 'cavaquinho') para a fim de permitir que todos os cavalheiros improvisem, cada um na sua vez, um dístico cheio de subentendidos zombeteiros ou carinhosos, e aos quais as damas, por sua vez, devem responder da mesma maneira, não sem dificuldades, aliás, pois estão atrapalhadas, 'com vergonha'; umas se esquivam, enrubescendo, outras soltam a toda a velocidade uma estrofe ininteligível, como garotinhas recitando a lição. Eis o que foi, numa noite em Urupá, improvisado a nosso respeito: "'Um é médico, outro professor, outro fiscal do Museu/ Escolhe entre os três qual é o seu'".

Ainda bem que a pobre moça a quem a estrofe era destinada não soube o que replicar.

Quando o baile dura vários dias, as mulheres mudam de vestido todas as noites.

Após os Nambiquara da idade da pedra, já não era mais o século XVI, para onde os Tupi-Cavaíba me fizeram recuar, mas certamente, ainda, o século XVIII, tal como se pode imaginá-lo nos pequenos portos das Antilhas, ou no litoral. Eu atravessara um continente. Mas o término bem próximo de minha viagem tornara-se sensível para mim, antes de mais nada, por esse mergulho ao fundo dos tempos.

PARTE IX
A VOLTA

37. A apoteose de Augusto

Uma escala da viagem foi especialmente desalentadora: a de Campos Novos. Separado de meus companheiros pela epidemia que os imobilizava oitenta quilômetros atrás, eu nada podia fazer a não ser esperar, na fronteira do posto onde uma dúzia de pessoas morriam de malária, de leishmaniose, de anquilostomíase e, sobretudo, de fome. Antes de começar a trabalhar, a mulher pareci que eu contratara para me lavar a roupa exigia sabão e uma refeição também: sem o quê, explicava-me, não teria força suficiente para trabalhar. E era verdade: essa gente perdera a capacidade de viver. Fracos demais e doentes demais para lutar, tratavam de reduzir sua atividade e suas necessidades, e buscavam um estado de torpor que requeria um mínimo de desgaste físico, ao mesmo tempo em que lhes atenuava a consciência de sua miséria.

Para esse clima deprimente, os índios contribuíam de outra forma. Os dois bandos inimigos que haviam se encontrado em Campos Novos, sempre prestes a chegar às vias de fato, nutriam a meu respeito sentimentos que não eram dos mais afetuosos. Eu devia estar sempre alerta, e o trabalho etnográfico era praticamente impossível. Em condições normais, a pesquisa de campo já se revela desgastante: é preciso levantar com o dia, ficar acordado até que o último indígena tenha dormido, e inclusive, vez por outra, vigiar seu sono; esforçar-se para passar despercebido, estando sempre presente; ver tudo, memorizar tudo, anotar tudo, demonstrar uma indiscrição humilhante, mendigar informações de um fedelho atrevido, estar pronto para aproveitar um instante de condescendência ou de descuido; ou então, saber, dias a fio, reprimir toda curiosidade e isolar-se na circunspecção imposta por uma alteração de humor da tribo. O pesquisador se consome ao praticar esse ofício; de fato, será que abandonou seu ambiente, seus amigos, seus hábitos, despendeu quantias e esforços tão consideráveis, comprometeu sua saúde, para esse único resultado: fazer com que sua presença seja perdoada por algumas dúzias de infelizes condenados a uma extinção próxima, ocupados acima de tudo em se espiolharem e em dormir, e de cujo capricho depende o êxito ou o malogro de sua empreitada? Quando as disposições dos indígenas são francamente negativas, como era o caso em Campos Novos, a situação piora, pois os índios se negam até mesmo a se mostrar; sem avisar, somem dias inteiros na caça ou em alguma expedição de colheita. Na esperança de recuperarmos uma proximidade conquistada a tão duras penas, esperamos, impacientamo-nos, damos voltas; relemos anotações antigas, recopiamo-las, interpretamo-las; ou nos atribuímos uma tarefa minuciosa e inútil, verdadeira caricatura da profissão, tal como medir a distância entre os lares ou recensear, um por um, os galhos que serviram para a construção dos abrigos abandonados.

Sobretudo, interrogamo-nos: que viemos fazer aqui? Com que esperança? Com que finalidade? O que é exatamente uma pesquisa etnográfica? O exercício normal de uma profissão como as outras, com essa única diferença de que o escritório ou o laboratório estão separados do domicílio por alguns milhares de quilômetros? Ou a consequência de uma escolha mais radical, implicando um questionamento do sistema no qual nascemos e crescemos? Breve iria fazer cinco anos que eu saíra da França, largara a minha carreira universitária; enquanto isso, meus condiscípulos mais ajuizados galgavam-lhe as etapas; os que, como eu outrora, haviam se inclinado para a política eram, hoje, deputados, em breve ministros. Quanto a mim, eu corria os desertos perseguindo detritos de humanidade. Quem ou o que me levara, afinal, a jogar para os ares o curso normal de minha vida? Era um estratagema, um hábil desvio destinados a me permitir a reintegração em minha carreira com vantagens suplementares e que seriam levadas em conta? Ou minha decisão expressava uma incompatibilidade profunda com o meu grupo social, do qual, acontecesse o que acontecesse, eu estava fadado a viver cada vez mais isolado? Por um paradoxo singular, minha vida aventureira mais me devolvia o antigo universo do que me abria um novo, ao passo que este que eu pretendera dissolvia-se entre meus dedos. Assim como os homens e as paisagens a cuja conquista eu partira perdiam, quando eu os possuía, o significado que eu esperava, assim também a essas imagens decepcionantes, conquanto presentes, substituíam-se outras, guardadas por meu passado e às quais eu não dera nenhum valor quando ainda pertenciam à realidade que me cercava. Em viagem por regiões que poucos olhares haviam contemplado, dividindo a existência de povos cuja miséria era o preço — pago primeiramente por eles — para que eu pudesse remontar o curso dos milênios, já não me apercebia de uns nem de outros, mas de visões fugazes dos campos franceses que eu negara a mim mesmo, ou de fragmentos de música e de poesia que eram a expressão mais convencional de uma civilização contra a qual, precisava de fato me convencer, eu havia optado, arriscando-me a desmentir o sentido que dera à minha vida. Semanas a fio, naquele planalto do Mato Grosso ocidental, eu vivera obcecado, não pelo que me rodeava e que eu nunca mais reveria, mas por uma melodia muito batida que minha lembrança empobrecia ainda mais: a do *Estudo número 3*, *opus 10*, de Chopin, no que, por um escárnio cuja amargura também me sensibilizava, parecia se resumir tudo o que eu deixara atrás de mim.

Por que Chopin, a quem minhas preferências não me conduziam especialmente? Criado no culto wagneriano, eu descobrira Debussy em data bem recente, inclusive depois que as *Núpcias*, ouvidas na segunda ou terceira apresentação, tinham me revelado em Stravinski um mundo que me parecia mais real e mais sólido do que os cerrados do Brasil central, fazendo desmoronar meu universo musical anterior. Mas no momento em que saí da França, era *Peleias* que me fornecia o alimento espiritual de que eu necessitava; então, por que Chopin e sua obra mais banal impunham-se a mim no sertão? Mais ocupado em resolver esse problema do que em me dedicar às observações que me teriam justificado, eu dizia a mim mesmo que o progresso que consiste em passar de Chopin a Debussy talvez seja amplificado quando ocorre no sentido contrário. As delícias que me faziam preferir Debussy, agora eu as saboreava em Chopin, mas de um modo implícito, ainda incerto, e tão discreto que eu não as percebera no início e fora direto para a sua manifestação mais ostensiva. Realizava um duplo progresso: ao aprofundar a obra do compositor mais antigo, eu lhe reconhecia belezas destinadas a permanecerem ocultas para quem não tivesse, primeiro, conhecido Debussy. Eu gostava de Chopin por excesso, e não por escassez, como é o caso de quem nele parou sua evolução musical. Por outro lado, para favorecer dentro de mim o surgimento de certas emoções, já não precisava da excitação completa: o sinal, a alusão, a premonição de certas formas bastavam.

Léguas após léguas, a mesma frase melódica cantava em minha memória sem que eu pudesse afastá-la. Nela eu descobria permanentemente novos encantos. Muito frouxa no início, parecia-me que ia progressivamente enroscando seu fio, como para dissimular o final que a concluiria. Essa transformação da flor em fruto ia ficando inextricável, a ponto de indagarmos que solução ela adotaria; de repente, uma nota resolvia tudo, e tal escapatória parecia ainda mais ousada do que o movimento comprometedor que a precedera, exigira e possibilitara; ao escutá-la, os temas anteriores elucidavam-se com um novo significado: sua busca já não era arbitrária, e sim a preparação para essa saída insuspeita. Seria então isso, a viagem? Uma exploração dos desertos de minha memória, e não tanto daqueles que me rodeavam? Certa tarde, quando tudo dormia sob o calor sufocante, encolhido dentro de minha rede e protegido das "pestes" — como se diz por lá — graças ao mosquiteiro cuja étamine grossa deixa o ar ainda mais irrespirável, pareceu-me que os problemas que me atormentavam forneciam material para uma peça de teatro. Eu a concebia tão nítida como se já tivesse sido escrita. Os índios haviam desaparecido: durante seis dias, escrevi de manhã à noite, no verso de folhas cobertas de vocabulários, esboços e genealogias. Depois do quê, a inspiração abandonou-me em plena labuta e nunca mais voltou. Ao reler meus rabiscos, não creio que deva lamentar-me.

Minha peça chamava-se *A apoteose de Augusto*, e apresentava-se como uma nova versão de *Cina*. Eu levava à cena dois homens, amigos de infância e que se reencontravam num momento crucial, para cada um deles, de suas carreiras divergentes. Um, que pensara ter optado contra a civilização, descobre que empregou um meio complicado de voltar a ela, mas por um método que abolia o sentido e o valor da alternativa diante da qual outrora ele imaginara estar. O outro, marcado desde o nascimento pela vida social e suas honrarias, compreende que todos os seus esforços orientaram-se para um término que os destina ao aniquilamento; e ambos procuram na destruição de um pelo outro, salvar, ainda que o preço seja a morte, o significado do próprio passado.

A peça começava no momento em que o Senado, querendo conferir a Augusto uma honraria mais elevada que o próprio império, votara pela apoteose e preparava-se para colocá-lo em vida no nível dos deuses. Nos jardins do palácio, dois guardas discorrem sobre o acontecimento e tratam de prever as consequências, de seu ponto de vista particular. O ofício de policial não vai se tornar impraticável? Como se pode proteger um deus que tem o privilégio de se transformar em inseto ou até mesmo de virar invisível e paralisar quem quiser? Pensam numa greve; seja como for, merecem um aumento.

Surge o chefe de polícia e explica-lhes seu erro. A polícia não tem uma missão que a diferencie daqueles a quem serve. Indiferente aos fins, ela se confunde com a pessoa e os interesses de seus senhores, resplandece com suas glórias. A polícia de um chefe de Estado divinizado também se tornará divina. Como para ele próprio, tudo será possível. Realizando sua verdadeira natureza, dela poderá se afirmar, no estilo das agências de detetives: *tudo vê, tudo ouve, mas ninguém desconfia.*

O palco enche-se de personagens que saem do Senado comentando a sessão que acaba de se realizar. Diversos quadros põem em evidência as maneiras contraditórias de conceber a passagem da humanidade à divindade; os representantes dos grandes interesses especulam sobre novas oportunidades de enriquecimento. Augusto, imperador em extremo, só pensa na confirmação de seu poder, doravante protegido das intrigas e das manobras. Para sua mulher Lívia, a apoteose coroa uma carreira: "Ele bem a mereceu". Em suma, a Academia Francesa... Camila, jovem irmã de Augusto e apaixonada por Cina, anuncia-lhe a volta deste após dez anos de vida aventurosa. Deseja que Augusto o veja, pois espera que o personagem caprichoso e poético que Cina sempre foi reterá o seu irmão prestes a virar-se irrevogavelmente para o lado da ordem. Lívia se opõe: na carreira de Augusto, Cina só fez introduzir um elemento de desordem; é um desmiolado, que só se sente bem entre os selvagens. Augusto fica tentado a acatar essa opinião; porém, sucessivas delegações de sacerdotes, pintores, poetas começam a perturbá-lo. Todos concebem a divindade de Augusto como uma expulsão do mundo. Os sacerdotes esperam que a apoteose vá recolocar o poder temporal em suas mãos, uma vez que são os intermediários titulares entre os deuses e os homens. Os artistas querem que Augusto passe ao estado de ideia, e não mais de pessoa; para grande escândalo do casal imperial, que se vê nas estátuas de mármore, maiores que o tamanho natural, com uma semelhança embelezada, eles propõem representações de todo tipo, em forma de turbilhões ou poliedros. A confusão aumenta com os testemunhos discordantes levados por um grupo de mulheres levianas — Leda, Europa, Alcmena, Danaê — que pretendem que Augusto aproveite a experiência que têm nas relações com o divino.

Ao ficar só, Augusto encontra-se face a face com uma águia: não o animal convencional, atributo da divindade, mas um bicho feroz, morno no contato e malcheiroso ao se aproximar. No entanto, é ela, a águia de Júpiter, aquela mesma que sequestrou Ganimedes após uma luta sangrenta em que o adolescente se debatia em vão. A Augusto incrédulo, a águia explica que sua iminente divindade consistirá, justamente, em não mais sentir a repulsa que o domina neste instante em que ainda é homem. Augusto não perceberá que virou deus por alguma sensação esplendorosa ou pelo poder de fazer milagres, mas quando suportar sem repugnância a aproximação de um bicho selvagem, tolerar seu cheiro e os excrementos com que este o cobrirá. Tudo aquilo que for carniça, podridão, secreção há de lhe parecer familiar: "As borboletas virão se acasalar em tua nuca e qualquer solo te parecerá bastante bom para dormir; não mais o verás, como agora, todo crivado de espinhos, pululando de insetos e de contágios".

No segundo ato, Augusto, que com as frases da águia despertou para o problema das relações entre a natureza e a sociedade, decide rever Cina, que outrora preferira a primeira à segunda, opção contrária à que conduziu Augusto ao império. Cina está desanimado. Em seus dez anos de aventura, só pensou em Camila, irmã de seu amigo de infância, e com quem poderia se casar quando desejasse. Augusto ter-lhe-ia concedido a irmã com alegria. Mas para Cina era insuportável obtê-la segundo as regras da vida social; queria-a contra a ordem, e não dentro desta. Daí essa busca de um prestígio herético que lhe permitiria forçar a mão da sociedade, a fim de receber, no final das contas, o que ela estava disposta a lhe dar.

Agora que ele regressou carregado de maravilhas, explorador que os mundanos disputam entre si para seus jantares, ei-lo o único a saber que essa glória pela qual pagou caro repousa numa mentira. Nada daquilo que lhe dão o crédito de ter conhecido é real; a viagem é um equívoco: tudo isso parece verdade a quem só viu as suas sombras. Invejoso do destino prometido a Augusto, Cina quis possuir um império mais vasto que o dele: "Pensava comigo mesmo que nenhum espírito humano, fosse o de Platão, é capaz de conceber a infinita diversidade de todas as flores e folhas que existem no mundo, e que eu as conheceria; que reuniria essas sensações proporcionadas pelo medo, frio, cansaço, e que todos vós, que viveis em casas bem fechadas e perto de celeiros abundantes, nem sequer podeis imaginar. Comi lagartos, cobras e gafanhotos; e, desses alimentos cuja ideia te revolve o estômago, eu me aproximava com a emoção do neófito, convencido de que ia criar um vínculo novo entre mim e o universo". Mas, ao fim de seu esforço, Cina nada encontrou: "Perdi tudo", diz; "mesmo o mais humano tornou-se-me desumano. Para preencher o vazio de dias intermináveis, eu recitava versos de Ésquilo e de Sófocles; e de alguns, impregnei-me tanto, que agora, quando vou ao teatro, já não posso perceber-lhes a beleza. Cada réplica lembra-me trilhas poeirentas, matos queimados, olhos avermelhados por causa da areia".

As últimas cenas do segundo ato evidenciam as contradições em que se fecham Augusto, Cina e Camila. Esta vive a admiração por seu explorador que se debate em vão para lhe fazer compreender o equívoco do relato: "Por mais que eu ponha no meu discurso todo o vazio, a insignificância de cada um desses acontecimentos, basta que ele se transforme em relato para maravilhar e fazer sonhar. No entanto, não era nada; a terra era semelhante a esta terra e os fiapos de capim, a este prado". Diante dessa atitude, Camila se revolta, percebendo muito bem que, aos olhos do amante, ela é vítima, na qualidade de ser humano, dessa perda geral de interesse de que ele padece: Cina não está afeiçoado a ela como a uma pessoa, mas como a um símbolo do único laço doravante possível entre si e a sociedade. Quanto a Augusto, reconhece com pavor em Cina as palavras da águia; mas não consegue se decidir a recuar, pois demasiados interesses políticos estão ligados à sua apoteose, e, acima de tudo, ele se revolta contra a ideia de que não haja, para o homem de ação, um término absoluto no qual ele encontre a um só tempo sua recompensa e seu descanso.

O terceiro ato principia num clima de crise; na véspera da cerimônia, Roma é inundada de divindades: o palácio imperial se racha, as plantas e os animais o invadem. Como se a cidade tivesse sido destruída por um cataclismo, volta ao estado da natureza. Camila rompeu com Cina, e a ruptura é para este a prova final de um fracasso do qual já estava convencido. É para Augusto que ele dirige o seu rancor. Por mais inútil que lhe pareça agora o relaxamento da natureza, comparado com as alegrias mais densas proporcionadas pela sociedade dos homens, quer ser o único a conhecer-lhe o sabor: "Não é nada, eu sei, mas esse nada ainda me é caro, posto que optei por ele". A ideia de que Augusto possa tudo reunir, a natureza e a sociedade, que obtenha a primeira como recompensa pela segunda, e não às custas de uma renúncia, é-lhe insuportável. Assassinará Augusto para demonstrar a inelutabilidade de uma escolha.

É nesse momento que Augusto chama Cina em seu socorro. Como desviar a marcha de acontecimentos que não dependem mais de sua vontade, permanecendo, ao mesmo tempo, fiel a seu personagem? Num instante de exaltação, uma solução é enxergada pelos dois: sim, que Cina, conforme planeja, assassine o imperador. Cada um ganhará, assim, a imortalidade com que sonhou — Augusto, a oficial, a dos livros, das estátuas e dos cultos, e Cina, a negra imortalidade do regicídio, pela qual retornará à sociedade, embora continuando a contradizê-la.

Já não sei exatamente de que modo tudo isso terminava, pois as últimas cenas ficaram inacabadas. Parece-me que Camila provocava involuntariamente o desenlace; retomando seus primeiros sentimentos, convencia o irmão de que ele interpretara mal a situação, e de que Cina, melhor do que a águia, era o mensageiro dos deuses. A partir daí, Augusto entrevia uma solução política. Se conseguisse ludibriar Cina, os deuses também seriam enganados. Conquanto os dois tivessem combinado que o serviço de segurança seria suprimido e que ele se ofereceria sem defesa aos golpes de seu amigo, Augusto consegue duplicar os guardas em segredo. Cina nem sequer chegará a ele. Confirmando a marcha de suas carreiras respectivas, Augusto triunfará em sua derradeira empreitada: será deus, mas entre os homens, e perdoará Cina; para este, será apenas um fracasso a mais.

38. Um copinho de rum

A fábula que precede só tem uma desculpa: ilustra o desarranjo a que condições anormais de vida, durante um período prolongado, submetem o espírito do viajante. Mas o problema persiste: como o etnógrafo pode escapar da contradição que resulta das circunstâncias de sua escolha? Tem diante dos olhos, tem à sua disposição uma sociedade: a sua; por que resolve menosprezá-la e reservar a outras sociedades — escolhidas dentre as mais longínquas e as mais diferentes — uma paciência e uma dedicação que sua determinação recusa aos compatriotas? Não é por acaso se raramente o etnógrafo demonstra diante de seu próprio grupo uma atitude neutra. Se é missionário ou administrador, podemos inferir que aceitou identificar-se com uma ordem, a ponto de consagrar-se à sua propagação; e, quando exerce sua profissão no plano científico e universitário, há fortes possibilidades de que se possa descobrir no seu passado fatores objetivos que o mostram pouco ou nada adaptado à sociedade onde nasceu. Ao assumir seu papel, procurou um modo prático de conciliar a vinculação ao seu grupo com a reserva que nutre a seu respeito, ou, muito simplesmente, o modo de se beneficiar de um estado inicial de distanciamento que lhe confere uma vantagem para se aproximar de sociedades diferentes, a meio caminho das quais ele já se encontra.

Mas, se está de boa-fé, coloca-se uma questão: o valor que atribui às sociedades exóticas — tanto maior, parece, quanto mais elas o forem — não tem fundamento próprio; é função do desprezo, e às vezes da hostilidade, que lhe inspiram os costumes vigentes no seu meio. Geralmente subversivo entre os seus e em estado de rebelião contra os costumes tradicionais, o etnógrafo mostra-se respeitoso, beirando o conservadorismo, desde que a sociedade estudada se revele diferente da sua. Ora, há nisso bem mais, e outra coisa, do que uma excentricidade; conheço etnógrafos conformistas. Mas o são de forma derivada, em virtude de uma espécie de assimilação secundária de sua sociedade àquelas que estudam. Sua fidelidade vai sempre para estas últimas, e, se voltaram atrás na revolta inicial diante da sua, é porque fazem às primeiras a concessão suplementar de tratarem sua própria sociedade como eles gostariam que fossem tratadas todas as outras. Não escapamos do dilema: ou o etnógrafo adere às normas de seu grupo, e os outros só podem lhe inspirar uma curiosidade passageira da qual a reprovação jamais está ausente; ou é capaz de se entregar por inteiro a eles, e sua objetividade fica viciada porquanto, querendo ou não, para se dar a todas as sociedades ele se negou pelo menos a uma. Comete, pois, o mesmo pecado que critica nos que contestam o sentido privilegiado de sua vocação.

Essa dúvida impôs-se a mim, pela primeira vez, durante a permanência forçada nas Antilhas que evoquei no início deste livro. Na Martinica, eu visitara as destilarias de rum abandonadas e rústicas; empregavam aparelhos e técnicas que permaneciam os mesmos desde o século XVIII. Inversamente, em Porto Rico as fábricas da companhia que exerce uma espécie de monopólio de toda a produção de cana ofereciam-me um espetáculo de reservatórios de esmalte branco e torneiras cromadas. No entanto, os runs da Martinica, provados ao pé de velhas cubas de madeira coalhadas de detritos, eram aveludados e perfumados, ao passo que os de Porto Rico são vulgares e brutais. A finura dos primeiros seria então resultado das impurezas cuja persistência é favorecida por uma preparação arcaica? Esse contraste ilustra, a meu ver, o paradoxo da civilização cujos encantos decorrem em essência dos resíduos que ela transporta em seu fluxo, embora não seja por isso que devamos nos proibir de purificá-la. Ao estarmos duplamente certos, confessamos nosso erro. Pois estamos certos quando somos racionais e procuramos aumentar nossa produção e baixar nossos preços de custo. Mas também estamos certos ao apreciar as imperfeições que tratamos de eliminar. A vida social consiste em destruir o que lhe confere seu aroma. Essa contradição parece reabsorver-se quando passamos da consideração de nossa sociedade à de sociedades que são diferentes. Porque, sendo nós mesmos arrastados pelo movimento da nossa, estamos, de certa maneira, envolvidos neste processo. Independe de nós querer ou não o que nossa posição nos obriga a realizar; quando se trata de sociedades diferentes, tudo muda: a objetividade, impossível no primeiro caso, nos é concedida graciosamente. Já não sendo agentes, mas espectadores das transformações que se operam, para nós é mais legítimo pôr na balança seu futuro e seu passado na medida em que estes são um pretexto para a contemplação estética e a reflexão intelectual, em vez de nos estarem presentes na forma de inquietação moral.

Ao raciocinar como acabo de fazê-lo, talvez eu tenha esclarecido a contradição; mostrei sua origem e como é que conseguimos nos acomodar com isso. Não a resolvi, decerto. Será ela, então, definitiva? Foi o que se afirmou ocasionalmente, para daí se chegar à nossa condenação. Ao manifestarmos, por meio de nossa vocação, a preferência que nos leva a formas sociais e culturais muito diferentes da nossa — superestimando aquelas em detrimento desta —, demonstraríamos uma inconsequência radical; como poderíamos proclamar que essas sociedades são respeitáveis, senão nos baseando nos valores da sociedade que nos inspira a ideia de nossas pesquisas? Incapazes para sempre de escaparmos às normas que nos modelaram, nossos esforços para pôr em perspectiva as diferentes sociedades, inclusive a nossa, seriam mais uma maneira envergonhada de confessarmos sua superioridade sobre todas as outras.

Por trás da argumentação desses bons apóstolos, não há mais do que um mau trocadilho: pretendem apresentar a mistificação (a que se dedicam) como o contrário do misticismo (que nos criticam, erradamente). A pesquisa arqueológica ou etnográfica mostra que certas civilizações, contemporâneas ou extintas, souberam ou ainda sabem resolver problemas melhor do que nós, embora estejamos empenhados em obter os mesmos resultados. Para me limitar a um exemplo, foi só há poucos anos que aprendemos os princípios físicos e fisiológicos em que se baseia a concepção do vestuário e da habitação dos esquimós, e de que modo esses princípios que desconhecíamos, e não o hábito ou uma compleição excepcional, permitem-lhes viver em condições climáticas rigorosas. Isso é tão verdadeiro que entendemos ao mesmo tempo por que os supostos aperfeiçoamentos propostos pelos exploradores ao traje esquimó mostraram-se mais que inoperantes: contrários ao resultado esperado. A solução nativa era perfeita; para nos convencermos, bastava-nos apenas ter penetrado na teoria que a fundamenta.

A dificuldade não é essa. Se julgarmos as realizações dos grupos sociais em função de fins comparáveis com os nossos, teremos, de vez em quando, que nos inclinarmos diante de sua superioridade; mas, ao mesmo tempo, conquistamos o direito de julgá-los, e, portanto, de condenar todos os outros fins que não coincidam com aqueles que aprovamos. Reconhecemos implicitamente a posição privilegiada de nossa sociedade, de seus usos e suas normas, já que um observador oriundo de outro grupo social proferirá diante dos mesmos exemplos veredictos diferentes. Nessas condições, como nossos estudos poderiam ambicionar o título de ciência? Para reencontrarmos uma posição de objetividade, deveremos nos abster de quaisquer julgamentos desse tipo. Teremos de admitir que, na gama das possibilidades abertas às sociedades humanas, cada uma fez determinada escolha e que essas escolhas são incomparáveis entre si: equivalem-se. Mas, então, surge um novo problema: pois se no primeiro caso estávamos ameaçados pelo obscurantismo na forma de uma recusa cega daquilo que não é nosso, arriscamo-nos agora a ceder a um ecletismo que, de uma cultura qualquer, nos proíbe repudiar tudo, até mesmo a crueldade, a injustiça e a miséria contra as quais, por vezes, protesta essa mesma sociedade que as tolera. E como esses abusos também existem entre nós, qual será nosso direito de combatê-los em casa, se basta que se produzam fora para que nos inclinemos diante deles?

Portanto, a oposição entre duas atitudes do etnógrafo, crítica a domicílio e conformista fora de casa, encobre outra da qual lhe é ainda mais difícil escapar. Se deseja contribuir para uma melhoria de seu regime social, deve condenar, onde quer que existam, as condições análogas às que ele combate, e perde assim sua objetividade e sua imparcialidade. Em troca, o distanciamento que lhe impõem o escrúpulo moral e o rigor científico evita-lhe criticar sua própria sociedade, tendo em vista que não quer julgar nenhuma, a fim de conhecê-las todas. Ao agirmos em casa, privamo-nos de compreender o resto, mas, ao querermos tudo compreender, renunciamos a mudar qualquer coisa.

Se a contradição fosse intransponível, o etnógrafo não deveria hesitar sobre a alternativa que lhe compete: ele é etnógrafo e quis sê-lo, que aceite a mutilação complementar à sua vocação. Escolheu os outros e deve aguentar as consequências dessa opção: seu papel será apenas compreender esses outros em nome dos quais não deveria agir, uma vez que o simples fato de que eles sejam outros impede-o de pensar, de querer em seu lugar, o que equivaleria a identificar-se com eles. Ademais, renunciará à ação dentro da sua sociedade, temendo tomar posição diante de valores que podem existir em sociedades diferentes, e, portanto, podem introduzir o preconceito em seu pensamento. Subsistirá apenas a escolha inicial, para a qual ele recusará qualquer justificação: ato puro, não motivado; ou, se pode sê-lo, por considerações externas, ligadas ao caráter ou à história de cada um.

Não chegamos a esse ponto, felizmente; após termos contemplado o abismo que beiramos, que nos seja permitido procurar a saída. Esta pode ser conquistada, dependendo de certas condições: moderação do julgamento e divisão da dificuldade em duas etapas.

Nenhuma sociedade é perfeita. Por natureza, todas comportam uma impureza incompatível com as normas que proclamam, e que se traduz de modo concreto numa certa dose de injustiça, de insensibilidade, de crueldade. Como avaliar essa dose? A pesquisa etnográfica consegue. Pois, se é verdade que a comparação de um pequeno número de sociedades faz com que pareçam muito diferentes entre si, essas diferenças atenuam-se quando o campo de investigação se amplia. Descobre-se então que nenhuma sociedade é fundamentalmente boa; mas nenhuma é inteiramente má. Todas oferecem certas vantagens a seus membros, tendo-se em conta um resíduo de iniquidade cuja importância parece relativamente constante e que corresponde talvez a uma inércia específica que se contrapõe, no plano da vida social, aos esforços de organização.

Essa proposta surpreenderá o amante de narrativas de viagens, comovido pela lembrança dos costumes "bárbaros" deste ou daquele povo. Contudo, tais reações à flor da pele não resistem a uma apreciação correta dos fatos e a seu restabelecimento numa perspectiva mais ampla. Tomemos o caso da antropofagia que, entre todas as práticas selvagens, é sem dúvida a que nos inspira mais horror e repugnância. Teremos primeiro que dissociar as formas propriamente alimentares, isto é, essas em que o apetite de carne humana explica-se pela carência de outro alimento animal, como era o caso em certas ilhas polinésias. De voracidades como essas, nenhuma sociedade está moralmente protegida; a fome pode arrastar os homens a comer qualquer coisa: prova-o o exemplo recente dos campos de extermínio.

Restam, então, as formas de antropofagia que podemos chamar de positivas, as que se referem a uma causa mística, mágica ou religiosa: tal como a ingestão de uma parcela do corpo de um ascendente ou um fragmento de um cadáver inimigo, a fim de possibilitar a incorporação de suas virtudes ou, ainda, a neutralização de seu poder; além de tais ritos se realizarem no mais das vezes de modo extremamente discreto, envolvendo quantidades mínimas de matéria orgânica pulverizada ou misturada com outros alimentos, temos de reconhecer que a condenação moral de tais costumes, mesmo quando se revestem das formas mais francas, implica, seja uma crença na ressurreição corporal que estaria comprometida pela destruição material do cadáver, seja a afirmação de um vínculo entre a alma e o corpo e o dualismo correspondente, isto é, convicções que são de natureza idêntica à daquelas em nome das quais o consumo ritual é praticado, e que não temos nenhuma razão de preferir às outras. Tanto mais que a desenvoltura em face da memória do defunto, que poderíamos criticar no canibalismo, não é certamente maior, muito pelo contrário, do que a que toleramos nas aulas de dissecação.

Mas, sobretudo, devemos nos convencer de que certos costumes que nos são específicos, se considerados por um observador oriundo de uma sociedade diferente, parecer-lhe-iam de natureza idêntica à dessa antropofagia que se nos afigura alheia à noção de civilização. Penso em nossos costumes judiciários e penitenciários. Ao estudá-los de fora, ficaríamos tentados a contrapor dois tipos de sociedades: as que praticam a antropofagia, isto é, que enxergam na absorção de certos indivíduos detentores de forças tremendas o único meio de neutralizá-las, e até de se beneficiarem delas; e as que, como a nossa, adotam o que se poderia chamar de *antropemia* (do grego *emein*, "vomitar"). Colocadas diante do mesmo problema, elas escolheram a solução inversa, que consiste em expulsar esses seres tremendos para fora do corpo social, mantendo-os temporária ou definitivamente isolados, sem contato com a humanidade, em estabelecimentos destinados a este fim. Na maioria das sociedades que chamamos de primitivas, tal costume inspiraria um profundo horror; em seu entender, isso nos marcaria com a mesma barbárie que seríamos tentados a imputar-lhes por causa de seus costumes simétricos.

Sociedades que nos parecem ferozes em certos aspectos sabem ser humanas e bondosas quando as encaramos de outro ângulo. Consideremos os índios das planícies da América do Norte, que são, neste caso, duplamente significativos, porque praticaram certas formas moderadas de antropofagia, e porque oferecem um dos raros exemplos de povo primitivo dotado de uma polícia organizada. Essa polícia (que era também uma instituição judiciária) jamais conceberia que o castigo do culpado devesse se traduzir numa ruptura dos laços sociais. Se um indígena infringisse as leis da tribo, era punido com a destruição de todos os seus bens: tenda e cavalos. Mas, com isso, a polícia contraía uma dívida para com ele; cabia-lhe organizar a reparação coletiva do prejuízo cuja vítima fora o culpado, devido ao castigo. A reparação transformava este último numa pessoa agradecida ao grupo, ao qual devia mostrar seu reconhecimento com presentes que a coletividade inteira — e a própria polícia — ajudava-o a reunir, o que de novo invertia as relações; e assim por diante, até que, ao final de toda uma série de presentes e contrapresentes, a desordem anterior fosse progressivamente extinta e a ordem inicial fosse restaurada. Não só tais costumes são mais humanos que os nossos, como são também mais coerentes, mesmo se formulam o problema nos termos de nossa moderna psicologia: pela lógica, a "infantilização" do culpado, que a noção de punição implica, exige que se lhe reconheça um direito correlativo a uma gratificação, sem o que a primeira atitude perde sua eficácia, se é que não provoca resultados contrários aos que se esperavam. O cúmulo do absurdo é a nossa maneira de tratar ao mesmo tempo o culpado como uma criança, o que nos autoriza a puni-lo, e como um adulto, a fim de lhe recusar o consolo; e acreditar que realizamos um grande progresso espiritual porque preferimos mutilar física e moralmente alguns de nossos semelhantes, em vez de consumi-los.

Tais análises, feitas com sinceridade e método, levam a dois resultados: instilam um elemento de moderação e de boa-fé na apreciação dos costumes e dos gêneros de vida mais afastados dos nossos, sem por isso conferir-lhes as virtudes absolutas que nenhuma sociedade possui. E privam nossos costumes dessa evidência que o fato de não conhecer outros — ou de ter deles um conhecimento parcial e tendencioso — é suficiente para lhes atribuir. Portanto, é verdade que a análise etnológica eleva as sociedades diferentes e rebaixa a do observador; é contraditória neste sentido. Mas se quisermos refletir sobre o que acontece, veremos que a contradição é mais aparente do que real.

Afirmou-se algumas vezes que a sociedade ocidental seria a única a ter produzido etnógrafos; que nisso reside a sua grandeza, a qual, na ausência de outras superioridades que eles lhe contestam, é a única que os obriga a se curvarem diante dela, uma vez que, sem a mesma, não existiriam. Poder-se-ia igualmente afirmar o contrário: se o Ocidente produziu etnógrafos, foi porque um remorso muito forte devia atormentá-lo, obrigando-o a confrontar sua imagem com a de sociedades diferentes, na esperança de que refletissem as mesmas taras ou o ajudassem a explicar de que maneira as suas se desenvolveram em seu seio. Porém, mesmo se é verdade que a comparação de nossa sociedade com todas as outras, contemporâneas ou extintas, provoca o desmoronamento de suas bases, outras sofrerão a mesma sina. Essa média geral que eu evocava pouco acima faz surgir alguns ogros: ocorre que estamos incluídos entre eles. Não por acaso, pois, se não estivéssemos e se não houvéssemos, nesse triste concurso, merecido o primeiro lugar, a etnografia não teria surgido entre nós: não teríamos sentido sua necessidade. O etnógrafo pode se desinteressar de sua civilização e pouco se envolver com os seus erros na medida em que sua existência mesma é incompreensível, a não ser como uma tentativa de se redimir: ele é o símbolo da expiação. Mas outras sociedades participaram do mesmo pecado original; não muito numerosas, talvez, e mais raras à proporção que baixamos na escala do progresso. Bastará que eu cite os Astecas, chaga aberta no flanco do americanismo, que uma obsessão maníaca pelo sangue e pela tortura (na verdade, universal, mas patente entre eles nessa *forma excessiva* que a comparação permite definir) — por mais explicável que seja pela necessidade de domesticar a morte — coloca ao nosso lado não como os únicos iníquos, mas por o terem sido à nossa maneira, de forma *desmedida*.

Contudo, essa condenação de nós mesmos, por nós mesmos infligida, não implica atribuirmos um prêmio de excelência a esta ou aquela sociedade presente ou passada, localizada num ponto determinado do tempo e do espaço. Aí residiria verdadeiramente a injustiça; pois, agindo dessa maneira, não levaríamos na devida conta o fato de que, se fizéssemos parte dessa sociedade, ela nos pareceria intolerável: nós a condenaríamos pela mesma razão que condenamos esta a que pertencemos. Chegaríamos, então, à condenação de qualquer estado social que seja? À glorificação de um estado natural a que a ordem social só teria levado a corrupção? "Desconfiai de quem vem pôr ordem", dizia Diderot, cuja posição era essa. Para ele, a "história abreviada" da humanidade resumia-se da seguinte maneira: "Existia um homem natural; introduziu-se dentro desse homem um homem artificial; e eclodiu na caverna uma guerra contínua que dura a vida inteira". Tal concepção é absurda. Quem diz homem diz linguagem, e quem diz linguagem, diz sociedade. Os polinésios de Bougainville (em cujo "suplemento de viagem" Diderot propõe essa teoria) não viviam em sociedade menos que nós. Ao pretender outra coisa, vamos de encontro à análise etnográfica, e não no sentido que ela nos incita a explorar.

Quando revolvo esses problemas, convenço-me de que só admitem a resposta que deu Rousseau; Rousseau, tão caluniado, pior conhecido do que jamais o foi, exposto à acusação ridícula que lhe atribui uma glorificação do estado natural — no que podemos enxergar o erro de Diderot, mas não o seu —, pois disse exatamente o contrário e continua a ser o único a mostrar como sair das contradições em que nos metemos, no rastro de seus adversários; Rousseau, o mais etnógrafo dos filósofos: se nunca viajou por terras distantes, sua documentação era tão completa quanto possível para um homem de seu tempo, e ele a vivificava — à diferença de Voltaire — por meio de uma curiosidade cheia de simpatia pelos costumes camponeses e pelo pensamento popular; Rousseau, nosso mestre, Rousseau, nosso irmão, por quem demonstramos tanta ingratidão mas a quem cada página deste livro poderia ser dedicada se a homenagem não fosse indigna de sua grande memória. Pois, da contradição inerente à posição do etnógrafo, somente sairemos repetindo por conta própria a démarche que o fez passar das ruínas deixadas pelo *Discurso sobre a origem da desigualdade* à ampla construção do *Contrato social*, cujo segredo *Émile* revela. A ele devemos o fato de saber como, após termos aniquilado todas as ordens, ainda podemos descobrir os princípios que possibilitam edificar uma nova.

Jamais Rousseau cometeu o erro de Diderot, que consiste em idealizar o homem natural. Não há perigo de ele misturar o estado natural com o estado de sociedade; sabe que este último é inerente ao homem, mas provoca males: a única pergunta é saber se esses males são eles próprios inerentes ao estado. Por trás dos abusos e dos crimes, procuraremos, pois, a base inabalável da sociedade humana.

Para tal procura, a comparação etnográfica contribui de duas maneiras. Mostra que essa base não poderia ser encontrada em nossa civilização: de todas as sociedades observadas, é talvez a que mais se afasta disso. Por outro lado, ao destacar os caracteres comuns à maioria das sociedades humanas, ela ajuda a constituir um tipo que nenhuma reproduz fielmente mas que define a direção em que a investigação deve se orientar. Rousseau pensava que o gênero de vida a que hoje chamamos de neolítico apresenta a imagem experimental mais perto disso. Pode-se ou não concordar com ele. Sou um tanto propenso a crer que tinha razão. No Neolítico, o homem realizou a maioria das invenções que são indispensáveis para garantir a sua segurança. Vimos por que podemos excluir a escrita; dizer que ela é uma arma de dois gumes não é sinal de primitivismo; os modernos cibernéticos redescobriram essa verdade. No Neolítico, o homem pôs-se ao abrigo do frio e da fome; conquistou o tempo para pensar; sem dúvida, lutou duramente contra a doença, mas nada garante que os avanços da higiene tenham feito mais do que transferir para outros mecanismos, como as grandes fomes e as guerras de extermínio, a incumbência de manter um equilíbrio demográfico, para o que as epidemias contribuíam de uma maneira que não era mais terrível do que as outras.

Nessa idade do mito, o homem não era mais livre do que hoje, mas a sua simples humanidade tornava-o um escravo. Como sua autoridade sobre a natureza permanecia muito reduzida, ele se achava protegido — e em certa medida liberado — pelo acolchoado amortecedor de seus sonhos. À medida que estes foram se transformando em conhecimento, o poderio do homem aumentou; porém, ao nos colocar — se podemos dizer assim — "em ligação direta" com o universo, esse poderio, do qual tanto nos orgulhamos, que é ele na verdade, se não a consciência subjetiva de uma fusão progressiva da humanidade com o universo físico cujos grandes determinismos agem, doravante, não mais como estranhos que infundem temor, mas, por intermédio do próprio pensamento, colonizando-nos em benefício de um mundo silencioso do qual nos tornamos os agentes?

Rousseau tinha certamente razão ao acreditar que, para nossa felicidade, teria sido melhor a humanidade manter-se em "um meio-termo entre a indolência do estado primitivo e a petulante atividade de nosso amor-próprio"; que esse estado era "o melhor para o homem", e que, para tirá-lo daí, foi preciso "algum funesto acaso" no qual se pode reconhecer esse fenômeno duplamente excepcional — porque único e porque tardio — que foi o surgimento da civilização mecânica. No entanto, fica claro que esse estado médio não é de modo algum um estado primitivo, e que supõe e tolera certa dose de progresso; e que nenhuma sociedade descrita apresenta a imagem privilegiada disso, mesmo se "o exemplo dos selvagens, que foram quase todos encontrados nesse nível, parece confirmar que o gênero humano era feito para aí permanecer sempre".

O estudo desses selvagens traz outra coisa além da revelação de um estado natural utópico, ou a descoberta da sociedade perfeita no coração das florestas; ajuda-nos a construir um modelo teórico da sociedade humana, que não corresponde a nenhuma realidade observável, mas graças ao qual conseguiremos deslindar "o que há de originário e de artificial na natureza atual do homem e conhecer bem um estado que não existe mais, que talvez não existiu, que provavelmente jamais existirá, e acerca do qual é necessário, porém, ter noções exatas para bem julgar nosso estado presente". Já citei essa fórmula para demonstrar o sentido de minha pesquisa com os Nambiquara; pois o pensamento de Rousseau, sempre adiantado em relação a seu tempo, não dissocia a sociologia teórica da pesquisa de laboratório ou de campo, cuja necessidade ele percebeu. O homem natural não é anterior nem exterior à sociedade. Cabe-nos encontrar sua forma, imanente ao estado social fora do qual a condição humana é inconcebível; portanto, traçar o programa das experiências que "seriam necessárias para chegar a conhecer o homem natural" e determinar "os meios de realizar essas experiências no seio da sociedade".

Mas esse modelo — é a solução de Rousseau — é eterno e universal. As outras sociedades talvez não sejam melhores do que a nossa; mesmo se somos propensos a acreditar nisso, não temos à nossa disposição nenhum método para prová-lo. Ao conhecê-las melhor, ganhamos, porém, um meio de nos distanciarmos da nossa, não porque esta seja absolutamente má, ou apenas má, mas porque é a única da qual devíamos nos libertar: já estamos naturalmente libertos das outras. Assim, colocamo-nos em condições de abordar a segunda etapa que consiste, sem nada reter de nenhuma sociedade, em utilizá-las todas para extrair esses princípios da vida social que nos será possível aplicar à reforma dos nossos próprios costumes, e não daqueles das sociedades estrangeiras: em virtude de um privilégio contrário ao precedente, apenas a sociedade a que pertencemos é que somos capazes de transformar sem nos arriscarmos a destruí-la; pois as mudanças que aí introduzimos também partem dela.

Ao colocar fora do tempo e do espaço o modelo em que nos inspiramos, certamente corremos um risco, que é o de subestimar a realidade do progresso. Nossa posição equivale a afirmar que os homens, sempre e em todo lugar, empreenderam a mesma tarefa atribuindo-se o mesmo objetivo, e que no decorrer de sua evolução só os meios diferiram. Confesso que essa atitude não me inquieta; parece a mais de acordo com os fatos, tais como nos são revelados pela história e pela etnografia; e, acima de tudo, parece-me mais fecunda. Os zelosos partidários do progresso expõem-se a desconhecer, pelo seu pouco-caso, as imensas riquezas acumuladas pela humanidade de um lado e outro da estreita linha em que mantêm os olhos fitos; ao subestimar a importância dos esforços passados, depreciam todos os que nos falta realizar. Se os homens se dedicaram apenas a uma tarefa, que é construir uma sociedade vivível, as forças que animaram nossos distantes ancestrais estão igualmente presentes em nós. Nada é definitivo; podemos tudo recomeçar. O que foi feito e falhou pode ser refeito: "A idade de ouro que uma cega superstição colocara atrás [ou na frente] de nós, está *em nós*". A fraternidade humana ganha um sentido concreto ao apresentar-nos, na tribo mais pobre, nossa imagem confirmada e uma experiência da qual, junto com tantas outras, podemos assimilar as lições. Inclusive reencontraremos nestas um antigo frescor. Pois, sabendo que há milênios o homem só conseguiu se repetir, alcançaremos essa nobreza do pensamento que consiste, para além de todas as repetições, em tomar como ponto de partida de nossas reflexões a grandeza indefinível dos começos. Visto que ser homem significa, para cada um de nós, pertencer a uma classe, a uma sociedade, a um país, a um continente e a uma civilização; e que para nós, europeus e apegados à terra, a aventura ao coração do Novo Mundo significa antes de mais nada que ele não foi o nosso, e que carregamos o crime de sua destruição; e que, em seguida, não haverá outro igual: saibamos ao menos, reduzidos a nós mesmos por essa confrontação, expressá-la nos seus termos primeiros — em um lugar, e nos transferindo para um tempo em que nosso mundo perdeu a oportunidade que lhe era oferecida de escolher entre as suas missões.

39. Táxila

Ao pé das montanhas de Caxemira, entre Rawalpindi e Peshawar, está o sítio arqueológico de Táxila, a alguns quilômetros da via férrea. O trem fora o meu meio de transporte para chegar lá, e involuntariamente responsável por um drama menor. Pois o único compartimento de primeira classe, onde subi, era de um tipo antigo — *sleep* 4, *seat* 6 — que fica a meio caminho do furgão para animais, do salão e — pelas grades protetoras nas janelas — da prisão. Ali estava uma família muçulmana acomodada: o marido, a mulher e duas crianças. A mulher estava submetida ao *purdah*. Apesar da tentativa de se isolar, agachada em seu beliche, enrolada com o *burkah* e virando-me as costas ostensivamente, ainda assim essa promiscuidade pareceu escandalosa, e a família teve que se separar; a mulher e os filhos foram para o compartimento só para senhoras, enquanto o marido continuava a ocupar os lugares reservados, assassinando-me com os olhos. Conformei-me com o incidente, de maneira mais fácil, a bem da verdade, do que com o espetáculo que me foi oferecido ao chegar, enquanto eu aguardava um meio de transporte, na sala de espera da estação, que se comunicava com um salão de paredes cobertas por lambris marrons, ao longo dos quais enfileiravam-se umas vinte latrinas, como para servir às reuniões de um cenáculo enterológico.

Um desses pequenos veículos puxados a cavalo chamados *gharry*, onde nos sentamos de costas para o cocheiro, arriscando-nos a sermos jogados para fora a cada solavanco, levou-me ao sítio arqueológico por uma estrada poeirenta ladeada de casas baixas de pau a pique, entre os eucaliptos, os tamarindos, as amoreiras e as pimenteiras. Pomares de limoeiros e laranjeiras estendiam-se ao pé de uma colina de pedra azulada, salpicada de oliveiras silvestres. Passei pelos camponeses vestidos com cores suaves: branco, cor-de-rosa, lilás e amarelo, e usando turbantes em forma de bolo. Cheguei afinal aos pavilhões administrativos que circundam o museu. Estava combinado que eu passaria ali uma curta temporada, suficiente para visitar as jazidas; porém, como o telegrama "oficial e urgente", enviado de Lahore na véspera para me anunciar, só alcançou o diretor cinco dias depois, por causa das enchentes que castigavam o Punjab, eu poderia igualmente ter chegado de improviso.

O sítio de Táxila, que teve outrora o nome sânscrito de Takshasilâ — a cidade dos talhadores de pedra —, ocupa um duplo circo de erosão, de uns dez metros de profundidade, formado pelos vales convergentes dos rios Haro e Tamra Nala: o Tibério-Potamos dos antigos. Os dois vales, e a crista que os separa, foram habitados pelo homem por dez ou doze séculos, sem interrupção: desde a fundação da mais antiga aldeia exumada, que data do século VI antes de nossa era, até a destruição dos monastérios budistas pelos hunos brancos que invadiram os reinos kushan e gupta, entre 500 e 600 d.C. Remontando os vales, descemos pelo curso da história. Bhir Mound, ao pé da crista mediana, é o sítio mais antigo; alguns quilômetros a montante, encontra-se a cidade de Sirkap, que conheceu seu esplendor com os partos, e, imediatamente fora do recinto, o templo zoroastrista de Jandial, que Apolônio de Tiana visitou; mais longe ainda, fica a cidade kushan de Sirsuk e, por toda a sua volta, nas elevações, os stupas* e os monastérios budistas de Mohra Moradu, Jaulian, Dharmarâjikâ, repletos de estátuas de argila outrora crua mas que os incêndios ateados pelos hunos preservaram por acaso, cozinhando-a.

Por volta do século V antes de nossa era, ali havia uma aldeia que foi incorporada ao Império Aquemênida e tornou-se um centro universitário. Em sua marcha rumo ao Jumna, Alexandre parou algumas semanas, em 326, no lugar exato onde hoje estão as ruínas de Bhir Mound. Um século depois, os imperadores maurias reinam em Táxila, onde Asoka — que construiu o maior

---

* Santuários budistas em forma de torre. (N. T.)

stupa — favorece a implantação do budismo. O Império Mauria vem abaixo quando ele morre, o que sobrevém em 231, e os reis gregos de Bactriana o substituem. Em cerca de 80 antes de nossa era, são os citas que se instalam, abandonando o terreno, por sua vez, aos partos, cujo império se estende, por volta de 30 d.C., de Táxila a Doura-Europos. Situa-se nesse momento a visita de Apolônio. Porém, já faz dois séculos que as populações kushans estão em marcha, do Noroeste da China, de onde saem por volta de 170 a.C., até a Bactriana, o Oxus, Cabul e, finalmente, a Índia do Norte, que, ao redor do ano 60, ocupam por algum tempo, na vizinhança dos partos. Entrando em decadência desde o século III, os kushans desaparecem, sob os ataques dos hunos, duzentos anos depois. Quando o peregrino chinês Hsuan-Tsang visita Táxila no século VII, encontra apenas os vestígios de um esplendor passado.

No centro de Sirkap, cujas ruínas desenham à flor da terra a planta quadrangular e as ruas traçadas a régua, um monumento confere a Táxila seu pleno significado; é o altar chamado "da águia de duas cabeças", sobre cujo pedestal vemos três pórticos talhados em baixo relevo: um, com frontão em estilo greco-romano, outro, em forma de sino, à maneira bengali, e o terceiro, fiel ao estilo budístico arcaico dos portões de Bharhut. Porém, ainda seria subestimar Táxila reduzi-la ao local onde, durante alguns séculos, três das maiores tradições espirituais do Velho Mundo viveram lado a lado: helenismo, hinduísmo, budismo; pois a Pérsia de Zoroastro também estava presente, e, com os partos e os citas, essa civilização das estepes, aqui combinada com a inspiração grega para criar as mais belas joias jamais saídas das mãos de um ourives; tais lembranças ainda não estavam apagadas quando o islã invadiu a região, para não mais deixá-la. Com exceção da cristã, todas as influências de que a civilização do Velho Mundo está impregnada acham-se aqui reunidas. Mananciais longínquos misturaram as suas águas. Eu mesmo, visitante europeu meditando sobre aquelas ruínas, atesto a tradição que faltava. Onde melhor do que nesse sítio, que lhe apresenta seu microcosmo, o homem do Velho Mundo, reatando com sua história, poderia se interrogar?

Certa noite, eu perambulava pelo recinto de Bhir Mound, delimitado por um talude de entulhos. Esse modesta aldeia, da qual só subsistiram os alicerces, não ultrapassa o nível das ruelas geométricas por onde eu caminhava. Deu-me a impressão de observar sua planta de muito alto ou de muito longe, e essa ilusão, favorecida pela ausência de vegetação, adicionava uma profundidade à da história. Naquelas casas viveram talvez os escultores gregos que acompanhavam Alexandre, criadores da arte do Gandara e que inspiraram aos antigos budistas a audácia de representarem seu deus. Um reflexo brilhante a meus pés deteve-me: era, trazida à tona pelas chuvas recentes, uma moedinha de prata com a inscrição grega MENANDR BASILEUS SÔTEROS. Que seria hoje o Ocidente se a tentativa de união entre o mundo mediterrâneo e a Índia houvesse dado certo de forma duradoura? O cristianismo, o islã teriam existido? Era sobretudo a presença do islã que me atormentava; não porque eu passara os meses anteriores em ambiente muçulmano: confrontado aqui com os grandes monumentos da arte greco-budística, meus olhos e meu espírito continuavam congestionados pela lembrança dos palácios mongóis aos quais eu dedicara as últimas semanas em Delhi, Agra e Lahore. Mal informado sobre a história e a literatura do Oriente, as obras impunham-se a mim (como entre aqueles povos primitivos, aonde eu chegara sem conhecer-lhes a língua) e ofereciam-me o único aspecto singular onde eu pudesse assentar minha reflexão.

Depois de Calcutá, sua fervilhante miséria e suas cercanias sórdidas que pareciam apenas transpor para o plano humano a profusão bolorenta dos trópicos, eu esperava encontrar em Delhi a serenidade da história. Via-me de antemão instalado, como em Carcassonne ou em Semur, num hotel antiquado, escondido nas muralhas, para ali sonhar à luz da lua; quando me disseram que teria de optar entre a cidade nova e a antiga, não titubeei, indicando ao acaso um hotel localizado na segunda. Qual não foi minha surpresa ao ser levado por um táxi para um passeio de trinta quilômetros por uma paisagem disforme, sobre a qual eu me perguntava se era um antigo campo de batalha, cujas ruínas a vegetação deixava à mostra a raros intervalos, ou um canteiro de obras abandonado. Quando, afinal, chegamos à cidade supostamente velha, a desilusão aumentou: como em toda parte, era um acampamento inglês. Os dias que se seguiram ensinaram-me que Delhi, em vez de ter o passado concentrado num pequeno espaço, à maneira das cidades europeias, parecia uma selva aberta a todos os ventos, onde os monumentos estavam espalhados, lembrando dados sobre um pano verde. Cada soberano desejara construir sua própria cidade, abandonando e demolindo a anterior para retirar-lhe os materiais. Não havia uma, mas doze ou treze Delhis, perdidas a dezenas de quilômetros umas das outras, através de uma planície onde se adivinhavam aqui e ali montículos de terra sobre as sepulturas, monumentos e túmulos. O islã já me desconcertava por ter, diante da história, uma atitude contraditória à nossa e contraditória em si mesma: a preocupação de fundar uma tradição acompanhava-se de um apetite destruidor de todas as tradições anteriores. Cada monarca desejou criar o imperecível abolindo a duração.

Assim, pois, eu me dedicava, como um aplicado turista, a percorrer distâncias enormes para visitar monumentos que pareciam, todos, construídos no deserto.

O forte Vermelho mais se assemelha a um palácio que combina vestígios do Renascimento (tais como os mosaicos em *pietra* dura) com um embrião do estilo Luís XV, o qual, aqui nos convencemos, nasceu de influências mongóis. Apesar da suntuosidade dos materiais, do requinte do cenário, eu continuava insatisfeito. Nada de arquitetural em tudo aquilo, o que desmente a impressão de um palácio: antes, um conjunto de tendas armadas "para durar" num jardim, que por sua vez seria um acampamento idealizado. Todas as imaginações parecem derivadas das artes têxteis: baldaquinos de mármore evocando as pregas de uma cortina, *jalis* que são realmente (e não por metáfora) "rendas de pedra". O dossel imperial de mármore é cópia de um dossel desmontável de madeira revestido de panos; tanto quanto o seu modelo, não se harmoniza com a sala de audiências. Até mesmo o túmulo de Humayun, no entanto arcaico, dá ao visitante essa sensação de mal-estar que resulta da falta de um elemento essencial. O conjunto forma um belo volume, cada detalhe é apurado, mas é impossível perceber um vínculo orgânico entre as partes e o todo.

A Grande Mesquita — Jamma Masdjid —, que é do século XVII, contenta mais o visitante ocidental no duplo enfoque da estrutura e da cor.

Sentimo-nos prestes a admitir que tenha sido concebida e desejada como um todo. Por quatrocentos francos, mostraram-me os mais antigos exemplares do Alcorão, um pelo da barba do Profeta preso por uma pastilha de cera no fundo de uma caixa envidraçada cheia de pétalas de rosas, e suas sandálias. Um pobre fiel aproxima-se para aproveitar o espetáculo, mas o funcionário afasta-o horrorizado. Será que não pagou os quatrocentos francos, ou que a visão dessas relíquias carrega demasiado poder mágico para um crente?

Para render-se a essa civilização, deve-se ir a Agra. Pois pode-se dizer tudo a respeito do Taj Mahal e de seu encanto fácil de cartão-postal colorido. Pode-se ironizar a procissão de recém-casados britânicos a quem foi dado o privilégio de passar a lua de mel no templo da direita, em grés cor-de-rosa, e as velhas solteironas, mas não menos anglo-saxônicas, que cultivarão até a morte a lembrança do Taj cintilando sob as estrelas e refletindo sua sombra branca no Jumna. É o lado 1900 da Índia; mas, pensando bem, percebemos que isso repousa em afinidades profundas, mais do que no acaso histórico e na conquista. Sem dúvida, a Índia se europeizou por volta de 1900, conservando marcas em seu vocabulário e nos costumes vitorianos: *lozenge* para "caramelos", *commode* para "privada". Mas, inversamente, aqui se compreende que os anos 1900 foram o "período hindu" do Ocidente: luxo dos ricos, indiferença pela miséria, gosto pelas formas lânguidas e rebuscadas, sensualidade, amor pelas flores e pelos perfumes, e até os bigodes afilados, os brincos e os penduricalhos.

Ao visitar em Calcutá o célebre templo jainista, construído no século XIX por um milionário num parque cheio de estátuas de ferro fundido pintadas de prateado ou de mármore esculpido por italianos desajeitados, eu julgava identificar, naquele pavilhão de alabastro incrustado com um mosaico de espelhos e totalmente impregnado de perfume, a imagem mais ambiciosa que nossos avós poderiam ter, em sua tenra juventude, de uma casa de tolerância de alto luxo. Porém, ao fazer essa reflexão, eu não criticava a Índia por construir templos semelhantes a bordéis; e sim, a nós mesmos, que não encontramos em nossa civilização outro lugar onde afirmar nossa liberdade e explorar os limites de nossa sensualidade, o que é a função mesma de um templo. Nos hindus, eu contemplava nossa exótica imagem, refletida por esses irmãos indo-europeus que evoluíram em outro clima, em contato com civilizações diferentes, mas cujas tentações íntimas são tão idênticas às nossas que em certos períodos, como nos anos 1900, também vêm à tona entre nós.

Nada de semelhante em Agra, onde reinam outras sombras: as da Pérsia medieval, da Arábia erudita, numa forma que muitos julgam convencional. Contudo, desafio qualquer visitante que ainda haja conservado um pouco de frescor de espírito a não se sentir transtornado quando transpõe, ao mesmo tempo que o recinto do Taj, as distâncias e as eras, penetrando em cheio no universo das *Mil e uma noites*; menos sutilmente, sem dúvida, do que em Itmadud Daulah, pérola, joia, tesouro em branco, bege e amarelo; ou do que no túmulo rosado de Akbar, povoado apenas pelos macacos, papagaios e antílopes, no fundo de um descampado arenoso onde o verde-clarinho das mimosáceas funde-se nos valores da terra: paisagem animada à noite pelos papagaios verdes e os gaios de cor turquesa, pelo voo pesado dos pavões e a tagarelice dos macacos sentados ao pé das árvores.

Mas, assim como os palácios do forte Vermelho e como o túmulo de Jehangir, que fica em Lahore, o Taj é também uma imitação em mármore de um andaime coberto de drapeados. Ainda se observam os paus destinados a se pendurar as tapeçarias. Em Lahore, estas são até mesmo copiadas em mosaico. Os andares não se compõem, repetem-se. Qual a razão profunda dessa indigência, em que se adivinha a origem do atual menosprezo dos muçulmanos pelas artes plásticas? Na Universidade de Lahore, encontrei uma senhora inglesa, casada com um muçulmano, que dirigia o Departamento de Belas-Artes. Só as moças são autorizadas a assistir ao seu curso; a escultura é proibida, a música, clandestina, a pintura é ensinada como uma arte recreativa. Como a separação da Índia e do Paquistão se fez segundo a linha divisória religiosa, assistiu-se a uma exasperação da austeridade e do puritanismo. A arte, diz-se aqui, "entrou na clandestinidade". Não se trata apenas de ser fiel ao islã, porém, mais ainda, talvez, de repudiar a Índia: a destruição dos ídolos renova Abraão, mas com um significado político e nacional bem novo. Ao esmagar a arte, abjura-se a Índia.

Pois a idolatria — conferindo a essa palavra seu sentido exato que indica a presença pessoal do deus no seu simulacro — encontra-se sempre viva na Índia. Tanto nessas basílicas de concreto armado que se erguem nos subúrbios distantes de Calcutá, dedicadas a cultos recentes cujos sacerdotes, de cabeça raspada, pés descalços e usando um véu amarelo, recebem atrás de suas máquinas de escrever nos moderníssimos escritórios que circundam o santuário, cuidando de administrar os lucros da última turnê missionária à Califórnia, quanto nos bairros pobres, em Kali Ghat: "Templo do século XVII", dizem-me os *business-like* sacerdotes-cicerones; mas revestido de faiança que data do fim do século XIX. A esta hora, o santuário está fechado; se eu voltar de manhã, poderei, de um local exato que me indicam, avistar a deusa pela porta entreaberta, entre duas colunas. Aqui, como no grande templo de Krishna das margens do Ganges, o templo é a mansão de um deus que só recebe nos dias de festa; o culto do dia a dia consiste em acampar nos corredores e em colher junto aos serviçais sagrados os mexericos referentes às disposições do senhor. Contento-me, pois, em passear pelos arredores, pelas vielas abarrotadas de mendigos que aguardam a hora de serem alimentados às custas do culto, álibi para um comércio voraz — santinhos e imagens de gesso representando as divindades — que inclui, aqui e ali, testemunhos mais diretos: esse tridente vermelho e essas pedras verticais encostadas no tronco intestinal de uma *banyan** é Shiva; esse altar todo avermelhado, Lakshmi; essa árvore em cujos galhos estão penduradas inúmeras oferendas, como pedras e retalhos de tecido, é habitada por Mamakrishna, que cura as mulheres estéreis; e sob esse altar florido vela o deus do amor, Krishna.

A essa arte religiosa de pacotilha, mas incrivelmente viva, os muçulmanos contrapõem seu pintor único e oficial: Chagtai é um aquarelista inglês que se inspira nas miniaturas rajput. Por que a arte muçulmana decai tão completamente assim que termina o seu apogeu? Passa sem transição do palácio ao bazar. Não seria consequência do repúdio às imagens? O artista, privado de qualquer contato com o real, perpetua uma convenção tão exangue que não pode ser rejuvenescida nem fecundada. É sustentada pelo ouro, ou desaba. Em Lahore, o erudito que me acompanha só nutre desprezo pelos afrescos sikhs que ornamentam o forte: "Too showy, no colour scheme, too crowded"; e, com certeza, isso está muito longe do fantástico teto de espelhos do Shish Mahal, que cintila tal qual um céu estrelado; mas, como ocorre com tanta frequência com a Índia contemporânea em face do islã, é vulgar e ostentatório, popular e encantador.

Se excetuarmos os fortes, os muçulmanos só construíram na Índia templos e túmulos. Mas os fortes eram palácios habitados, enquanto os túmulos e os templos são palácios desocupados. Sente-se, ainda aqui, a dificuldade do islã para pensar a solidão. No seu entender, a vida é antes de tudo comunidade, e o morto instala-se sempre no quadro de uma comunidade, desprovida de participantes.

Há um impressionante contraste entre o esplendor dos mausoléus, suas vastas dimensões, e a concepção acanhada das lápides sepulcrais que abrigam. São sepulturas bem pequenas, onde o defunto deve se sentir apertado. Para que servem, afinal, essas salas, essas galerias que as rodeiam e das quais só os passantes desfrutarão? A sepultura europeia está na medida de seu habitante: o mausoléu é raro e é no próprio túmulo que se exercem a arte e a engenhosidade, para torná-lo suntuoso e confortável ao jacente.

---

* Árvore (*Ficus benghalensis*) semelhante à figueira-da-índia. (N. T.)

No islã, o túmulo divide-se entre monumento esplêndido, que o morto não aproveita, e uma tumba mesquinha (ela mesma dividida, aliás, entre um cenotáfio visível e uma sepultura escondida) onde o morto parece prisioneiro. O problema do repouso no além encontra uma solução duplamente contraditória: de um lado, conforto extravagante e ineficaz, de outro, desconforto real, o primeiro trazendo uma compensação ao segundo.

Não seria a imagem da civilização muçulmana, que associa os requintes mais raros — palácios de pedras preciosas, fontes de água de rosas, iguarias cobertas de folhas de ouro, fumo misturado com pérolas moídas —, servindo de cobertura à rusticidade dos costumes e à carolice que impregna o pensamento moral e religioso?

No plano estético, o puritanismo islâmico, ao desistir de abolir a sensualidade, contentou-se em reduzi-la às suas formas menores: perfumes, rendas, bordados e jardins. No plano moral, deparamo-nos com o mesmo equívoco de uma tolerância alardeada apesar do proselitismo cujo aspecto compulsivo é evidente. Na verdade, o contato com os não muçulmanos os angustia. Seu gênero de vida provinciana perpetua-se diante da ameaça de outros gêneros de vida, mais livres e mais flexíveis do que o deles, e cujo perigo é alterá-lo pela simples contiguidade.

Mais do que falar de tolerância, melhor seria dizer que essa tolerância, na medida em que existe, é uma perpétua vitória sobre eles mesmos. Ao preconizá-la, o Profeta colocou-os numa situação de crise permanente, que resulta da contradição entre o alcance universal da revelação e a admissão da pluralidade da fé religiosa. Há nisso uma situação "paradoxal" no sentido pavloviano, geradora de ansiedade, de um lado, e de condescendência consigo mesmo, de outro, já que eles se creem capazes, graças ao islã, de superar tal conflito. Em vão, aliás: conforme notava certo dia, na minha frente, um filósofo indiano, os muçulmanos se orgulham de professar o valor universal de grandes princípios: liberdade, igualdade, tolerância; e anulam o crédito a que aspiram quando afirmam, simultaneamente, que são os únicos a praticá-los.

Um dia, em Karachi, eu estava em companhia de Sábios muçulmanos, universitários ou religiosos. Ao escutá-los louvarem a superioridade de seu sistema, impressionava-me observar com que insistência voltavam a um único argumento: sua *simplicidade*. A legislação islâmica em matéria de herança é melhor do que a indiana, porque é mais simples. Deseja-se contornar a proibição tradicional do empréstimo a juros? Basta firmar um contrato de sociedade entre o depositante e o banqueiro, e os juros se transformarão em participação do primeiro nas empresas do segundo. Quanto à reforma agrária, há que se aplicar a lei muçulmana na sucessão das terras aráveis até que elas estejam suficientemente divididas, e depois deixar de aplicá-la — já que não é artigo de dogma — para evitar um fracionamento excessivo: "There are so many ways and means...".

Com efeito, todo o islã parece um método para desenvolver no espírito dos crentes conflitos insuperáveis, ainda que seja para salvá-los em seguida, propondo-lhes soluções de grande (mas grande demais) simplicidade. Uma das mãos os atira, a outra os segura à beira do abismo. O cavalheiro se preocupa com a virtude de suas esposas ou de suas filhas enquanto está fora? Nada mais simples, cubra-as com véus e enclausure-as.

É assim que se chega ao *burkah* moderno, parecido com um aparelho ortopédico, com o seu corte complicado, suas fendas de passamanaria para os olhos, seus colchetes de pressão e seus cordõezinhos, e o pesado tecido do qual é feito para se adaptar exatamente às curvas do corpo humano, ainda que o dissimulando de modo tão completo quanto possível. Mas, com isso, a barreira da preocupação apenas se deslocou, já que, agora, bastará que encostem em sua mulher para desonrar o cavalheiro, que se atormentará ainda mais. Uma conversa franca com jovens muçulmanos ensina duas coisas: primeiro, que são obcecados pelo problema da virgindade pré-nupcial e da fidelidade posterior; depois, que o *purdah*, isto é, a segregação das mulheres, cria em certo sentido um obstáculo para os casos de amor, mas favorece-os em outro plano, pela atribuição às mulheres de um mundo próprio, cujos desvãos elas são as únicas a conhecer. Assaltantes de haréns quando são jovens, eles têm boas razões para se transformar em seus guardiões, uma vez casados.

Indianos e muçulmanos da Índia comem com os dedos. Os primeiros, delicadamente, de leve, pegando a comida com um pedaço de *chapati;* assim se chamam essas crêpes grandes, cozidas rapidamente ao serem postas no lado de dentro de um jarro enfiado na terra e repleto de brasas até um terço de sua altura. Entre os muçulmanos, comer com os dedos torna-se um sistema: ninguém segura o osso da carne para devorá-la. Com a única mão utilizável (a esquerda é impura, porque reservada às abluções íntimas), amassam, arrancam os pedaços; e, quando estão com sede, a mão gordurosa agarra o copo.

Ao observar esses modos à mesa, que equivalem aos outros mas que, do ponto de vista ocidental, parecem demonstrar uma falta de cerimônia, indagamos até que ponto o costume, mais do que vestígio arcaico, não resulta de uma reforma desejada pelo Profeta — "Não façais como os outros povos, que comem com uma faca" —, inspirado pela mesma preocupação, inconsciente talvez, de infantilização sistemática e de imposição homossexual à comunidade pela promiscuidade que envolve os rituais de asseio após a refeição, quando todos lavam as mãos, gargarejam, arrotam e cospem na mesma bacia, partilhando, numa indiferença terrivelmente *autista*, o mesmo medo da impureza associado ao mesmo exibicionismo. A vontade de se confundirem é, aliás, acompanhada pela necessidade de se singularizarem como grupo, donde a instituição do *purdah*: "Que vossas mulheres sejam veladas, para que as reconheçamos entre as outras!".

A fraternidade islâmica repousa numa base cultural e religiosa. Não possui nenhum aspecto econômico ou social. Já que temos o mesmo deus, o bom muçulmano será aquele que dividir o seu *hooka** com o varredor. O mendigo é, na verdade, meu irmão: em especial, no sentido de que partilhamos fraternalmente a mesma aprovação da desigualdade que nos separa. Daí essas duas espécies sociologicamente tão extraordinárias: o muçulmano germanófilo e o alemão islamizado. Se um corpo de guarda pudesse ser religioso, o islã pareceria a sua religião ideal: rigorosa observância do regulamento (preces cinco vezes ao dia, cada uma exigindo cinquenta genuflexões); inspeções detalhadas e cuidados com o asseio (as abluções rituais); promiscuidade masculina na vida espiritual assim como na satisfação das funções orgânicas; e nada de mulheres.

Esses ansiosos são também homens de ação; debatendo-se entre sentimentos incompatíveis, compensam a inferioridade que sentem com as formas tradicionais de sublimação que desde sempre associamos à alma árabe: ciúmes, orgulho, heroísmo. Mas essa vontade de estar entre os seus, esse espírito de paróquia, aliado a um desenraizamento crônico (o urdu é uma língua acertadamente chamada "de acampamento"), que estão na origem da formação do Paquistão, explicam-se de modo muito imperfeito por uma comunidade de fé religiosa e por uma tradição histórica. É um fato social atual, e que deve ser interpretado desta forma: drama de consciência coletivo que obrigou mi-

---

* Narguilé dos muçulmunos da Índia. (N. T.)

lhões de indivíduos a uma opção irrevogável, ao abandono de suas terras, com frequência de sua fortuna, às vezes de seus parentes, de sua profissão, de seus projetos para o futuro, do solo de seus ancestrais e de seus túmulos, para ficarem entre muçulmanos, e porque só se sentem à vontade entre muçulmanos.

Grande religião que se funda mais na impotência para criar laços com o exterior e menos na evidência de uma revelação. Diante da benevolência universal do budismo, do desejo cristão de diálogo, a intolerância muçulmana adota uma forma inconsciente entre os que acabam sendo os culpados por ela; pois se nem sempre procuram, de forma brutal, levar o outro a partilhar de sua verdade, são, porém (e é mais grave), incapazes de suportar a existência do outro como outro. Para eles, a única maneira de se porem ao abrigo da dúvida e da humilhação consiste numa "niilização" do outro, considerado testemunha de outra fé e de outro comportamento. A fraternidade islâmica é a proposição por conversão dos termos de uma exclusiva contra os infiéis, e que não pode se declarar, visto que reconhecer-se como tal equivaleria a reconhecê-los, eles próprios, como existentes.

40. Visita ao *kyong*

Conheço bem demais as razões desse mal-estar sentido na vizinhança do islã: nele descubro o universo de onde venho; o islã é o Ocidente do Oriente. Mais exatamente ainda, precisei encontrar o islã para avaliar o perigo que ameaça hoje o pensamento francês. Não perdoo ao primeiro apresentar-me nossa imagem, obrigar-me a verificar o quanto a França está se tornando muçulmana. Entre os muçulmanos como entre nós, observo a mesma atitude livresca, o mesmo espírito utópico, e essa convicção obstinada de que basta resolver os problemas no papel para logo se livrar deles. Protegidos por um racionalismo jurídico e formalista, construímos de igual modo uma imagem do mundo e da sociedade em que todas as dificuldades são passíveis de uma lógica artificiosa, e não nos damos conta de que o universo já não se compõe dos objetos de que falamos. Assim como o islã ficou estacionário na sua contemplação de uma sociedade que foi real há sete séculos, e para cujos problemas ele então concebeu soluções eficazes, não conseguimos mais pensar fora dos moldes de uma época já terminada há um século e meio, e que foi essa em que soubemos sintonizar com a história; e, ainda assim, de forma demasiado breve, pois Napoleão, esse Maomé do Ocidente, fracassou ali onde o outro triunfou. Paralelamente ao mundo islâmico, a França da Revolução sofreu o destino reservado aos revolucionários arrependidos, que é o de se tornarem os conservadores saudosos das circunstâncias em relação às quais se situaram uma vez no sentido do movimento.

Com respeito a povos e culturas ainda sob a nossa dependência, somos prisioneiros da mesma contradição de que padece o islã em presença de seus protegidos e do resto do mundo. Não concebemos que princípios que foram fecundos para assegurar nossa própria expansão não sejam venerados pelos outros a ponto de incitá-los a segui-los em benefício próprio, tão grande deveria ser, pensamos nós, sua gratidão para conosco por termos sido os primeiros a imaginá-los. Assim, o islã, que no Oriente Médio foi o inventor da tolerância, não perdoa os não muçulmanos por não abjurarem a própria fé em favor da sua, uma vez que esta tem sobre todas as outras a superioridade esmagadora de respeitá-las. Em nosso caso, o paradoxo é que a maioria de nossos interlocutores são muçulmanos, e que o espírito global que nos anima, a uns e outros, apresenta demasiados traços comuns para não nos colocarem em oposição. No plano internacional, entenda-se; pois esses desacordos são o resultado de duas burguesias que se afrontam. A opressão política e a exploração econômica não têm o direito de ir procurar desculpas entre suas vítimas. No entanto, se uma França de 45 milhões de habitantes se abrisse largamente, na base da igualdade de direitos, para admitir 25 milhões de cidadãos muçulmanos, mesmo sendo analfabetos em grande escala,* não estaria tomando uma atitude mais audaciosa do que aquela a que os Estados Unidos deveram o fato de não terem permanecido uma pequena província do mundo anglo-saxão. Quando os cidadãos da Nova Inglaterra resolveram, há um século, autorizar a imigração oriunda das regiões mais atrasadas da Europa e das camadas sociais mais desfavorecidas, e deixar-se submergir por essa vaga, fizeram e ganharam uma aposta cujo risco era tão grande quanto o que nos negamos a correr.

Poderemos corrê-lo, algum dia? Ao se somarem, duas forças regressivas veem sua direção se inverter? Nós mesmos nos salvaríamos? Ou será que não consagraríamos nossa perda se, reforçando nosso erro com este que lhe é simétrico, nos resignássemos a reduzir o patrimônio do Velho Mundo a esses dez ou quinze séculos de empobrecimento espiritual cujo agente e teatro foi a sua metade do Ocidente? Aqui, em Táxila, nesses monastérios budistas onde

---

* Reflexão anacrônica, como várias outras; mas não se deve esquecer que este livro foi escrito em 1954-5.

a influência grega fez com que proliferassem as estátuas, confronto-me com essa oportunidade fugaz que teve nosso Velho Mundo de manter-se uno; a cisão ainda não está concluída. Um outro destino é possível, este, justamente, que o islã veta ao erguer sua barreira entre um Ocidente e um Oriente que, sem ele, talvez não houvessem perdido seu apego ao solo comum onde se entranham suas raízes.

Sem dúvida, a esse fundo oriental o islã e o budismo se contrapuseram, cada um a seu modo, ao mesmo tempo em que se contrapunham um ao outro. Mas para compreender suas relações não se deve comparar o islã com o budismo encarando-os na forma histórica que assumiam no momento em que entraram em contato; pois, à época, um tinha cinco séculos de existência e o outro, quase vinte. Apesar dessa distância, devemos restituí-los, ambos, ao seu desabrochar, que, no caso do budismo, mantém-se tão viçoso em seus primeiros monumentos quanto em suas mais humildes manifestações de hoje.

Minha lembrança repugna dissociar os templos camponeses da fronteira birmanesa e as estelas de Bharhut que datam do século II antes de nossa era, e cujos fragmentos dispersos há que se procurar em Calcutá e em Delhi. As estelas, feitas numa época e numa região em que a influência grega ainda não se exercera, proporcionaram-me um primeiro motivo de emoção: para o observador europeu, parecem fora dos espaços e das eras, como se seus escultores, detentores de uma máquina de suprimir o tempo, tivessem concentrado em sua obra 3 mil anos de história da arte e — situados a igual distância entre o Egito e o Renascimento — tivessem conseguido capturar naquele instante uma evolução que se inicia em época que não conheceram, e que termina ao fim de outra ainda não começada. Se há uma arte eterna, é de fato essa: data de cinco milênios, é de ontem, não se sabe. Pertence às pirâmides e às nossas casas; as formas humanas, esculpidas naquela pedra cor-de-rosa de granulação fina, poderiam se soltar e se misturar com a nossa sociedade. Nenhuma estatuária provoca sensação mais profunda de paz e de familiaridade do que essa, com suas mulheres castamente impudicas e sua sensualidade maternal que se compraz na oposição entre as mães-amantes e as filha-enclausuradas, opondo-se ambas às amantes enclausuradas da Índia não búdica: feminilidade plácida e como que liberada do conflito dos sexos que os bonzos dos templos, por sua vez, também evocam, confundidos pela cabeça raspada com as freiras, numa espécie de terceiro sexo, semiparasita e semiprisioneiro.

Se o budismo procura, como o islã, dominar o exagero dos cultos primitivos, é graças à pacificação unificadora que a promessa do retorno ao seio materno traz em si; por esse viés, ele reintegra o erotismo após tê-lo libertado do frenesi e da angústia. O islã, ao contrário, desenvolve-se segundo uma orientação masculina. Enclausurando as mulheres, veda o acesso ao seio materno: do mundo das mulheres o homem fez um mundo fechado. Por esse meio, com certeza, também espera conquistar a quietude, mas afiançando-a com exclusões — a das mulheres fora da vida da sociedade e a dos infiéis fora da comunidade espiritual —, ao passo que o budismo concebe a quietude mais como uma fusão, com a mulher, com os homens, e numa representação assexuada da divindade.

Não se poderia imaginar contraste mais marcante do que entre o Sábio e o Profeta. Nem um nem outro são deuses, eis o único ponto comum aos dois. Em tudo o mais, eles se contrapõem: um, casto, o outro, potente com suas quatro esposas; um, andrógino, o outro, barbudo; um, pacífico, o outro, belicoso; um, exemplar, o outro, messiânico. Mas, também, 1200 anos os separam! E a outra desgraça da consciência ocidental é que o cristianismo, o qual, se nascido mais tarde, poderia ter efetuado a síntese de ambos, tenha surgido "avant la lettre" — cedo demais —, não como uma conciliação *a posteriori* de dois extremos, mas como passagem de um a outro: meio-termo de uma série destinada por sua lógica interna, pela geografia e pela história, a desenvolver-se, doravante, no sentido do islã, já que este — os muçulmanos triunfam nesse ponto — representa a forma mais evoluída do pensamento religioso, sem por isso ser a melhor; eu diria mesmo, sendo, por essa razão, a mais inquietante das três.

Os homens fizeram três grandes tentativas religiosas para se livrar da perseguição dos mortos, da maleficência do além e das angústias da magia. Separados por um intervalo aproximativo de meio milênio, conceberam sucessivamente o budismo, o cristianismo e o islã; e chama a atenção que cada etapa, longe de marcar um progresso em relação à precedente, mais demonstre um recuo. Para o budismo, não existe o além; tudo se reduz a uma crítica radical, como a humanidade nunca mais se mostraria capaz de fazer, ao fim da qual o sábio cai numa recusa do sentido das coisas e dos seres: disciplina que abole o universo e que se suprime, ela própria, como religião. Cedendo de novo ao medo, o cristianismo restabelece o outro mundo, suas esperanças, suas ameaças e seu juízo final. Ao Islã só resta vinculá-lo a este: o mundo temporal e o mundo espiritual encontram-se reunidos. A ordem social embeleza-se com os prestígios da ordem sobrenatural, a política torna-se teologia. No fim das contas, espíritos e fantasmas aos quais, apesar de tudo, a superstição não conseguia dar vida, foram substituídos por mestres já demasiado reais, aos quais se permite, de quebra, monopolizar um além que soma o seu peso ao peso já esmagador da vida terrena.

Esse exemplo justifica a ambição do etnógrafo, que é sempre recuar até as fontes. O homem só cria algo verdadeiramente grande no princípio; em qualquer campo que seja apenas a primeira démarche é válida em sua totalidade. As que se seguem titubeiam e se arrependem, empenham-se em recuperar, parcela após parcela, o território que ficou para trás. Florença, que visitei depois de Nova York, de início não me surpreendeu: na sua arquitetura e nas suas artes plásticas, eu identificava Wall Street no século xv. Ao comparar os primitivos com os mestres do Renascimento e os pintores de Siena com os de Florença, vinha-me uma sensação de decadência: o que, afinal, fizeram os últimos, senão exatamente tudo o que não deveria ser feito? E, no entanto, continuam a ser admiráveis. A grandeza que se prende aos inícios é tão certa que mesmo os erros, contanto que sejam novos, ainda nos extasiam com sua beleza.

Hoje, é por sobre o islã que contemplo a Índia; mas a de Buda, antes de Maomé que, para mim, europeu, e porque sou europeu, coloca-se entre a nossa reflexão e doutrinas que lhe são as mais próximas, como o rústico intruso que impede uma dança de roda cujas mãos, do Ocidente e do Oriente, predestinadas a se juntarem, foram por ele desunidas. Que erro iria eu cometer, no rastro desses muçulmanos que se proclamam cristãos e ocidentais e situam no seu Oriente a fronteira entre os dois mundos! Os dois mundos estão mais próximos do que qualquer deles o está do próprio anacronismo. A evolução racional é inversa à da história: o islã partiu em dois um mundo mais civilizado. O que lhe parece atual pertence a uma época superada, ele vive numa defasagem milenar. Soube realizar uma obra revolucionária; porém, como esta aplicava-se a uma fração atrasada da humanidade, ao semear o real ele esterilizou o virtual: determinou um progresso que é o avesso de um projeto.

Que o Ocidente recue às fontes de sua dilaceração: interpondo-se entre o budismo e o cristianismo, o islã nos islamizou, quando o Ocidente se deixou arrastar, pelas cruzadas, a opor-se-lhe e, portanto, a assemelhar-se-lhe, em vez de se prestar — se ele não tivesse existido — a essa lenta osmose com o budismo que teria nos cristianizado ainda mais, e num sentido tanto mais cristão quanto teríamos recuado para além do próprio cristianismo. Foi então que o Ocidente perdeu sua oportunidade de permanecer mulher.

Sob essa luz, compreendo melhor o equívoco da arte mongol. A emoção que inspira nada tem de arquitetural: deriva da poesia e da música. Mas não seria pelas razões que acabamos de examinar que a arte muçulmana devia se manter fantasmagórica? "Um sonho de mármore", dizem a respeito do Taj Mahal; essa fórmula de Baedeker encobre uma verdade muito profunda. Os mongóis sonharam sua arte, criaram literalmente palácios de sonhos; não construíram, mas transcreveram. Assim, esses monumentos podem perturbar ao mesmo tempo pelo lirismo e por um aspecto vazio que é o de castelos de cartas ou de conchas. Mais do que palácios solidamente fincados na terra, são maquetes, buscando em vão conquistar uma existência pela raridade e a dureza dos materiais.

Nos templos da Índia, o ídolo é a divindade; é ali que reside, sua presença real torna o templo precioso e temível, e justifica as precauções devotas, tais como as portas trancadas, salvo nos dias em que o deus recebe.

A essa concepção, o islã e o budismo reagem de modos diferentes. O primeiro exclui os ídolos e os destrói, suas mesquitas são nuas, só a congregação dos fiéis as anima. O segundo substitui os ídolos por imagens e não se constrange em multiplicá-las, já que nenhuma é efetivamente o deus, mas evoca-o, e que a própria quantidade favorece a obra da imaginação. Comparada com o santuário hindu que aloja um ídolo, a mesquita é deserta, salvo de homens, e o templo budista abriga uma multidão de efígies. Os centros greco-budísticos, onde se circula com dificuldade em meio a uma profusão de estátuas, capelas e pagodes, anunciam o humilde *kyong* da fronteira birmanesa, onde estão enfileiradas pequenas imagens todas parecidas e fabricadas em série.

Eu estava numa aldeia mogh do território do Chittagong no mês de setembro de 1950; fazia vários dias que olhava as mulheres levarem ao templo, toda manhã, comida para os bonzos; durante as horas da sesta, escutava as batidas do gongo que escandiam as preces e as vozes infantis cantarolando o alfabeto birmanês. O *kyong* ficava na fronteira da aldeia, no alto de uma pequena colina arborizada, parecida com as que os pintores tibetanos gostam de representar ao fundo de seus quadros. A seu sopé ficava o *jedi*, isto é, o pagode: nessa aldeia pobre, ele se reduzia a uma construção de terra de planta circular, elevando-se em sete patamares concêntricos dispostos como arquibancadas, dentro de um recinto quadrado cercado de estacas de bambu. Havíamos tirado os sapatos para subir a colina, cuja argila fina encharcada era macia para nossos pés descalços. Dos dois lados do outeiro viam-se pés de abacaxis arrancados na véspera pelos aldeãos chocados com o fato de seus sacerdotes se permitirem plantar frutas, uma vez que a população leiga provia às suas necessidades. O alto da colina aparentava uma pracinha rodeada, de três lados, por alpendres de palha que abrigavam grandes objetos de bambu revestidos de papéis multicores como papagaios de papel, e destinados a enfeitar as procissões. No último lado erguia-se o templo, sobre palafitas, como os casebres da aldeia, dos quais só se diferenciava por suas dimensões maiores e pelo corpo quadrado com teto de palha que dominava a construção principal. Após a escalada pela lama, as abluções prescritas pareciam perfeitamente naturais e desprovidas de qualquer significado religioso. Entramos. A única luz era a que vinha da claraboia formada pelo vão central, bem em cima do altar de onde pendiam estandartes de panos ou de esteiras, além da que filtrava pelo colmo das paredes. Umas cinquenta estatuetas de latão fundido amontoavam-se sobre o altar, ao lado do qual havia um gongo suspenso; viam-se nas paredes algumas cromolitografias sacras e uma cabeça de veado. O assoalho de grossos bambus cortados ao meio e trançados, brilhando com o atrito dos pés descalços, era, sob nossos passos, mais macio do que um tapete. Reinava uma atmosfera tranquila de celeiro e o ar cheirava a feno. Essa sala simples e espaçosa, que lembrava uma meda vazia no meio, a cortesia dos dois bonzos de pé junto a seus colchões de palha em cima de estrados, a comovente aplicação que presidira à reunião ou à confecção dos acessórios do culto, tudo contribuía para me aproximar mais do que eu jamais o estivera da ideia que podia ter de um santuário. "Não precisa fazer como eu", disse meu companheiro ao se prosternar quatro vezes diante do altar, e acatei sua opinião. Mas era menos por amor-próprio do que por discrição, pois ele sabia que eu não professava o seu credo, e eu temia abusar dos gestos rituais e dar-lhe a entender que os considerava como convenções: pelo menos dessa vez, eu não sentiria o menor constrangimento em realizá-los. Entre mim e esse culto, nenhum mal-entendido se insinuava. Aqui, não se tratava de inclinar-se diante de ídolos ou de adorar uma pretensa ordem sobrenatural, mas apenas de prestar homenagem à reflexão decisiva que um pensador, ou a sociedade que criou sua lenda, propôs há 25 séculos, e para a qual a minha civilização só podia contribuir confirmando-a.

Na verdade, que mais aprendi com os mestres que escutei, com os filósofos que li, com as sociedades que visitei e com essa própria ciência da qual o Ocidente se orgulha, senão fragmentos de lições que, unidos uns aos outros, reconstituem a meditação do Sábio ao pé da árvore? Todo esforço para compreender destrói o objeto a que estávamos ligados, em benefício de um esforço que o suprime em benefício de um terceiro, e assim por diante, até chegarmos à única presença durável, que é esta em que desaparece a distinção entre o sentido e a ausência de sentido: a mesma de onde partíramos. Já se vão 2500 anos que os homens descobriram e formularam essas verdades. Desde então, nada descobrimos, a não ser — experimentando, após outros, todas as portas de saída — outras tantas demonstrações suplementares da conclusão de que gostaríamos de escapar.

Sem dúvida, também percebo os perigos de uma resignação demasiado apressada. Essa grande religião do não saber não se funda em nossa incapacidade para compreender. Atesta nossa aptidão, eleva-nos até o ponto em que descobrimos a verdade sob a forma de uma exclusão mútua do ser e do conhecer. Por uma audácia suplementar, só ela — junto com o marxismo — reduziu o problema metafísico ao do comportamento humano. Seu cisma declarou-se no plano sociológico, sendo a diferença fundamental entre o Grande e o Pequeno Veículo saber se a salvação de um só depende ou não da salvação da humanidade inteira.

Entretanto, as soluções históricas da moral budista confrontam-se com uma alternativa assustadora: quem respondeu afirmativamente à questão precedente tranca-se num monastério; o outro satisfaz-se com pouco, pela prática de uma virtude egoísta.

Mas a injustiça, a miséria e o sofrimento existem; fornecem um termo mediador a essa opção. Não estamos sozinhos, e não depende de nós permanecermos surdos e cegos aos homens ou professarmos exclusivamente a humanidade em nós mesmos. O budismo pode se manter coerente mesmo aceitando responder aos chamados de fora. Talvez até, numa vasta região do mundo, haja ele encontrado o elo da corrente que faltava. Pois, se este último momento da dialética que leva à iluminação é legítimo, então todos os outros que o precedem e se lhe assemelham também o são. A recusa absoluta do sentido é o término de uma série de etapas que levam, cada uma, de um sentido menor a um maior. O último passo, que necessita dos outros para ser dado, valida-os a todos, em troca. À sua maneira e no seu plano, cada um corresponde a uma verdade. Entre a crítica marxista que liberta o homem de suas primeiras correntes — ensinando-lhe que o sentido aparente de sua condição se dissipa desde que ele aceite ampliar o objeto que está considerando — e a crítica budista que completa a libertação não há oposição nem contradição. Cada uma faz o mesmo que a outra, em nível diferente. A passagem de um extremo a outro é garantida por todos os progressos do conhecimento, que um movimento de pensamento indissolúvel que vai do Oriente ao Ocidente e se deslocou de um para outro — talvez só para confirmar sua origem — permitiu à humanidade realizar no espaço de dois milênios. Como as crenças e as superstições se dissolvem quando observamos as relações reais entre os homens, a moral cede à história, as formas fluidas dão lugar às estruturas, e a criação, ao nada. Basta curvar a démarche inicial sobre si mesma para descobrir a simetria; suas partes podem ser sobrepostas: as etapas cumpridas não destroem o valor das que as preparam — verificam-no.

Ao se locomover dentro de seu espaço, o homem transporta consigo todas as posições que já ocupou, todas as que ocupará. Está simultaneamente em toda parte, é uma multidão que avança de frente, recapitulando a cada instante uma totalidade de etapas. Pois vivemos em vários mundos, cada um mais verdadeiro do que o outro que ele contém, e ele mesmo falso em relação ao que o engloba. Uns se conhecem pela ação, outros se realizam pensando, mas a contradição aparente, que decorre da coexistência entre eles, se resolve na obrigação que temos de atribuir um sentido aos mais próximos e recusá-lo aos mais distantes, enquanto a verdade está numa dilatação progressiva do sentido, mas em ordem inversa e levada até a explosão.

Como etnógrafo, deixo então de ser o único a sofrer com uma contradição que é a de toda a humanidade e que traz em si a sua razão. A contradição só permanece quando isolo os extremos: de que serve agir, se o pensamento que guia a ação conduz à descoberta da ausência de sentido? Mas essa descoberta não é imediatamente acessível: tenho que pensá-la, e não posso pensá-la de uma só feita. Que as etapas sejam doze, como na Bodhi, que sejam mais numerosas ou menos, elas existem todas juntas e, para chegar até o fim, sou perpetuamente chamado a viver situações que, todas, exigem algo de mim: devo dedicar-me aos homens assim como devo dedicar-me ao conhecimento.

A história, a política, o universo econômico e social, o mundo físico e até o céu rodeiam-me de círculos concêntricos de onde não posso me evadir pelo pensamento sem conceder a cada um deles uma parcela de minha pessoa. Como a pedra que bate numa onda e encrespa sua superfície ao atravessá-la, para atingir o fundo é preciso, primeiro, que eu me jogue na água.

O mundo começou sem o homem e se concluirá sem ele. As instituições, os usos e os costumes, que terei passado minha vida a inventariar e a compreender, são uma eflorescência passageira de uma criação em relação à qual possuem talvez o único sentido de permitir à humanidade desempenhar o seu papel. Longe de esse papel determinar-lhe um lugar independente, e de ser o esforço do homem — mesmo condenado — o de se opor inutilmente a uma decadência universal, este mesmo homem aparece como uma máquina, talvez mais aperfeiçoada do que as outras, trabalhando para a desagregação de uma ordem original e precipitando uma matéria organizada de forma poderosa numa inércia cada vez maior e que um dia será definitiva. Desde que começou a respirar e a se alimentar, até a invenção dos engenhos atômicos e termonucleares, passando pela descoberta do fogo — e salvo quando ele próprio se reproduz —, a única coisa que o homem fez foi dissociar tranquilamente bilhões de estruturas para reduzi-las a um estado em que não são mais capazes de integração. Por certo, construiu cidades e cultivou campos; mas, quando se pensa bem, esses objetos são eles próprios máquinas destinadas a produzir inércia num ritmo e numa proporção infinitamente maiores que a dose de organização que implicam. Quanto às criações do espírito humano, seu sentido só existe em relação a ele, e se confundirão com a desordem tão logo tenha ele desaparecido. Tanto assim que a civilização, tomada em conjunto, pode ser descrita como um mecanismo fantasticamente complexo no qual ficaríamos tentados a enxergar a oportunidade que nosso universo tem de sobreviver, se sua função não fosse fabricar aquilo que os físicos chamam de entropia, quer dizer, inércia. Cada palavra trocada, cada linha impressa estabelecem uma comunicação entre os dois interlocutores, tornando estacionário um nível que antes se caracterizava por uma defasagem de informação, portanto, por uma organização maior. Mais do que antropologia, teria que se escrever "entropologia", nome de uma disciplina dedicada a estudar em suas mais elevadas manifestações esse processo de desintegração.

Contudo, eu existo. Não, decerto, como indivíduo; pois que sou eu sob esse aspecto, se não o objeto a cada instante questionado da luta entre uma outra sociedade, formada por alguns bilhões de células nervosas abrigadas sob o cupinzeiro do crânio, e meu corpo, que lhe serve de robô? Nem a psicologia, nem a metafísica, nem a arte podem me servir de refúgio, mitos doravante passíveis, também interiormente, de uma sociologia de um gênero novo que nascerá um dia e não lhes será mais benevolente do que a outra. O eu não é apenas odioso: não tem lugar entre um *nós* e um *nada*. E se é por esse nós que enfim opto, embora se reduza a uma aparência, é porque, a não ser que ele me destrua — ato que suprimiria as condições da opção —, só tenho uma escolha possível entre essa aparência e nada. Ora, basta que eu escolha para que, por essa própria escolha, assuma sem reservas minha condição de homem: libertando-me, com isso, de um orgulho intelectual cuja fatuidade avalio pela de seu objeto, aceito também subordinar suas pretensões às exigências objetivas da libertação de uma multidão a quem os meios de tal escolha continuam a ser negados.

    Assim como o indivíduo não está sozinho no grupo e cada sociedade não está sozinha entre as outras, o homem não está só no universo. Quando o arco-íris das culturas humanas tiver terminado de se abismar no vazio aberto por nossa fúria; enquanto estivermos aqui e existir um mundo, esse arco tênue que nos liga ao inacessível permanecerá, mostrando o caminho contrário ao de nossa escravidão, e cuja contemplação proporciona ao homem, ainda que este não o percorra, o único favor que ele possa merecer: suspender a marcha, conter o impulso que o obriga a tapar, uma após outra, as rachaduras abertas no muro da necessidade e a concluir a sua obra ao mesmo tempo em que fecha a sua prisão; esse favor que toda sociedade ambiciona, quaisquer que sejam as suas crenças, o seu regime político e o seu nível de civilização; no qual ela coloca o seu lazer, o seu prazer, o seu repouso e a sua liberdade; oportunidade, vital para a vida, de se *desprender*, e que consiste — adeus, selvagens!, adeus, viagens! —, durante os curtos intervalos em que nossa espécie tolera interromper seu labor de colmeia, em captar a essência do que ela foi e continua a ser, aquém do pensamento e além da sociedade: na contemplação de um mineral mais bonito do que todas as nossas obras; no perfume, mais precioso do que os nossos livros, aspirado na corola de um lírio; ou no piscar de olhos cheios de paciência, de serenidade e de perdão recíproco, que um entendimento involuntário permite por vezes trocar com um gato.

Bibliografia

BOGGIANI, G. *Viaggi d'un artista nell'America meridionale*. Roma, 1895.
BOUGAINVILLE, L. A. de. *Voyage autour du monde*. Paris, 1771.
COLBACCHINI, A. *I Bororos orientali*. Turim, 1925.
ÉVREUX, Y. d'. *Voyage dans le Nord du Brésil fait durant les années 1613-14*, Leipzig; Paris, 1864.
GAFFAREL, P. *Histoire du Brésil français au XVI^è siècle*, Paris, 1878.
Handbook of South America Indians, 7 vols. Ed. J. Steward. Washington, DC, Smithsonian Institution, 1946-59.
LÉRY, J. de. *Histoire d'un voyage faict en la terre du Brésil*, 2 vols. Nova ed. P. Gaffarel. Paris, 1880.
LÉVI-STRAUSS, C. "Contribution à l'étude de l'organisation sociale des indiens Bororo". *Journal de la Société des Américanistes*, vol. 28, n. s., 1936.
_____. *La vie familiale et sociale des Indiens Nambikwara*. Paris, Société des Américanistes, 1948.
_____. "Le syncrétisme religieux d'un village mogh du territoire de Chittagong (Pakistan)". *Revue de l'Histoire des religions*, 1952.
MONBEIG, P. *Pionniers et planteurs de São Paulo*. Paris, 1952.
NIMUENDAJU, C. *The Apinayé*. Anthropological Series, nº 8. Catholic University of America, 1939.
_____. *The Serenté*. Los Angeles, 1942.
OBERG, K. *Indian tribes of Northern Mato Grosso, Brazil*. Washington, DC, Smithsonian Institution, Institute of Social Anthropology, publ. nº 15, 1953.
RIBEIRO, D. *A arte dos índios Kadiueu*. Rio de Janeiro, s. d. [1950].
RONDON, C. M. da Silva. *Lectures delivered by...*. Rio de Janeiro, Publications of the Rondon Commission, nº 43, 1916.

ROOSEVELT, Theodore. *Through the Brazilian wilderness*. Nova York, 1914.
ROQUETE-PINTO, E. *Rondônia*. Rio de Janeiro, 1912.
SÁNCHEZ LABRADOR, J. *El Paraguay católico*, 3 vols. Buenos Aires, 1910-7.
STEINEN, K. von den. *Durch Zentral-Brasilien*. Leipzig, 1886.
_____. *Unter den Naturvölkern Zentral-Brasiliens*. Berlim, 1894.
TELLO, Júlio C. *Wira Kocha, Inca*, vol. 1, 1923.
_____. "Discovery of the Chavin culture in Peru". *American Antiquity*, vol. 9, 1943.
THEVET, A. "Le Brésil et les Brésiliens". In *Les classiques de la colonisation*, 2. Sel. de textos e notas Suzanne Lussagnet. Paris, 1953.

Índice de temas, pessoas e lugares

abanicos, 116
Ácaba, v. Arábia
África, 16, 25, 38, 66, 152, 222, 246, 319
Agra, v. Índia
aijé, v. crença
Ailly, Pierre d', 80
Alasca, 270
Aleutas, 270
Alexandre VI, 120
alimentação, coró, 170; guaraná, 179, 276-7; mate, 177-80, 276, 286, 350
Amazonas, v. Brasil
Amazônia, v. Brasil
América, 36, 42, 81-5, 92, 100-2, 127, 136, 151-2, 155, 157, 265, 267-8, 270-2, 331; Central, 100, 268, 293, 297; do Norte, 40, 94, 140, 267-71, 383, 414-5; do Sul, 21-2, 32, 49-50, 63, 78, 102, 108, 140, 168, 297, 367; indígena, 159, 267-8; pré-colombiana, 194, 203, 267-9, 271-2, 319, 371; setentrional, 245, 293; tropical, 140, 142, 152, 156-7, 272, 294
ancestral (ou antepassado), 51-3, 116, 128-9, 136, 186, 235, 246, 257, 308, 381, 420, 432
Andes, 83, 268-9
antropofagia, 413-5; canibalismo, 42, 246, 414
Apinajé, 233
Arábia, 42, 137; Ácaba, 138
armistício, v. guerra
aroettowaraare, v. feiticeiro
arquitetura, 30, 70, 93, 104, 131, 229, 318, 425, 437, 438
Aruaque, 267
Ásia, 38, 136, 139-40, 143, 145, 151-2, 156-9, 269-72, 287, 393
Astecas, 266-9, 416
aventura, 15-6, 23, 29-31, 36, 82, 89, 116, 171, 176, 282-4, 285, 286, 289, 307, 315, 341, 346, 354, 358, 384, 390, 406, 420

bari, v. feiticeiro
Belle, Christian, 35
Bengala, 36, 93, 145, 146, 151, 154; Buliganga, 154; Chittagong, 93, 145-6, 148, 153, 317, 438; Daca, 36, 135-6, 153, 155; Demra,

155-6; Langalbund, 155-6; Narrayanganj, 135, 155
bergsonismo, v. filosofia
Bernier, François, 43
Boas, Franz, 63
Boggiani, Guido, 184, 187, 197
Bolívia, 31-2, 152, 156, 177, 179, 213, 267, 274, 344; Santa Cruz de la Sierra, 32; Tiahuanaco, 274
Bornéu, 271
Bororo, 171, 208-9, 211, 216, 218, 226-30, 232-4, 237-40, 242, 244-5, 247-52, 253(n), 254-9, 263-4, 266, 291-2, 308, 338, 352, 374, 383; aldeia, 209, 228-37, 252-3; casa dos homens, 232-5, 241, 242, 244, 253; clã, 235-9, 241, 252, 254, 255; cultura material, 238-9, 266; funerais, 250, 252
Bougainville, Louis Antoine de, 43, 95-6, 417
Bouglé, Célestin, 49, 50
Bramaputra, v. Índia
Brasil, 15, 19-20, 22, 30-1, 35, 37-8, 39, 49-52, 60, 63, 77, 81, 83, 86-8, 91, 99, 108-10, 119, 125, 130-1, 151-2, 156, 164, 171-2, 176, 190, 222, 230, 263, 265-7, 277, 284, 289, 293, 304, 310, 342, 363, 372, 377, 403; Amazonas, 99, 120, 125, 130, 203, 263, 265, 266, 267, 276, 277, 285, 287, 356; Amazônia, 16, 29, 267, 344, 386-7; Corumbá, 213-4, 344; Cuiabá, 42, 119, 192, 214, 217-21, 223, 224, 242, 265, 276-82, 285, 341-2, 344, 375-6; Curitiba, 127, 130; Goiânia, 130-3; Goiás, 119, 123, 130-2, 151, 217; Marília, 121, 131; Mato Grosso, 36, 99, 152, 171-2, 182, 192, 208, 221, 223, 274-7, 281, 284, 309, 310, 325, 391, 403; Minas Gerais, 95, 130, 293; Pantanal, 171, 173-5, 182-3, 216; Paraná, 99, 104, 125, 130, 163-5, 172; Porto Esperança, 171, 173, 174, 175, 213; Rio de Janeiro, 31, 43, 66, 82, 83, 84-5, 86-91, 93-4, 95, 96, 97, 106, 110, 118-20, 171, 220, 265, 277, 285, 290; Rosário, 277, 283, 285, 350; Salvador, 30, 66, 120; Santa Catarina, 115, 164; Santos, 30, 31, 51, 65, 66, 95, 97, 99; São Jerônimo, 164, 167; São Paulo, 19, 31, 37, 49, 50-1, 97, 99, 101, 102-7, 109, 110-2, 115-7, 118, 119, 120, 123, 125, 171, 176, 179, 220, 277, 346; Tibaji, 164, 165; Ubatuba, 42, 95; Vitória, 66, 120
Breton, André, 24
budismo, v. religião
Buliganga, v. Bengala

Cabahiba, 356
Cabixiana, 345
caboclos, 116, 168, 228
Cabral, Pedro Álvares, 87
Cadiueu, 161, 171, 176, 179, 181, 184, 188-9, 190, 199, 228, 237, 258, 267, 291, 315, 338, 374; arte, 201-4, 207-8; cultura material, 184-8; festa, 187-9; habitações, 184; história, 190-1, 194-5
Cadmo, 132
Caiapó, 233
Caingangue, 169, 228, 374
Calcutá, v. Índia
Calvino, 86, 88, 89
Canela, 233
canibalismo, v. antropofagia
Caraíba, 82, 267, 372
Caribe, v. Caraíba
casas de fundição, 95-6
castas, v. hierarquia
celtas, 270-1
Chaco, 267
chamacocos, 191, 192
Chateaubriand, François René, 44-5
Chavín, 203, 272
chibcha, 297
Chicago, v. Estados Unidos
China, 203, 246, 269, 271, 319, 423
Chittagong, v. Bengala
Chopin, Frédéric, 403-4
cidades, 17, 64, 83, 85, 92-3, 102-5, 115-6, 117-20, 122, 127-30, 136-7, 141, 151, 213-4,

229, 265, 319, 424, 442; americanas, 83, 102, 103, 104; do Brasil meridional, 50, 130
citas, 269, 423
civilização, 22, 26, 38-9, 41-2, 58, 62, 82, 91-2, 102, 104, 107-8, 125, 126, 132, 137, 139, 149, 151, 164-5, 190, 210, 228-9, 270, 277, 297, 318-20, 338, 347, 363, 365, 367, 389, 397, 403, 404, 410, 414, 416-20, 425, 426, 440, 442-3; antilho-guianesa, 372; europeia, 79; muçulmana, 429; neolítica, 271-2; ocidental, 38, 137, 145, 246, 347; olmeca, 272
civilizações, 56, 92, 157, 267-70, 272, 293, 319, 347, 411, 426; americanas, 270, 271, 272, 274; pré-colombianas, 371
clã, 235-9, 241, 252, 254, 255, 258, 356, 378-80
Colombo, Cristóvão, 64, 77-8, 81-4, 87
colonização, 26, 118, 125-6, 133-4, 367; colonizador, 79, 145, 155, 164; colonos, 51, 79-80, 115-6, 121, 176, 217, 229
comerciantes, 33, 105, 124, 134, 142, 147, 153, 217-8, 264-5, 379
Comte, Auguste, 111, 247
conhecimento, 51, 55, 59-61, 64, 107, 129, 264, 309, 318, 319, 332, 347, 418, 441
consentimento, 331-2, 336
coró, v. alimentação
Corumbá, v. Brasil
costume, 39-41, 44, 51, 63, 79, 136, 146, 155, 188, 199-200, 201, 203, 222, 296, 310, 329, 333, 338, 354-5, 367, 378, 381, 410, 413-5, 417, 419, 426, 429, 431, 442
Cousin, Jean, 87, 88
crença, 41, 44, 50, 88, 128, 145, 157, 169, 242, 246, 247, 254, 257, 266-7, 309, 354, 414, 441, 443; *aijé*, 252; culto, 87, 134, 149-50, 187, 233, 242-7, 408, 427, 436, 439; espíritos, 40-1, 90, 187, 242, 246, 249, 252, 254, 293, 384, 385; mágica, 128, 207, 285, 296, 309, 332, 383, 414; mito, 15, 42, 129, 147, 190, 194, 235, 238, 254, 256, 270-1, 301, 418, 443; sobrenatural, 40, 149-50, 244, 245, 249, 256, 285, 437, 439
Cresson, André, 57
cristianismo, v. religião
Cuiabá, v. Brasil
cultura, 31, 39, 44, 66, 109, 127, 130, 136, 146, 164, 165, 191, 194, 197-8, 208, 229, 238, 239, 244, 247, 266-7, 269, 272, 292-3, 320, 322, 325-6, 329, 331, 336-7, 372, 383, 411-2, 431, 434, 443; tipos culturais, 24-5
Cunha, Euclides da, 109, 277
Curitiba, v. Brasil
Cuxipó, 217

Daca, v. Bengala
Danúbio, 272
Debussy, Claude, 403-4
Delhi, v. Índia
diamantes, 95-7, 219, 223-4, 289, 350, 391; garimpo, 222, 223-4, 283-4
Diderot, Denis, 82, 416-7
dualismo, 203, 207, 414
Dumas, Georges, 17-20, 49-50
Durkheim, Émile, 63, 108, 247

Egito, 133, 137-8, 269, 319, 435
ensino, 58, 63; do direito, 57; filosófico, 55; estudantes, 17-9, 57, 111
escrita, 313, 315-20, 418
Espanha, 36, 85, 96, 120; espanhóis, 79-80, 192
esquimós, 269, 411-2
Estados Unidos, 22, 27, 34, 35, 36, 137, 246, 267, 272, 434; Chicago, 83, 102, 103, 105, 277, 325; Fire Island, 173-4; Nova York, 22, 24, 34-5, 83-4, 91, 101, 102, 103, 173, 437; Washington, 104
estrutura, 43, 56, 59, 106, 116-8, 127, 151, 184, 209, 234, 244, 247, 289, 297, 370-1, 425, 441-2; social, 208-9, 327-8, 335-6
estudantes, v. ensino
etnografia, 40, 49, 56-7, 58-9, 62-3, 89, 115, 118, 188, 218, 265, 267, 416, 420; etnó-

grafo, 15, 54, 136, 149, 165, 180, 188, 231, 247, 263, 295, 346, 356, 378, 409-10, 412-3, 415-6, 416, 437, 441; pesquisa etnográfica, 50, 66, 229, 274, 402, 411, 413

etnologia, 57, 61, 63, 336, 415; etnólogo, 26, 81, 86, 295

Europa, 19, 22, 30, 63, 89, 90, 98, 100, 103, 105, 111, 112, 126, 127, 137, 139-40, 155, 158, 163, 177, 191, 222, 246, 272, 283, 434

Evreux, Yves d', 374, 382

existencialismo, v. filosofia

exotismo, 18, 33, 43, 92, 136, 137, 264; exótico, 49, 92-3, 111

exploração, 50, 55, 60, 97, 120, 129, 134, 156-7, 176, 265, 278, 319, 333, 393, 404, 434; exploradores, 15, 16, 39-41, 82, 184, 217, 357, 411-2

feiticeiro, 187, 231, 248-52, 256, 266, 325, 332-3; *aroettowaraare*, 250-1, 252, 256; *bari*, 248-52, 256

fenomenologia, v. filosofia

Fernando, rei da Espanha, 79

figa, 117

filosofia, 17, 54, 54-7, 62-4, 177, 330, 338, 356; bergsonismo, 54, 59; existencialismo, 62; fenomenologia, 62; marxismo, 61-2, 440

Fire Island, v. Estados Unidos

Florença, 437

Fort-de-France, v. Martinica

França, 16, 23, 27, 30, 31, 35, 51, 59, 65, 87, 88, 102, 108-9, 118, 149, 288, 402-3, 433-4; cultura francesa, 23; franceses, 25, 27-8, 35, 87-9, 131, 176, 219, 403; Paris, 16, 20, 22, 50, 54, 83, 92, 102, 110, 131, 153, 263; Provença, 98, 342-3, 363; sociedade francesa, 41; tradição francesa, 24-5, 110

Frazer, James, 57

Freud, Sigmund, 59-60

Fritch, Vojtech, 187

fumo, v. tabaco

função, 102, 127, 147, 194, 207-8, 252, 254, 257, 265, 304, 315-6, 317, 319, 335, 337, 426, 442; social, 25, 58, 238

garimpo, v. diamantes

geologia, 59-62

Goiânia, v. Brasil

Goiás, v. Brasil

Goldschmidt, Bertrand, 35

Gondwana, 222

Gonneville, Binot Paulmier de, 87

grupo, 25, 39-42, 51, 58-9, 98, 115, 127, 130, 148, 158, 164, 171, 192, 204, 222, 229, 233-4, 235-6, 245, 255, 258-9, 267, 284, 289-90, 291-2, 293, 294, 298, 299, 305-9, 310, 313, 317, 320-1, 325-38, 343, 349, 354, 355, 356, 358, 367, 368, 372, 376, 378, 379, 381, 406, 409-10, 415, 431, 443; social, 30, 40, 209, 402, 412

Guaicuru, 183-4, 190, 192, 267

Guaná, 191-2, 194, 208, 209, 267

guaraná, v. alimentação

guerra, 22, 24, 27-8, 30, 36, 94, 112, 126, 176, 202, 223, 244, 269, 313, 323, 324, 330, 352, 374, 386, 394, 416, 418; armistício, 19, 22, 27, 91

Harappa, v. Índus

Hegel, Georg Wilhelm Friedrich, 61

Heyerdahl, Thor, 270

hierarquia, 91, 93, 158, 189, 208, 209, 249, 257; casta, 145, 155, 158, 191, 201, 208, 237, 319; nível (ou posição), 40, 58, 189, 191, 194, 326, 328, 337

história, 30, 36, 38, 42, 51, 52, 53, 56, 60-3, 78, 88-9, 92, 110-2, 118, 130, 132, 137, 151-2, 158, 224, 267-9, 271, 285, 286, 289, 297, 318-9, 327, 330, 338, 344, 349, 358, 367, 413, 416, 420, 422, 423, 424, 425, 433, 435, 436, 437, 441, 442; pré-colombiana, 194, 203, 268, 271-2, 319, 371

Hopewell, 203, 272

humanidade, 30, 38-41, 44, 62, 79-80, 82, 111-2, 128, 139, 143, 149, 155, 158, 194, 256, 271-2, 291, 301, 312, 318-9, 346-7, 402, 405, 414, 416, 418-20, 436-8, 440-2
Hume, David, 336

Incas, 268, 269, 319
Índia, 36, 39, 43, 50, 92, 133-4, 138-41, 145, 151-2, 158, 225, 423-4, 426-30, 435, 437-8; Agra, 153, 424, 425-6; Bramaputra, 97, 139; Calcutá, 92, 134, 139, 141-2, 147, 153, 155, 424, 426, 427, 435; Delhi, 138, 153, 424-5, 435
Índus, 136-7, 272; Harappa, 136, 148
iniciação, 191
instituição, 40-1, 50, 63, 87, 188, 209-10, 244, 258-9, 317, 320, 415, 431, 442
islã, v. religião

Japão, 78, 116, 136; japoneses, 100, 115
Jê, 164-5, 233, 256, 266-7, 272, 383
jesuítas, 104, 120, 197, 201, 279, 290, 310
justiça, 33, 80

Kant, Emmanuel, 61
Karachi, v. Paquistão
Kroeber, Alfred Louis, 63
Kuki, 228

Lahore, v. Paquistão
lapões, 271
Las Casas, Bartolomé de, 79
Leibniz, Wilhelm Göttfried, 338
Léry, Jean de, 43, 86, 88, 89-90, 346, 357, 375, 377, 381
Lévy-Bruhl, Lucien, 263
Lowie, Robert Harry, 22, 63

mágica, v. crença
Maias, 254, 268-9, 272
Manucci, Nicolao, 43
Margueritte, Victor, 50, 51-2
Marília, v. Brasil

Martinica, 23-4, 27-8, 32, 34, 410; Fort-de--France, 26, 29, 34
Martyr, Pierre, 80
Marx, Karl, 61
marxismo, v. filosofia
mate, v. alimentação
Mato Grosso, v. Brasil
Maué, 276
Mauss, Marcel, 263
Mbaiá, 190-2, 194, 201-3, 208-10, 237, 267
meios de comunicação, aviação, 32, 38, 42, 119, 214, 325, 390, 392, 395, 396; estrada de ferro, 121, 126, 127, 131, 171, 174, 176; navegação, 26, 35, 39, 119, 122, 130, 216, 270, 272, 277, 347, 386, 392-3; pistas, 29, 93, 95, 123, 182, 220, 282, 288
Menomini, 245
metades, 208-9, 234-5, 237, 256-8
Métraux, Alfred, 22
México, 50, 100, 156, 254, 266-9, 272, 293, 297; Tlaloc, 254
Minas Gerais, v. Brasil
missionários, 39, 42, 104, 197, 201-2, 218, 227, 229, 232, 233, 247, 279, 290, 309, 310-1, 409
mito, v. crença
modelo, 61, 111, 116, 122, 134, 137, 190, 198, 225, 247, 306, 386, 397, 419-20, 425
Mondé, 353, 372, 374, 390
Montaigne, 82, 330, 357
montanha, 40-1, 63, 68, 83, 94-5, 97, 100-1, 153, 277, 361-3, 421
mori, 247-9, 252
mortos, 242, 244-7, 249-59, 436
Mundurucu, 356

Nambiquara, 120, 254, 261, 265, 278-9, 281, 282, 287, 290-300, 301-13, 315-7, 320, 322-4, 326-33, 334-8, 346, 352, 365, 372, 373-4, 377-9, 381-2, 384, 398, 419; língua, 296-7; atividades agrícolas e de caça, 291-2, 305; chefe, 320-2, 324-37; cultura material, 291-2, 299, 301-2; fi-

lhos, 300-1, 306, 313; homens e mulheres, 302-3, 305-11, 325; relações entre grupos, 320; vida de aldeia, 293-6, 298-301
Napoleão, 92, 433
Narrayanganj, v. Bengala
Nimuendaju, Curt, 266, 356
nível (ou posição), v. hierarquia
nome, 15, 21, 29, 38, 40, 42, 59, 81, 86, 87, 108, 112, 115, 118, 120-1, 130, 151, 164-5, 176, 184, 191-2, 224-5, 235, 247, 252, 266, 282, 286, 293-6, 324, 325, 326, 330, 342, 345, 347-50, 354, 356, 358-9, 377-8, 387-9, 396, 422, 442
norma, 40-1, 410-3
Nova York, v. Estados Unidos
Novo Mundo, 19, 64, 78, 82-3, 85, 90, 102-3, 120, 136-7, 139, 268, 271, 364, 420

Oberg, Kalervo, 311(n)
Ocidente, 38, 69, 136, 157, 255, 256, 270, 319, 416, 424, 426, 433, 434-5, 437-8, 440-1
Ojibwa, 245
oposição, 18, 57-8, 152, 172, 187, 207-9, 247, 256-7, 258-9, 412, 434, 435, 441
ordem, 32, 38, 41, 44, 61, 84, 98, 121, 128, 130, 143, 146, 228, 244, 247, 269, 304, 333, 342, 350-1, 371, 396, 405-6, 409, 415-6, 437, 439, 441-2; social, 41, 257, 416, 437; tradicional, 147
Ordem de São Jerônimo, 80
Oriente, 135-8, 157, 165, 194, 255-6, 424, 433-5, 437, 441
Ortiz, 80
ouro, 27, 42-3, 78, 95-7, 117, 139, 191, 210, 213, 217-8, 224, 277, 283-4, 287, 289, 394, 420, 428-9
Oviedo, Gonzalo Fernandez de, 80
Oxford, 36

Pacífico, 156, 267, 270, 272
Pantanal, v. Brasil
papel, 20, 27, 32, 37, 56, 71, 107, 108, 117, 119, 153, 197, 204, 207-8, 219, 222, 235, 239-40, 244, 248-9, 252, 256, 268, 279, 290, 302-3, 305-6, 310, 315-6, 318, 326, 331-4, 337, 350, 373, 378-9, 381-2, 409, 413, 433, 442
Paquistão, 317, 427, 431; Karachi, 133-4, 138-9, 144, 150, 153, 429; Lahore, 42-3, 153, 284, 422, 424, 427-8
Paraná, v. Brasil
Pareci, 218, 281, 287-90, 295, 374
Parintintim, 356, 371, 372
Paris, v. França
Peru, 203, 267, 269, 272-3, 297
pesquisa, 22, 50, 58-60, 80, 116, 149, 229, 263, 266, 274, 294, 330, 356, 401-2, 411-3, 419
Pilaga, 190
Pinzón, Martín Alonso, 87
Pizarro, Francisco, 319
plantador, 121, 227
poder, 19, 22, 37, 40-2, 63, 96, 109, 120, 128-9, 164, 187, 246, 249-50, 256-7, 285, 310, 317-20, 328-32, 335-8, 390-1, 405-6, 414, 418, 425
polícia, 33-5, 135, 223-4, 405, 415
pontos cardeais, 128, 233
Porto Esperança, v. Brasil
Porto Rico, 34-6, 80, 410
Portugal, 96, 120, 192; portugueses, 51, 87, 88, 89, 104, 117, 165, 166, 192, 281, 290
pouso, 122, 123, 124, 217
prestígio, 40, 42, 108-12, 121, 134, 137, 145-6, 194, 208, 230, 244-6, 317, 330, 337, 355, 381, 406, 437
Provença, v. França
psicanálise, 61-2, 335
puberdade, 40-1, 187-8, 378, 380
pudor, 25, 304
Pueblos, 246, 254

Quepiquiriuate, 372

Rabelais, 81

452

racional, 59, 61-2, 437
religiões, budismo, 423, 432, 435-8, 440-1; cristianismo, 424, 436-8; islã, 150, 423-5, 427-2, 433-8
Rio de Janeiro, v. Brasil
rito, 169, 177-8, 247, 256-7, 270, 324, 414
ritual, 91, 146, 192, 231, 240, 244, 248, 283, 308, 414, 431, 439
Rivet, Paul, 263
Rodrigues, Gustave, 54
Rondon, Cândido Mariano da Silva, 265-6, 277-9, 288, 294, 296, 303, 311, 313, 355-7, 367, 371, 372, 389
Roosevelt, Theodore, 265
Roquete-Pinto, Edgard, 265
Rosário, v. Brasil
Rousseau, Henri, 98
Rousseau, Jean-Jacques, 61, 82, 336, 338, 417-9

Sabanê, 313, 325-7
Salvador, v. Brasil
Sánchez Labrador, Joseph, 197, 199, 200-1
Santa Catarina, v. Brasil
Santa Cruz de la Sierra, v. Bolívia
Santos, v. Brasil
São Jerônimo, v. Brasil
São Paulo, v. Brasil
Saussure, Ferdinand de, 59
Serge, Victor, 24, 25
sertão, 83, 122, 168, 172, 177, 217, 224-5, 276, 284-6, 344, 357, 376, 403
Serviço de Proteção aos Índios, 164, 183, 218, 229, 239
Sibéria, 270
significante, 56, 59
símbolo, 60, 112, 126, 129, 256, 317, 407, 416
sistema, 25, 52, 58, 81, 84, 96, 102, 108, 116, 130, 145-6, 157-8, 188, 190, 201-3, 208-9, 223, 233-4, 237, 241, 242-3, 247, 249, 257, 259, 271, 293, 314, 319, 324, 337, 354, 364, 393, 402, 429-31
sociedade, 16, 19-20, 25, 39, 40-2, 50, 58, 62-3, 103, 107-8, 112, 118, 145, 147-8, 157-8, 188, 190, 192, 194, 208-10, 228, 237, 244-6, 247-50, 252, 256-9, 269, 291, 301, 306, 308, 317-8, 320, 326, 330-1, 337-8, 347, 354, 361, 363, 406-20, 430, 433, 435, 436, 439-40, 443; das almas, 250, 252, 256; indígena, 41-2, 63, 188, 190
sociologia, 49, 61, 63, 151, 230, 419, 443
Soustelle, Jacques, 35
Sousa Dantas, Luís de, 22, 51
Staden, Hans, 88, 346, 357, 378
Sutil, Miguel, 217

tabaco, 83, 153, 227, 249, 268, 371-2; fumo, 83, 145, 227, 276, 291, 323, 353, 372, 394, 429
Tarundê, 313-4, 325-9
Tavernier, Jean-Baptiste, 43
tempo, 60, 61, 89, 91, 103-4, 112, 435
Tereno, 191
Terra Nova, 42
Thevet, André, 43, 346, 357, 369
Tibaji, v. Brasil
Tiahuanaco, v. Bolívia
Tlaloc, v. México
Toba, 190
Tupinambá, 86, 379
Tupi, 82, 90, 164, 266-7, 355-7, 367-9, 372, 374, 377
Tupi-Cavaíba, 334, 339, 345, 356-8, 367-8, 371-3, 377, 380-2, 390, 395, 398; chefe, 374, 378-84; festa, 383, 387; habitações, 357, 370; história, 356-8; mulheres, 377-81, 382-3; nomes, 354, 356, 358-9

Ubatuba, v. Brasil
universal, 30, 245, 247, 419, 429

Velho Mundo, 77, 99, 137, 141, 272, 423
Vellard, 32, 376, 386
veneno, 174, 224, 284-5, 286, 291-2, 305, 309, 321, 324, 332, 348, 374, 387
viagem, 15, 16, 17, 24, 34-9, 43, 47, 65-6, 77, 78, 81-2, 87-9, 91-2, 95, 102, 119, 123-

5, 167, 171-2, 184, 194, 214-5, 220, 226-7, 265, 270, 279-81, 301, 303, 307, 314, 333, 343, 346-8, 359, 376, 387, 391, 395, 398, 401-4, 406, 413, 417, 443; viajante, 16, 39, 43, 44, 80, 84-5, 92, 100, 123-4, 142, 172, 182, 214, 266, 307-8, 323, 338, 342, 346-8, 356, 364, 368, 372, 374, 377-8, 409

Villegaignon, Nicolas Durand de, 86-9
Vitória, v. Brasil
Von den Steinen, Karl, 36, 229

Washington, v. Estados Unidos
Winnebago, 245

Xerente, 233

1ª EDIÇÃO [1996] 19 reimpressões

ESTA OBRA FOI COMPOSTA PELA PÁGINA VIVA EM MINION
E IMPRESSA PELA GRÁFICA BARTIRA EM OFSETE SOBRE PAPEL PÓLEN
DA SUZANO S.A. PARA A EDITORA SCHWARCZ EM JUNHO DE 2024

A marca FSC® é a garantia de que a madeira utilizada na fabricação do papel deste livro provém de florestas que foram gerenciadas de maneira ambientalmente correta, socialmente justa e economicamente viável, além de outras fontes de origem controlada.